新吴年鉴

XINWU YEARBOOK

2022

无锡市新吴区人民政府　主办
无锡市新吴区档案史志馆　编

方志出版社
Publishing House of Local Records

图书在版编目（CIP）数据

新吴年鉴. 2022 / 无锡市新吴区档案史志馆编. —北京：方志出版社，2022.12
ISBN 978-7-5144-5570-0

Ⅰ. ①新… Ⅱ. ①无… Ⅲ. ①区(城市)－无锡－2022－年鉴 Ⅳ. ①Z525.34

中国国家版本馆 CIP 数据核字(2023)第 075700 号

责任编辑：何明忠
责任校对：刘玉霞
责任印制：梅中英
出 版 者：方志出版社
地　　址：北京市朝阳区潘家园东里 9 号（国家方志馆 4 层）
邮　　编：100021
网　　址：http://www.zgfzcb.cn
发　　行：方志出版社图书营销中心（010-67110500）
印　　刷：无锡轻工大学印刷厂
开　　本：889 毫米×1194 毫米　1/16
印　　张：16.75
字　　数：633 千字
版　　次：2022 年 12 月第 1 版
印　　次：2022 年 12 月第 1 次印刷
定　　价：280.00 元

《新吴年鉴（2022）》编纂委员会

《新吴年鉴（2022）》编辑部

《新吴年鉴（2022）》撰稿单位审稿人员

历史记忆

广南立交桥、长江北路开工及通车典礼组图（王君瑞摄，1994—1996 年）

百年梅中组图（周锡春摄，2003 年）

白玉兰雕塑（黄锡元摄，2003 年）

原管委会大楼

（陈德清摄，2004 年）

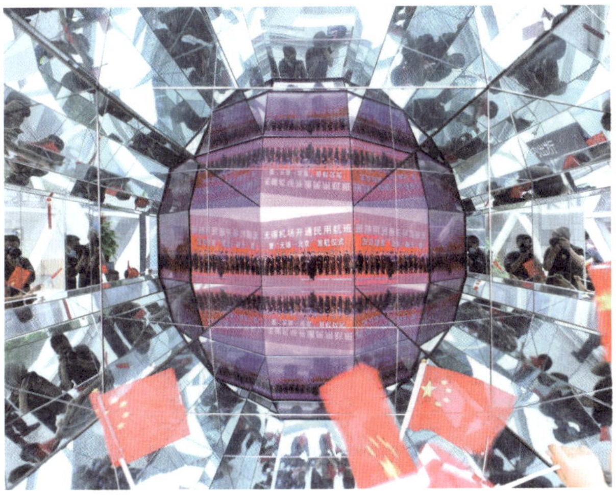

无锡机场开通民用航班（王君瑞摄，2004 年）

太湖花园社区（何瑛摄，2004 年）

社会福利中心（张惠良摄，2004 年）

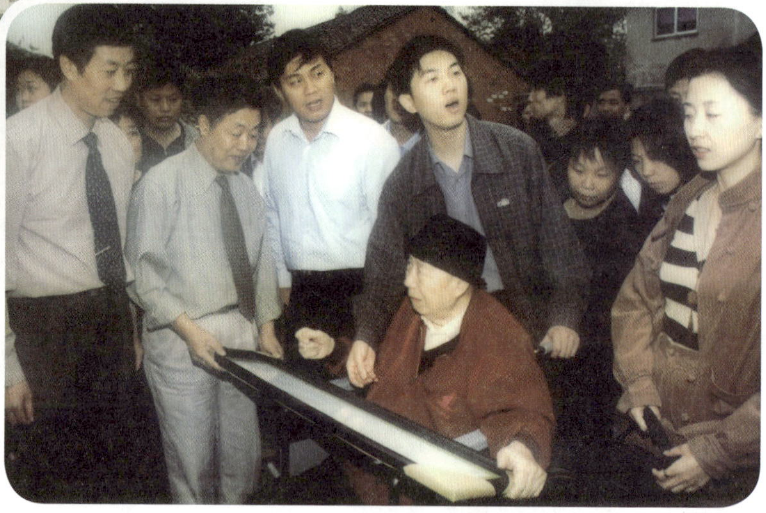

钱伟长院士（坐者）回七房桥（区档案馆选送，2004 年）

区人才市场（穆平摄，2016 年）

伯渎河（坊前段）新（右）旧对比组图（陆顺荣摄，2017—2022 年）

无锡国家集成电路设计基地（区融媒体供图，2021 年）

无锡国际生命科学创新园（区融媒体供图，2021 年）

精益求精的工作组图（毛伟骏摄，2020年）

鸿山物联网小镇（区融媒体供图，2018 年）

SK 海力士集团（朱俊摄，2022 年）

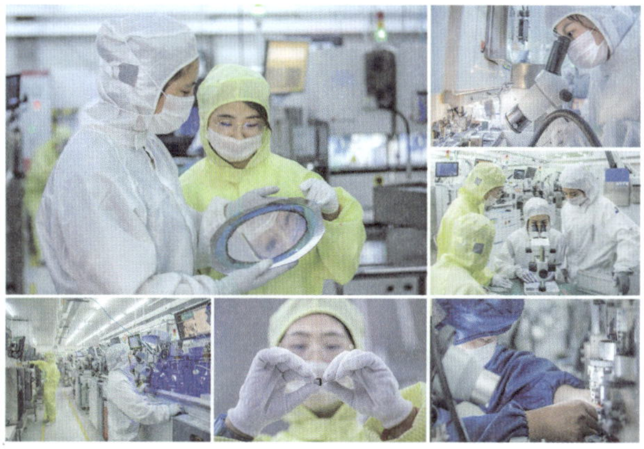

高端智造组图（陶勇摄，2022 年）

感知中国中心（区融媒体供图，2010 年）

中国传感网国际创新园（区融媒体供图，2021 年）

旋律（潘正光摄，2014 年）

物联网产业研究院（区融媒体供图，2019 年）

城乡展新貌

家园
（张一平摄，2022 年）

高空俯瞰美景
（顾志健摄，2019 年）

“大美江溪”组图（江溪街道选送，2022 年）

鸿山徐塘桥（刘国选摄，2022 年）

夜色中的景渎立交桥（朱灿云摄，2022 年）

新吴傍晚景色（应威摄，2020 年）

旺庄新貌组图（旺庄街道选送，2022 年）

启航（曹俊摄，2020 年）

梨园水韵（王仪婷摄，2021 年）

新城美景（宋彩萍摄，2022 年）

美好的生活

“高温下的小区志愿者”组图（陈锡铭摄，2022 年）

“快乐童年”组图（张一平摄，2022 年）

“大葡萄丰收啦”
（钱萍摄，2020 年）

晨曦中的国际学校（何江明摄，2021年）

新吴交警（蔡红伟摄，2021年）

“幸福时刻”组图（陈丽摄，2022 年）

“新城婚礼”组图（何江明摄，2020 年）

新安农贸市场组图（邵国荣摄，2018 年）

“自强自立”组图（许旦摄，2018 年）

“我们的节日”组图（张物华摄，2015 年）

生态好环境

大溪港组图（新安街道选送，2022 年）

伯渎河美景（顾志健摄，2022 年）

新农村组图（鸿山街道选送，2022 年）

湿地小岛（钱正贤摄，2020 年）

“湿地秋韵”组图（朱建平摄，2022 年）

“湿地秋色”组图（方之艾摄，2022 年）

“湿地精灵”（张惠忠摄，2022 年）

“情系大溪港”组图（汪华摄，2022 年）

绿色家园（尤慧芳摄，2020 年）

“高新区之春”组图
（穆平摄，2020—2021 年）

文体旅繁荣

小小讲解员（相建平摄，2022 年）

乡间盛会（朱晓华摄，2018 年）

夕阳下的广场（吴朱娟摄，2022 年）

古韵梅里（梁立奎摄，2019 年）

非遗——古法麦饼制作组图（张雪芳摄，2016 年）

“知识改变生活”组图（盛建妹摄，2018 年）

二胡制作组图（邹荣兴摄，2022 年）

伯渎河龙舟赛（方俊学摄，2021 年）

梅里共话美丽无锡（诸弘远摄，2021 年）

新吴足球运动风采组图（周明华摄，2022 年）

新吴足迹 2021

1. 党建引领强基固源

1月4日，中共无锡高新区工委（扩大）会议暨中共无锡市新吴区委一届十一次全会召开（区融媒体供图）

2月9日，中国共产党无锡市新吴区第一届纪律检查委员会第六次全体会议召开

（区融媒体供图）

3月11日，无锡高新区(新吴区)党史学习教育动员会议召开
(区融媒体供图)

4月1日，新吴区教育系统党史学习教育动员部署会召开
(区融媒体供图)

6月15日，无锡高新区(新吴区)区四套班子集中学习暨党史学习教育专题读书班开班
(区融媒体供图)

6月18日，“永远跟党走 奋斗新征程”无锡高新区（新吴区）庆祝建党100周年主题歌会举办（区融媒体供图）

7月26日，中国共产党无锡市新吴区第二次代表大会召开（区融媒体供图）

7 月 12 日，高新区党工委（新吴区委）理论学习中心组专题学习习近平总书记“七一”重要讲话精神（区融媒体供图）

9 月 17—18 日，无锡高新区（新吴区）“两新”党组织捐资助学仪式（区融媒体供图）

梅村街道红“梅”万枝庆华诞“五一”红色文旅系列活动——红色梅里护照打卡（区融媒体供图）

2. 发展能级不断攀升

3 月 15 日，法国液化空气无锡二工厂一期及中国数字化中心启用仪式（区融媒体供图）

4 月 20 日，无锡高新区（新吴区）电力能源"碳达峰、碳中和"合作推进会暨签约揭牌仪式（区融媒体供图）

5 月 15 日，华虹无锡集成电路研发和制造基地（一期）65K 扩产项目签约仪式（区融媒体供图）

5 月 20 日，合全药业无锡制剂研发中心开业典礼（区融媒体供图）

5 月 28 日，星洲工业园高通—全讯射频二期项目开工仪式（区融媒体供图）

5月28日，无锡高新区（新吴区）优质人力资源服务机构发布会暨人力资源服务业发展论坛举行（区融媒体供图）

6月28日，无锡力芯微电子股份有限公司首次公开发行A股上市仪式（区融媒体供图）

6月30日，无锡“高新金融谷”正式启动（区融媒体供图）

10 月 18 日，施耐德电气绿色智能制造无锡创新示范园暨灯塔工厂揭牌仪式（区融媒体供图）

10 月 20 日，太湖湾物联网科创人才启航论坛举办（区融媒体供图）

10 月 23 日，2021 年慧海湾物联网产业生态高峰论坛举办东南大学 – 中电海康 MEMS 联合研发中心签约仪式

（区融媒体供图）

12 月 28 日，无锡市与韩国 SK 海力士深度合作视频推进会在无锡高新区举行（区融媒体供图）

3. 产业强区成效显著

1 月 25 日，合全药业新药制剂研发生产三期项目开工仪式（区融媒体供图）

2 月 3 日，无锡空港跨境电商产业园揭牌暨项目签约仪式（区融媒体供图）

2 月 18 日，无锡高新区双招双引大会召开（区融媒体供图）

10月7日，无锡高新区（新吴区）集成电路产业重大项目集中签约暨无锡中韩集成电路产业园正式开工（区融媒体供图）

10月22日，中国物联网上市公司峰会召开（区融媒体供图）

10月27日，德禄柏丽亚太生产研发总部奠基仪式（区融媒体供图）

12月1日，2021年延安市宜川县—无锡高新区（新吴区）苏陕协作联席会议暨产业项目签约仪式

（区融媒体供图）

12月10日，无锡与阿斯利康深度合作视频推进会暨巩钼医药项目签约仪式（区融媒体供图）

12月23日，华虹无锡集成电路生态圈科技园开工仪式

（区融媒体供图）

4. 改革创新优势增强

1月4日，《太湖湾科技创新带无锡高新区（新吴区）发展规划（2021—2025）》《无锡高新区（新吴区）太湖湾科创城高质量发展三年行动计划（2021—2023年）》正式发布（区融媒体供图）

6月，无锡中科德芯光电感知技术研究院中试基地投产仪式，院士工作站揭牌（区融媒体供图）

4 月 16 日，无锡高新区 –LG 化学战略合作协议暨 LG 化学中国技术中心项目签约仪式（区融媒体供图）

12 月 10 日，无锡国际生命科学创新园太湖湾创新基地开工暨无锡高新区生物医药重大项目集中签约仪式举行（区融媒体供图）

5. 产城融合绿色发展

3月3日，无锡高新区召开生态文明建设暨深入打好污染防治攻坚战动员大会（区融媒体供图）

4月20日，打造新吴零碳绿氢示范区暨加氢站启动及氢能源公交开通仪式（区融媒体供图）

4月23日，无锡国际生命科学创新园二期启动仪式（区融媒体供图）

5月13日，2021年鸿山街道乡村振兴项目签约活动暨美丽乡村建设项目集中开工仪式（区融媒体供图）

6月6日，格林美新能源循环经济低碳产业示范园开园仪式（区融媒体供图）

10月26日，双碳战略与能源数字化论坛在高新区成功举办（区融媒体供图）

新吴区藻水分离中心（区融媒体供图）

6. 民生事业强本固源

2月，新吴区为留锡过年的职工家庭送“新春礼”（区融媒体供图）

4月26日，新吴区“庆五一”劳模先进表彰大会召开（区融媒体供图）

5月11日，无锡市新吴区江溪金桥幼儿园揭牌仪式（区融媒体供图）

6月1日，市委常委、高新区党工委书记、中共新吴区委书记蒋敏（前右）带队开展“六一”走访慰问（区融媒体供图）

7月30日，无锡高新区（新吴区）2021年“八一”拥军慰问仪式

（区融媒体供图）

8月9日，区长崔荣国（前左）考察新吴公安大数据指挥服务中心

（区融媒体供图）

9月8日，新吴区庆祝第37个教师节暨"教育高质量发展"推进大会召开（区融媒体供图）

9月18日，全区扫黑除恶斗争领导小组会议召开（区融媒体供图）

9月，海泰特大停车场投入使用（区融媒体供图）

11月24日，新吴区"共同富裕·慈善助力"慈善"一日捐"现场捐赠仪式（区融媒体供图）

10月12日，重阳节区领导率队慰问老人（区融媒体供图）

新吴区长江路周边亮化改造后的夜景（区融媒体供图）

无锡市新吴区新瑞医院远程会诊中心（区融媒体供图）

公共厕所（区融媒体供图）

7. 战“疫”毫不松懈

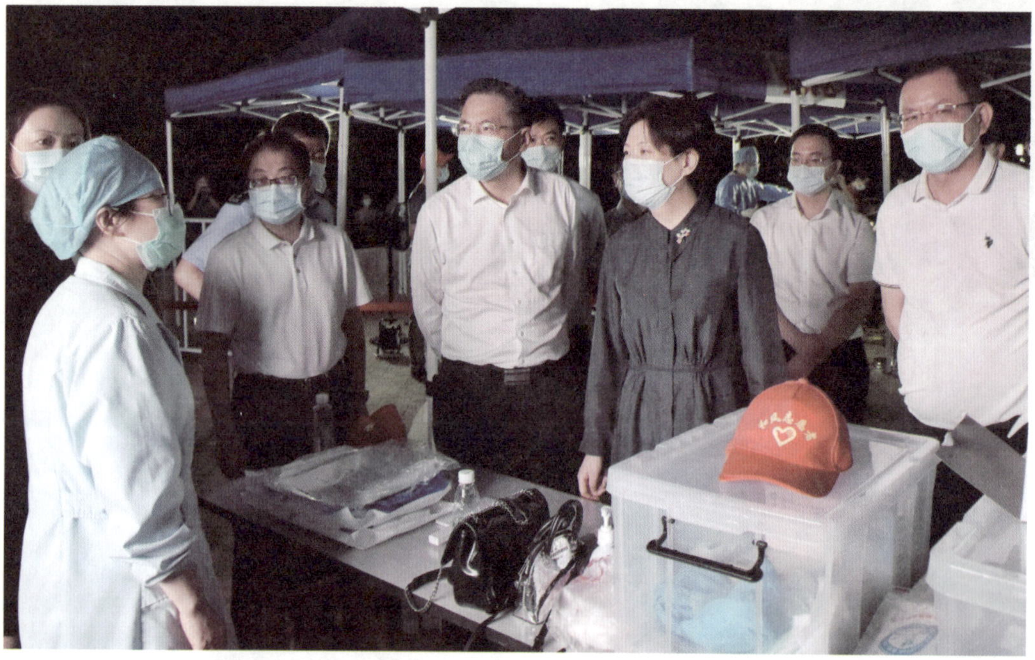

7月29日，区委书记蒋敏（前右二）、区长崔荣国（前右三）考察新安旺庄核酸检测点（区融媒体供图）

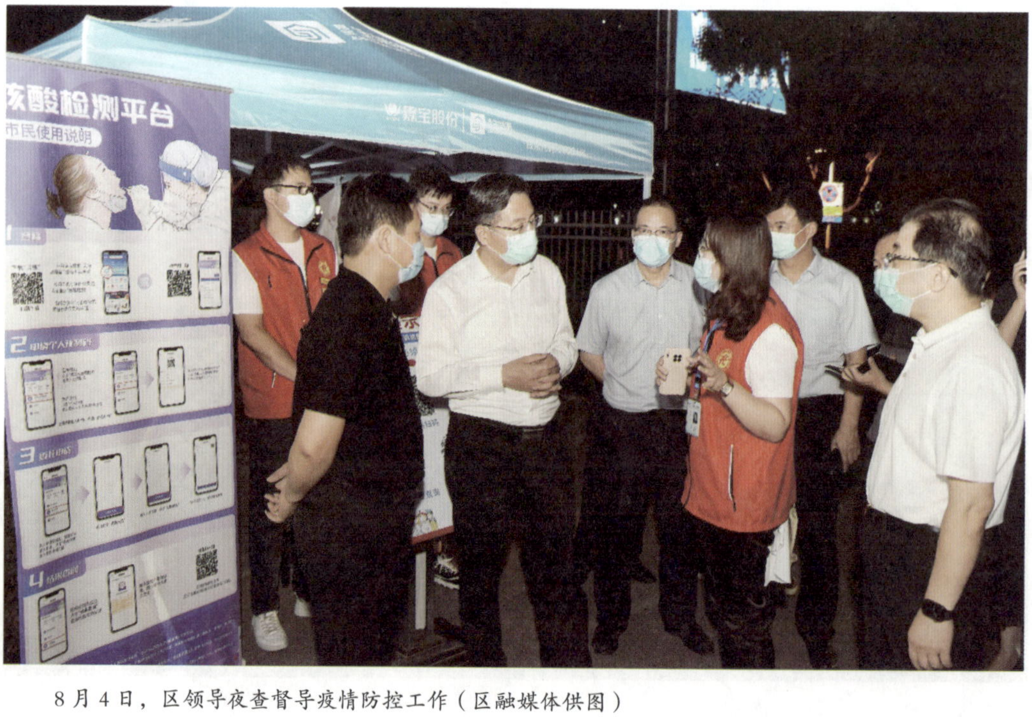

8月4日，区领导夜查督导疫情防控工作（区融媒体供图）

8 月 10 日，新吴城管志愿者在江溪街道曙光社区配合开展核酸检测演练工作（区融媒体供图）

12 月 14 日，区长崔荣国（左二）检查疫情防控工作（区融媒体供图）

8. 文化繁荣彰显特色

8月20日，新吴区梅村街道举办党史学习教育“红色梅里”浸润式党课暨大型原创现代锡剧《华阿全》首演（区融媒体供图）

12月4日，无锡市志愿者嘉年华暨高新区（新吴区）“彩虹巴士”文明实践项目启航活动

（区融媒体供图）

新吴区硕放街道里夫花“享”幸福家园绿化提升（区融媒体供图）

东塘街村（区融媒体供图）

梅里古镇夜景（区融媒体供图）

新安文化广场夜景（区融媒体供图）

编辑说明

一、《新吴年鉴》是新吴区人民政府主办、新吴区档案史志馆编纂的年度资料性文献。本年鉴于2018年开始编纂出版，以马克思列宁主义、毛泽东思想、邓小平理论、“三个代表”重要思想、科学发展观、习近平新时代中国特色社会主义思想为指导，坚持辩证唯物主义和历史唯物主义的立场、观点和方法，旨在全面系统地记述新吴区政治、经济、文化、社会、生态各方面发展的基本情况，为领导决策和管理提供参考，为社会各界认识新吴、了解新吴、建设新吴提供最基本、最新的信息，也为编史修志积累史料。

二、《新吴年鉴（2022）》全面记述2021年（上限自2021年1月1日，下限至2021年12月31日）新吴区各项事业的发展状况和重要成就。记载范围为新吴区行政管辖区域，涵盖新吴区所属部门、街道及驻区企事业单位。

三、《新吴年鉴（2022）》按照分类编辑法，设类目、分目、条目三个层次，部分分目下设副分目，条目为记述的基本形式。类目下有综述，分目下一般先有一简略介绍行业或事业情况的概况，然后按“一事一条”的原则设置条目。

四、《新吴年鉴（2022）》设特载、大事记、新吴概貌、中共新吴区委员会、新吴区人民代表大会、新吴区人民政府、政协新吴区委员会、纪检·监察、民主党派·工商联、群众团体、法治·军事、经济管理、科技创新、数字经济、总部经济、新兴产业、商贸服务业、都市农业、经贸合作、城乡建设与管理、生态环境、教育、文化、医疗卫生、体育、就业与社会保障、社会事业、公共安全、街道、人物·荣誉共30个类目及附录。书后附索引。

五、《新吴年鉴（2022）》所用统计数据，以区统计局提供的数据为主。区统计局以外的部门提供的数据，因统计来源、口径、方法和时间不同而有不同，如需引用应予注意。所用数据采用法定计量单位，个别遵从习惯。

六、《新吴年鉴（2022）》各条目由各撰稿单位确定专人撰写，并经单位主要领导审定。撰稿人姓名署于条目之后，审稿人员名单列于卷首。书中图片由各职能单位提供。

七、《新吴年鉴（2022）》的检索方法有目录检索和索引检索两种。目录编排至条目。索引采用主题分析法编制。

目 录

特载

大事记

新吴概貌

中共新吴区委员会

商贸服务业

都市农业

经贸合作

教育

文化

医疗卫生

体育

就业与社会保障

社会事业

人物·荣誉

附录

索引

无锡市新吴区国民经济和社会发展第十四个五年规划和二〇三五年远景目标纲要（节选）

（2021 年 1 月 12 日区第一届人民代表大会第六次会议批准）

序言

《无锡市新吴区国民经济和社会发展第十四个五年规划和二〇三五年远景目标纲要》依据《关于做好国家高新区十四五规划编制有关工作的要求》《无锡市发展规划条例》编制，明确无锡高新区（新吴区）"十四五"时期国民经济和社会发展的总体思路、发展目标、主要任务和二〇三五年远景目标，是无锡高新区（新吴区）建设创新驱动先导区、新兴产业标杆区、高端人才集聚区、绿色发展引领区、改革开放样板区、产城融合示范区，继续走在全市全省高质量发展前列行动指南。

第一篇　发展方位

第一章　发展基础

"十三五"以来，无锡高新区（新吴区）认真贯彻落实中央精神和省、市委决策部署，积极践行新发展理念，对照争当高质量发展标杆、示范和领跑者的目标，坚定实施"四个走在前列"三年行动计划，围绕现代产业新高地、科技创新新高地、对外开放新高地、产城融合先导区、幸福宜居新城区"两区三高地"发展定位和"强富美高"发展目标，统筹推进疫情防控和改革发展稳定各项工作，顺利完成了"十三五"规划确定的主要目标任务，高水平全面建成小康社会。

综合经济实力显著提升。深入推动供给侧结构性改革，经济发展实现高基数上平稳增长。2020 年地区生产总值突破 1900 亿元，跃居无锡市城区板块第一，人均地区生产总值由 23.3 万元提升至 33.8 万元，增长 45.1%，位居全省城区第一。一般公共预算收 216.2 亿元，税收收入 188.9 亿元，税收占一般公共预算收入比重达 87.4%，税收占比排名居全市第二；一般公共预算收入占 GDP 比重达 11.1%，单位建设用地税收收入 15.6 万元 / 亩，排名均居全市第一。全区以全市 4.8% 的土地面积、8.7% 的常住人口，创造了全市 15.6% 的地区生产总值、20.1% 的财政收入、35.4% 的到位外资和 57.2% 的进出口总额，成为全市乃至全省高质量发展的领跑者。在 2019 年发布的中国强区排名中位列全国第八、江苏第一，在 2020 年中国城市市辖区高质量发展百强排名中位列全国第五。

产业质量结构优化升级。围绕"6+1"产业体系，重大产业项目引进成效显著，SK 海力士二工厂、华虹项目一期、乐友新能源等一批重大项目相继投产，形成产业发展的强劲动力。物联网、集成电路、生命科技等战略性新兴产业快速发展，战略性新兴产业产值占工业总产值半壁江山。推进传统产业与信息技术深度融合，先导智能、威孚高科成为全省首批工业互联网发展示范企业，普洛菲斯电子、小天鹅先后被评为国家级"智能制造标杆企业"，成为全省唯一拥有 2 家智能制造标杆企业的开发区。2020 年，全区高新技术产业产值占规上工业总产值 68.5%。软件服务、科技服务、现代物流等现代服务业快速发展，2020 年，服务业增加值占 GDP 比重达到 40.1%，顺利完成"十三五"目标。基于自身禀赋特点、契合产业发展要求、符合产业发展规律的现代产业体系基本形成。

科技创新能力显著增强。以苏南国家自主创新示范区建设为抓手，加快科技资源引进与集聚，全区大中型企业研发机构基本实现全覆盖。2020年，全社会研发费用占GDP比重达4.2%，万人发明专利拥有量达到150.15件，均为全市第一。发布“创新12条”，促进科技招商、高企培育、人才引育机制不断优化，加速各类创新要素集聚。2020年，入选苏南自创区潜在独角兽、瞪羚企业榜单7家、43家，瞪羚企业入选数位列全省高新区第二，总入选数位列全省高新区第三。入选市雏鹰、瞪羚、准独角兽企业分别为268家、101家、15家，分别占全市总量的22.2%、18.46%、23.81%，入库总数继续领跑全市。华进半导体成为首个集成电路封装领域国家创新中心，无锡国家生命科技创新园不断国际化、品牌化。科创板新吴板块强势崛起，祥生医疗成为全市首家科创板上市企业，累计科创板过会上市企业7家，领跑全市。新增引进和培育国家级专家39名，培育省“双创计划”人才48名、团队4个，培育省市科技企业家100名，培育市“太湖人才计划”创新创业项目191项、区科技创业领军人才153名。大力打造创新平台，建成运营苏南国家自主创新示范区无锡高新区“一站式”服务中心，无锡中关村科技创新园获批国家级科技企业孵化器，微纳园荣获全省首个“亚洲最佳孵化器”奖，“引得来、留得下、有发展”的创新创业生态逐渐形成。

产城融合发展持续推进。完成分区战略规划和重点片区建设规划，以三条城市功能主轴和四大重点发展片区为支撑的城市形态初步呈现。综合交通体系规划建设取得重大进展，无锡地铁3号线一期工程建成运营，飞凤南路快捷化改造和长江路改造顺利完工，城市容貌和交通便捷程度大幅提升。新吴万达广场、梅里古镇相继开业，现代商业综合体加快发展。全面打响“蓝天、碧水、净土”保卫战，深入推进“美丽新吴”建设。太湖水源地保护区生态环境建设全面推进，太湖连续13年实现安全度夏。持续开展背街小巷环境整治、交通停车秩序、违法建设管控专项行动，城市精细化管理水平居全市前列。倡导垃圾分类“新时尚”，住宅小区生活垃圾分类设施覆盖率100%。始终坚持“两山理念”，农村人居环境显著改善，美丽乡村建设绣出亮点，七房桥村被评为全国乡村治理示范村并上榜全国“千村万寨展新颜”展示名单，大坊桥村荣膺全国文明村并被评为省农村人居环境整治示范村。

民生幸福水平持续提高。居民人均可支配收入突破6.3万元。实施就业促进、创业引领、技能就业计划，城镇登记失业率控制在3%以内。聚焦民生领域短板，加强重点民生工程建设，各项社会事业全面发展，公共服务能力显著增强。落实义务教育“以区为主”管理体制，加快新建续建中小学幼儿园，大力招引高层次教师，迈出“幼有乐育、学有优教”坚实步伐。“健康新吴”扎实推进，上海瑞金医院无锡分院、凯宜医院建成运营，SK海力士医院开工建设，区中医医院、康复医院投入使用，国家慢病防控示范区创建工作取得新进展。构建了以“公建民营、智慧养老、医养融合、精神关爱”为特色的养老服务新吴模式，“15分钟优质养老服务圈”基本形成。文体事业快速发展，成立全市首个区级文联，鸿山遗址本体保护展示工程持续推进，民族室内乐《梅里春早》被评为省第十四届“五星工程奖”，梅村二胡产业园正式开园，新四军江抗东进纪念馆正式列入博物馆序列。加强基层治理能力建设，建立社区工作者“1+8”职业体系，区域治理体系和治理能力现代化水平不断提升。

全面开放格局更上层次。积极应对国际贸易新变化，复制推广自由贸易试验区改革试点经验，到位注册外资连续五年领跑全省县区和开发区，战略性新兴产业外资占比超过80%，外资质量有了新提高。加速集聚总部项目，积极拓展“工厂总部化”，累计认定跨国总部和功能机构数全市第一。加快“走出去”步伐，2020年境外协议投资超1.5亿美元。推动综合保税区转型升级，推进“五中心”建设和跨境电商综合试验区建设，深化拓展增值税一般纳税人资格、全球保税维修检测试点，进出口总额全国第五，江苏第二。国际化营商环境持续优化，开通网购保税“1210”模式，实现跨境电商全模式通关，国际邮政互换局获国家批准，冰鲜水产品进口口岸通过国家验收，国家药品进口口岸正式获批。

改革创新活力日益激发。深化供给侧结构性改革，落实减税降费政策，建立小额担保、科技信贷、种子基金、天使基金等全链金融支撑体系。推动产业园区“三优化三提升”改革，完善工业企业资源利用绩效评价机制。优化营商环境，深化“放管服”改革，打造“无难事、悉心办”新吴品牌，承接国家级开发区全链审批赋权193项，开展相对集中行政许可权改革，推进基层整合审批服务执法力量建设，推进“一网通办”和三级政务服务体系建设，在全省率先实现AI审批、“办照即营业”，首创部门联动、五证联发、“拿地即开工”审批模式，华虹项目建设速度刷新行业记录。深化科技创新体制改革，完善高企引育、科技企业分层培育、科技项目准入评估、新型研发机构引育工作机制。推进教育改革，义务教育全面实现“六个统一”。推进医疗卫生体制改革，“市人民医院—新吴区”紧密型医联体建设内涵不断深化，分级诊疗体系进一步健全。推进国有企业“一企一策”市场化改革，

推进混合所有制改革和企业上市。

城区安全水平全面强化。全力防范化解重大风险,地方政府性债务综合监管系统全面推广,未发生系统性金融风险。深入推进扫黑除恶专项斗争,重点解决城市安全突出问题,城市本质安全极大提升。持续开展城市安全集中整治,抓好交通运输、危化品、建筑施工等重点行业领域专项整治,全区城市安全稳定向好。全面落实疫情防控决策部署,出台鼓励激励党员干部打赢疫情防控阻击战十项举措,构建"大数据+网格化+铁脚板"防控机制,疫情防控阻击战取得阶段性胜利,抓紧抓实抓细常态化疫情防控。认真贯彻"六稳""六保"部署,出台支持复工复产政策,精准解决企业经营、百姓就业难题,以最快速度恢复正常生产生活秩序,做好疫情防控常态化背景下的经济社会发展。

第二章　发展环境

第一节　面临形势

"十四五"时期,无锡高新区(新吴区)发展面临复杂的国际国内宏观环境、区域发展形势,既有好的机遇,也有大的挑战。

一方面,尽管新冠疫情重挫全球经济和国际贸易,但中国坚持疫情防控和经济恢复两手抓,做好疫情防控常态化形势下的经济发展,在世界主要经济体中率先实现经济恢复,顺利实现正增长,引领后疫情时代的全球增长。世界科技革命方兴未艾,前沿领域、关键技术进入突破的窗口期,物联网、大数据、量子科技、人工智能、生命科技、新能源等新技术新工艺层出不穷,3D打印、工业4.0、区块链、"互联网+"等新产业、新业态、新模式不断涌现,5G产业发展风起云涌,全球产业发展面临重新布局。国内将全面开启高质量发展新征程,逐步从中等收入国家跨入高收入国家,由高速增长阶段转向高质量发展阶段、由全面建成小康社会转向全面建设社会主义现代化国家,以国内大循环为主体、国内国际双循环相互促进的新发展格局加快形成。持续推动供给侧结构性改革,实施"中国制造2025",发展"互联网+"。稳步推进"一带一路"倡议,长江经济带、长三角区域一体化、自由贸易区等战略。无锡持续推动产业强市建设,打造数字经济、总部经济、枢纽经济三大经济发展高地。聚力推动太湖湾科创带建设,打造无锡创新发展"黄金岸线"。深入推动美丽无锡建设,打造宜居乐业城市。这些都为无锡高新区(新吴区)经济和产业发展带来重要机遇。

另一方面,世界百年未有之大变局加速演变,和平与发展仍然是时代主题,但国际环境日趋复杂,不稳定性不确定性明显增强。新冠肺炎疫情在全球发展愈演愈烈,形势不容乐观,对世界经济形成重大冲击。贸易保护主义盛行导致贸易冲突加剧,国际投资经贸规则和全球治理体系面临新一轮重构,中美贸易摩擦不断反复,对开放型经济发展造成较大影响。制造业中高端向发达国家回流、中低端向发展中国家分流趋势明显,全球产业布局向"近岸化""短链化"转变。国内处于基本实现现代化的起步阶段,面临在较短时期内实现整体跨越"中等收入陷阱"的艰巨任务,经济长期向好的基本面没有变,但面临着全球性、结构性、体制性、周期性等复杂交错的问题。中国科技创新和高新产业发展面临西方大国"科技脱钩"阻挠。城市能级竞争和区域一体化进程交错融合。上海龙头带动作用不断增强,对江苏、浙江等周边区域的"溢出"效应和"虹吸"效应同步显现,苏州、南通、宁波等城市与上海的融合对接更加紧密,长三角生态绿色一体化发展示范区先行先试,走在了长三角一体化发展的前列,宁镇扬、苏通、锡常泰融合发展加快。这些国际国内区域城市发展形势的新变化也给无锡高新区(新吴区)"十四五"发展带来巨大挑战。

第二节　阶段特征

"十四五"时期将是无锡高新区(新吴区)在高水平全面建成小康社会基础上开启社会主义现代化建设新征程的关键时期,面临国际国内发展形势变化带来的新机遇和新挑战,面临勇当全市经济社会高质量发展"全能冠军"的新要求,经济社会发展将呈现一系列新特征。

全面建设社会主义现代化的新阶段。"十四五"时期,无锡高新区(新吴区)要在高水平全面建成小康社会的基础上,全面推进经济建设、政治建设、文化建设、社会建设、生态文明建设"五位一体"总体布局,继续推动经济高质量发展,促进社会全面进步。要在实践中不断探索、丰富、完善社会主义现代化的实现方法和路径,为全市、全省乃至全国实现现代化先行先试、积累经验,始终走在社会主义现代化建设的前列。同时,需要着力解决疫情防控常态化和经济社会高质量发展的协调问题,不断探索基于国内大循环为主体、国内国际双循环相互促进格局下的新的经济社会发展模式,提升经济社会发展的质量,不断增强在危机中育先机、于变局中开新局的能力。

区域战略的融入期。"十四五"时期,无锡高新区(新吴区)面临多重国家战略,要主动对接和融入国家和区域发展战略,将新吴的发展置于国家和区域的大局中进行谋划和考虑。在城市战略上,要深入研究融入长三角一体化战略，主动对接上海，加强与区域中心城市的交流合作，不断提升城市能级和地位。在对外开放上，要不断对接“一带一路”倡议，持续完善开放格局，推动苏南硕放国际机场区域枢纽机场建设，打造全市对外开放“特战队”。在生态环境上，要按照长江经济带“大保护”理念，发挥太湖和大运河的生态优势和潜力，高水平建设宜居城区，成为“闻者愿来、来者愿留、留者能成”最美江南栖息地。在产业发展上，要按照苏南自主创新示范区和无锡国家传感网创新示范区等规划要求，推动太湖湾科创带建设，打造全市最亮眼产业地标和创新发展的最强引擎，提升区域创新能力和产业竞争力。同时，需要着力解决各种战略的相互衔接和融合的问题，需要研究利用和融入各种战略的有效方式，实现政策的叠加效应，加快政策落地，推动政策转化，放大政策效果。

城市形态的成熟期。“十四五”时期，无锡高新区（新吴区）将迎来建区五周年，要按照城市建成区的要求，把美丽新吴建设作为推动“全能冠军”建设的重要抓手，加强城区规划，优化空间布局，完善资源配置，进一步优化无锡高新区（新吴区）生产、生活、生态空间布局，不断展示具有新吴特色的城市风貌和形态。同时，着力解决城区道路交通、社会事业、城市管理、宜居环境方面存在的短板问题，提升重点门户地区的城市品质和形象，打造“最干净城区”，适度增加城区居住人口，打造现代化国际化品质新城区。

产业升级的窗口期。“十四五”时期，无锡高新区（新吴区）作为我国唯一传感网创新示范区，在推动物联网、集成电路、人工智能、5G、区块链等产业优势向构筑数字经济整体优势转变方面处于窗口期。作为制造业基地和民营经济发展高地，在提升资源节约集约利用水平，加快制造业、产业创新优势向总部经济优势转变方面处于窗口期。作为长三角核心区几何中心，华东地区重要物流与供应链枢纽和区域性综合交通枢纽，在加快区位交通优势向枢纽经济优势转变方面处于窗口期。同时，需要着力解决自主创新能力不强、科创人才资源不足等瓶颈约束，以太湖湾科创带建设为抓手，大力引进各类科研机构和科研人才，以科技创新促进产业转型和升级，加快新旧动能接续转换，构建自主可控、安全高效的现代产业体系。

第三章 总体要求

第一节 指导思想

高举中国特色社会主义伟大旗帜，深入贯彻党的十九大和十九届二中、三中、四中、五中全会精神，坚持以马克思列宁主义、毛泽东思想、邓小平理论、“三个代表”重要思想、科学发展观、习近平新时代中国特色社会主义思想为指导，全面贯彻党的基本理论、基本路线、基本方略，深入落实习近平总书记赋予江苏“争当表率、争做示范、走在前列”的新使命新任务，统筹推进“五位一体”总体布局，协调推进“四个全面”战略布局，坚持稳中求进工作总基调，牢固树立和贯彻落实新发展理念，以推动高质量发展为主题，以深化供给侧结构性改革为主线，以改革创新为根本动力，以满足人民日益增长的美好生活需要为根本目的，积极融入以国内大循环为主体、国内国际双循环相互促进的新发展格局，协同推进“一带一路”交会点建设和长江经济带绿色发展、长三角一体化发展等重大战略，加快推进治理体系和治理能力现代化，肩负“新吴兴则无锡兴，新吴强则无锡强”的发展使命，以苏南国家自主创新示范区、太湖湾科创带和无锡国家传感网创新示范区建设为抓手，持续推动科技创新、产业发展、改革开放、产城融合、美丽城区方面走在全市全省前列，勇当全市经济社会高质量发展“全能冠军”，高标准建设创新驱动发展示范区和高质量发展先行区，努力打造高质量发展“新吴模式”，为开启全面建设社会主义现代化新征程开好局、起好步。

第二节 基本要求

深入贯彻习近平总书记视察江苏重要讲话指示精神，全面贯彻省委对无锡市的发展要求，贯彻落实市委对高新区（新吴区）的发展定位，增强“四个意识”、坚定“四个自信”、做到“两个维护”，沿着习近平总书记指引的方向，在率先实现社会主义现代化征程中探路领航、奋勇前行。

——争做全市“争当表率、争做示范、走在前列”排头兵。围绕总书记对江苏“争当表率、争做示范、走在前列”的新使命、新要求，主动对标对表总书记重要讲话指示精神，立足服务全省全市发展大局的角度，坚持探路精神，筑牢开拓意识，勇担先锋责任，在全省全市“争当表率、争做示范、走在前列”上体现高新区（新吴区）的担当作为。

——争创全市“强富美高”建设标杆区。围绕总书记为江苏擘画的“经济强、百姓富、环境美、社会文明程度高”宏伟蓝图，结合时代特色，不断赋予新内涵，持续深化新实践，让“强富美高”成为无锡高新区（新吴区）国际化现代化都市化的代名词，为全省全市推进“强富美高”建设上做出高新区（新吴区）贡献。

——争当全市经济社会高质量发展“全能冠军”。围绕市委提出的“勇当全市经济社会高质量发展的全能冠军”目标要求，自觉贯彻新发展理念，坚

持更高质量发展，着力做好“能级提档、产业提质、动力提升、环境提优”四篇文章，加快打造更具创新力带动力的国家高新区，建设更具国际化现代化的城市主城区，为全市率先实现社会主义现代化建设贡献高新区（新吴区）力量。

第三节　战略定位

无锡高新区（新吴区）“十四五”发展的总体定位是，在高水平全面建成小康社会的基础上，全面开启基本实现现代化新征程。形成符合国际标准，彰显中国特色，具有国家高新区和区（县）域发展特点的一系列经验和做法，始终走在社会主义现代化建设第一方阵前列，为全省乃至全国现代化建设先行先试、率先探路，积极为建设社会主义现代化先行示范区提供“新吴经验、新吴样板、新吴典范”。

创新驱动先导区。坚定不移实施科技创新核心战略，将创新作为引领发展的第一动力，推动苏南国家自主创新示范区建设，推进太湖湾科创带建设，秉持“高”“新”本质，注重技术创新，强调自立自强，加快成果转化，力争重大突破。优化创新创业生态，注重高端资源引接，发展新经济孕育新动能，培育本土双创新星。壮大科技企业规模，鼓励加大研发投入，提升创新研发能力，增强核心实力，塑造竞争优势。促进科技创新、制度创新、开放创新、金融创新多维深度融合，勠力提升国家创新型园区发展能级，将无锡高新区（新吴区）打造成创新要素集聚、实施体系完善、支撑平台有力、创新资源与产业发展高效互动的具有全球影响力的产业科技创新中心。

新兴产业标杆区。持之以恒实施产业强区主导战略，狠抓重大项目投入，大力发展战略性新兴产业。巩固扩大物联网、集成电路、大数据、云计算等新一代信息技术产业的领先优势，形成具有全球影响力数字经济高地。推进集成电路、生物医药等优势产业加快发展，培育更多千亿级产业集群。加快装备制造、汽车零部件等传统产业智能化改造，推动制造业加速向数字化、网络化、智能化方向转型升级。推动创新要素集聚、创新体系完善、创新资源与产业发展良性互动，将无锡高新区（新吴区）建成具有国际竞争力的先进制造业基地和创新型经济发展高地，稳定保持在全国经济百强区第一方阵，擦亮“新吴智造”品牌成色。

高端人才集聚区。发挥“区政合一”制度优势，既突出高新区在营造优质、便捷、高效营商环境方面的优势，又彰显区级政府在统筹强化城市管理和社会治理方面的优势，吸引更多各类高端人才来新吴工作生活。推进产城融合，完善城市功能和民生事业，提升新吴城市品质、生活环境。不断丰富人才资源吸附载体，大力发展高等学校、科研院所、文化教育、健康医疗等人才密集型机构。加快国际学校、国际医院和国际社区建设，吸引更多海内外创新创业人才来新吴工作、生活，使各类高层次人才真正落地生根。

绿色发展引领区。牢固树立“生态优先、绿色发展”理念，落实长江经济带大保护和生态文明建设新要求，努力创建长江经济带绿色发展示范区。坚决打赢“蓝天、碧水、净土”保卫战，加大污染治理和生态修复力度，严守生态红线底线，筑牢生态安全屏障。发展绿色低碳循环经济，提高产业绿色竞争力，加快优化产业结构，加速园区提档升级。健全绿色发展制度，不断提升资源集约利用水平和资源环境承载能力，树立“绿色生产、绿色生活、绿色生态”品牌，打造人与自然、产业与环境、发展与生态和谐共生互融共进的绿色发展引领区。

改革开放样板区。融入长三角区域一体化发展，厚实内生动力，借力“一带一路”建设，融入东亚循环系统，提升开放型经济质效，积极适应国内国际双循环相互促进的新发展格局。持续深化改革，强调内外联动，创新开放平台，创优营商环境，争取更多境外和北上广深等优质溢出资源，吸引更多高质量资本投向重点产业。大力发展总部经济，努力提升无锡高新区（新吴区）在全国乃至全球经济格局和产业分工中的地位和影响力，打造营商环境一流、高企总部集聚、产业地位突出、国际风貌明显的国际化城区，巩固全市开放型经济桥头堡和主阵地优势。

产城融合示范区。高起点规划无锡高新区（新吴区）城市格局、功能定位和产业布局，不断展示具有新吴特色的城市风貌和形态，扎实推进美丽新吴建设。发挥产业发展与城市建设之间相互配合、相互带动、相互促进的作用，以高品质城市功能吸引高质量产业集聚，在产城互动和融合中更好地实现产城发展齐头并进，努力打造具有国际气息、蕴涵现代气质、充满都市活力的宜居乐业新城区。

第四节　发展战略

无锡高新区（新吴区）“十四五”发展，必须立足世界百年未有之大变局，从国家现代化建设战略高度谋划，争创全市经济社会高质量发展的“全能冠军”，突出“八比八提升”，实施创新驱动、产业强区、人才引领、深化开放、区域协同、民生共享六大战略。

创新驱动战略。坚持创新在现代化建设中的核心地位，对接优质科技资源，加快集聚创新要素，全力建设创新平台，持续优化创新生态，不断构建以市场为导向、企业为主体、政产学研深度融合的技术创新体系。积极培育创新主体，形成梯次并进的“创新矩阵”，打造科创板的“新吴板块”。以打造太湖湾科创带“创新大脑”为抓手，推进高新区争先进位，展示“国家级”高新区发展能级，建设全市科技创新高地。

产业强区战略。推动产业基础再造和产业链提升，不断提高产业发展质量。推动制造业和现代服务业深度融合，引导优势企业向科技研发、咨询设计、系统集成延伸拓展。坚持数字经济赋能、总部经济引领、枢纽经济支撑，发力“三大经济”，争当产业升级先行军。推进“6+2+X”地标性产业集群建设，重点打造集成电路、生物医药两条产业强链条，加快构建更为自主可控安全高效的现代产业体系。

人才引领战略。重视人才和人才工作，加快人才强区建设步伐，强化人才作为核心竞争力关键要素在经济社会发展中的战略资源地位，更大力度推进人才引育计划，充分发挥人才在推动经济社会发展中的关键性作用，积累更多更优更具潜力的高端人才资源，以人才优势促创新优势、科技优势和产业优势，为全区社会主义现代化建设提供强大人才支撑和智力保障。

深化开放战略。对外依托“一带一路”交会点建设，加快发展跨境电商、外贸综合服务平台、海外仓等新业态新模式，高水平建设国家跨境电商综试区，加快综合保税区“五中心”建设，全面提升开放型经济发展质量和水平。对内坚持扩大内需、拓展国内市场，释放消费潜能、加大有效投资，增强经济内生增长动力，不断融入以国内大循环为主体、国内国际双循环相互促进的发展新格局，深度融入东亚经济贸易循环系统。

区域协同战略。依托产业优势、区位优势和交通优势，积极融入长三角一体化，加快区域协同发展，高效对接上海大都市圈，深度融入苏锡常一体化，推动区域产业经济、科技创新、基础设施、生态环保等协同项目建设，提升全区集聚辐射功能，增强区域融合的整体合力，打造长三角区域重要发展区块。

民生共享战略。坚持人民至上，贯彻以人民为中心的发展思想，推动以人为本、民生优先、共享发展，将发展成果更多更好地普惠于民，推进公共服务均等化，提升社会保障水平和社会管理能力，提升群众获得感、幸福感、满意度。加强基层组织建设，发挥“大数据 + 网格化 + 铁脚板”作用，不断提升治理体系和治理能力现代化水平，打造平安幸福城区。

第五节 奋斗目标

二〇三五年远景目标。无锡高新区（新吴区）经济社会发展的远景目标是：经济实力、创新能力、城区竞争力明显提升，人均地区生产总值在2020年基础上实现翻一番，居民人均收入在2020年基础上实现翻一番，在全国全省新发展格局中的地位更加突出，在全球具有一定知名度和影响力，经济强、百姓富、环境美、社会文明程度高为内涵的社会主义现代化基本实现，科技发达、产业兴旺、环境优美、宜居和谐的创新型开放园区和现代化主城区基本建成。

二〇二五年发展目标。到2025年，具有新吴特色的现代产业体系和科技创新体系持续巩固提升，现代化经济体系更趋完善。深度融入国内大循环，基本建成促进国内国际双循环的关键节点。深度融入长三角一体化，区域竞争力和综合功能显著增强。生态环境稳中向好，绿色经济体系基本构建，“美丽新吴”建设全面开展。居民收入稳步提升，社会事业和公共服务能力大幅提高，教育现代化、“健康新吴”、文化繁荣取得新成就，社会文明程度达到新高度。平安建设、法治建设达到更高水平，市场化、法治化、国际化营商环境逐渐完善，治理体系和治理能力现代化基本形成，打造国内领先、世界一流的高科技产业园区。

——**聚焦经济发展，树立更高质量新标杆**。扎实做好“六稳”工作，全面落实“六保”任务，统筹推进经济高质量发展。围绕“三大经济”，推进产业强区，聚焦太湖湾科创带，打造“科学城”，争当全市、全省和长三角地区高质量发展的新标杆。

——**统筹社会民生，创造更加幸福新生活**。坚持保就业保民生，筑牢民生底线，提高居民收入，坚持均衡普惠、共建共享，促进文化、教育、卫生、体育、养老等事业发展，让改革发展成果更多更公平惠及广大人民。

——**推进产城融合，建设更具现代新都市**。推动产业发展优势向城市功能完善拓展，实现城市建设与经济建设相同步，现代基础设施网络不断完善，重要枢纽支撑作用明显提升，“数字新吴”城市建设形成基本框架。城市精细化管理更加到位，城市综合功能显著增强，智慧城市建设成效初步展现。

——**推动绿色发展，建成更靓美丽新城区**。城区生态承载力稳步增强，群众绿色发展获得感持续提升，绿色低碳循环发展路径、动力机制基本形成。太湖综合治理深入推进，主要污染物排放持续大幅减少，环境风险得到全面管控，生态环境质量明显改善。不断实现城区建设、生态建设与经济建设相同步，提升城区生产、生态、生活环境质量。

——**实现文化繁荣，建设更高文明新社会**。弘扬社会主义核心价值观，社会主义先进文化繁荣发展，文化产业成为国民经济支柱性产业，公共文化服务体系持续健全，文明城区建设取得新进展，社会文明程度实现新提升。

——深化改革开放，打造更利营商新热土。发挥区政合一的优势，深化"放管服"改革，适应国际国内双循环发展新格局，构建国际一流水准的营商环境，规上市场主体数显著增长。完善宜居宜业宜游环境，城区形象和美誉度不断提升。

——持续创新管理，探索更优治理新模式。完善区域民主法治、社会治理、风险防范体系，区域治理制度体系更加完善，系统治理、依法治理、综合治理、源头治理能力和水平持续提升，不断提高治理体系和治理能力现代化水平。

表 1　　无锡高新区（新吴区）"十四五"经济社会发展主要指标

类别	序号	指标名称		单位	2020 年年末数预计值 / 实际值	2025 年目标数	指标属性
经济发展	1	地区生产总值年均增幅		%	年均 7.6	年均 6 左右	预期性
	2	规模以上工业总产值		亿元	4550	6000	预期性
	3	服务业增加值占 GDP 比重		%	40.1	45	预期性
	4	五年新招引总投资超亿元以上内外资重大产业项目		个	[475]	[500]	预期性
	5	五年新增上市企业数量		家	[11]	[15]	预期性
	6	单位建设用地税收收入		亿元 / 千公顷	23.5	28	预期性
科技创新	7	高新技术产业产值占规模以上工业产值比重		%	69	70	预期性
	8	研发经费支出占 GDP 比重		%	4.2	4.5	预期性
	9	万人拥有高价值发明专利量		件	54.6	70.1	预期性
	10	有效期内国家高新技术企业数		家	900	3000	预期性
	11	五年新增省"双创人才"数量		人	[48]	[50]	预期性
对外开放	12	五年引进到位外资总量		亿美元	[64.4]	[65]	预期性
	13	一般贸易进出口占进出口总额比重		%	28	35	预期性
	14	五年对外直接投资额		亿美元	—	[5]	预期性
生态环境	15	主要污染物排放减少	化学需氧量	%	[12.44]	完成市下达的目标任务	约束性
			二氧化硫	%	约 [46.93]	完成市下达的目标任务	约束性
			氨氮	%	[12.21]	完成市下达的目标任务	约束性
			氮氧化物	%	约 [8.72]	完成市下达的目标任务	约束性
	16	空气优良天数比例		%	78.8	完成市下达的目标任务	约束性
	17	地表水国省考断面优Ⅲ比例		%	75	完成市下达的目标任务	约束性
	18	细颗粒物 ($PM_{2.5}$) 年均浓度		微克 / 立方米	35	完成市下达的目标任务	约束性
	19	单位 GDP 二氧化碳排放降低		%	—	完成市下达的目标任务	约束性
	20	垃圾分类集中处理率		%	85	95	预期性

续表 1

类别	序号	指标名称	单位	2020 年年末数预计值 / 实际值	2025 年目标数	指标属性
生态建设	21	建成区绿化覆盖率指标	%	32.86	34	约束性
	22	林木覆盖率	%	21.3	完成市下达的目标任务	约束性
文化建设	23	社会文明程度测评指数	—	待定	不低于市平均	预期性
	24	文化产业增加值占 GDP 比重	%	6.25	6.5	预期性
	25	人均接受文化场馆服务次数	次	10	不低于市平均	预期性
人民生活	26	耕地保有量	万亩	5.08	完成市下达的目标任务	约束性
	27	城镇居民人均可支配收入	万元	6.3	9	预期性
	28	五年新增城镇就业	万人	约 [8.1]	[8.4]	约束性
	29	城镇登记失业率	%	1.8	≤ 3	约束性
	30	教育现代化水平指数	—	96.23	不低于市平均	预期性
	31	人均期望寿命	岁	83.15	完成市下达的目标任务	预期性
	32	每千人口执业（助理）医师数	人	2.73	2.75	预期性
	33	护理型床位数占养老机构床位数比例	%	80	85	预期性
	34	城镇常住人口保障性住房覆盖率	%	23	23.5	预期性
	35	获得评估等级的社会组织数占比	%	—	50	预期性
	36	美丽社区建设达标率	%	—	90	预期性
公共安全	37	食品抽检量	批次 / 千人	6	10	预期性
	38	单位 GDP 生产安全事故死亡率	人 / 亿元	0.00073	<0.01	约束性
	39	网格规范达标率	%	95	不低于市平均	预期性
	40	每万人刑事案件发案率	万分之	68.9	<66.9	预期性

说明：涉及人均的指标，按常住人口计算。[*] 为累计数据

第二篇 重点任务和发展路径

第一节 推进太湖湾科创带建设

围绕打造太湖湾科技创新带“创新大脑”总体目标，坚持“发展高科技、实现产业化”，着力推进开放协同，构筑以太湖湾科创城为“智核”、五大科技产业园为承载空间、“16+X”科技园为重要支撑的“一城、五组团、多点”发展格局，实施强化创新能力、优化双创生态、培育企业梯队、提升产业能级、筑造人才高地、促进开放协同、制度政策创新、加快产城融合八大重点任务，努力建设创新驱动核心区、新兴产业策源地、双创人才栖息地、拥湖融合枢纽区和改革创新标杆区。

创新驱动核心区——打造太湖湾科创带创新资源的集聚地，汇集高能级创新平台，加强产学研合作和科技成果转移转化，培育创新创业主体，激发大众创业创新活力，强化太湖湾新城科技创新协同，加快形成大开放、大创新发展新格局。

新兴产业策源地——加快产业链和创新链“两链融合”，打造一批高端产业园区，在集成电路、生物医药、物联网、人工智能、智能制造、新能源等重点

领域，不断培育新赛道新增长点，大力发展创新型产业和数字经济，抢占国际产业价值链、供应链高端环节。

双创人才栖息地——以高校院所创新人才、高层级创业人才、企业家及外企人才培育和引进为核心，加快集聚一流高校和一流学科，集聚全球高能级创新创业者，实施更加积极、更加开放的人才政策，形成高端科学家交往空间，营造“以人为本”的创新创业生态环境。

拥湖融合枢纽区——在运河两岸加快建设一批融合兼具未来感和实用性的交往空间、功能场景，完善城市服务功能、提高城市宜居水平，探索产业与城市融合发展新模式，推动科产城人融合发展，构筑宜居宜业宜游的智慧化科技产业新城。

改革创新标杆区——将制度创新作为激发区域活力的重要抓手，全力推进科技产业政策创新、营商环境优化升级，加快探索企业创新积分试点，培育高成长创新型市场主体，形成要素自由流动、市场反应灵活、竞争公平有序的发展新格局。

到2025年，建成引领太湖湾科创带及全市科技创新的新高地，呈现出高水平创新平台量质齐增、优秀人才不断聚集的良好态势，诞生若干标志性科技成果，成为区域重要的创新策源地，新增新型研发机构20家，研发投入占GDP比重达4.5%，规上工业企业研发活动占比达到95.0%，瞪羚企业培育入库170家、准独角兽企业培育入库30家，高新技术产业产值占规模以上工业总产值比重达到70%，每万人发明专利拥有量实现220件，对全市经济社会高质量发展带动作用显著。

第二节　提升技术自主创新水平

加快源头创新平台布局。围绕苏南国家自主创新示范区、太湖湾科创带和国家传感网创新示范区建设，实施“领航计划”，主动对接国家重大战略。争取国家重点实验室、国家技术创新中心、国家工程研究中心等国家级创新平台和重大科技基础设施等在区内布局，重点推动江苏物联网研究发展中心、江苏省物联网产业创新中心、无锡物联网产业研究院等重大创新平台建设。推动设立全球领先的科学实验室和研发中心，开展前瞻性、战略性、颠覆性基础科学研究。加快关键和前沿技术攻关，围绕国家重大战略和高新区“6+2+X”产业创新需求，梳理发布关键和前沿技术清单，出台支持政策，对填补国内空白、国产替代、突破“卡脖子”的重大创新项目给予支持，支持华进、先导等有实力的龙头企业积极参与国家科技重大专项、“科技创新—2030”重大项目、重点研发计划等国家重大创新专项。到2025年，全区重大科技创新平台达到20个，省级及以上研发机构达到150家。

促进科技成果转移转化。支持企业与高校院所合作共建科技成果产业化基地，推进江苏省生产力促进中心无锡高新区科技服务中心等平台建设，畅通技术转移转化渠道，协同建设苏南国家科技成果转移转化示范区。鼓励区内领军企业、科研院所、科技成果转化机构、双创孵化载体，围绕集成电路、软件创意、人工智能、微纳、3D打印等领域，瞄准前沿产品创制、概念产品试制、产学研联合攻关等中试需求，新建一批公共开放型中试基地（平台），为企业提供创新成果熟化落地、二次开发、工程化、工艺化等服务。紧抓建设国家“芯火”双创平台机遇，依托江苏物联网研究发展中心、江南大学科技园、东南大学集成电路研究所等平台载体，面向重点产品研发和行业应用需求，打造数据资源、模型库、计算能力、标准体系、测试评估、信息安全等服务平台，为中小企业提供研发外包、检测认证、技术咨询等共性或关键技术服务。重视知识产权运用，努力拓展运用方式和范围，搭建线上线下相结合的云上技术交易平台，加快江苏省技术产权交易市场物联网行业分中心建设，完善区域技术交易市场。实施技术转移服务机构培育计划，支持科技中介、技术经纪人、专利服务、知识产权运营、咨询评估等机构建设。到2025年，全区集聚各类科技服务机构达到54家，年均技术合同交易额达到90亿元。

加大知识产权保护力度。实施知识产权强企推进计划，培育知识产权密集型企业，争创国家知识产权优势示范企业。引导企业加大知识产权投入，加强知识产权储备、提高知识产权的价值。大力培育专业化知识产权机构，积极引进江苏省技术产权交易平台等资源，构建要素齐全、运转高效、服务优质的知识产权运营服务体系。加强知识产权综合行政执法，建立知识产权侵权查处快速反应机制，推动行政执法与司法衔接。健全知识产权多元化纠纷解决机制，完善市场主体诚信档案“黑名单”制度。推动知识产权国际化发展，实施专利导航预警，重点为企业提供知识产权侵权预警、海外维权服务。到2025年，每万人拥有高价值发明专利70.1件。“十四五”期间，新增PCT专利申请数350件。

第三节　构建综合创新生态体系

建设新型研发机构。加快与北京、上海、深圳、南京等新型研发机构富集聚城市链接合作，加快共建一批产业技术研究院、制造业创新中心、行业技术中心等新型研发机构。加快上海技物所、航天科工706

所、中电38所、省产业研究院等新院所的引进落地，聚焦物联网、生命科技、集成电路等领域，支持优势企业建立企业科技创新中心、技术中心、工业设计中心、院士工作站、博士后科研工作站、检验检测中心等研发机构，坚定企业在科技创新中的主体地位。支持先导、朗新科技、中电海康、小天鹅、药明康德等生态型龙头企业、投资机构等社会力量，聚焦细分行业和专业技术领域，组建科技创新联合体。加快中科德芯光电感知研究院、广电计量华东区总部等项目建设。联动太湖湾科创带“多点”科教资源，深化与江南大学、中电58所、公安部交科所等创新合作，以应用场景供给为手段，共建一批集科学研究、应用研发、人才培养等多重功能的高水平新型研发机构。鼓励研发机构机制创新，支持建立多方主体共同参与的理事会制度。

建设专业创业孵化平台。对标国际一流创新园区，以太湖国际科技园体制机制改革为契机，以“六个一”运营机制为支撑，支持创业投资服务型、专业技术服务型、活动聚合型、综合生态型等多元化新型孵化载体发展，加快智能制造、生命科技领域专业科技孵化器建设。加快完成旺庄科创中心、空港临空产业孵化器等建设，在梅村、江溪等街道布局一批产业加速器、中试研发中心、企业独栋办公楼及定制楼宇等，满足孵化毕业企业扩张生产需求，积极承接和招引周边科技园区产业化项目，完善“众创空间—孵化器—加速器—产业园”孵化服务体系建设。推动中国物联网国际创新园、无锡国家软件园、生命科技园、IC设计园等专业园区打响科创特色品牌，构建科创领域“新吴坐标”。依托苏南自创区一站式服务中心，遴选优秀科技服务机构入驻，完善科技服务业态，扶持本土科技服务机构发展壮大。聚焦重点产业领域垂直孵化，引导科技企业孵化器、众创空间、大学科技园等孵化载体专业化发展。支持国有孵化器引进社会化、专业化和品牌化管理团队，促进科技孵化载体提质增效。到2025年，建成省级以上孵化器、加速器等孵化载体30家以上。

建设特色科技创新载体。支持旺庄、鸿山等街道整合提升各类创新平台，围绕集成电路、生物医药、新能源等主导产业，高标准布局创新资源配置更优、服务水平更高的产业创新综合园区，以新型研发机构为核心，构建从研发到产业化的协同创新网络体系，加速颠覆性技术成果产业化。依托阿斯利康、博世、SK海力士等国际知名企业，积极参与全球科技协同创新，建设跨国公司科技园。支持发展跨境孵化，推动本地孵化器融入境外创新合作网络，有效对接国际创新资源。依托大运河、伯渎港、太湖等生态廊道，探索建设具有创新功能的开放式创新中央公园，依托完善的配套设施和公共服务，引进高水平的孵化器、“微创”空间、城市书房等，打造“中央公园+微创”的科技创新综合体。借鉴先进城市“硅巷”模式经验，结合城市更新和棚户区改造，打造以创新创业为特质的“都市微智造”空间。到2025年，各类科技创新载体出租率达到85%以上。

健全科技金融体系。大力发展天使投资，扩大“金程高新”等政府基金规模，争取市级基金支持，吸引社会资本参与，给予天使投资机构常驻落户奖励。鼓励各类创业投资机构设立天使投资基金，将创业投资前置化，打造从天使、创投到并购接续助力的基金生态体系。推进“高新金融谷”建设，统筹高新区金融资源及金融中介服务，依托新发汇融广场，大力发展股权投资、小贷、科技保险、担保等各类金融业态。支持互联网金融产品、技术和服务等方面的业务创新，丰富“新科贷”“锡科贷”“苏科贷”等创新产品，支持无锡高新区科技金融服务中心加大金融科技探索应用，利用人工智能、区块链等技术手段，为科技创新企业提供线上科技金融服务。加强企业上市挂牌梯队建设，建立直接融资后备企业资源库，联合专业券商机构，助推符合条件的优质企业在主板、科创板及海外上市融资。“十四五”期间，全区新增上市企业15家以上。

营造创新创业氛围。加快建立重点领域产学研创新联盟，打造跨区域双创活动交流的新模式。积极承办“创客中国”“创青春”等国内知名大赛，牵头举办“新吴双创汇”“区科技创新周”等创新创业系列活动，持续开展中小企业项目路演、海外市场对接会等专题活动。加快推动高新区文化体育科技交流中心等新型城市文化综合体建设，打造具备文化、体育、娱乐、艺术、教育、科技等复合功能的地标建筑。引导企业、社团、非营利组织等社会力量参与，高质量建设科普体验中心、专业科普馆等一批特色科普基础设施，培育全社会良好的科学素养。倡导和培育尊重知识、崇尚创新、诚信守法、敢为人先、尊重创业、宽容失败的社会文化，大力弘扬创新文化和创客精神，唱响“科创高新、创业新吴”口号。到2025年，产业联盟或行业协会达到21个，创业载体面积达到350万平方米，省级以上科普教育基地达到10个。

第四节　培育壮大创新型企业集群

打造世界级头部企业。积极实施“龙头培育工程”，聚焦新型物联网、集成电路、生命科技、人工智能等前沿领域，支持区内领军企业抢占行业制高点，集中力量加强前沿技术和应用技术研发，加大对关键核心技术的攻坚力度，形成一批引领世界的高科技项目和产品。提升上市企业能级，积极培育千亿级龙头企业。到2025年，省创新型领军企业累计达到34家。

引育高成长性科技企业。推进瞪羚、独角兽企业梯队培育计划，构建“科技型中小微企业＋大企业裂变＋外部引进”的源头供给体系，打造大中小企业梯次并进的创新矩阵。加强瞪羚企业与“潜在独角兽企业库”对接，通过“一企一策”方式推动独角兽企业培育，探索开展“孵现独角兽”系列活动，挖掘和帮助企业发展壮大，加强与中关村、上海、深圳等高成长企业集聚地区的链接合作，吸引瞪羚独角兽企业在无锡高新区布局。“十四五”期间，新增创新型初创企业550家。到2025年，全区有效期内国家高新技术企业达到3000家。

鼓励科技企业平台化发展。引导华润微电子等企业开展众包设计、产业链协同研发、协同设计等研发设计新模式，推动先导智能等装备制造企业实施大规模个性化定制、网络化协同制造、云制造等新型制造模式。支持大企业打造创新生态圈，鼓励阿斯利康、朗新科技、华进半导体等龙头骨干企业搭建大数据、检测认证等开放性平台，垂直整合产业链上下游企业资源，建立协同创新生态圈，加快实现从企业单打独斗向产业链协同共存的良性竞争循环转变。

第五节 打造创新创业人才高地

深入实施专项人才计划。大力推进“太湖人才计划”“飞凤人才计划”，加大领军人才创新创业政策力度，大力引进符合国家重大战略需求的“高精尖缺”和“卡脖子”领域海内外高层次人才。强化“双招双引”联动机制，推进以产聚才、研发机构聚才模式，引导产业技术人才来高新区创业发展。实施一系列配套保障政策，探索领军人才项目滚动支持机制和产业人才扶持政策，强调政策品牌效应，吸引高端创业人才落户。开展“飞凤人才”项目路演，探索以人才信用为支撑的“人才贷”“人才投”“人才保”等业务，擦亮“飞凤人才”品牌。织密招才引智网络，加大在京津、沪宁杭、广深等地区以及海外布局招才引智工作站和离岸孵化器，招引一批高层次人才、留学生来高新区创新创业。到2025年，全区人才总量达到33.3万人，引育创新创业领军人才项目350个。“十四五”期间，新增省“双创人才”数量48人以上。

大力引育高端国际人才。拓展国际人才引进渠道，重点在前沿科技创新领域吸引外籍顶尖人才、战略科学家、技术移民、高级工程师等外国专家人才和团队来我区发展。提升国际人才生活工作环境便利度，加快营造国际小区、国际街区、国际社区等类海外生活环境，加强高端人才公寓、国际学校和国际医院等配套设施建设，健全外籍人士基本公共服务权益保障与衔接机制，提高全区国际化水平。重视对人才的稳定和使用，积极营造“尊重知识、尊重人才”的良好社会氛围，让更多高端人才有成就感、认同感和获得感。

积极培育产业技能大师。抢抓精尖人才导入，通过引入一批生命科技、人工智能、新能源等产业领域的重大项目，重点集聚和培养能够把握世界创新趋势的科技创业者、创新型企业家。大力弘扬劳模精神、劳动精神、工匠精神，围绕传统制造业转型升级需求，大力培育“首席技师”“技能专家”，推动小天鹅、华光锅炉等传统制造企业联合江南大学、东南大学等高校院所共建技术服务中心、生产性实习实训中心，培育行业的特质工匠人才，打造大师工作室。

第五章 高定位谋划产业强区，塑造先进智造新品牌

第一节 构建“6+2+X”先进产业集群

着力发展具有国际影响力、国内领先以及高成长性的“6+2+X”先进产业，重点打造物联网、集成电路、生物医药、智能装备、汽车零部件、新能源等地标性先进产业，加速发展高端软件和数字创意、高端商贸和临空服务等现代服务业，前瞻性布局人工智能、氢燃料电池、第三代半导体等前沿技术领域未来产业。

打造六大地标性产业。持续发展物联网产业。以无锡国家传感创新示范区新一轮发展规划纲要为统领，高标准建设国家传感网创新示范区，推进中国物联网国际创新园、鸿山物联网小镇、中电海康无锡物联网产业基地等载体建设，持续举办世界物联网博览会，充分发挥江苏物联网研究发展中心、江苏省物联网产业创新中心、无锡物联网产业研究院等重大创新平台的战略引擎作用，加快培育国家物联网产业创新中心，打造世界级物联网产业集群。到2025年，物联网产业规模力争突破2800亿元。重点发展集成电路产业。提升集成电路全产业链发展水平，优化无锡国家“芯火”双创基地、国家集成电路特色工艺及封装测试创新中心等载体，持续推动华虹集成电路研发制造基地一期扩产和二期新建、华润微电子产业升级、海辰半导体8英寸晶圆等一批产业链重大项目建设。依托国家集成电路设计产业化基地、无锡国家集成电路设计产业园、江苏集萃智能集成电路设计技术研究所、深度感知技术研究所等平台，围绕5G、人工智能等领域，提升芯片设计能力。加速建设先导集成电路装备与材料产业园和SK海力士集成电路产

业园，加快打造世界级集成电路产业集群。到2025年，集成电路产业规模达1300亿元，培育上市企业5家。大力发展生物医药产业。以创新药物及制剂、医疗器械及诊断试剂、智慧医疗及健康服务为重点，放大“产业链+朋友圈”招商模式的乘数效应，加速重大项目落地。推进中欧（无锡）生命科技创新产业园二期建设，新建30万平方米专业化现代生物医药产业综合体，持续提升生命科学载体发展能级。充分发挥阿斯利康、纽迪希亚等行业龙头的影响力与带动力，加大招引全球优质4D企业，支持尚沃医疗、三联生物、迪哲医药等科技创新骨干企业向价值链高端攀升，加快推进药明康德合全药业项目、济民可信生物医药创新技术产业化项目和新药项目等投产，努力建成国内一流的生物医药产业新高地。到2025年，生物医药产业规模达1350亿元，生物医药企业达450家，培育上市企业5家。加快发展智能装备产业。强化基础配套能力，积极发展以数字化、柔性化及系统集成技术为核心的智能制造装备，重点支持光伏、锂电池、氢燃料电池、集成电路、自动化生产线等高端智能装备发展，进一步鼓励企业加强具备世界领先技术的首台（套）重大装备的开发应用。到2025年，智能装备产业规模达1500亿元，培育上市企业3家。提升发展汽车零部件产业。依托国家级汽车零部件产业基地，做强节能环保型汽车零部件产业，做大高效集成类乘用车零部件产业，打造汽车电子芯片产业联动，促进智能网联汽车产业生态建设，培育氢燃料电池汽车核心竞争力。到2025年，汽车零部件产业规模达1100亿元，培育上市企业1家。积极发展新能源产业。重点发展光伏组件及装备、锂电池及正极材料、氢燃料电池、新能源汽车用电机及电控产品、智能化供电系统。到2025年，新能源产业规模达1000亿元，培育上市企业1家。

加速发展现代服务业。壮大高端软件和数字创意产业。充分发挥无锡国家软件园品牌效应，以江苏省信息技术应用创新技术协同攻关基地建设为抓手，以云计算、大数据、人工智能、5G应用为主攻方向，重点支持物联网、软件与信息服务、大数据与人工智能产业等数字密集型服务业。大力引进运算控制、操作系统、数据库等领域重点企业，提升自主基础软件、安全软件、网络可视化产品质量。依托国家文化出口基地、国家广告产业园集聚优势，积极打造数字创意产业高地。到2025年，高端软件和数字创意产业规模到1370亿元。聚焦高端商贸和临空服务业。抢抓苏南硕放国际机场打造区域性枢纽机场机遇，加快临空产业核心区建设，着重培育临空物流、临空服务总部、大数据服务基地、电子商务基地、临空高端商务商贸等特色产业集群，促进机场、产业、城镇融合发展，加大对周边区域的辐射带动作用，争创国家级临空经济示范区。加快推进综合保税区研发设计、物流分拨、检测维修、销售服务等中心建设，不断壮大“保税+”服务，着力发展特色优势服务业。到2025年，高端商贸和临空服务业产业规模达2000亿元。

前瞻布局未来产业。发展人工智能产业。推进人工智能芯片和智能控制产品研发及应用，加强算法理论、图像识别、自动驾驶等重点领域的关键技术研究，发展面向智能制造的系统解决方案，培育一批智能终端企业。到2025年，人工智能产业规模达100亿元。发展氢燃料电池产业。依托博世中国氢燃料电池中心和先导智能氢燃料电池智能制造装备国际竞争力的优势，加快建成国内领先的氢燃料电池产业集聚区和应用示范区。到2025年，氢能源核心产业规模达100亿元，培育具备全国影响力的燃料电池及核心部件、智能制造装备企业15家，建设国内领先的燃料电池研发、检测、服务机构5个，建成加氢站2座，开通示范线路5条，形成产业链协同发展机制。发展第三代半导体产业。面向以氮化镓、碳化硅等为代表的第三代半导体材料应用领域，贯穿产业研究、标准检测、材料技术、装备制造、封装应用等全产业链，促进技术研发应用。到2025年，第三代半导体产业规模达30亿元。

第二节　加速新旧动能转换

深入实施智能制造。鼓励企业对应用于设计、生产、物流、销售和服务等产品全生命周期的装备进行数字化、网络化、智能化改造，扩大数字化、智能化装备的应用范围和规模，落实企业“上云”计划和两化融合贯标计划，夯实企业智能化建设基础，提高企业上云质量。聚焦关键技术研发能力突破、重点行业智能化转型、工业互联网融合提升、智能制造试点示范和智能制造服务平台培育等五大工程，打造成长三角区域智能制造样板区、工业互联网品牌核心区。推进智能化示范建设，发展智能制造新模式，创建标杆企业，发展灯塔工厂。进一步降低企业发展智能制造的技术门槛和成本，推动区域和行业智能制造发展。“十四五”期间，新增智能制造标杆企业5家，新增示范智能车间100家。

大力发展数字经济。实施数字经济“六大行动”，推动数字产业化、产业数字化和城市数字化，争创全国数字经济示范区。提升数字经济技术创新能力，瞄准数字科技前沿领域，力争数字核心技术重大突破，以数字创新激发深层次产业变革，释放创新活力。强化数字经济技术运用推广，促进物联网、大数据、人工智能、5G 等新一代信息技术产业与制造业、服务业和农业的深度融合和创新应用，支持数字产业关键环节新技术、新产品推广应用，强化数字经济新技术、新产品的市场培育。培育数字经济新业态，聚焦工业互联网、互联网医疗、共享经济、平台经济等新经济业态，发挥以物联网为龙头的新一代信息技术产业优势，提升数字化转型的技术供给能力，壮大数字经济新引擎，持续形成新经济增长点。加强数字经济新场景应用推广，聚焦智慧城市、车联网、智能制造等场景建设需求，加强数字技术集成创新和融合应用，促进全市应用场景有序建设与开放，以“高含金量”的场景为企业技术创新和商业拓展提供有效路径。强化数字经济企业招引，加大对数字经济各产业链的“强补延造”，积极对接行业 + 互联网龙头企业和高成长型企业，针对产业链薄弱环节精准招引。到 2025 年，新增各类数字经济领域企业 2500 家，实施重大政务信息化项目 30 个。

着力发展总部经济。以引进跨国公司和国内大企业地区性总部为重点，鼓励国内外大企业集团整合华东、长三角和苏南资源，在本区设立区域性总部。支持企业在本区设立研发、销售、采购、结算、物流等功能性总部，持续推进“工厂总部化”。支持优势企业总部扎根高新区，加速成长壮大，助力进一步激活企业发展新动能。大力宣传全区总部经济发展战略，打造高新区总部经济高地的品牌形象，研究出台配套扶持政策和基金，建立省、市、区三级总部经济企业管理服务体系，营造总部经济企业引育的优良产业生态。围绕“6+2+X”重点产业，大力招引总部经济项目，抢抓太湖湾科创带建设发展机遇，特色发展数字型总部经济、枢纽型总部经济以及未来产业总部经济企业集群，将主要生产要素和相关资源聚焦总部经济，提升区域总部经济的发展能级和集聚密度。到 2025 年，全区集聚各类总部企业 500 家以上，其中引进培育综合型总部 200 家、生产研发型总部 150 家、利润提升型总部 150 家。

加快工业集聚区提档升级。优化园区发展思路，加大改革创新力度，深入实施工业企业资源利用绩效评价，突出“产出、效益、消耗、环境”论英雄，杜绝“重规模轻质量”的惯性操作，强化全要素综合评价，综合正向激励和反向倒逼作用，加大低效土地和厂房腾退力度，有序清退“散乱污”企业。采取引资扩股、引技转型、腾笼换鸟、靠大联强、以企引企、劣汰优进等措施，盘活利用闲置厂房和存量土地资源。对引进的符合园区主导产业的重点企业和重大项目用地优先安排。对引进的集约化程度高、投入产出比高、综合效益好的新型工业项目用地给予重点倾斜。发挥国有资本的影响力和带动力，通过购地建设、统租统管、兼并重组等模式，分批次深度参与园区优化提升。探索工业上楼新模式，鼓励社会资本参与标准厂房建设，探索园区“土地入股、载体入股、服务入股”等新模式。进一步完善园区“六个一”运营机制，积极探索“产业基金 + 园区建设 + 项目导入 + 人才引进 + 园区运行”招商新路径，加快工业集聚区向现代产业园区转型。到 2025 年，通过政策引导扶持，疏解退出一般性制造业 2000 家，优化提升工业用地面积 15000 亩，新建高标准厂房 300 万平方米，实现园区产业结构、综合环境、载体模式“三优化”，产出效益、创新能力、管理能力“三提升”，促进传统工业园向生态产业园、科技创新核、城市功能区转型。

第三节 推动服务业转型升级

做大生产性服务业能级。大力发展科技服务、信息服务、物流服务、商务服务、金融服务五大生产性服务业，提升服务业业态和盈利水平。以建设太湖湾科创带为中心，超前布局研发服务载体，提升研发设计、创业孵化、技术转移等科技服务业发展水平。“以数字产业化、产业数字化”为主线，以软件和信息、云计算、大数据、5G 应用为主攻方向，扩展信息服务应用领域，提升信息服务产业基地影响力。推进国家干线机场、区域枢纽机场和环太湖国际门户枢纽建设，巩固提升区域物流枢纽地位。把发展总部经济作为做大做强商务服务业的核心内涵，扩展各领域新型商务服务。加大银行、保险、证券、租赁等金融机构引进力度，增强金融服务实体经济能力。

加速发展生活性服务业。进一步改善消费环境，促进服务业提质扩容增效。布局和建设一批综合性消费休闲广场、专业街区及社区集成服务载体，推动旅游服务、健康服务、养老服务等成长性好的生活服务业优质发展，大力探索体验经济、首店经济、夜间经济等新模式，支持布局远程办公、在线教育、远程医疗、在线娱乐等网络消费，构建多层次、多元化现代生活服务圈，提升消费载体国际化、数字化和便捷化水平。

深化“两业”融合发展。大力推进制造业服务化，加深先进制造业和现代服务业产业融合程度，鼓励传统制造业向产业“微笑曲线”两端延伸，探索推进“两业”融合发展有效机制。加快推动服务业制造化，鼓励服务业企业深度嵌入制造业全产业链，推动服务智能化、产品化、定制化发展，强化服务业对制造业的引领和支撑作用。支持服务业企业面向先进制造领域，提供高端科技研发、现代供应链、产品生命周期管理、现代物流等功能服务。完善深度融合公

共服务平台，构建深度融合的产业发展生态圈。推进7家省市级服务业集聚区扩大规模、提档升级，新增一批市级以上服务业集聚区。关注科技服务、设计创意、会展咨询等智力密集型服务业发展。推进食品产业园建设，深化与工业、现代物流服务业融合，培育冷链、电商、保税、跨境物流等食品业态，推进食品产业结构调整和转型升级。全力推进国家特殊食品研发和检测平台建设，促进特殊食品产业在全国的领先地位。"十四五"期间，培育"两业"深度融合试点示范项目30个以上。到2025年，全区服务业增加值占GDP比重达到45%，培育营业收入超千亿元服务业集聚区1家。

第四节　推进产业基础高级化和产业链现代化

强化产业发展基础。协调产业链上下游资源，滚动实施一批工业强基项目。协同实施核心基础零部件和元器件、先进基础工业、关键基础材料、产业技术基础"四基"工程。围绕高端芯片等核心基础零部件、第三代半导体材料等关键基础材料、精密及超精密加工等先进基础工艺等领域，推广先进基础工艺，突破一批基础零部件和材料关键技术，提升产品可靠性和一致性，提高产业基础能力。依据国家和省、市部署，在传感器、存储器等重点领域实施"一条龙"应用示范项目，促进整机（系统）和基础技术互动发展。

突破掌控产业关键技术。开展数字核心技术攻关，瞄准大数据、人工智能、5G/6G、区块链等数字经济前沿领域，重点突破智能和微型传感器、高端芯片、基础软件、工业软件、大数据智能、数据安全、云操作系统、智能芯片等核心技术。扎实推进质量强区工作，积极打造各类质量标杆企业，加大各级质量奖培育力度，积极引导企业参与制修订团体、行业、国家、国际标准，在国内乃至国际上获得更多行业主导权和话语权。

依托龙头企业做强产业链。集聚培育一批在产业链中具有"链主"地位的引领型企业，建立并壮大"链主经济"。围绕重点产业集群，聚焦世界企业500强、中国企业500强、中国制造业企业500强，出台产业集群龙头骨干企业认定办法，加大政策措施扶持力度，着力引进一批具有先进技术和经营模式、具有资本优势和市场优势的"强链"项目。加快推进华虹一期扩产及二期、中电海康无锡物联网产业基地、朗新科技产业园、海尔物联生态基地、药明康德合全药业、闻泰5G超级智慧产业园、华勤技术无锡研发中心等重大项目建成投产，集聚掌握标准制定权、行业话语权、市场主导权，具有国内外影响力的行业领军企业。

优化产业链发展生态。聚焦产业链短板和关键环节，制定产业集群招商指导目录，编制产业招商地图，为产业链招商提供精准导向。围绕重点产业集群"补链"，着力引育一批具有资本、技术、品牌、集成优势，有较强产业链整合能力的快速扩张性企业，特别是终端产品和整机企业。紧盯重点产业集群融合、衍生、裂变和迭代趋势，瞄准相关领域重点企业和研究机构的重大项目、关键技术、核心平台，加快推动重点产业集群的"延链"和"造链"。复制推广阿斯利康中国生态圈大会、商业创新合作伙伴大会的成功经验，支持知名企业举办各类产业链生态圈拓展活动，提升高新区在优势产业链生态圈的品牌地位。

提升产业链整体竞争力。推动国内国际市场间联动发展，促进产业链、价值链和创新链同步提升。深入分析集成电路、物联网、高端装备制造等重点产业集群核心部件国外依存度，支持企业开展国内供应商本土试制和产业化，有效提升核心产业链自主生存能力。探索外向型产业链市场优化路径，加快推进部分市场国内替代。

第六章　高起点融入国内循环，开启畅通高效新征程

第一节　扩大有效投资支撑

推动重大项目建设。秉持"产业为基、项目为王、人才为舵"核心发展理念，发挥重大项目对拉动投资的关键作用，以项目促投资，以投资增效益，以效益稳人才，夯实经济社会发展强大后劲。聚焦战略性新兴产业、先进制造业、现代服务业等领域，着力引进培育建设一批龙头型、总部型、旗舰型产业项目。完善重大项目招引决策和激励机制，推动用地、资金、环保指标等要素向重大产业项目倾斜，建立板块间的统筹协调和利益平衡机制。深化重大项目服务，优化重大产业项目"拿地即开工"审批新模式，加快重大项目建设进程。加强重大项目全链管理，形成洽谈储备一批、开工建设一批、竣工投产一批的良性循环。到2025年，全区新招引总投资超亿元重大产业项目500个以上。

强化政府投资引导作用。充分发挥有效投资对稳增长、调结构、促转型、惠民生的关键作用，发挥政府投资导向作用，引领带动民间资本扩大投资规模，优化投资结构。加大政府投资力度，实施重大科技攻关、现代产业、基础设施、城乡统筹、生态环境、公共服务等领域重点项目，提高投资精准性和有效性。健全完善政府投资项目"储备库、三年计划、年度计划"推进机制，统筹安排、规范使用各类政府投资资金。

*鼓励投资多元化发展。*扩大民间投资，放宽社会资本投资领域，鼓励和引导社会资本以独资、合资、合作、联营、项目融资等方式进入基础设施、公用事业及其他行业和领域，参与项目建设运营。加快布局新型基础设施投资，构建5G、车联网、人工智能、工业互联网、城市轨道交通、智能电网、云计算和大数据中心等新型基础设施体系，推动应用创新，助力稳定经济增长、促进产业升级。

第二节　提高供给体系质量

*注重产业产品高端发展。*聚焦产业集群和未来产业，实施进口产品替代工程，以应用研究牵引基础研究，力争在集成电路、生物医药、人工智能、高端装备等重点领域关键环节率先取得突破，融入内循环提升进程。开展质量提升行动，支持国际国内标准对接，支持内外需产品“同标同线同质”生产，引导制造业企业向产业链供应链下游延伸，扩大优质终端产品供给。

*强调供给保障要素优质化。*发挥人力资本关键作用，建立健全人口素质提升、产品和服务质量改进、劳动者报酬增加、消费市场扩张的良性循环机制。鼓励本土骨干企业链条式、集群化、协同型拓展国内市场，建立健全出口产品转内销精准支持体系。提高现代流通体系供给质量，提升空港枢纽能级，推进物流业转型升级，降低社会物流成本，挖掘航空物流、港口航运、铁路货运、公路货运等资源潜能，加快发展智慧物流、供应链物流、口岸物流、快递物流、冷链物流等新业态新模式，构建现代高效流通体系。

第三节　全面释放消费潜能

*聚焦消费业态多元化发展。*加快发展新型消费，增强优质商品和服务供给，营造良好消费环境，加快构建多层次消费空间体系和“智能+”消费生态体系。加大消费供给，顺应服务性、个性化、享受型消费升级趋势，推动衣食住行等实物消费品质化发展，促进商贸餐饮、旅游休闲、文化创意、健康养老等服务消费提质扩容。

*加大消费平台载体建设。*积极推进全区商业布局规划，着重培育具有跨区域影响力的特色商圈和商业街，注重高档酒店、商务接待等高端商务配套设施的建设。加快推进泰山路万达、站前宝龙城市综合体、百联奥特莱斯二期等重大商贸载体建设，构建现代商圈网络新地标。依托海尔云裳衣联网等省级特色信息消费体验中心，发展线上服务与线下体验相融合的沉浸式体验消费模式。推动传统文化与旅游开发融合发展，打造特色文旅长廊。依托梁鸿湿地、伯渎港等生态资源，推进文旅康养产业深度融合、互动创新。打造集文化体验、民宿度假、农事体验、民俗观赏、休闲游憩于一体的生态养生高地。

*强化消费政策引导。*支持布局智能消费、远程办公、在线教育、远程医疗、在线娱乐等网络消费市场，促进线上线下新零售模式发展，培育本地网络消费品牌，促进线上线下有机融合。加大财政金融支持新消费力度，引导和支持社会资本进入服务消费领域。健全线上线下一体化监管机制，加大对平台型消费供给主体的监管力度，开展重要产品追溯，营造诚实守信、放心便捷的消费环境，依法保障消费者合法权益。

第四节　打造区域流通关键节点

*积极发展枢纽经济。*加快发展区域协同融合、基础设施畅通、临空产业集聚、配套要素支撑的枢纽经济。依托苏南硕放国际机场的区域性枢纽机场建设，推进和苏州相城区合作设立枢纽经济区，联动空港经济开发区，共创国家级临空经济示范区。发挥航空快件中心、国际邮件互换局、跨境电商监管中心作用，建设现代物流体系，加快推进南临空研发服务园、北临空航空装备园、临空枢纽商务集聚区和国际邮政互换局建设，支持苏南硕放国际机场创建全国快递产业集聚发展示范区。到2025年，建成各类枢纽型功能平台20个以上，集聚营业收入超亿元以上临空企业200家以上，全区枢纽经济总量达到千亿级规模。

*以关键节点定位融入促进双循环。*打造链接国内国际，推动双循环相互促进的关键节点。促进要素在更大范围畅通流动，支持有条件的企业跨区域布局仓储物流和加工生产环节，加快融入区域经济循环。强化长三角协同，统筹要素资源配置，推进制造升级、创新升级和消费升级，构建高效畅通的内部经济循环体系。充分利用苏南硕放国际机场的区域枢纽作用，加大与上海虹桥枢纽的对接合作，扩大枢纽对上海大都市圈区域的辐射范围，更好融入经济双循环体系。

第七章　高水平引领对外开放，开创国际合作新局面

第一节　加快对外贸易转型升级

*优化外贸发展结构。*抢抓区域全面经济伙伴关系协定（RCEP）签署、中欧投资协定谈判完成的契机，加快推进争创自贸区创新联动区工作，在稳住日韩、港台、美欧等重点市场基础上，积极拓展“一带一路”沿线国家等新兴市场。巩固集成电路外贸转型升级

基地创建成果，实施贸易促进计划，积极参加广交会、中国—东盟博览会、世界智能制造大会等重点展会，扩大高技术、高质量、高附加值产品的出口规模。支持培育一批国际化、专业化的文化创意代理机构、服务贸易平台、服务贸易品牌企业，集聚发展技术贸易、文化贸易、市场采购贸易、软件业务外包等新型服务贸易业态，鼓励特色文化产品和艺术品出口，打造区域性数字贸易中心。到2025年，全区进出口总额全市第一的地位得到进一步巩固，外贸结构持续优化，一般贸易进出口占进出口比重达到35%以上。

丰富外贸服务业态载体。加快集聚优质资源要素。扩大服务业对外开放，积极拓展技术、文化、金融等知识型服务贸易领域，鼓励企业从生产加工环节向产品研发、设计、渠道、品牌推广等高附加值环节延伸。完善和扩大线上展会平台的功能和规模，提升企业网上参展成效。大力发展跨境电商，加大对核心优势突出、行业影响力大、市场前景广阔、带动效应明显的龙头平台企业的引进力度，带动中小跨境电商集聚发展，优化跨境电商网购保税模式，打造一流跨境电商产业链和生态圈。积极争创国家服务贸易创新发展试点和特色服务出口基地。

积极参与国际市场流通。深度融入东亚地区产业链、供应链分工合作，逐步提高东亚经济循环中的地位和层级，重点推进中日韩产业发展合作示范区建设。放大进博会溢出效应，加快建设进口商品和出口转内销商品的区域性枢纽节点。鼓励企业构建境外供应链中心，在全球范围实现原料采购、加工生产和运输分销等环节资源高效配置。鼓励企业与国际知名高校联合开展人才定制培养，引进储备熟悉海外市场的高端人才。

第二节　促进利用外资提质增效

加大外资招引力度。始终秉持“产业为基、项目为王、人才为舵”核心发展理念，强力推进“双招双引”头号工程。聚焦区内优势企业和支柱产业，紧盯新一代信息技术、生物医药、智能装备、现代服务业等重点产业，瞄准日韩和欧美等重点国别和地区，紧盯著名跨国公司，主动出击、精准对接，在招大、引强、选优、择好上下功夫，持续引进一批优质外资项目。按照“目标精准化、考核精细化、队伍专业化”要求，打造高素质的专业招商队伍。“十四五”期间，全区到位外资总量达到65亿美元以上。

提升外资招引质效。发挥省、市鼓励跨国公司设立地区总部和功能性机构政策作用，引导外资企业总部化、基地化发展，做优总部经济发展特色。推动引资与引技引智相融合，鼓励外资企业设立研发中心，加大研发投入，实施产品升级和技术改造，培育国际化科技人才队伍。

拓宽外资招引渠道。积极实施“百渠工程”，拓展招引机构名录资源，强化中介招引能力。围绕“6+2+X”重点产业集群，精准导航突出产业链主题招引。打响“日资高地”“韩资板块”“欧美组团”特色品牌，依托企业精英，积极开展二次招引，推动以商引商。加快海外驻点招商实施步伐，建立招商海外代理人制度，抢抓优质信息资源。

第三节　深化国际科技产业合作

加速融入东亚循环。积极参与推进东亚经济一体化进程，搭建与日韩的高端经贸合作平台，探索参与东亚地区制造业分工合作机制，拓展东亚市场，形成东亚区域产业小循环，构建更加稳定更为安全的区域性产业链供应链。创建中日韩（江苏）产业合作示范区，深入推进中韩（无锡）科技产业合作示范区建设，加快中欧（无锡）生命科技创新产业园、中日韩未来产业园规划建设。依托无锡太湖国际科技园等园区，瞄准装备、技术、人才等领域，加强与欧美、日韩、东盟、东欧、以色列等国家的科技园区合作，探索“两国双园”“姊妹园”等园区合作新模式。

推动跨国合作共赢。加强与国际知名高校在合作研发、技术引进、人才交流等领域深化合作，开展多层次创新主体对接活动，拓展海外科技创新资源。打造高效国际创新合作网络，搭建一流国际科技创新平台，发挥现有技术转移中心作用，推动跨国技术转移合作。培育壮大跨境产业链，融入全球研发设计、生产制造、营销服务链条，鼓励工程机械、新型能源、船舶海工等领域企业承揽或参与境外重大基础设施和工程项目。支持企业参与海外并购重组，推动境外投资向研发、生产、销售全链条拓展，融入全球产业链、价值链中高端体系。支持企业实施技术、资产、品牌的并购行为，通过并购获得品牌、技术、营销渠道，鼓励境外并购项目回归发展。“十四五”期间，全区对外直接投资额达5亿美元。

第四节　提升开放载体发展能级

打造一批开放功能平台。全面复制推广自贸区改革试点经验，争取设立江苏自贸区创新联动区，更大力度争取省级、国家级开放开发功能平台落地，着力在特色创新产业园区、智慧园区、服务贸易、跨境电商、中外合作园区等领域实现突破。加快推进综合保税区高水平开放高质量发展，深化综合保税区一般纳税人资格试点，加快推动保税维修、保税研发、跨境电商等创新业态发展。支持无锡航空口岸做大做强，推动 7×24 小时通关保障。

激发开放园区发展活力。做大做强中国物联网国际创新园、星洲工业园、空港产业园、集成电路产业园、生命科技园、软件外包园、快递产业园、广告产业园等园区，创出特色和品牌。扩大先进技术和设备进口，重点进口战略性新兴产业、传统产业技术改造、高新技术和高附加值产业急需的先进技术、关键设备和稀缺资源性产品，加快推进全国性集成电路和生物医药进口集散基地建设。开展特色创新示范园区创建活动，鼓励引入市场化运营管理模式，支持园区在政策允许和权限范围内制定招商引资优惠政策，探索推广“产业基金＋专业园区”招商引资和市场化运作模式。

提升国际流通服务水平。支持洲际货运航线稳定运行，进一步扩大药品、冰鲜水产品等口岸功能的业务规模，加快国际邮件互换局建设，提升国际寄递服务能力，构建高效畅通的国际物流循环。推动物流企业加强平台化管理和资源整合，提升国际转运、仓储配送等服务水平和效率，提升跨境电商与航空物流、快递物流服务的融合度，深度融入国内国际供应链体系，高效服务“双循环”发展要求。

第五节　打造国际一流营商环境

持续深化体制机制改革。加快推动规则、规制、管理、标准等制度型开放，以高水平制度供给更好参与国际合作和竞争，推动构建“亲”“清”政商关系，着力打造市场化、法治化、国际化的一流营商环境。持续推进“不见面审批（服务）”业务流程标准化、协同化与便利化，深化“一件事”改革，实现政务服务就近能办、异地可办、区域通办、全程网办。统筹实施降低企业负担的一揽子政策，健全支持民营经济、外商投资企业发展的制度环境。深化商事制度改革，推进“双随机、一公开”监管全覆盖，加强和完善事中事后监管体系，推进协同监管、规范监管、创新监管。

优化完善发展服务环境。融入国际知识产权创造、保护与服务体系，高标准建设物联网知识产权运营服务平台，形成尊重和保护知识产权的良好法制环境和舆论氛围。完善国际商务服务体系，推行国际贸易“单一窗口”标准版。加强以企业征信体系为基础的监管信息共享和综合执法制度建设，推进信息互联互通平台体系建设，建立部门间数据交互共享机制。

促进投资贸易便利化。完善外商投资市场准入制度，全面实施准入前国民待遇加负面清单的管理制度，深入推进“备案制”改革，构建与国际接轨的体制机制。推动出口规模型外资企业优化物流供应链，不断提高本地出口比例。以加快外贸转型升级，积极争创国家服务贸易创新发展试点和特色服务出口基地。支持优势企业开展跨国经营和并购重组，推动本土企业实现全球化采购、全球化制造、全球化营销，加快企业国际化步伐。

第八章　高站位深化全域统筹，擘画现代都市新蓝图

第一节　融入长三角一体化战略

高效对接上海大都市圈。主动对接上海“五个中心”建设和“四大品牌”发展战略，抢抓“溢出效应”，重点引进优质人才、技术和投资项目。支持综合保税区复制投资经营便利、贸易自由化等领域政策措施，鼓励共建专业平台、共育高端项目。融入上海国际金融中心建设，引导中小企业、科创企业到上海主板和科创板上市融资。加快鸿山旅游度假区建设，更好满足上海市民在休闲度假、健康休养等方面需求，打造上海文旅康养“后花园”。全面对接上海优质教育、医疗等公共服务资源，积极引进上海高校院所和高层次医疗机构到高新区建办分校、研究院或分支机构，提升同城化水平。

联动关键节点一体发展。加强与南京科技创新合作，支持引进南京高校院所，主动对接技术创新和成果转移转化应用。加强与杭州在数字经济、新经济等领域合作力度，推进鸿山物联网小镇建设。加大与苏州相城区的区域协作力度，围绕苏南硕放国际机场区域性枢纽型机场建设，以空港经开区为主体，推动苏锡协同发展区规划建设。探索实施苏锡一体化交通衔接、生态文化和乡村旅游协同发展项目，共疏互联渠道，共推生态治理，共建文化走廊，共兴乡村新貌，共享发展硕果。

加大重点领域协同合作。强化“科创＋生态”区域协同发展理念，构建环太湖科创共同体，打造科创产业创新区。推动环太湖区域市、县区合作，建设环湖生态防护林带，打造环太湖生态休闲带。加大太湖协同治理力度，配合实施望虞河拓浚工程，严格落实太湖退渔还湖工程，大力实施太湖水环境综合治理，深化生态补偿制度，高标准做好太湖大溪港湿地环境修复。深入推进南北共建，携手徐州经开区，加快无锡徐州工业园区建设，合作共建“省级创新试点园区”。

第二节　优化区域发展空间结构

科学布局城市发展结构。发挥无锡高新区（新吴区）制造业企业集聚度高、产业创新能力强、枢纽机场辐射力广等优势，按照“产城人文绿全面融合”的空间发展理念，围绕创新驱动先导区、新兴产业标

杆区、高端人才集聚区、绿色发展引领区、改革开放样板区、产城融合示范区“六区”定位，以国际化创新型城区和高端要素枢纽区为发展导向，加快构建“一核三轴五板块”的空间结构，加快从“开发区”向“主城区”“科学城”转型。“一核”为由临运河中心、临空中心、太科园中心组成区域空间发展极核，“三轴”为运河创新活力发展轴、新华路综合服务发展轴和伯渎港风景人文发展轴，“五板块”为硕放国际枢纽港、旺庄江溪产创活力区、梅村吴韵梅里园、鸿山魅力新水乡以及新安智慧运河城。积极构筑望虞河、伯渎港、大运河、太湖湾生态环，彰显新吴水乡特色。

第三节　完善区域板块功能定位

太科园（新安街道）。充分发挥苏南国家自主创新区核心区的科创优势，发展物联网、生命医药、高端软件和数字创意产业，推进科研平台和创新孵化载体建设，加大新一代信息基础设施建设，完善现代化国际化社区服务功能，高标准打造沿太湖观光带，营造多元融合宜居环境，树立“智慧园区”“生态园区”新典范，构建全球科创高端资源集聚地、前沿技术研发地、创新成果转化地。

空港经开区（硕放街道）。充分发挥区位优势、产业优势和交通优势，聚焦临空服务、生命健康、新一代信息技术等支柱产业，厚实航空装备、智能制造装备、临空物流等基底产业，推进国际生命科技园、苏南快递产业园建设，加快推动空港新城规划建设，完善空港集疏运体系建设，大力发展新型物流和总部经济，联动苏州相城区打造枢纽经济区，争创国家级临空经济示范区，打造长三角临空经济发展新极点。

旺庄街道。大力发展集成电路、智能装备、新能源、生物医药产业，推进先导集成电路装备与材料产业园、智能装备小镇和国家电子商务示范基地建设，承接临空枢纽经济发展效应，提速城市更新，高标准推进城中村改造，高质量建设站前产城融合区和外下甸产城融合创新园，着力打造产业集聚、科技赋能、生态宜居、民生幸福和安全发展高地，全面建成具有国际气息、现代气质、都市活力的旺庄城区新风貌。

江溪街道。着重发展现代服务业和科技数字产业，推进总部经济园、研祥深港科技园和创投基金大厦载体建设，构建国际高端服务业集聚区，加快产业转型升级，提升民生服务水平，积极吸引市区中心城区功能和商贸服务东向延伸，以建设全区靓丽门户为己任，打造转型升级新高地、产城融合新示范、品质城市新样板。

梅村街道。大力发展汽车零部件、高端装备、新能源、新材料和文化旅游产业，加快推进田园片区、伯渎河景观带建设，擦亮梅里品牌，打造文旅精品，持续推进学校、社区卫生院、养老院等一批民生实事工程的实施，彰显文旅强、产业优、环境美、教育佳的片区特色，打造全区转型升级、产城融合、文旅名城、幸福家园新样板。

鸿山街道。大力推进省级旅游度假区、物联网小镇和美丽乡村建设，突出产业与生态融合，科学规划和利用空间资源，唱响绿色生态品牌，争创乡村振兴示范区，打造区域性绿色发展新典范、和美幸福新家园、农文旅一体化新地标。

第四节　建设现代基础设施网络

完善基础交通网络。加快推进机场集疏运体系建设，持续完善锡兴路等机场周边路网设施，提高机场内外交通循环畅通效率。提升机场区域服务能力，协同推进S2锡宜线及其北侧延伸线、苏锡常都市快线建设，扩大苏南硕放机场的辐射范围。加快区内快速路网体系的规划建设，提升市域内交通便利度，协同推进G312、雪梅路、具区路等快速路以及菱湖大道等主干路一体化建设，推进城南路延伸、兴昌路南延、泰山路跨线桥、新光路上跨沪宁高速、锡义路东延等5条交通主干路，增强空间快速集散能力。优化区内轨道交通体系，配合开工建设地铁5号线、4号线二期工程，加强公交地铁线路循环对接，增进与老城区、太湖新城、蠡湖新城、锡东新城和无锡东站的交通联系。加大苏锡间互联互通，推进望虞河大桥、后港公路、金马路等联通路桥的建设，打通断头通道，配合加快地铁3号线东延对接苏州地铁14号线的规划建设。加快无锡内河港新安大桥作业区建设，充分发挥二类口岸作用，拓展服务覆盖范围，鼓励水路物流运输模式，降低企业运输成本。

强化城市流通运管。加大对城市道路基础设施的运营管理，创新交通引导方式方法，加强道路交通拥堵路段管理，改善交通环境，缓解交通压力，提高通行效率。加密优化公交线路，强化硕放枢纽与梅村、旺庄、太科园、鸿山、太湖新城的直达联接。切实关注民众停车需求，结合交通规划布局，规划实施瑞穗樱花游园、冷渎港体育游园停车场等一批重点停车场建设，加快停车场信息化、智能化建设，鼓励构建P+R换乘系统。加强电动自行车和电动汽车智能集中充电点（桩）建设和管理。到2025年，全区公共交通出行分担率达到32%以上，全区停车信息实现共享。

推进新型基础设施建设。推动“数字新吴”城市建设，加快城市数字化转型，超前谋划布局新型数字基础设施，高水平推进5G、车联网、人工智能等新一代基础设施建设，加强窄带物联网、云计算和大数据中心等功能性新型基础设施建设，推动工业互联网、智慧交通、智能电网、智慧城市、智慧环境监测等应用型新型基础设施。加快建设一批技术先进、应用效果显著的人工智能平台，促进政务大数据和社会大数据融合。加快建设城市大脑，搭建整体协同的数字政府，构建信息共享、应急反应、联勤联动的智慧指挥决策体系。加大数据安全保护力度，构建信息基础设施安全保障体系。

第五节　推动产业载体特色发展

做大做强优势产业园区。通过加密与太科园、高铁新区站的道路联系，完善机场及周边地区的航空口岸功能，推动港产城一体化发展，加强与周边区域联通互动，争创国家级临空经济示范区。做大做优中国物联网国际创新园、太湖国际科技园、星洲工业园、综合保税区、集成电路产业园、生命科技园、软件外包园、快递产业园、广告产业园等现代产业创新园区，做精做强SK海力士、阿斯利康、中电海康、海尔、中关村、本码、朗新、先导、闻泰等科技产业园区，做特做靓鸿山物联网小镇和旺庄智能装备小镇。聚焦地标性产业集群，加快建设A区新一代信息园、B区高端装备园、C区生命健康园、D区新能源新材料园、空港临空经济产业园和梅村未来科技产业园等品牌产业园。

推动产业创新综合载体建设。加快工业集中区“三优化三提升”进程，打造一批空间利用率高、技术水平高、产出效率高的特色产业创新园区。加快推进中韩产业园、星洲工业园2.5产业园等一批产业创新综合园区的建设，通过打造一批“生产、生活、生态”融合发展的产业创新综合园区，以高品质空间吸引创新要素加快集聚，加快创新要素产业化转化，推动产业化项目提质增效发展。推进太科园科技和信息服务、空港临空枢纽商务和现代物流、旺庄IC设计、江溪工业博览、梅里文旅、鸿山医疗康养等现代服务集聚区建设。

第六节　持续推动城乡深度融合

促进乡村协调发展。实施乡村振兴战略，推进以人为核心的新型城镇化建设。加快农业农村现代化，优化城乡生态文化要素配置，以生态绿化打通城乡空间隔离，以基础设施建设畅通城乡融合主动脉，以产业和文化织密城乡联结网络，加快补上“三农”发展短板。根据规划发展村的资源禀赋、文化底蕴和生态环境，完成村庄规划编制。分类推进村庄建设，充分评估特色保护类村庄的文化和风貌价值，实施严格保护和积极修复，整治提升一般村庄的居住环境。高质量编制区土地征收成片开发方案，推进重点区域成片开发，引导区域综合开发建设，促进节约集约用地，推动区域协调发展。加快推进城乡管理一体化，强化农村住房建筑和景观设计，促进空间形态与自然风貌相协调，充分展现江南水乡特色风貌，实现“一区三带”乡村振兴发展愿景。

加快现代农业产业发展。积极培育农业优势产业，大力发展都市旅游农业、农业文化创意产业。推进现代农业提质增效，进一步擦亮特色“农”字牌，提升优质稻米、精品葡萄等品牌影响力。扎实推动“百企建百园”工程，积极推进农业经营主体“接二连三”，塑造农业龙头企业集群。加强智慧农业建设，积极培育农业科技企业，建成“智慧农业云”平台，不断提升农业农村现代化水平。发展精品农业和订单农业，主动对接电商平台等销售渠道，探索由供应链拉动的反向定制模式。

深化农村综合改革。健全城乡融合发展机制，推动城乡要素平等交换、双向流动，增强农业农村发展活力。推动新技术、新模式、新业态与农业农村深度融合，建立健全支持家庭农场、农民合作社、现代农业企业等新型农业经营主体发展的政策体系和管理制度，创新村级集体经济组织管理模式。健全城乡统一的建设用地市场，积极探索激活集体经营性建设用地的政策措施。深化农村土地制度改革，完善农村闲置宅基地和闲置农房政策，协调推进农村住房建设。深化农村产权交易市场建设，促进农村集体产权流转溢价增值。优化农村公共服务体系，加快农村信用体系建设，完善农业保险制度，加强农村集体“三资”管理监督。健全乡村治理体系建设，提升乡村治理水平。

建设生态和美乡村。依托大运河、望虞河、伯渎港和梁鸿湿地公园生态资源，深度挖掘鸿山国家考古遗址公园、鸿山泰伯景区、七房桥、大坊桥民居和西仓古村等文化资源，推动梅村产城旅融合发展项目建设，加快打造集文化体验、养老亲子、体育拓展、乐活探幽、民宿度假、农事体验、民俗观赏、休闲游憩、水乡情趣、乡野情怀于一体的生态养生高地。

第九章　高质量优化公共服务，树立民众幸福新标杆

第一节　保持人口长期均衡发展

科学把控人口发展要素。依据现有人口基础、产业发展需求、配套保障资源等要素，分析人口变化趋势，制定人口发展政策，保持区内人口总量动态平衡。逐步优化人口结构。推进生育政策与经济社会

政策配套衔接，适度提高生育水平。坚持男女平等基本国策，重视妇女儿童健康成长。积极应对人口老龄化，建立健全居家为基础、社区为依托、机构为补充的健康养老服务体系。优化人口产业布局，引导人口结构与产业结构良性互动。有效调控人口分布。构建科学有效的流动人口政策，引导人口按主体功能区优化方向就业与转移。适度增加人群，特别是高端人才的集聚程度，实现人口分布与区域发展、城市布局、产业集聚的更高水平协调度。重视提高人口素质。抓好优孕优生优育，提高出生人口素质。加强公共卫生服务体系建设，普及健康教育，推进全民健身，持续提升人口健康水平和人均预期寿命。深化教育改革，构建公共教育服务体系，提高人口文化素养，加强人才队伍建设，重视各领域各层次人才的培养。

提升人口服务管理水平。重视人口数据的监测分析和预测预报，加大人口数据开发和开放利用。健全人口服务管理体制机制，推进基本公共服务共享，不断拓展基本公共服务覆盖面，实现基本公共服务常住人口全覆盖。构建涵盖常住人口的公共资源配置机制和社会治理长效机制，推进社区流动人口社会融合服务建设。深化户籍制度改革，坚决落实非户籍人口落户政策。落实外来人口居住证管理制度，建立健全非户籍人口市民化支持体系。

健全家庭发展支持体系。增强家庭发展能力，完善落实以家庭为单位的税收、抚育、赡养、教育、社保、住房等政策，提高家庭福利水平，促进家庭和谐幸福。精准开展重点人群健康服务，完善妇幼健康服务体系，优化生育全程服务，提高出生人口素质。提升0~3岁婴幼儿照护服务发展水平，加快普惠性托育机构建设。到2025年，全区各街道至少建成1家具有示范引领作用的婴幼儿照护服务机构，每千人口拥有0~3岁婴幼儿托位数达4.5个。

关心重点人群生存发展。保障妇女合法权益，促进妇女全面发展，严厉打击拐卖妇女儿童、暴力侵害妇女、弃婴等违法犯罪行为，营造有利于女孩健康成长和妇女发展的社会环境。加强未成年人保护，保障儿童优先发展，助力全市创建儿童友好型城市。促进青年优先发展，培养青年良好品质，全面支持青年毕业求职、创新创业、社会融入、婚恋交友、老人赡养、子女教育等领域需求，鼓励青少年更多参与志愿服务和社会公益活动，有效预防青少年犯罪。

第二节 促进高质量就业与居民增收

强化就业优先政策。以破解结构性就业矛盾为目标，实施更加积极的就业政策，建立经济发展和扩大就业的联动机制，以经济社会高质量发展促进高质量就业与居民增收。扎实推进稳就业、惠企业各项工作，持续开展“春风行动”等专场招聘活动，运用“免缓返降补”多种手段，因企因人分类帮扶，鼓励创业带动就业，促进多渠道灵活就业。重视发展人力资源服务业，强化政府引导，鼓励社会资本进入，规范人力资源市场秩序，健全完善现代化人力资源市场体系。持续跟踪企业用工状况和需求，探索建立与劳务输出重点地区的常态化沟通合作机制。“十四五”期间，新增城镇就业8.4万人以上，城镇登记失业率控制在3%以内。

关注重点群体就业帮扶。深入推进高校毕业生就业创业激励扶持计划，落实大学生就业各项补贴政策和创业支持政策，鼓励高校毕业生来新吴就业创业。完善就业困难人员就业援助制度，优化困难对象认定办法和退出机制，确保“零就业家庭”动态清零。落实鼓励企业吸纳就业困难人员的社会保险补贴、公益性岗位补贴等政策，加大公益性岗位的开发力度，多渠道做好去产能职工、退役军人安置工作。强化退役军人服务保障体系规范化标准化建设，探索建立退役军人培训、就业、创业基地，营造尊崇军人的浓厚氛围。多渠道扶持残疾人自主创业和灵活就业，为适龄残疾人建立就业档案，提供高质量精准就业服务。

持续优化创业就业生态。健全创业援助与利益分享机制，不断扩大中小微创业群体，促进重点群体多渠道就业。积极推进新时代产业工人队伍建设改革，构建一支有理想守信念、懂技术会创新、敢担当讲奉献的高素质产业工人队伍。健全终身职业技能培训体系，优化技能晋升与成长激励机制，拓展普通劳动者发展空间。健全劳动关系协调机制，强化工资收入支付保障制度，推行集体协商制度，构建和谐劳动关系。

切实提升居民收入水平。全力打好聚焦富民主动仗，创造民生幸福的全面小康新生活。拓展居民增收空间，多渠道增加居民经营性收入、财产性收入，着力提高居民股权红利收入，引导居民参股创办企业，或出资入股、联合投资建设一批经营风险小、预期回报好的经营项目。优化收入分配格局，健全社会保障、社会求助、转移支付等再分配调节机制，发挥慈善事业等第三次分配作用，改善收入和财富分配格局。“十四五”期间，全区居民可支配收入增长与经济增长保持同步，劳动报酬增长与劳动生产率提高保持同步。

第三节 推动教育高质量发展

提升教育现代化水平。“十四五”期间，新建改扩建幼儿园20所以上、中小学15所左右，累计增加学位3万余个。实施人才强教战略，加大高层次教育人才引育力度，完善“三全五级”教师培养体系，深化“三名”工程建设，不断壮大名校长、名教师、名学科组、名班主任等“三名+”队伍，加强师风师德建设，重视教学水平提升和责任感培养。到2025年，全区“3551”人才达到600名，骨干教师占比达到35%以上。打造一流教育高地，深化新吴区优质教育发展共同体建设，推进与国内“双一流”大学、知名中小学校合作办学，不断充实完善“5+11+11”集群化办学体系，推动学校内涵式特色化发展，实施“高峰”计划，打造10个以上名校（园）群。到2025年，全区教育现代化水平进入全省第一方阵。

促进教育优质均衡发展。扩大学前教育普惠性优质教育资源供给，提升办园品质和保教质量，学前教育普及普惠水平省市领先。坚持“办一所优一所”，加快优质教育资源引进培育，持续提升义务教育学校内涵质量，在全市率先创成全国义务教育优质均衡发展区。建立区域初高中衔接协同发展机制。重视职业教育发展，加快高级技工培养，促进职业教育与产业发展紧密联动，鼓励长三角职业教育联盟化发展，支持无锡科技职业学院等职业教育院校高水平发展，复制推广村田、SK海力士、华虹等产教融合经验，打造职业教育“新吴范例”。积极引进世界知名高校来区办学，探索建立国内高校与区内学校“联合智造”项目平台，提升高等教育对基础教育的辐射引领作用。完善特殊教育服务体系，提升融合教育资源覆盖率，加强残障青少年职业教育和社会适应性技能培训，搭建成才就业通道。扩大教育对外合作交流，推进中小学国际理解教育，实现教育国际化水平省内领先。构建智能型终身学习体系，建设全国社区教育示范区。

深化教育领域重点改革。推进育人方式变革，大力发展素质教育，实施基础教育“5+N”高品质创享行动，加快新吴教育“至新”“自然”课程体系建设，促进学生德智体美劳全面发展。深化人事制度改革，健全师德师风建设长效机制，加大“飞凤人才”教育高层次人才引进，推动全员教师“区管校聘”，优化职称岗位晋升，完善绩效考核制度，实施义务教育教师编制单列管理，推进公办幼儿园教师编制备案管理，全面激发教师队伍活力。创新民办教育特色发展机制。落实新时代教育评价改革，建立健全“五位一体”教育评价体系，完善立德树人体制机制，加快教育治理能力和水平提升。深化教育督导体制机制改革，以优化管理体制、完善运行机制、强化结果运用为突破口，提高教育督导质量和水平。

第四节　推进“健康新吴”建设

提升公共卫生服务能力。健全突发公共卫生事件应急体系，提升各类突发公共卫生事件的监测、预警、处置和救治能力。建立应急资源储备和采购供应机制，提高应急物资的配置效率。完善疾病预防控制体系，实施疾控中心达标建设和能力提升工程，推进区公共卫生大楼高效运转，完善基层公共卫生服务网底，创新医防协同机制。深化慢性病防控综合示范区建设，提升全人群全生命周期的慢性病防治管理服务，加强癌症筛查和早诊早治。强化职业病危害源头治理，完善职业健康监管服务体系。建立健全精神卫生服务网络，加强心理健康服务和行为干预。推进流动人口基本公共卫生服务均等化。加强公共卫生人才队伍建设，加大政策保障和政府投入。

优化医疗卫生资源配置。完成区中医医院、区妇幼保健院建设工程。大力实施办名院、建名科、增名医“三名”战略，主动融入长三角一体化战略，加快完善上海瑞金医院无锡分院服务功能，探索高端人才柔性流动和联合培养机制。建设整合型医疗服务体系，加快提升人民医院新安分院、区中医医院和区康复医院的医疗服务水平，积极发展医联体、专科联盟、专科领建等模式，支持高水平医疗机构与基层医疗机构开展在线医疗服务合作，促进优质医疗资源下沉，强化基层卫生人才队伍建设，提升基层医疗卫生服务能力。到2025年，每千人口执业（助理）医师数达到2.75人，二级及以上综合性医院符合标准的老年医学科建成比例达到省定目标。强化专（学）科体系建设，积极融入长三角专科联盟，错位发展辐射全区乃至全市的特色专科。加强院校合作和资源共享，推动医疗、教学、科研工作协同，形成相互补充、相互促进的良性循环。提高卫生健康信息化水平，加快发展智慧医疗和远程医疗服务，建设区域卫生健康信息平台，探索推进健康医疗互联网服务。推动中医药传承创新发展，积极开展基层中医药工作示范地区创建，坚持中西医并重和优势互补，提升中医药综合服务能力。引导发展非公立医疗机构，加快形成多元办医格局，扩大优质医疗资源和服务供给。鼓励社会办医，推动SK海力士医院重点项目建设，加快形成多元办医格局。提升家庭医生签约服务覆盖面，探索家庭病床服务，构建和谐医患关系。

推动医药卫生体制改革。深化分级诊疗制度改革，构建合理有序就医格局。深化公立医院改革，完善符合医疗行业特点的绩效考核和人事薪酬制度。推动基层医疗卫生综合改革，完善基层医疗卫生机构运行补偿机制。深化药品、医用耗材集中带量采购制

度改革，完善竞争充分、价格合理、规范有序的药品供应保障体系。深化医疗卫生行业综合监管制度改革，加强全行业、全要素、全过程监管。

提升全民健康素养水平。落实“预防为主”方针，对标“健康GDP”，积极开展健康促进县区建设，持续开展居民健康素养提升行动、全民健康生活方式行动和爱国卫生运动，因地制宜建设群众看得见、用得上的健康场所和设施，加快构建体医融合的运动健康服务体系。充分利用物联网、生命医药产业优势，联动产业园区与医疗机构建设，融合区域健康产业的先进技术与资源，延伸健康服务产业链条，积极培育数字健康、移动医疗、养老康复等健康服务新业态，支持服务无锡国际生命科学创新园、智慧体育产业园等园区持续健康发展。

第五节　提高养老服务水平

提升养老服务供给水平。“十四五”期间，完成旺庄养老院、硕放颐养院（二期）、梅村养老院、新安养老院、凯健颐养中心等重点养老设施建设。到2025年，全区每千名户籍老人养老床位数50张以上，护理型床位占比85%以上。继续完善居家社区养老服务网络，街道综合性养老服务中心、日间照料机构、社区嵌入式护理型机构标准化建成率和新建居住区、已建成居住区养老服务设施配建率100%。推进老年友好型社区建设，支持适老化公共设施改造举措，提高家庭适老化改造、居家上门服务覆盖面。推进居家养老医养融合改革，强化家庭养老服务支撑作用，开展失能（失智）老年人家庭成员照护培训，聚焦满足长期居家的高龄、失能（失智）老年人生活照料、康复护理、卫生保健等服务需求，全面推广居家养老照护床位。到2025年，建成居家养老照护床位600张以上。

推动养老服务提质增效。全面推行养老服务机构等级评定，建立健全与评定结果挂钩的收费和政策扶持体系。开展养老服务需求调查，实现80周岁以上老年人能力与需求“双评估”全覆盖。发挥城乡社区、物业公司、驻区单位、专业机构的作用，设立一批养老顾问点，探索制定符合要求的养老服务行业标准。实施“科技＋养老服务”行动，推广智慧养老技术应用，探索建立养老服务数据信息共享平台，提升照护服务效率。加大养老服务专业人才队伍建设，建立完善与全区养老服务发展水平相匹配的职业技能培训制度，常态化开展养老护理员和管理人员的岗位培训。每百张养老机构床位配备1名社会工作者，实现“护工＋社工”双工联动。完善养老服务人员激励保障机制，开展职业技能等级认定，落实岗位津贴制度，提升养老服务人员的职业荣誉感和社会认同感。

完善养老服务配套措施。健全城乡特困老年人供养服务制度，加强经济困难老年群体养老服务政策支持，对符合特困供养条件的老年人实现“应保尽保、应养尽养”。完善养老服务全领域、全流程、全链条监管机制，加强质量安全、资金安全监管，防范消除养老机构在建筑、消防、食品、医疗卫生、补贴资金申领等方面的风险和隐患。加强养老服务领域信用体系建设，加大对违规行为的查处惩戒力度。推进“放管服”改革，深入推进简政放权，成立区级养老服务产业联盟，创新“养老＋N”多业态融合发展，促进养老服务与先进制造、生态农业、健康养生、文化旅游、金融保险、教育培训等行业的互动融合发展。整合各类老年教育资源，引入社会力量参与，优化老年教育资源布局。

第六节　健全城乡社会保障体系

完善社会保险制度。深化实施全民参保计划，持续扩大社会保险覆盖面，确保法定参保对象应保尽保，完善城乡居民基本养老保险待遇确定和基础养老金正常调整机制，认真落实本地户籍“贴息续保”政策，扎实推动各项社会保险制度落实到位。

加大基础性服务保障。进一步完善以基本生活救助、专项社会救助、急难社会救助为主体，社会力量参与为补充的分层分类社会救助制度体系。加大支出型贫困家庭救助力度，强化急难社会救助。健全社会救助管理运行机制，通过归口管理、政策联动、资源统筹、信息共享，促进救助对象“主动发现”，急难情形“一键预警”，救助政策“精准兑现”。健全残疾人关爱服务体系，保障残疾人康复服务需求，加强无障碍设施建设，完善重度残疾人托养服务管理规范，发挥区重度残疾人托养中心辐射功能，实现有需求的残疾人托养服务全覆盖。扩大殡葬服务供给，加强公益性安葬设施建设，强化存量挖潜和用地功能复合利用，积极倡导移风易俗，鼓励绿色节地安葬方式，构建覆盖城乡、规范有序、绿色生态的殡葬服务体系，确保“逝有所安”。维护和保障妇女儿童权益，优化生存发展环境，落实妇女儿童实事项目。关注青少年健康成长，鼓励参与志愿服务和社会公益活动，有效预防青少年犯罪。

加强住房保障供给水准。建立完善以公（廉）租房和共有产权房为主体的城市保障房供应体系，强化资金筹集、用地供应等保障，加快推进丽景佳苑、锦硕苑、南星苑等安置房建设改造项目，有序扩大住房保障受众面。加大棚户区改造力度，推进宜居住区建设。推进农村住房更新改造，推动规划发展村庄住房建设，提升农村居住品质。到2025年，全区城镇常住人口保障性住房覆盖率达到23.5%。

第十章　高层次推动文化繁荣，厚植魅力吴韵新内涵

第一节　加强精神文明建设

巩固壮大主流意识形态。深入实施社会主义核心价值体系学习教育基础工程。加强党史、新中国史、改革开放史、社会主义发展史等“四史”教育，深化爱国主义、集体主义、社会主义教育，弘扬民族精神和时代精神。注重思政教育，加强全社会特别是党内的意识形态教育，确保筑牢党员思想防线。用好“学习强国”学习平台，办好“新吴大讲堂”，提升理论宣传成效。坚守网上舆论阵地，依托微信公众号、官方微博、官方抖音等平台，牢牢把握新闻舆论工作的主动权和主导权，构筑积极向上、健康和谐的网上舆论生态，健全完善网络舆情引导和网络突发事件应急联动机制。

持续推进文明城区创建。实施文明城市建设专项提升行动，广泛开展文明交通、文明旅游、文明上网等文明礼仪培养，维护社会良好公共秩序，共同争取蝉联全国文明城市荣誉称号。深化新时代文明实践中心建设，建强建优新时代文明实践所、站、点，让党的创新理论走进千家万户。强化公共服务资源阵地整合，打造理论宣讲等6个平台，建设“报刊＋网站＋微博＋微信＋客户端＋直播平台”融媒体中心，推动融媒体中心与新时代文明实践中心一体化发展。到2025年，所有行政村实现县级以上文明村和新时代文明实践站全覆盖。

推进道德风尚高地建设。弘扬社会主义核心价值观，深化中国梦宣传教育，推进社会主义核心价值观进村（社区）入户活动。实施公民道德建设工程，深化“八礼四仪”养成教育，引导未成年人践行文明礼仪，积极做好双拥工作，加强烈士纪念设施保护管理，广泛开展学习时代楷模、道德模范、最美人物、身边好人、美德少年等活动，大力开展“做文明有礼无锡人”主题活动，扎实开展“最美家庭”评选、文明家庭创建、邻里节等活动，引导群众向上向善、孝老爱亲、重义守信、勤俭持家。开展文明实践志愿服务活动，推进志愿服务标准化站点建设，选树各类志愿服务先进典型。到2025年，活跃注册志愿者占城镇常住人口比重达到16%以上。

第二节　打造新吴文化品牌

擦亮“吴文化”品牌。提升鸿山旅游度假区、梅里文化小镇建设水平，深入挖掘梅里古都等“吴文化”资源，打造“吴文化”体验区，彰显“吴文化”品牌影响力。加大鸿山国家考古遗址公园建设和文物保护考古工作力度，推进鸿山墓群本体保护展示工程建设，推动梅里商周遗址的保护利用开发，加强“吴文化”考古研究。做强“吴文化节”品牌，加强对吴地精神当代价值的挖掘，打造“吴文化”理论、吴地家风和吴地精神研究重镇。加大对太湖文化、江南文化的研究发掘，提升江南文脉论坛品牌影响力。

加强地域文化传承。持续放大硕放“中国曲艺之乡”、梅村“中国二胡之乡”的品牌优势，推进梅村二胡文化产业园建设，打造具有新吴特色的地域文化品牌。依托江抗东进纪念馆、吴文化博览园、钱穆钱伟长故居、昭嗣堂，充分弘扬红色文化、吴越文化、院士文化、家风文化。开展“泰伯庙会”等民俗活动，实施非遗项目“大师带徒”传承计划，加强非遗传承保护。推动优秀传统文化普及，深化拓展“我们的节日”主题活动，组织中华经典导读、品读、诵读活动，推进戏曲、音乐书画、非遗项目进校园、进社区。

弘扬高新区精神。以高新区成立30周年为契机，把高新区历史的学习纳入“四史”学习教育，深入开展主题宣传报道和群众性主题教育活动，推动广大干部群众广泛系统学习30年来高新区经济社会发展取得的丰硕成果，及老一辈开发建设者的光荣传统和优良作风，深刻体悟“开放、创新、务实、争先”高新区精神的核心要义和内核精髓。以党委（党组）理论学习中心组学习、党员冬训、理论宣讲，加强党员干部对高新区精神学习宣传。精心做好系列庆祝工作，微故事征集活动和短视频大赛，策划人物访谈和微视频制作，开展大型展览、文艺晚会和文体旅活动，充分继承弘扬好高新区精神这一宝贵财富。

推动大运河文化带建设。系统推进大运河新吴段文化带建设，实施运河遗产保护工程，挖掘运河文化的丰富内涵和精神价值。推动伯渎港（泰伯庙、泰伯墓、梅里古都、鸿山遗址）大运河特色展示点和伯渎河滨河文化体育休闲长廊建设工作。建设运河水文化长廊，展现人文荟萃的文化底蕴，传承流淌伴生的民俗文化，提升“行走伯渎河”大型采风活动影响力。加强文脉整理研究，鼓励专题文艺创作。

第三节　提档升级文化供给

升级文体设施。实施文化阵地提升工程，推进公共文化重点项目建设，以提高城市品质、满足年轻高素质群体的时尚追求为目标，引入专业团队和社会资本参与，科学推进“1+3+10+N”文体设施布局，有序推动三个片区级文体中心建设，加快区图书馆新

馆、美术馆、伯渎河文化中心、体育中心等公共文体设施建设，打造更具人文品位、更具科技元素的城市文体综合体，满足文化、商业、旅游、办公、培训的需要，建设“十分钟文体圈”。完善街道文体设施阵地建设，提升社区综合文体服务中心能力。

创作文艺精品。实施“玉飞凤”精品创作工程，聚焦时代主题，以人民为中心，充分发挥区文学艺术界联合会作用，突出抓好重大历史题材、优秀传统题材和现实题材创作，加大文艺精品扶持和奖励力度，充分发挥现有草根团队的创作能力和潜力，逐步打造高层次、高品位、高品质的专业艺术团队。深入发掘历史文化资源，积极响应时代呼唤，持续提升创作能力，不断推出展现吴文化底蕴、反映时代新气象、讴歌人民新创造的文艺精品，持续提升新吴区的影响力和美誉度。重视网络文艺创作，建立优秀网络文艺作品扶持机制，鼓励网络文学及网络影视、网络游戏等产品创作。

提质文化惠民。创新实施“白玉兰”文化惠民工程，广泛开展“吴文化惠民月”活动、“万象高新、E路有您”系列文化活动，组织形式多样的大型公益性文化活动，办好“高新区之夜”湖湾音乐节系列活动，打造美好文化生活港湾。建立群众文化需求反馈机制，推广互动式、菜单式、订单式文化服务模式，通过整合区、街道文化场馆等资源和政府购买服务等方式，推动公共文化数字化建设。逐步建立完善以文体中心为龙头、街道文化站为枢纽，社区综合文化服务中心为基础，社区文化联谊会和各类文化社团为补充的多层次、多体制文化供给网络，实现公共文化服务全覆盖。推进“书香城市”建设，加强全民阅读和版权保护，做深做强社区书屋、农家书屋。到2025年，全民阅读指数居全市前列，全区人均接受文化场馆服务人次超全市平均水平。

第四节　大力发展文化产业

优化文化产业发展环境。积极开展文化产业专项招商，加强招商规划引领，研究制定文化产业招商引资指导目录，对接上海进博会、长三角文博会等高层次展会，招引储备一批文化产业重大项目。加强文化人才引进和培育，集聚一批创新引领、创意丰富的文化创意人才。推进国家文化出口基地建设，深化省级文化金融试验区建设。

推进文化产业提档升级。加快发展新型文化企业、文化业态、文化消费模式，聚焦影视游戏、互联网广告、新媒体、创意设计、文化消费设备制造等重点领域，加快引进和培育一批总部型、龙头型文化企业。深入推进“互联网+”，鼓励发展平台经济，推动线下传统文化业态上云服务。创新文化消费场景，支持景区景点、园区街区、主题公园运用文化资源开发沉浸式体验项目，开展数字展馆、虚拟景区等服务。支持传统特色文化产业发展，建设梅村二胡文化产业园，进一步打响梅村二胡品牌。到2025年，累计引育投资1000万元以上文化企业50家以上，规上文化企业180家以上，文化产业增加值占GDP比重6.8%以上。

打造数字文化产业集群。实施文化产业数字化战略，借力太湖湾科创带建设，依托数字经济、总部经济、枢纽经济发展，以中国物联网国际创新园、无锡国家软件园(国家广告产业园)、中关村科技创新园、天安智慧城等园区为集聚载体，加大数字文化产业项目招引力度，打造数字文化产业发展示范区。做大做强数字内容产业，发展网络电影、网络游戏、网络音乐、网络视频、数字艺术等产业形态，打造数字文化品牌。支持5G、大数据、云计算、虚拟现实、人工智能、物联网等技术在文化产业领域集成应用和创新，建设一批文化产业数字化应用场景和示范项目。支持易视腾、多盟睿达等重点企业研发数字文化技术项目，支持第七大道、众乐乐、辰锐等企业进行优秀网络视听节目、游戏、影视作品等数字文化内容创作生产，支持Nreal等企业研发混合现实文化产品。

推动文农旅商深度融合。推进鸿山旅游度假区建设，实现文化旅游、田园观光、商务休闲、特色农业融合发展，打造“西有灵山、东有鸿山”的文旅格局。将文物资源转化为文商农旅核心资源，以鸿山遗址博物馆、鸿山国家考古遗址公园、中华赏石园为基地，开发研学、考古体验、科普教育等文化体验项目，开发系列文创产品和文创品牌，打造吴文化旅游特色体验空间。推进梅里古镇建设高品质特色文化街区，构建集“吃住行游购娱”为一体的文商旅融合发展示范区。探索研究伯渎港水上旅游线路，串联梅里古都和鸿山旅游度假区，辐射荡口，打造锡东特色旅游目的地。积极融入长三角一体化旅游目的地建设，积极参加和举办大型旅游活动、高端论坛，深化区域旅游合作，扩大新吴区文化旅游影响力，助力文化旅游市场开发。

第十一章　高品质推进绿色发展，描绘生态美丽新画卷

第一节　科学规划合理布局

坚持绿色发展主旨。科学编制综合交通、生态环境、绿地系统、乡村建设、防洪除涝、雨污水排放等专项规划，统筹推进生产生活绿色低碳循环发展，以规划引领城乡绿色发展，提高经济增长“含绿量”。

强化生态底线管理,加强生态保育和生态建设,严控生态保护红线、永久基本农田、城镇开发边界等三条控制线,将具有重要生态价值的山地、森林、河流湖泊等现状生态用地和水源保护区、自然保护区、风景名胜区等法定保护空间划入生态管控区。

合理谋划绿色生态布局。打造“一核三轴五板块”产城融合发展总体格局,聚焦泰伯广场、新市镇、西仓、太科园沿湖等重点地区城市设计,提升重点门户地区的城市品质与形象。统筹推动鸿山物联网小镇和旅游度假区建设,打造践行“两山”理论的示范区。深化大运河、伯渎河和望虞河等重要河道沿线的绿道规划建设。以文明城市创建复评为契机,整体规划、系统推进,努力打造环境更加洁美、品质更加精美、生态更加优美、生活更加和美的样板区。

第二节　推动环境综合治理

坚决打赢蓝天保卫战。实施特别排放限值,推进非电行业氮氧化物深度减排和超低排放改造,强化工业污染全过程控制,严格控制能源和煤炭消费总量。推行“绿色施工”,落实建筑工地扬尘管理“六不开工”和“六个 100%”制度。建立与完善固定源挥发性有机物排放控制综合管理系统,推进新城、梅村、硕放三厂废气提标改造工程。到 2025 年,空气质量优良天数比例达到 82% 以上,$PM_{2.5}$ 浓度降到 35 微克 / 米^3 以下。

坚决打好碧水保卫战。实施“美丽河湖”三年行动计划,打造“水清、岸绿、河畅、景美、生态”的现代水网。严格落实控源截污、河网轮浚、生态清淤、退渔还湖等长效治理措施,对重点工业行业废水实行“分类收集、分质处理”。严格落实“河长制”“断面长制”,实施“一河一策”清单式管理,推进不达标断面的综合整治,加强城市黑臭水体治理。扎实开展伯渎河生态环境治理,结合实施沿河景观工程,提升沿河生态绿化水平,改善亲水环境。到 2025 年,地表水国省考断面优Ⅲ比例达到市下达目标,集中式饮用水水源地水质达标率 100%,城镇生活污水集中处理率达到 95% 以上。

坚决打好净土保卫战。推进固废和土壤污染防治,推行清单管理,落实销号机制,确保土壤环境质量和人居环境安全。试点推广危固废集中收集点,着力解决中小企业危废处置难的问题。实施建设用地土壤污染调查评估制度,逐步建立污染地块名录及开发利用负面清单。到 2025 年,受污染耕地、污染地块安全利用率达到 90% 以上。推进城市公园绿化绿道建设,加快绿地环境综合整治,全面提升城区绿地景观品质。到 2025 年,森林覆盖率、建成区绿化覆盖率分别达到 21.3%、34%,建成区公园绿地服务半径覆盖率大于 90%,全区人均公园绿地面积达到 10 平方米以上。严格落实水土保持“三同时”制度,建立健全水土保持监管体系,努力提升水土保持社会管理和服务水平。

第三节　推行绿色发展方式

集约节约用地。强化土地资源刚性约束,完善区内先进制造业和科技项目综合评价体系,严把新增用地产业准入关。深化“土地双监管制度”,将用地需求和项目产出效益挂钩,稳步提高单位面积土地收益。加快工业集中区提档升级,借鉴先进地区经验,开展土地整备工作,采用拆迁腾退、开发建设、企业自改、政府包租多种模式,大力推进低效用地优化提升。稳步推进西气东输一线改线工程,高效开发周边闲置用地。到 2025 年,单位建设用地税收收入突破 28 亿元 / 千公顷,腾退盘活各类低效用地 666.67 公顷以上。

加强能源管控。全面落实能源总量和强度“双控”目标。积极开展重大项目节能评估,严守项目能耗关。鼓励企业实施节能技术改造和合同能源管理,降低单位产出能耗水平。加快推进蓝天燃机二期项目启动建设,提高全区清洁能源消费占比。持续推动分布式光伏发电,完善加氢站建设布局,推广氢能源汽车应用。扎实推进鸿声 220 千伏输变电工程等重点电力设施建设,保障高新区 C 区及周边硕放、鸿山电力供应。到 2025 年,新增能源消费总量控制在 50 万吨标煤以内,单位 GDP 能耗降幅完成省市下达目标,并达到国际先进水平,全区分布式光伏装机容量突破 120 兆瓦。

实施“碳达峰”行动。坚定不移实施积极应对气候变化国家战略,系统强化温室气体源头减排和宏观管控,加快推动生产和消费绿色转型。制定全区“十四五”碳排放行动方案,推广“碳普惠制”建设,推进近零碳工业园区试点,支持区内重点用能企业积极参与碳排放市场化交易,探索实施温室气体和大气污染物协同治理,稳步推进全区碳排放在“十四五”期间率先达峰,为按期实现“碳中和”目标夯实基础。

发展循环经济。实施梅村污水处理厂续建和提标改造工程,提高污水出水水质标准,增进水循环处理综合效益。依托新能源新材料产业园生态保障中心一期工程危废综合处置项目、苏阳新型环保建材项目、三贵资源再生有机溶剂废液处置项目等重点项目,打造固体危废、工业淤泥、液体危废等产业化回收循环再利用示范。复制推广南都智能配网储能电站成功经验,加快泓慧飞轮储能华东区总部基地建设，推动新型储能技术研发应用，加强能源需求侧管理，提高能源综合利用效率。到 2025 年，全区污水处理能力增至 55 万吨 / 日，其中出水水质达到准三类标准占比达到 80% 以上。

倡导绿色生活。加强舆论宣传，营造生态文明建设氛围，提升居民环境道德和生态素养。引导市民绿色出行，加大节约型机关和绿色学校、绿色社区、绿色商城创建力度，倡导节约适度、绿色低碳的生活方式和消费方式。充分动员“两代表一委员”、企业、志愿者，营造公众参与、细抓共管的良好社会氛围，促进绿色理念渗透到社会各方面。

第四节　推进美丽田园乡村建设

打造生态宜居品牌。创新以绿色发展为引领，按照统筹规划、体现特色、全域推进、提升质量要求，推动生产生活生态深度融合，全面提升生态宜居的农村环境。深化特色田园乡村建设，以规划发展村为单位，积极开展美丽乡村示范村、特色田园乡村、绿美乡村示范村等创建，打造“江南原乡”美丽乡村风光带。推进农文旅项目建设，打造具有休闲、养身功能的新载体。

优化农村人居环境。推进农村住房建设，继续深化“美丽乡村设计师”定点对接活动，推动规划发展村庄建设，打造新时代“新江南人家”。推动全域生活垃圾分类，推进街道生活垃圾中转站新建改建，建立生活垃圾分类收运处理体系。推动城镇污水管网向周边村庄延伸覆盖，促进生活污水应收尽收、集中处理。将农村河塘纳入河长制范围，加快治理农村黑臭水体。推进农村“厕所改革”，巩固农村无害化卫生户厕全覆盖成果。统筹推进农村厕所粪污治理与农村生活污水治理，巩固农村生活污水接管处理成效，建立健全管网养护机制。到 2025 年，全区村庄农村生活污水治理水平得到进一步优化提升。

第五节　完善绿色发展体制机制

狠抓生态文明制度建设。实施最严格的自然资源和生态空间保护、环境准入制度，从源头上预防各类生态环境破坏行为。严格落实领导干部生态文明建设责任制，实行党政同责、一岗双责。健全生态文明建设考核制度，优化绿色发展评估指标体系，实施差别化绩效考核，加大生态环境保护、自然资源、节能减排等约束性指标在高质量发展考核中的权重。完善生态产品市场交易体系和排污权交易市场机制，完善市场化多元化生态补偿和环境赔偿制度。

加大生态监管惩罚力度。落实生态环境保护责任规定和“河（湖）长”“断面长”“点位长”制度，加强生态环境保护综合执法队伍建设，加强环境公安联动执法，健全生态环境行政执法和刑事司法衔接机制。建立完善最严格追责惩处机制，开展领导干部自然资源资产离任审计，实行生态环境损害责任终身追究制度。完善环境信用评价制度，探索实施企业环保承诺制，完善守信激励、失信惩戒机制，推行企业环保与信贷、水电、招投标、财政补贴等政策挂钩机制。健全生态环境监测制度，建立资源环境承载能力监测预警长效机制。

健全重大环境风险管控机制。加大环境风险隐患排查力度，加强对产废企业及危废经营单位的库存管理，加大对贮存场所的检查力度。以应急预案为核心，以人员配备、技术和设备、应急物资优化配置、区域和部分联动机制为重点，构建完善的环境应急处置体系，提高环境应急能力。完善集中式水源地突发环境事件反应机制，快速、有效地应对全区饮用水源地突发事件。

探索完善生态治理模式。建立以政府为主导、市场为导向、产学研相结合的环境风险防控的技术创新体系，加快环境风险防控科技的应用转化，推动环境风险防控相关环保产业的健康发展。巩固环境污染第三方治理试点园区建设成效，积极推进园区环境污染第三方治理项目建设，培育完善第三方治理污染新模式，鼓励社会资本进入污染治理市场，提升污染治理综合效能。

第十二章　高要求创新社会治理，提升和谐美满新境界

第一节　发展社会主义民主政治

坚持党的全面领导。坚决维护党中央权威，积极构建党委领导、政府负责、民主协商、社会协同、公众参与的共治“同心圆”，努力打造各层级权责明晰、高效联动、上下贯通、运转灵活的善治“指挥链”，不断增强社会治理聚合力、向心力。坚持和完善党委总揽全局、协调各方的领导体制，把党的领导落实到统筹推进“五位一体”总体布局、协调推进“四个全面”战略布局全过程各方面。根据上级统一部署，推动完善党和国家监督体系建设。

落实基本政治原则。坚持和完善人民代表大会制度，保证人大及其常委会依法行使职权，全面发挥人大监督职能。坚持和完善中国共产党领导的多党合作和政治协商制度，完善人民政协专门协商机构制度，充分发挥各民主党派参政议政职能。坚持民主集中制原则，健全党委（党组）议事决策等制度机制，提高把方向、谋大局、定政策、促改革的能力。健全地方党委定期听取人大常委会、政府、政协、法院、检察

院党组工作汇报制度，充分发挥党委议事协调机构职能作用，强化党委职能部门统一归口协调管理职能。

*加强基层党组织建设。*按照重心下移、权责一致原则，赋予街道党（工）委相应职责职权，推动其聚焦主责主业，集中精力抓党建、抓治理、抓服务。统筹各项支持村（社区）的政策、资金、资源、项目等，推动村（社区）党组织发挥主导作用、抓好落地落实。将党支部和党小组建在网格上，在网格内设立党建服务点，推行社区党员分类管理，建立网格党员公示制度，注重发挥离退休党员作用。

第二节　完善基层社会治理体系

*注重社会多元化治理。*坚持党建引领，将自治、法治、德治相结合，构建政治领导有力、经济发展有质、公共生活有序的共建共治共享基层治理体系。建立健全政府和社会良性互动机制，构建完善开放多元、互利共赢的社会协同体制。建立高质量社会力量参与机制，探索完善社会组织新型管理体制和运行机制，推动全区社会组织发展导向从数量增长转为质量提升，推进社区社会组织支持平台建设，鼓励通过政府购买服务、公益创投、社会支持等多种渠道支持社会组织培育发展，健全资金投入常态化制度机制，鼓励支持部分具有条件的社会服务机构发展为社会智库，参与基层社会治理、民生保障并提供智力支持。规范村（居）务公开和监督、丰富“微自治”形式，扩大群众参与，有效拓展互联联网时代的居民自治实现形式，不断激发社区的生机活力。放大“三社联动+”效应，积极引导社会组织、社区工作者、志愿者、驻区单位以及社会精英、现代乡贤等社会力量参与社区治理。到2025年，获得评估等级的社会组织数量占社会组织总量的比重达到50%以上。

*深入群众开展群众工作。*创新互联网时代群众工作机制，积极搭建平行、互动、多样的群众参与平台，完善举报奖励、公益反哺、以奖代补等激励措施，广泛动员城乡群众参与社会治理。深化省级民主法治示范村（社区）建设，积极搭建各类群众议事协商平台载体，深入开展群众说事、民情恳谈、百姓议事、妇女议事等活动，全面落实街道、村（社区）两级协商工作，推动“有事好商量”协商议事室建设，提升街道、园区、村（社区）协商议事能力。

*强化社会治理基层基础。*加强社会工作人才队伍和服务机构建设，提升人才队伍专业能力，探索社会工作者分类分级管理办法，推进网格员、人民调解员等队伍与社会工作人才队伍融合发展。完善志愿服务激励保障机制，支持志愿服务组织发展。健全以职工代表大会为基本形式的企事业单位民主管理制度，探索企业职工参与管理的有效方式，保障职工群众的知情权、参与权、表达权、监督权，切实维护职工合法权益。

*加强特殊人群动态管控。*健全齐抓共管、综合施策的组织管理体系，全面提升重点青少年、社区矫正和刑满释放人员、易肇事肇祸精神病人、吸毒人员、涉邪人员、信访重点人员等特殊人群整体服务管理水平，关注对困境未成年人、特困刑事被害人等人群的社会保护和救助工作。重视社会心理疏导服务和危机干预服务体系建设。

第三节　提优网格化社会治理方式

*提升社会治理现代化水平。*坚持和完善“大数据+网格化+铁脚板”治理机制，健全基层社会治理大数据赋能服务、网格化联动共治、“铁脚板”力量组织体系，建立高质量城乡治理机制，加快推进基层社会治理现代化。切实加强智能应用平台融合，推进网格化社会治理信息系统与“12345”政务服务热线、110非警务等平台对接，最大限度整合力量资源，实现信息数据闭环处置。切实加强网格化服务管理中心规范化建设，统一协调处理需要多部门联合处置的社会治理事项，努力做到扁平指挥、高效服务、有效处置。切实加强专兼职网格员队伍建设，健全完善统一招录、调剂转隶、教育管理、专业培训、保障激励等制度，确保城乡社区综合网格至少配备1名专职网格员。

*探索实施“网格+N”工作模式。*建立完善网格事项准入和工作运行机制，打造“网格+党建”“网格+警格”“网格+人民防线”“网格+人民调解”等治理品牌，持续推进“三官一律”进网格。建立党员干部联系社区制度，完善落实“下沉一线”、社区联系点等长效机制，引导党员干部加入网格社交群组，及时帮助基层解决工作中遇到的实际问题和困难。健全网格员常态化巡查走访制度，根据大数据平台推送信息，深入开展针对性调查走访，及时回应群众诉求。建立群众评判、第三方调查机制。到2025年，网格规范达标率达到95%以上，走在无锡市乃至全省前列。

第四节　深化“法治新吴”建设

*推动法治政府建设。*着力深化依法治理工作，提高依法决策水平，引导各级领导干部切实提高运用法治思维和法治方式的能力。坚持依法用权，严格执行重大决策公众参与、专家论证、风险评估、合法性审查、集体讨论决定的程序规定，推行落实行政执法“三项制度”，全面提升全区行政执法水平和质量。深

入实施党委政府法律顾问、公职律师制度和村(社区)法律顾问全覆盖工程,健全行政执法管理制度,完善行政执法责任追究机制,加大民生领域执法力度,落实行政机关负责人出庭应诉制度,提升法治政府建设水平。

完善司法体制机制。深化司法体制综合配套改革,全面落实司法责任制,推进诉讼制度改革,完善认罪认罚从宽制度,健全相关记录与责任追究制度,推动行政执法与刑事司法有机衔接,促进执法司法规范化建设。进一步发挥人民调解在处理行政争议中的积极作用,完善行政争议调解工作制度。加快推进法治街道、国家和省级民主法治示范村(社区)以及规范执法示范点、示范单位等系列法治创建。

提升社会法治化水平。着力打造法治宣传教育新体系,制订实施"八五"普法规划,推进区、街道、村(社区)法治文化阵地全覆盖,深入开展《民法典》等普法宣传和法治讲座。持续推进"互联网+法治宣传"行动。深化公共法律服务中心建设,加大"无人律师事务所"岗亭和"智慧小司"投放,实现全区各街道全覆盖,打通法律服务"最后一千米"。强化法律服务"全科医生"配备机制,推出定期"法律专家坐诊"制度,确保企业享受更高质量、更高效率的法律服务。推进"枫桥式"司法所建设,建立起综合配套、运转协调的司法所管理和运行机制。推进司法公信建设,提升司法执法执业人员信用水平,确保司法制度运作的规范性、司法活动及结果的公正性,增强公众对司法的信心和认同感。加强法治建设监测考评工作,提高法治建设满意度水平。

第五节 提升城市精细治理水平

提升群众居住品质。扩大城镇棚户区(危旧房、城中村)改造覆盖面,继续实施老旧小区的综合改造提升工作,支持既有住宅加装电梯和老旧电梯更新工作,发展养老、日间配餐、保洁等多样社区服务,营造美丽宜居的居住环境,补齐基础设施和服务设施短板。完善住宅小区功能,全面提升宜居水平,促进城市管理深耕细作,释放存量土地效能,提升城市形象和群众生活品质。到2025年,全区"美丽社区"建设达标率达到90%以上。

美化现代都市风貌。加快推进环卫固废处置设施建设,构建生活垃圾全程分类综合管理体系。到2025年,全区垃圾集中处理率达到95%。以更高标准统筹雨洪管理和海绵城市建设,切实提升城市防洪排涝能力,统筹防洪排涝、防震减灾、人民防空、消防避险等领域应急避险场所建设管理,全面提升灾害防御能力,打造韧性城市。切实巩固优美环境合格区建设成果,以"打造最干净城市"为目标,对辖区内的重点街景、道路进行环境综合治理改造,不断提升市容市貌整体形象。加大对高新区门户以及重要节点的整治力度,通过建筑立面改造、环境整治等多种手段,推进立面协调化、标识规范化、设施人性化、视觉明亮化和氛围人文化,提升重点门户和节点的"窗口"形象。推进道路多彩化、街景特色化和设施生态化改造,统筹设计道路植物景观主题,丰富道路绿化景观色彩及层次,实现"一路一景,多彩路网"的景观效果,优化重要"厅廊"形象。

探索管理模式创新。加速推动全区城市管理模式深度创新,在城市管理精细化上下功夫,在城市管理智能化上求深化,丰富"智慧城管"内涵,充分发挥城市管理委员会的实体作用,探索"数字导向+资源共享+多元共管"新模式,进一步凸显新吴特色和地域文化,全力提升城市现代文明气质,实现城市管理工作高质量发展。

第六节 推进"智慧新吴"建设

推进智慧城市建设。推动现代科技与社会治理深度融合,按照市级统一标准,推进社会治理要素数据化、治理数据标准化、多网融合建设,以"新基建"为契机全面提升城市治理数字化水平,积极构建"数字新吴""智慧新吴"。发挥云计算、大数据、物联网、人工智能等新一代信息技术优势,构建支撑经济、社会、政府数字化转型的开放式智能运营平台,形成一批基于"城市大脑"的特色应用,并在交通运输、社会治理、城市管理、经济发展、农业生产、教育培训、医疗卫生、生态环保、文化旅游等领域实现综合应用,推进城市治理体系的智能化和精细化。

优化数字民生服务。推进智慧法院、智慧检务、智慧公安、智慧信访等建设,建强"智慧政法"矩阵。扎实推进"雪亮工程"建设应用,深入实施老小区技防改造为民办实事工程,加强"智慧技防小区""智慧技防校园"建设,不断提升智能安防水平。依托数据安全监管平台,加强对社会治理领域信息化产品开发与应用的全流程监管,实时监控数据流动、共享使用情况,形成数据接入使用全覆盖、全过程、全生命周期的安全监管格局。推进智慧食安建设,搭建食品安全共治平台,切实提升食品安全现代化治理水平。加强信息化、智能化能力建设,完善信息技术应用人才引进、培养、激励、管理制度,夯实智能治理基础工程。

第十三章　高目标深化重点改革，展现发展活力新风貌

第一节　激发多元市场主体活力

加快推进国资改革。坚定不移发展国有经济，推进国有经济布局优化和结构调整，促进国有资本向战略性新兴产业和基础性功能性产业集聚，更好发挥国有资本在解决发展不平衡、不充分问题上的重要作用。推动国有企业混合所有制改革，进一步完善公司法人治理结构，推进市场化经营机制和中长期激励机制。推动国控公司实体化运作，构建以业绩为中心的薪酬机制和面向市场的用人机制，扎实推进混合所有制改革和企业上市。

鼓励民营经济发展。积极落实全区促进民营经济高质量发展实施意见26条，大力实施“民营企业领航计划”三年行动方案，促进民营经济转型升级和提质增效，着力破除制约民营企业发展的各种限制和障碍，进一步激发民营企业发展活力和创造力。全面落实国家、省、市各项减税降费举措，严格执行各项税费缓、减、免措施，减化税收征管程序，指导帮助企业用好研发费用加计扣除、企业境外所得税综合抵免等政策。执行全国统一的市场准入负面清单制度，鼓励和引导民间资本进入法律法规未明确禁止准入的行业和领域。贯彻落实保障中小企业款项支付条例。加大涉企收费清理规范力度，不折不扣落实市各类涉企收费目录清单，确保清单之外无政府定价的收费项目。引导和支持民营企业主动融入国家发展战略，持续优化扶持民营企业发展政策，鼓励民营企业加强与外资、国资企业融合发展，支持民营企业“专精特新”发展和“首台套”研制应用，全力打造具有高新区特色的民营经济产业集群。

第二节　深化行政审批和综合行政执法体制改革

推进行政审批改革。坚定不移深化“放管服”改革，积极构建全区统筹、全域协调、全局联动的服务新机制。扩大“相对集中行政许可权”改革效应，全面承接和执行国家级开发区全链审批赋权。深化“3550”改革，全面开展“证照分离”改革，推广“告知承诺”，推进“办照即营业”“拿地即开工”“竣工即验收”扩面升级，推广新经济企业集群注册制度。深化“一网一门一次”改革，推进政务服务一体化平台建设，实现“一网通办”，提升网上政务服务能效。加强三级政务服务体系建设和一体化管理，街道、村（社区）全面实施“全科政务”模式。

开展综合行政执法体制改革。全面推进基层整合审批服务执法力量改革，推进综合行政执法队伍建设，强化行政执法职能。落实基层“三整合”改革要求，统筹整合区街执法资源，努力实现基层有人有物有权办事，提升基层综合执法能力，有效推进街道治理体系和治理能力现代化。突出随机监管、信用监管、数据监管，加快构建科学高效的行政监管体系。

第三节　深化科技体制改革

加大创新政策激励。推动省“科技改革30条”“人才10条”政策落地见效，充分释放政策的激励效应。探索产学研合作新机制，打造以“互联网＋产学研＋众创空间”平台为支撑、线上线下相结合的产学研合作新途径、新模式，引导高校与众创空间、企业在战略层面实现有效结合，实现企业与高校的技术交流、转移、转化的无缝对接。构建科技企业、团队、人才引育新机制，以专业化服务和个性化策略为依托，以科技招商“云海计划”为抓手，全面拓宽招商引智渠道。

完善科技服务体系。深化科技领域“放管服”改革，优化科研项目评审管理机制、科技投入绩效评价机制，激发科技创新活力。实行包容审慎的监管制度，建立健全企业设立、项目立项负面清单和事中事后监管相结合的科技创新服务管理机制，实现相对集中科技专业服务、科技金融、基金创投、政策兑现的“一个门”服务。健全财政科技投入增长机制，撬动更多社会资金投向科技创新，形成多元投入、持续放大的有效机制。加大对创新创业的多元支持，探索符合科技型中小企业成长规律的支持政策、金融产品和服务模式，积极推动上市融资发展。

构建区域协同创新机制。高位嵌入长三角区域科技创新体系，积极承接沪宁杭等地创新资源转移，促进技术创新成果落地我区，并快速规模化应用。力争实现与上海、南京等地科技资源的互认互通，积极推动长三角科技创新券通用通兑在我区先行先试，探索建立企业创新积分制，助力企业跨区域布局和联动发展。探索异地协同创新孵化，鼓励设立异地孵化中心，共建高水平协同创新平台，引导优质科技项目回流，加速构建“区外研发、新吴转化”的协同创新模式。创新区域利益协调机制，打破板块界限，建立全区统一科技招商品牌和合作机制，引导产业链合理布局，促进创新人才跨板块联合培养，推动技术、资金、信息等要素在长三角区域内自由流动。

第四节　深化财税金融改革

深化财税体制改革。完善政府预算体系，加强政府性基金预算、国有资本经营预算和一般公共预算统筹衔接。加强中期财政规划管理，进一步完善跨年度预算平衡机制。强化预算约束，全面实施预算绩效

管理，健全预算安排与绩效结果挂钩的激励约束机制，提升财政资源配置效率和资金使用效益。抓实化解政府隐性债务风险工作。优化完善区对园街财政管理体制，推进财政事权和支出责任划分改革，增强基层公共服务保障能力。完善吸引高端人才财税政策体系。多渠道、全方位开展减税降费政策宣传，积极开展“送政策上门服务企业”活动。

提升金融服务实体经济效能。突出金融服务实体导向，创新上市挂牌、投贷联动、风险补偿等机制，缓解小微和民营企业融资难、融资贵问题，探索与开发区建设特点相适应的合规融资新模式。充分发挥区级科技贷款风险补偿资金的撬动作用，按照一定杠杆率放大贷款规模，解决更多中小科技型企业融资难题，强化创投基金，以国有资本引导天使基金、种子基金对初创企业和研发阶段的技术、产品进行投入。开展知识产权抵押贷款和科技成果转化风险补偿贷款等创新型债权业务，提供流动性融资及股权、债权融资等个性化服务。深化农村金融体制改革，引导金融资源优先配置到农村经济发展的重点领域和薄弱环节。

第十四章　高标准坚守本质安全，构建平安稳定新格局

第一节　推进政治安全风险防控

打赢意识形态主动仗。全面落实意识形态工作责任制，切实加强意识形态阵地建设和管理，健全意识形态领域风险排查和分析研判机制，加强敏感社团和重点人群意识形态风险管控。以防范抵御“颜色革命”为重点，以“铸墙”“净土”“攻心”工程为牵引，健全维护国家政治安全工作机制，区域内不发生影响政治安全的案（事）件。

守牢国家安全底线。加强国家安全人民防线建设，建强基层工作队伍，夯实行业部门责任，坚决打赢反奸防谍“人民战争”。按照“保护合法、打击非法”原则，依法加强境外非政府组织在新吴活动动态监管。强化落实情报信息、专案侦察、防范打击、行动反制“四项措施”，严密防范、严厉打击各类敌对势力渗透颠覆、炒作煽动和现实破坏等违法犯罪活动。持续深化严打暴恐专项行动，全面加强重点目标防范措施和应急力量标准化建设，构建形成点面结合、立体防范的反恐怖斗争新格局。严密防范境外宗教渗透破坏，依法打击利用宗教从事违法犯罪活动。深入开展反邪教斗争，健全常态化、社会化宣传教育机制，推进专（兼）职帮教队伍和“关爱之家”，巩固帮教平台建设，完善涉邪风险预警处置机制。扎实开展涉邪人员教育转化去存量攻坚战，深挖打击邪教违法犯罪，依法取缔“精神传销”有害培训，提升涉案羁押人员教育覆盖率。

第二节　防范化解经济领域重大风险

确保区域经济安全。牢牢把握经济发展的主动权，密切关注中美经贸争端对全区重点产业的传导性影响，防止产生剧烈波动，做好重点出口行业、重点企业的跟踪监测服务，完善长效的出口产能预报反馈和“面对面”走访服务机制，提升应对能力。加快产业链集群建设，降低因产业过长、区位分布太散而导致的产业发展不确定性，抵御未来各种外生的突发风险。在淘汰落后及“僵尸企业”处置风险防范化解上加码发力，制定并落实“一企一策”实施方案，积极稳妥做好企业职工安置工作。稳定粮食种植面积，确保城市生活必需品供给，加大应急保供能力建设，确保粮食安全和市场供应稳定。

重点关注金融风险。高度警惕国内外金融市场风险叠加，把主动防范化解系统性金融风险放在更加重要的位置，进一步完善地方金融监管体系，全面加强金融风险监测、预警、处置工作。深入开展金融风险防控“大排查、大处置、大提升”行动，坚决打击各类非法金融活动，稳妥做好企业信用风险管理工作，开展银企对接服务和“三角债”清理工作。深化政府融资平台综合治理，推动平台数量、账户数量、存量资金“三下降”，守牢不发生系统性金融风险的底线。积极压降政府性债务规模，着力降低政府性债务率。树立亲清政商关系，增进对企业服务，以企业获得感为标尺，着力营造稳定公平透明的营商环境。

第三节　防范化解安全生产风险

完善安全生产机制体系。始终坚持生命至上、安全第一，牢固树立安全发展理念，把安全工作贯穿于经济社会发展、企业发展全过程，正确处理安全与发展、安全与效益的关系。落实最严格的安全生产责任和管理制度，落实党政领导责任、部门监管责任、属地管理责任、企业主体责任和岗位行为责任，落实地方政府安全生产考核制度，完善安全生产工作职责清单，把“四严四实”要求贯穿安全生产工作全过程，扎实推进全区安全生产专项整治行动，坚决防范重特大事故发生。强化规划、设计环节安全风险前期分析，健全完善安全风险评估和防控风险论证机制，建立工业企业安全生产风险报告制度。严格执行针对高危行业建设项目的部门联合审批制度，实行重大安全风险“一票否决”，从源头上减少重大安全风险项目和重大危险源。“十四五”期间，全区单位 GDP 安全生产事故死亡率控制在 0.01 人 / 亿元以下。

强化重点领域监管整治。加快构建安全生产巡查网络，推进智能监管监测预警系统、安全风险管理信息系统和高危企业在线监测联网工程建设。着眼交通、消防、仓储、建筑施工等城市安全重点领域，加快建立风险分级管控和隐患排查治理双重预防机制，切实把安全责任落实到城市工作和城市发展各环节各个领域。杜绝道路运输重特大事故，压降较大事故。加强重点行业领域专项整治，建立重大安全风险、重大隐患、重大危险源、脆弱性目标"四张清单"和安全风险"一张图"，切实做到排查见底、整改彻底。建立完善安全生产诚信体系和"黑名单"制度。健全安全生产举报奖励机制，推动企业自主激励员工排查安全生产事故隐患，常态化防范化解安全生产风险隐患。健全信息报送、会商研判、应急抢险、指挥调度等工作机制，加强应急管理体系和能力建设，强化物资储备保障，严抓危化品企业、人员密集场所、老旧小区和森林等重点领域防火工作，加速鸿山专职消防站等救援设施建设，提高防灾减灾救灾能力。

夯实食品药品安全基础。完善基层食品安全网络，推进"明厨亮灶"建设，加大实施食品安全风险隐患排查力度，夯实食品安全基础，巩固提升省级食品安全示范区创成成效。打造食品加工产业集群，引导食品加工企业（食品小作坊）向主产区、优势产区、产业园区集中，加大技术改造支持力度，推进食品工业结构调整和转型升级。全力推进国家特殊食品研发和检测平台建设，促进特殊食品产业在全国的领先地位。激发公众参与热情，构建共治格局，确保人民群众"舌尖上的安全"。运用先进的"互联网+"信息技术，依托远程监管平台和市场监管信息平台，以监管信息大数据分析为支撑，开展全区药品质量安全实时监测和药品医疗器械化妆品不良反应（事件）的快速应对，全面提升药品安全现代化治理能力。到2025年，全区食品抽检量达到10批次/千人以上。

大事记

1月

4日

● 中共无锡高新区工作委员会(扩大)会议暨中共无锡市新吴区第一届委员会第十一次全体会议召开。

● 无锡高新区太湖湾科创城建设指挥部暨无锡太湖国际科技园管理办公室揭牌仪式举行。

●《太湖湾科技创新带无锡高新区(新吴区)发展规划(2021—2025)》《无锡高新区(新吴区)太湖湾科创城高质量发展三年行动计划(2021—2023年)》正式发布。

5日

● 无锡高新区作为首批13家试点国家高新区之一,获批在全国率先开展企业创业积分制试点工作。

8日

● 一奇资本超亿美元外商投资基金线上签约仪式举行。

11—13日

● 政协新吴区第一届委员会第六次会议召开。

12—14日

● 新吴区第一届人大第六次会议召开。

16日

● 太科园、新安街道召开干部会议宣布:朱晓红任无锡太湖国际科技园管理办公室主任;尤伟任无锡太湖国际科技园党工委书记、无锡太湖国际科技园管理办公室副主任;钱月霜任新吴区新安街道党工委副书记、办事处主任,无锡太湖国际科技园党工委副书记、无锡太湖国际科技园管理办公室副主任。

25日

● 合全药业新药制剂研发生产三期项目开工仪式举行。三期项目计划在2022年建成,2023年投入使用。

2月

1日

● 无锡高新区、江苏艾尔康生物医药科技有限公司和旺庄街道举行艾尔康生物医药检测公共服务平台及产业化基地战略合作签约仪式。总投资13.5亿元,年产值200亿元以上。

3日

● 中国(无锡)跨境电商综试区展示中心、综合服务中心、保税进口商品O2O体验中心揭牌仪式在新吴区举行。

● 市委常委、常务副市长朱爱勋,市委常委、高新区党工委书记、新吴区委书记蒋敏一行,走访慰问新吴区优抚对象、低收入家庭、低保对象和见义勇为人士。

8日

● 无锡高新区(新吴区)开展“四海同‘新’、精彩‘吴’限”——我在无锡过大年”云春晚直播。

12日

● 市委书记黄钦带队走访调研综保区企业——无锡海峰聚思信息科技有限公司。

18日

● 无锡高新区“双招双引”大会举行,无锡高新产业发展合作中心有限公司揭牌成立,“百渠工程”战略合作单位授牌。

26日

● 2021年无锡市重大产业项目建设现场推进会议暨无锡先导电子装备及材料项目开工仪式在无锡高新区举行。项目总投资100亿元,项目建成达产后将形成国内领先的半导体装备与核心零部件材料产业集群,总产值达200亿元。

3月

2日

● 在无锡高新区现代产业发展规划及专项政策新闻发布会上，集成电路十条、生物医药十二条产业政策发布。

3日

● 新吴区召开生态文明建设暨深入打好污染防治攻坚战动员大会。

4日

● 在2020年度江苏省技术转移工作会议上，由科技局负责运营的物联网技术产权交易中心考核排名蝉联第一，两家单位获先进集体荣誉。

● 新吴区退役军人就业创业学院揭牌仪式在无锡科技职业学院博文楼举行。

5日

● 副省长惠建林到新吴区调研商务、人社工作。

9日

● 副省长赵世勇赴新吴区调研太湖应急生态清淤工程。

10日

● 市委书记黄钦到新吴区实地考察调研企业运行和重大项目进展情况，还到新吴区人民来信来访接待中心现场接访。

11日

● 无锡高新区党工委（新吴区委）召开党史学习教育动员会议。

15日

● 液化空气无锡二工厂一期及中国数字化中心正式启用。法国驻中国大使罗梁、液化空气中国总裁柏昊天到场祝贺。

16日

● 新吴区举办"十三五"社区治理成果展示汇报会暨2021年国际社工日系列活动启动仪式。

17日

● 市委常委、高新区党工委书记、新吴区委书记蒋敏会见到无锡高新区洽谈在手匹配项目和创新合作平台的英国艾思丰科技全球主席马西门（Simon Mackinnon）一行。

● 蒋敏会见到无锡高新区调研总部选址工作的迪哲（江苏）医药股份有限公司董事会主席张小林一行。

19日

● 市委常委、高新区党工委书记、新吴区委书记蒋敏会见上海均瑶（集团）有限公司董事长王均金一行。

20日

● 无锡高新区举办2021年锡台金融合作恳谈会暨台资企业座谈会。

23日

● 市长杜小刚赴鸿山街道调研重大文旅项目推进工作。

● 新吴区慈善总会联合区内爱心单位以"百日倒计时 百万慈善款 百年爱党情"为主题，在高新区融媒体中心举办"百万慈善基金，向建党百年献礼"基金项目发布仪式。

24日

● 新吴区首辆移动疫苗接种车入驻无锡村田电子有限公司。

26日

● 新加坡驻华使节团到无锡新加坡工业园参观考察。

● 浙江大学无锡科技成果转化中心启用仪式举办。

29日

● 无锡国家高新区管委会与国家工业信息安全发展研究中心在无锡高新区举行合作协议签约仪式。

30日

● 省委、省政府召开全省2020年度高质量发展总结表彰大会，新吴区获"推进高质量发展先进县（市、区）"称号。

31日

● "申"情无限·绽放"锡"望——无锡高新区（上海）投资推介会在上海浦东举办。

4月

1日

● 无锡市2020年度综合考核总结大会暨营商环境巩固提升工作推进会召开，新吴区获市（县、区）年度综合考核优秀等次。

2日

● 新吴区清明祭英烈活动在锡东革命烈士陵园举行。

3日

● "2021爱无锡生活季"健康活力生活节在新吴区百联奥特莱斯正式启动。

6日

● 由政协新吴区机关党支部、新吴区委统战部机关党支部、中国电信无锡分公司新吴区局党支部发起，66个区政协委员所在单位基层党组织共同参与的新吴区政协"同心"党建联盟成立大会举行。

● 市长杜小刚带队赴博世汽车柴油系统有限公司调研燃料电池研发中心及相关项目推进工作，到合全药业调研新药制剂研发生产项目建设情况。

6—7日

●《新吴年鉴（2021）》创建江苏省精品年鉴评审会在新吴区召开。

8日

● 水利部部长李国英到新吴区调研太湖治理工作。

● 首届“吴文化发展大会——吴地经济发展论坛”在梅里古镇御品东方环球宴会中心举行。

10日

● 高新区组织召开太湖湾科创城重点地块城市设计及规划整合研究方案评审会。

14日

● 新吴区与国联集团签订战略合作协议。

15日

● 江苏省首家社区型国家安全教育馆在新吴区梅村街道泰伯花苑第一社区举行揭牌仪式。

● 全国政协副主席兼秘书长李斌率全国政协人口资源环境委员会党外委员专题视察团到新吴区视察太湖治理工作，到新安街道视察“有事好商量”协商议事工作。

● 无锡高新区（新吴区）和阿联酋阿布扎比投资局通过视频会议方式，联合主办的“一带一路”经贸、科技交流系列活动在无锡微纳园举办。

16日

● 无锡高新区与世界500强、全球第四大综合化学公司——韩国LG化学签署全面战略合作协议，同时签署LG化学中国技术中心项目投资协议。

20日

● 打造新吴零碳绿氢示范区暨加氢站启动及氢能源公交开通仪式在硕放加氢站举行。全市首条“氢”便公交示范运营。

● 2021年太湖湾科创城重点科创项目云签约活动在无锡高新区举行，现场40个科创项目进行了云签约。

22日

● 市场监管总局食品审评中心副主任聂大可率队到新吴区调研重点特医食品生产企业。

● 无锡市“深入生活实际书写美丽无锡”主题实践活动暨新吴区“百年·百场”文体旅活动启动仪式在梅村二胡文化园举办。

23日

● 无锡高新区与阿斯利康合作举办的“2021阿斯利康中国生态圈大会”暨无锡国际生命科学创新园二期启动仪式举行。

24日

● 无锡高新区（新吴区）召开2020年度综合考核总结大会暨“奋战二季度、夺取双过半”工作会议。

25日

● “百年筑梦·书香传承”读书日主题活动暨2021年新吴区全民阅读启动仪式在太湖大溪港湿地亲水广场开启。

26日

● 新吴区召开“庆五一”劳模先进表彰大会，会议表彰220名新吴区“平凡岗位不平凡职工”。

● “传承高新区精神 展现新时代风采”青年论坛在新吴区青少年活动中心举办。

29日

● “十四五”集成电路产业高质量发展（无锡）闭门研讨会在无锡高新区举办。

● 无锡高新区、上海张江高新区、南京高新区、杭州高新区、合肥高新区、苏州工业园区6家国家高新区在无锡发起成立“长三角集成电路产业国家高新区创新发展联盟”。

5月

8日

● 无锡高新区（新吴区）第八届“新风清语”廉政文化宣传教育主题月启动活动暨梅村街道泰伯尚德倡廉教育基地展示馆揭牌仪式在新吴区梅村街道二胡文化园举行。

11日

● 市委书记黄钦到新吴区康复医院、特殊教育学校等处开展“全国助残日”调研。

12日

● 市人大常委会主任徐一平率执法检查组，对新吴区贯彻实施固体废物污染环境防治法情况开展检查。

● 中共无锡市新吴区第一届委员会第十二次全体会议举行。

15日

● 无锡高新区—伦敦“云牵手”招才引智网络直播活动举办。

18日

● 长三角新就业产业园开园仪式暨新就业发展论坛在无锡市高新区（新吴区）举行。

19日

● 2021“碳达峰、碳中和”无锡高新区高峰论坛暨无锡零碳科技产业园揭牌仪式在禅意小镇——

拈花湾举行，打造全省首个零碳科技产业园。

20 日

● 新吴区“食安封签”投放启动仪式在新吴万达广场举办。

● 无锡合全药业制剂研发中心开业典礼在高新区举行。

25 日

● 范特科技智慧网点数字化总部项目签约仪式举行。

26 日

● 天津市金桥焊材集团长三角开发基地项目签约仪式举行。

● 2020 年度火炬统计年报数据年审会(无锡分场)在无锡高新区举行，全国近 70 家高新区及科技部门派员参加。

27 日

● 无锡高新区 2021 年科技创新和人才大会暨高新区科技创新周启动仪式举行，无锡高新区启动企业创新积分试点工作，“1+2+X”园区发展新格局——无锡国际生命科学创新园空间规划发布。

● 无锡高新区与高通公司签署战略合作协议，开启高通公司在无锡新一轮投资并启动与无锡高新区的全方位合作。

28 日

● 市委常委、高新区党工委书记、新吴区委书记蒋敏会见华登国际董事总经理黄庆一行，就无锡高新区与华登国际深入合作进行交流。

● 无锡高新区、中信证券股份有限公司、上海汽车集团共同举行签约仪式，中信上汽创新制造百亿元产业基金正式落户新吴区。

30 日

● “奋斗百年路　启航新征程”2021 年第八届“乐动新吴”全民健身系列活动暨伯渎河上赛红舟启动仪式在伯渎河公园举行。

31 日

● 市委常委、高新区党工委书记、新吴区委书记蒋敏会见隆基股份总裁李振国一行，并出席隆基新型氢能装备项目签约仪式。

6 月

1 日

● 市委常委、高新区党工委书记、新吴区委书记蒋敏带队到梅荆花园幼儿园、新洲小学开展“六一”国际儿童节走访慰问活动，并参加“向阳而生，因爱成长”护航行动启动仪式。

2 日

● 高新区党工委(新吴区委)举行理论学习中心组(扩大)学习会暨党史学习教育专题学习报告会。

3 日

● 新吴区举办“新吴 e 律通”发布上线启动仪式，打造全市首个法律职业共同体专用线上沟通平台。

6 日

● 科技部火炬中心与瑞士创新园协调机构创新创业合作谅解备忘录签约仪式以视频方式举行，无锡高新区作为 4 家中方高新区之一，受邀参加签约仪式。

7 日

● “IMEC 集成电路高端人才培训”第一期在无锡高新区开班。这是无锡与世界顶级的微电子研究机构——IMEC 达成深度合作之后，首次将世界级的集成电路高端人才培训课程开到无锡。

8 日

● 无锡高新区受邀参加“双碳”工作会议，为实现“双碳”目标分享高新区实践经验与方案。

9 日

● 无锡市新吴区投贷联动基金签约仪式举行。

● “石榴花开心向党　民族团结一家亲”庆祝建党 100 周年全市民族团结进步文艺晚会在无锡科技职业学院举办。

10 日

● 解放动力发动机再制造 10 周年暨第 1 万台再制造发动机下线仪式在无锡大豪动力有限公司举行。

● 新吴区召开“同心庆百年　奋进新征程”全区统一战线各界人士庆祝中国共产党成立 100 周年座谈会。

● 新吴区新的社会阶层网络人士联谊会成立大会在高新区融媒体中心举行。

11 日

● 无锡飞谱电子信息技术有限公司举行新一轮融资协议签约仪式。

16 日

● 无锡高新区与 SK 海力士系统集成电路及科尔泰签署战略合作协议。

● 高新区企业党委在区青少年活动中心金色大厅召开“红心从这里‘企’航”——庆祝中国共产党成立 100 周年大会。

18 日

● “永远跟党走　奋进新征程”无锡高新区(新吴区)庆祝建党 100 周年主题歌会举行。

22 日

● 2021 年“太湖杯”国际精英创新创业大赛西

安赛区暨第四届“才聚高新·智汇新吴”高层次人才发展大会在西安举行。

24日

● 省科技厅公布2020年度江苏省高新区创新驱动发展综合评价结果排名，无锡高新区在全省高新区中排名第二，较上年度进位三位。

28日

● 无锡力芯微电子股份有限公司（简称“力芯微”，股票代码688601）在上海证券交易所科创板挂牌上市。力芯微成为2021年无锡市首家科创板上市企业，也是高新区第三家集成电路科创板上市企业。

30日

● 筑梦“金融谷”、腾飞“科创城”，无锡“高新金融谷”启动暨太湖湾科创城基金大厦揭牌仪式举办。

7月

2日

● 无锡高新区党工委副书记、管委会主任，新吴区委副书记、区长崔荣国会见一奇资本创始合伙人、董事长谭秉忠，安捷物联董事长刘柏呈一行，并出席安捷物联长三角总部基地签约仪式。

3日

● 新吴区召开庆祝中国共产党成立100周年座谈会暨区“两优一先”表彰会议。

5日

● 位于无锡高新区的普华永道无锡分公司正式揭牌。

7日

● 无锡高新区（新吴区）“教育高质量发展”专家咨询委员会成立仪式暨名家论坛活动在新吴区举行。

8日

● 新吴区关工委在外企党员政治生活馆举行新建百家外资企业关工委暨首批“关工之友”集中授牌仪式。

● 市长杜小刚率队拜访SK集团中国总裁吴作义。

9日

● 由中国石油和化学工业联合会、中国橡胶工业协会作为指导单位，无锡宝通科技股份有限公司、北京化工大学、北京航空航天大学主办的宝通智能输送产业绿色发展研究院揭牌仪式暨合作签约仪式在新吴区梅村街道举行。

12日

● 由共青团江苏省委主办，无锡市委“两新”工委、共青团无锡市委承办，无锡高新区党工委（新吴区委）“两新”工委、共青团新吴区委、旺庄街道办事处协办的江苏省非公企业团组织学习光辉党史、歌咏奋斗历程“云接力”活动在村田电子有限公司启动。

● 无锡高新区（北京）创新中心揭牌仪式在一奇资本北京总部举行。

13日

● 2021年无锡（北京）央地两用产业合作交流会在北京举行。无锡高新区与航天科技、航天科工、中冶科工、北航、康明斯等进行合作签约。

18日

● 代谢产业生态圈发展闭门研讨会在无锡高新区举办，重点推介高新区生物医药产业。

19日

● 无锡药明合联开业起航仪式在高新区举行。

20日

● 2021年中国新媒体蓝皮书发布会暨中国新媒体发展研讨会在新吴区召开。

21日

● 中科院上海技物所无锡中科德芯光电感知技术研究院中试基地投产暨省级院士工作站揭牌仪式在高新区举行。

26—28日

● 中共无锡市新吴区第二次代表大会召开。在中共无锡市新吴区第二届委员会第一次全体会议上，蒋敏当选为区委书记。

30日

● 新吴区举行拥军慰问仪式，召开“八一”军政座谈会，庆祝中国人民解放军建军94周年。

● 无锡市互联网行业团工委成立大会暨全市互联网行业青年圆桌论坛在新吴区国家软件园举行。

8月

6日

● 无锡高新区22人入选2021年江苏省“科技副总”，占比全市第一。

10日

● 市委书记杜小刚调研新吴区蓝藻打捞处置工作并慰问一线蓝藻打捞人员。

11日

● 智未来、COCOSPACE等4家众创空间，中科智慧、东南科技创新中心2家科技企业孵化器获省级认定，入围总数列全市第一。

19日

● 市委副书记、代市长赵建军专题调研全市物联网产业发展情况，深入感知集团、中电海康两家重点物联网企业了解发展情况。

23日

● 高新区党工委副书记、管委会主任，新吴区委副书记、区长崔荣国会见英国皇家工程院院士、曼彻斯特大学激光工程教授、励格纳米创始人李琳一行。

9月

1日

● 新吴区召开全区政法队伍教育整顿总结大会。

6日

● 远景红杉碳中和基金暨“双碳大脑”方舟碳管理平台签约落户仪式在无锡高新区举行。

7日

● 无锡高新区与晨壹基金举行签约仪式。

● 市委书记杜小刚到新安街道净湖社区参观调研基层党建与治理工作。

● 在厦门举行的第六届中国国际绿色创新发展大会上，全国首批12个“绿色低碳示范园区”出炉，无锡高新区榜上有名。

8日

● 市委常委、高新区党工委书记、新吴区委书记蒋敏走访慰问教师代表并出席新吴区庆祝第37个教师节暨“教育高质量发展”推进大会。

9日

● 新吴区获批建设国家市场监管技术创新中心(特殊食品)，跻身全国首批19个国家市场监管技术创新中心建设项目，也是国内唯一的特殊食品技术创新中心。

10日

● 市委副书记、代市长赵建军到新吴区第一实验学校看望慰问教职员工。

15日

● 中科院长春光学精密机械与物理研究所在无锡的首个产业化项目——无锡谱视界科技有限公司开业仪式在无锡微纳园举办。

16日

● 市委副书记、代市长赵建军会见阿斯利康全球执行副总裁、国际业务及中国总裁王磊一行。

17日

● 无锡高新区党工委副书记、管委会主任，新吴区委副书记、区长崔荣国，会见日本松下电器产业株式会社集团代表董事副社长、松下电器东北亚公司总裁CEO本间哲朗一行。

16—17日

● 无锡高新区(新吴区)基层治理体系和治理能力现代化暨干部选任工作、机构编制管理实务培训班举办。

22日

● 无锡国家高新技术产业开发区、无锡物联网创新促进中心、江苏航天大为科技股份有限公司三方正式签署合作协议，无锡大数据有限公司落户无锡高新区。

23日

● 中国安全健康防护产品质量验证追溯公共服务平台启动仪式在无锡高新区举行。

29日

● “永远跟党走　奋进新征程”无锡高新区(新吴区)“百姓名嘴”风采展暨第五届微党课大赛集中宣讲会举办。

● 无锡高新区与至讯创新举行签约仪式，至讯创新集成电路项目总部基地落户无锡高新区。

10月

7日

● 无锡高新区(新吴区)集成电路产业重大项目集中签约暨无锡中韩集成电路产业园开工仪式举行，总投资达303.4亿元的19个集成电路重大项目成功落地。

8日

● 无锡高新区党工委副书记、管委会主任，新吴区委副书记、区长崔荣国率队拜访杭州恩和生物科技有限公司，洽谈恩和生物特殊食品相关产业落户无锡高新区事宜。

11日

● 新吴区2021年度基层团干部培训班暨新吴马克思主义青年学校揭牌仪式在中国企业管理无锡培训中心举办。

12日

● 国家文物局印发《大遗址保护利用“十四五”专项规划》，公布省(自治区、直辖市)大遗址145处，跨省(自治区、直辖市)大遗址5处，新吴区的鸿山墓群入选。

13日

● 市人大常委会主任、党组书记徐一平率队到新吴区视察“全面改善农村人居环境、高水平推进美丽乡村建设”工作情况。

13—14日

● 2021年无锡—粤港澳大湾区投资合作大会及科技创新合作交流会在深圳举行，无锡高新区4家企业与粤港澳高校签署产学研合作协议,签约数量列全市第一。中航国际深南电路半导体倒装芯片封装基板项目和大族激光华东智能科技产业园项目签约仪式举行。

16 日

● 2021 年中国特殊食品大会(第六届)在无锡召开,位于无锡高新区的“无锡特殊食品与营养健康研究院”揭牌。无锡高新区被授予“中国营养保健食品协会特殊食品产业集群示范基地”称号。

18 日

● 施耐德电气绿色智能制造无锡创新示范园暨“灯塔工厂”揭牌仪式在无锡高新区举行。

● 无锡与通用电气医疗战略合作签约仪式暨“无锡创·中心”启动仪式举行。

● 由无锡高新区与 Plug and Play China(璞跃中国)携手开展的 2021 年 PNP 无锡城市创新加速营活动举办。

19 日

● 2021 年太湖人才峰会隆重开幕。无锡高新区与北京大学、西安交通大学未来技术学院合作签约,55 个项目入围“太湖人才计划”创新创业领军人才和团队,位列全市第一。

20 日

● 太湖湾物联网科创人才启航论坛在无锡举办。活动期间,举办了无锡高新区物联网人才专场招聘会。

22—25 日

● 无锡高新区先后举办慧海湾物联网产业生态高峰论坛、中国物联网上市公司峰会、2021 年世界物联网博览会“双碳”战略与能源数字化论坛等多场论坛和系列活动。

23 日

● 2021 年太湖文化艺术季“惠风和畅”中国画作品学术观摩交流展开幕式在无锡东方美术馆拉开帷幕。

● 国家集成电路特色工艺及封装测试创新中心建设推进会在无锡湖滨饭店举行。

25 日

● 由无锡市人民政府、中国计算机学会(CCF)主办,无锡国家高新技术产业开发区管理委员会支持,无锡市科学与技术协会、浪潮集团、中国计算机学会无锡分部和无锡市计算机学会共同承办的 2021 年智能计算产业发展大会举办。

27 日

● 德国德禄柏丽亚太生产研发总部奠基仪式在高新区举行。

27—29 日

● 由省体育局和省总工会联合主办,江苏省体育人才流动服务中心、无锡市体育局、新吴区文体旅游局、无锡市健身健美(操)协会联合承办的“德成电力杯”2021 年江苏省健身教练职业技能大赛在新吴区海韵体育馆举办。

11 月

1 日

● 新吴区召开 2021 年“共同富裕·慈善助力”慈善“一日捐”活动动员会。

2 日

● 新吴区残疾人联合会第二次代表大会召开。

3 日

● 2020 年度国家科学技术奖励大会召开。高新区 5 家企业 3 项成果荣获 2020 年度国家科学技术进步奖,入选企业数居全市首位。

5 日

● 由无锡市政府及无锡高新区与阿斯利康合作共建的无锡国际生命科学创新园第三次亮相中国国际进口博览会。

6 日

● 无锡集成电路设计产业投资基金发布暨合作签约仪式在无锡国家“芯火”双创基地举行。

9 日

● 市委副书记、代市长赵建军一行现场调研无锡生命科学创新园、阿斯利康制药有限公司、通用电气医疗系统(中国)有限公司。

● 新吴区科学技术协会第四次代表大会召开。

11 日

● 由无锡市政协策划指导的大型原创情景剧《有事好商量》,以新吴区为专场,开启首场基层巡回演出。

12 日

● 威孚奥特凯姆新型核心零部件研发中心及制造总部项目签约仪式在无锡高新区举行。

18 日

● 无锡高新区党工委副书记、管委会主任,新吴区委副书记、区长崔荣国出席“芯火”平台 IC 设计项目集中签约仪式。

“奋斗百年路　启航新征程”——2021 年“乐动新吴”第八届全民健身系列活动颁奖仪式暨广场舞大赛在新安文化广场举办。

24 日

● 新吴区举行 2021 年“共同富裕·慈善助力”慈善“一日捐”现场捐赠仪式。

25 日

● 无锡高新区迪哲医药、微导纳米 2 家企业首次入选省独角兽企业名单，占全市 50%，入选数居全省单一园区第一。

27 日

● 由无锡高新区（新吴区）人才工作领导小组办公室指导，无锡太湖国际科技园管理办公室和高新区（新吴区）人力资源和社会保障局主办，无锡微纳产业发展有限公司、无锡新新人力资源开发有限公司联合承办的微纳物联网人才服务云平台（微聘）启动仪式暨首场招聘会活动在江苏无锡物联网人力资源市场（微纳园）举行。

28 日

● 市委常委、常务副市长、高新区党工委书记、新吴区委书记蒋敏出席捷普电子新型储能电池项目投产暨北亚区联合创新研发中心签约仪式。

12 月

1 日

● 无锡高新区（新吴区）"新兴'乡'荣"党建联盟成立仪式在索尼数字产品（无锡）有限公司正式启动。

2 日

● 无锡高新区党工委副书记、管委会主任，新吴区委副书记、区长崔荣国率领新吴区党政代表团赴青海省海东市互助土族自治县推进东西部协作工作。

4 日

● "爱无界·善吾锡"无锡志愿者嘉年华活动暨高新区（新吴区）"彩虹巴士"文明实践项目启动仪式在新吴区新时代文明实践中心举行。

8 日

● 无锡高新区（新吴区）"学习强国"线下体验馆启用仪式在无锡科技职业学院举行。

● 区人大代表换届选举投票日，新吴区近 33 万选民选举新一届新吴区人大代表。

9 日

● 2021 年无锡高新区（新吴区）—海东市互助土族自治县对口协作第二次联席会议在新吴区召开。

● 代市长赵建军会见到访的德国默克生命科学中国董事、总经理马锦睿一行。

10 日

● 迪哲（江苏）医药股份有限公司（简称"迪哲医药"，股票代码 688192）正式登陆上海证券交易所科创板，成为无锡首家科创板上市的全球创新药研发企业。

● 无锡国际生命科学创新园太湖湾创新基地开工暨无锡高新区生物医药重大项目集中签约仪式举行。集中新签约项目 35 个，总投资 339 亿元。

● 瑞金长三角健康研究院暨代谢疾病产业园、特殊食品与营养健康研究院等平台项目签约落户。

15 日

● 吴越半导体 GaN 晶体出片仪式在无锡高新区成功举行。

● 高新区党工委副书记、管委会主任，新吴区委副书记、区长崔荣国出席无锡零碳科技产业园低碳示范工程合作签约仪式。

● 省地方志办公室公布省内 5 部市县年鉴获 2021 年度"江苏精品年鉴"。《新吴年鉴（2021）》榜上有名，新吴成为全市入围创建省级精品年鉴的唯一县区。

20 日

● 华润华晶等 5 家高新区集成电路设计企业荣获 2021 年"中国芯"优秀产品称号，获奖数量领跑全市。

22 日

● 由中国半导体行业协会集成电路设计分会、"核高基"国家科技重大专项总体专家组、中国集成电路设计创新联盟共同主办的"中国集成电路设计业 2021 年会暨无锡集成电路产业创新发展高峰论坛（ICCAD 2021）"在无锡太湖国际博览中心拉开帷幕。

●无锡高新区被认定为江苏省工业大数据应用示范区。

23 日

● 华虹无锡集成电路生态圈科技园项目开工仪式在无锡高新区举行。

● 无锡日联股份有限公司研制的 3D 在线 X 射线自动检测设备 LX9200 凭借重大技术创新点及行业专家学者一致评定，获 2021 年中国 SMT 创新成果奖。

29 日

● "无锡 JXG·荣耀之夜"无锡 JXG 2021 KGL 王者荣耀夺冠庆典举行，无锡高新区与无锡智慧产业园、无锡 JXG 电子竞技俱乐部签署战略合作协议。

30 日

● 太湖湾年度创客大会暨第七届苏南全球创客大赛颁奖典礼在无锡高新区举办。

31 日

● 新发汇业广场开园暨重大项目集中签约仪式举行。

● 新吴区公共卫生大楼启用仪式举行。新吴区公共卫生大楼总建筑面积 2 万平方米，区疾病预防控制中心、区卫生监督所、区妇幼保健计划生育服务中心等公共卫生服务机构纳入大楼办公。

新吴概貌

地理环境

【概况】 无锡市新吴区地处长三角中部，位于无锡市区东南部，位于北纬 31° 7′ ~32° 2′、东经 119° 33′ ~120° 38′，距上海 125 千米，距南京 183 千米。东至锡山区，南至望虞河、太湖、苏州市，西至滨湖区、梁溪区，北至梁溪区、锡山区。辖区东西最大距离为 22.17 千米，南北最大距离为 15.34 千米，总面积 219.79 平方千米。（徐小涛）

【地形地貌】 新吴区境内以平原为主，星散分布着低山、丘陵，南部为水网平原，北部低地辟成的水网圩田，河道纵横，地势平坦广阔。新吴区土地总面积 219.79 平方千米。其中，耕地面积 30.72 平方千米，工矿、商住、服务用地面积 106.22 平方千米，交通设施用地面积 31.2 平方千米，水域面积 14.98 平方千米。新吴区的矿产资源主要有黏土矿、陶土、石灰石、石英砂岩、大理石等非金属矿。（徐小涛）

【气候】 新吴区地处北亚热带湿润区，四季分明，气候温和。雨季较长，雨水充沛，主要集中在夏季，属湿润地区，日照充足，无霜期长，水资源较丰富，常见的气象灾害有台风、水灾、干旱、寒潮、冰雹等。（徐小涛）

【道路交通】 区内国际机场、城际高铁、京杭大运河以及多条高速公路构成了水陆空立体交通体系。公路有 G312 国道、G42 国道（沪宁高速）、S19（通锡高速）等；城市主要道路有机场路、高浪东路（高架）、金城东路（高架）、长江南路、长江北路、吴都路、菱湖大道、泰伯大道等。（王娟娟）

区划人口

【行政区划】 2021 年年末，新吴区辖江溪街道、旺庄街道、梅村街道、硕放街道、新安街道、鸿山街道 6 个街道，设 7 个村委会、98 个居委会。区人民政府驻新安街道和风路 28 号。区内有无锡（太湖）国际科技园、无锡空港产业园区、江苏无锡出口加工区、中国工业博览园、中国吴文化博览园、无锡新加坡工业园等功能园区。（王娟娟）

【人口】 2021 年，新吴区户籍人口 39.65 万人，比上年增长 2.3%。全年出生人口 3166 人，出生率 8‰；死亡人口 2366 人，死亡率 6‰；当年度人口自然增长率为 2‰。年末全区常住人口 72.41 万人，比上年增长 0.53%，常住人口城镇化率 89.3%。（区统计局）

【民族】 2021 年，新吴区有汉族、满族、蒙古族、回族、苗族、朝鲜族等民族 54 个。少数民族常住人口 4200 余人，流动人口 18600 余人。（季 颖）

历史人文

【名胜古迹】 3200 多年前，泰伯三让王位，定都梅里（今梅村），开创吴文化。境内现存鸿山遗址、泰伯庙、泰伯墓和中国历史上第一条人工运河——伯渎河、昭嗣堂等历史名胜，钱穆、钱伟长等名人故居。鸿山遗址位于新吴区鸿山街道东部，是我国长江下游地区春秋战国时期的墓葬类遗址，北依伯渎河，南靠九曲河，东接漕湖，与苏州相望，保护面积达 7.5 平方千米，已探明有大型土台、土墩 130 余座。在抢救性考古发掘的 7 座墓葬中，出土了青瓷、硬陶、玉器等器物 2300 余件，被评为“2004 年全国十大考古新发现之一”。2010 年，鸿山国家考古遗址公园被国家文物局公布为第一批国家考古遗址公园之一。（王娟娟）

【历史名人】 新吴区自古钟灵毓秀，人文积淀丰厚，东汉时期的梁鸿夫妇就曾在此隐居。自 19 世纪末期以来，今新吴地区经济发达、文风昌炽，受上海的辐射影响，集中了精英诞生的天时、地利，涌现出了一大批在全国乃至世界闻名的人物。其中,有承前启后的一代宗师钱穆、书画印三绝的天才艺术家钱瘦铁、尽一生之力留下《南明史》的钱海岳、技近乎道的一代治石大家黄怀觉、才德双馨的物理学家钱临照,以及有“中国密尔”之誉的政治学家邹文海、中国的马克思主义经济学家钱俊瑞、著名考古学家顾铁符,还有中国唯一终身任职的大学校长钱伟长、影响几代人的音乐教育家钱仁康、新中国美术出版事业的开拓者邹雅和中国著名的应用力学大师钱令希。（王娟娟）

国民经济和社会发展

【概况】 2021年,新吴区经济综合实力迈上新台阶,全年实现地区生产总值2271.06亿元,按可比价计算,比上年增长11%。按常住人口计算,人均生产总值达到31.45万元。分产业看,全区第一产业实现增加值0.61亿元,与上年持平;第二产业实现增加值1389.68亿元,比上年增长13%;第三产业实现增加值880.77亿元,比上年增长8%。三次产业比例调整为0.03∶61.19∶38.78。全年城镇新增就业2.33万人。其中,城镇失业人员实现再就业1.50万人,援助就业困难人员再就业0.23万人。全区城镇登记失业率为2.5%。年末全区登记在册的企业法人累计51742户。其中,内资企业法人50466户,外资企业法人1276户。当年新办企业法人9515户。其中,新办内资企业法人9435户,新办外资企业法人80户。（区统计局）

【农业】 2021年,新吴区实现农林牧渔总产值1.01亿元,粮食总产量0.67万吨。粮食作物播种面积980公顷,比上年增加360公顷。（区统计局）

【工业和建筑业】 2021年,新吴区实现规模以上工业总产值达5554.58亿元,比上年增长22.1%;规模以上工业实现营业收入5538.93亿元,比上年增长15.7%;规模以上工业利润总额454.44亿元,比上年增长12.8%。规模以上工业用电量110.87亿千瓦时,比上年增长10.5%。全年建筑业完成增加值29.07亿元,比上年增长5.5%;实现建筑业总产值226.05亿元,比上年增长7.7%。1个建设工程项目获得鲁班奖,8个建设工程项目申报江苏省“扬子杯”优质工程奖(房屋建筑工程),2018—2021年共17个建设工程项目获无锡市“太湖杯”优质工程奖。（区统计局）

【固定资产投资】 2021年,新吴区固定资产投资完成723.16亿元,比上年增长5.3%。其中,工业投资完成365.07亿元,比上年下降24.1%;第三产业投资完成358.09亿元,比上年增长74.3%。房地产开发投资完成227.08亿元,比上年增长73.3%。商品房施工面积903.26万平方米,比上年增长14.9%;竣工面积120.23万平方米,比上年增长56.6%。全年商品房销售面积176.76万平方米,比上年增长15.9%。新批总投资超亿元以上重大项目145个,完成总投资303.45亿元。其中,超10亿元以上项目14个,超50亿元特大产业项目2个。125个区级重点项目进展顺利,完成投资530.27亿元。其中,46个省、市重点项目完成投资307.5亿元。（区统计局）

【国内贸易】 2021年,新吴区实现社会消费品零售总额414.66亿元,比上年增长9.6%。全区批发业销售额3489.91亿元,比上年增长33.5%。零售业销售额332.67亿元,比上年增长12.9%。住宿业营业额5.16亿元,比上年增长16.8%。餐饮业营业总额30.44亿元,比上年增长11.8%。在限额以上批发和零售业销售额中,汽车类增长9.5%,书报杂志类下降13.8%,服装、鞋帽、针纺织品类增长8.9%,粮油、食品类增长41.1%。（区统计局）

【开放型经济】 2021年,新吴区实现对外贸易进出口总额568.67亿美元,比上年增长13.3%。其中,进口总额262.84亿美元,比上年增长0.8%;出口总额305.83亿美元,比上年增长26.9%。一般贸易实现出口总额105.44亿美元,占出口总额的34.5%。按人民币计,全年实现对外贸易进出口总额3494.18亿元,比上年增长5.8%。其中,进口总额1698.92亿元,比上年下降5.8%;出口总额1795.26亿元,比上年增长18.5%。全年实际使用外资13.32亿美元(上报数),比上年增长3.9%。全年新备案外资项目107个,比上年增长37.2%,其中超3000万美元以上项目16个。全年服务外包执行金额33.53亿美元,比上年增长20.3%。其中,离岸外包执行金额17.23亿美元,比上年增长40.4%。（区统计局）

【服务业】 2021年,新吴区规模以上服务业营业收入561.74亿元,比上年增长21.9%。其中,交通运输业、仓储和邮政业94.72亿元,比上年增长21%;信息传输、软件和信息技术服务业177.58亿元,比上年增长13.4%;租赁和商务服务业190.22亿元,比上年增长38.6%。年末全区农村公路通车里程299.86千米。公共运营车辆370辆,年定运营线路44条,线路总长1022.60千米。全年公交运客总量1918.58万人次,比上年增长13.9%,平均每日运客量约5.26万人次。全年完成港口吞吐量900.89万吨,比上年增长12.1%。苏南硕放国际机场旅客吞吐量712.7万人次,比上年增长18.9%;货邮吞吐量16.21万吨,比上年增长3.1%。新吴区拥有旅游A级景区6家。其中,国家AAAA级景区3家,AAA级景区2家,AA级景区1家。全区拥有旅行社12家。（区统计局）

【财政和金融业】 2021年,新吴区一般公共预算收入 243.31 亿元，比上年增长 12.5%。其中，税收收入 209.7 亿元，比上年增长 11%，税收占一般公共预算收入的比重约 86.2%。全年一般公共预算支出 175.39 亿元，比上年增长 17.6%。税收收入中，增值税 94.47 亿元，比上年增长 12.4%；企业所得税 51.23 亿元，比上年增长 10.3%；个人所得税 14.7 亿元，比上年增长 23.1%；城市维护建设税 15.05 亿元，比上年增长 17.9%；房产税 11.33 亿元，比上年增长 17.1%；印花税 3.29 亿元，比上年增长 19.0%；契税 10.54 亿元，比上年下降 15.1%。上划中央四税收入 196.88 亿元，比上年增长 12.5%。年末金融机构本外币存款余额 1772.29 亿元，比上年增长 7.5%；各项本外币贷款余额 1421.41 亿元，比上年增长 18.2%。全年实现保费收入 4.22 亿元，比上年增长 10.8%。其中，财产险收入 3.48 亿元，比上年增长 11.2%；人寿险收入 0.74 亿元，比上年增长 8.9%。（区统计局）

【科学技术和教育】 2021 年，新吴区有国家高新技术企业 1042 家；高新技术产业实现产值 3888.35 亿元，比上年增长 24.9%，占规模以上工业总产值的 70%。全年对上争取市级以上科研项目资金 4.08 亿元。专利授权数 16081 件，比上年增长 39%。万人有效发明专利拥有量达 130.58 件。年末新吴区共有义务教育学校 37 所，在校学生 5.9 万人。共有幼儿园 66 所，比上年增加 8 所；在园幼儿 2.4 万人，比上年增加 0.1 万人。其他各级各类学校中普通高中 3 所、特殊教育学校 1 所、国际学校 2 所、中等职业学校 3 所、高等职业技术学院 2 所、普通高等院校 2 所。

（区统计局）

【文化、体育、卫生和民族宗教】 2021 年年末，新吴区有文化馆 1 个、博物馆 2 个、美术馆 2 个、文化站 6 个、影剧院 14 个。区、街道两级图书馆有 1 个总馆、9 个分馆，全区藏书量 160 万册。有体育健身设施 9775 个，健身场地面积 171 万平方米。有卫生医疗机构 248 家。其中，综合医院 6 家，社区卫服务中心（卫生院）8 家，社区卫生服务站（村卫生室）37 家，护理院 6 家。卫生技术人员 4494 人。其中，医师 1864 人，护士 1834 人，其他卫生技术人员 796 人。有医疗床位 3633 张。（区统计局）

【人民生活】 2021 年，新吴区城镇居民人均可支配收入 69073.6 元，比上年增长 9.2%。城镇常住居民人均生活消费支出 37211.3 元，比上年增长 19.4%。企业职工基本养老保险参保人数 50.7 万人，净增缴费人数 26673 人。全区城乡最低生活保障覆盖面 100%。有敬老院 7 家，年末床位数 3410 张，在院 1058 人。城乡居民最低生活保障对象 126 户、194 人，全年社会困难户临时救助、特困救助、低保救助、医疗救助、慈善救助 7149 人次。保障性安居工程建设有序推进，全区新开工保障性住房 7377 套，建成 5848 套。全年累计抽检监测各类食品 8118 批次，每千人抽检率达 11.28 批次，食品监测合格率 98.62%。年末有宗教活动场所 16 处，省级认定备案教职人员 19 人。（区统计局）

【资源、环境和安全生产】 2021 年，新吴区出让用地 140.46 公顷，比上年下降 24.7%。其中，产业用地 76.20 公顷，比上年下降 3.1%；经营性用地 64.26 公顷，比上年下降 40.5%。全年全社会用电量 146.37 亿千瓦时，比上年增长 11.1%。其中，工业用电量 115.83 亿千瓦时，比上年增长 9.0%；城乡居民生活用电 8.76 亿千瓦时，比上年增长 13.1%。新吴区 $PM_{2.5}$ 浓度 30.3 微克 / 米 ^{3}，空气质量优良天数占 77.3%。5 个国、省考断面优Ⅲ比例首次达到 100%。全年新一轮环境综合整治河道优Ⅲ比例为 78.9%。年末建成区绿化面积 3237 万平方米，年内新增绿化面积 25 万平方米，人均公园绿地面积 12.5 平方米。全区森林覆盖率达 18.96%。全年发生各类事故 9 起，死亡 4 人，亿元地区生产总值生产安全事故死亡率为 0.0018。

（区统计局）

综述

【经济发展】 2021年，新吴区委始终坚持发展第一要务，化解疫情冲击、能耗“双控”等因素带来的不利影响，完整、准确、全面贯彻新发展理念，抢抓长江经济带建设、长三角一体化、苏南自主创新示范区建设等重大机遇，推动全区经济运行稳中有进、稳中向好，发展规模和质效得到持续提升。全年实现地区生产总值2271.06亿元，增速三年来首次回到全市第一。主要经济指标增速领跑全市，完成一般公共预算收入243.31亿元，同比增长12.5%，增速位列苏南6个开发区第一。规模以上工业总产值突破5500亿元，增加值位列全市第一。实际利用外资13.32亿美元，总量位列全市第一，创近年新高。进出口总额568.67亿美元，创历史新高。全社会固定资产投资突破723.17亿元。“6+2+X”现代特色产业势头迅猛，物联网、集成电路、生物医药、大数据和云计算等战略性新兴产业分别增长15%、20%、15%、15%，占比均位居第一。12个产业集群规模破百亿元，其中超千亿元集群3个，超500亿元集群2个。坚定实施“双招双引”头号工程，谋划制定产业链招商、驻点招商、“百渠工程”三大招商改革意见，坚持线下“敲门”与云端招商相结合，新招引超亿元重大产业项目145个，其中新批10亿元以上项目14个、50亿元以上项目1个、100亿元以上项目1个，重大项目招引在全市领先。125个区级重点项目超额完成年度投资目标，46个市级重大项目完成投资总量位列全市第一，超全市平均10个百分点以上。全年新招引科技企业2450家，国家高企首次突破1000家，入选中国潜在独角兽榜单5家，入选省独角兽企业2家，居全省园区第一，入选市雏鹰、瞪羚、准独角兽企业总数位列全市第一。5家企业的3项成果荣获国家科学技术奖，2家企业成功登陆科创板，上市企业总数位居全国高新区前列。MEMS先进感知研发中心等一批重大创新平台先后落地，获批国内唯一特殊食品技术创新中心（筹），获批省、市级工程技术研究中心54家，成为全市首个技术合同登记额突破百亿元的地区。1家被评为“灯塔工厂”和全市首个国家工业绿色园区；新增市级以上专精特新“小巨人”企业69家、省级绿色工厂5家、省级工业互联网平台2家、省首台套重大装备2个、市级智能车间（工厂）53家，入选全省制造业创新转型升级成效明显地区，入选省区块链发展集聚区、省工业大数据应用示范区。（史湘云）

【改革开放】 2021年，新吴区委致力打响“无难事、悉心办”营商环境品牌，开展全省唯一县（区）审批服务便民化试点工作，实现区级“一窗服务”，街道、村（社区）“全科政务”，推动“一件事一次办”改革，灵活就业“一件事”改革成效获国务院办公厅的肯定；深化“办照即营业”改革，发出全省首张“跨省通办”营业执照；创新工程建设项目“分段审批、分段发证”新模式和个性化定制“多证联发”套餐，实现不同类型项目“拿地即开工”；推动公共资源交易“不见面”，跨区域投标成为常态。企业服务一体化平台“锡新通”建成投用，惠及企业1.2万余家。巩固提升基层“三整合”改革，综合行政执法改革进一步深化。出台国企改革“1+N+M”政策体系，国企市场化经营水平持续提升。对外开放水平不断提高。深入推进服务型综保区建设，打造苏南国际贸易港，成功试点机场—综保区“区港联动”，区港货物实现快速流转分拨。启动长三角电子元器件国际分拨中心建设，获批国家外贸转型升级基地（生物医药），创成江苏自由贸易试验区联动创新发展区、中日韩（江苏）产业合作示范园区、省级跨境电商产业园，开展综保区集成电路全产业链保税模式改革试点，完成无锡跨境电商三大中心建设。规划布局中欧低碳产业园、国际集成电路创新集聚区、中新合作创新示范园等六大国际合作新载体，为更高水平的对外开放注入新动能。新设立外资企业104家，新增省级认定跨国公司地区总部和功能性机构2家，新批药明合联、亚新半导体等协议外资超3000万美元重大外资项目16个、世界500强企业投资项目3个。（史湘云）

【产城融合】 2021年，新吴区委坚持规划先行，加快编制国土空间总体规划，围绕"一心三轴五板块"区域空间格局，高标准谋划太湖湾科创城、大运河沿线等重点区域功能布局，深化落实产城融合"1158"行动。伯渎河文化中心、伯渎河体育中心完成立项和设计等前期工作，启动建设。开展"白玉兰"文化惠民活动、"玉飞凤"精品创作演出等1500场，鸿山墓群入选国家文物局大遗址保护利用"十四五"专项规划，群众文化满意度和获得感进一步提升。乡村振兴全面推进，"一区三带"农业农村现代化建设全面启动，鸿山街道被评为省乡村振兴先进集体，大坊桥村被评为全国乡村治理示范村。城市更新步伐加快，征收拆迁高位推进，全年完成房屋征收拆迁180万平方米，完成市攻坚拔点项目36个。背街小巷、老旧小区、主要交通节点等城市"微更新"加速推进。坚持"建管结合"，56个基础设施项目加速建设，36个服务业项目顺利推进，全年新增34处8100个停车位，全面实施"城市管家"、数字城管治理模式，城市精细化管理水平不断提升，市容环境持续改善，"城市客厅"焕然一新，被列为全市唯一美丽宜居城市建设省级试点城市（区）。（史湘云）

【安全稳定】 2021年，新吴区委坚持"人民至上、生命至上"理念，推进新冠肺炎疫情防控公共能力建设，疫苗接种率全市领先，开展全区全员核酸检测压力测试，应急处置能力提升。纵深推进安全生产"三年大灶"专项整治行动，研究划分75个安全生产专属网格，建立问题隐患"回头看"制度，组织开展"小园区、厂中厂"专项整治，对危化品、城镇燃气、群租房等重点领域开展"拉网式"排查整治，消除了一大批安全隐患，本质安全水平得到有效提升。（史湘云）

【生态环境】 2021年，新吴区委自觉践行"绿水青山就是金山银山"理念，启动生态文明示范区创建工作，加力推进"三大保卫战"，纵深实施蓝天、碧水、净土重点工程1618个，新建江苏电科等危废处置工厂，新增处置老废能力30万吨。研究划定自然保护地及生态保护红线，全力推进"美丽河湖"建设，开展"1+7+60"条河道整治，全区5个国省考断面首次全部达到优Ⅲ水平。$PM_{2.5}$浓度同比有较大幅度下降，被评为全市首个"国家绿色园区"。连续14年实现太湖安全度夏。（史湘云）

【人民生活】 2021年，新吴区委把保障人民生命安全和身体健康作为城市发展的基础目标，全面完善城市功能、提升公共服务、强化民生保障，花大力气做好"千家万户的事"，民生保障扎实有力。突出抓好高校毕业生、退役军人等重点群体就业，建成全省首个新就业产业园，开展"春风行动"等招聘活动250余场，发放稳岗留工相关补贴1.3亿元，新增城镇就业2.3万余人、大学生就业2.4万余人。全面开展特困家庭深度救助，发放低保金、残疾人"两项补贴"1557.66万元。全区储备粮充足，物价水平总体稳定。社会事业全面发展。围绕共同富裕阶段性目标，完成10大类73项民生实事工程，扎实开展"我为群众办实事"实践活动和"微幸福"民生工程，"12345"热线接诉即办、未诉先办，有效解决群众的烦心事、操心事、揪心事。圆满完成国家卫生城市复审，SK海力士医院启动建设，公共卫生大楼建成启用。加快推进教育现代化，作为全市唯一参加全国学前教育普及普惠示范区、义务教育优质均衡发展区、义务教育优质均衡先行创建区创建的县（市、区），顺利通过省级评估。深化与上海世外、无锡金桥、梅村高级中学合作办学，新建、改扩建中小学8所、幼儿园12所。着力落实"双减"政策，课后服务工作走在全市前列。建成综合性养老服务中心3家、区域性助餐中心9家、街道级日间照料中心6个、省级儿童关爱之家1家，入选省智慧健康养老示范街道2个。扎实开展"文明城市"创建各项工作，新时代文明实践活动让文明之风落地生根。伯渎河文化中心、伯渎河体育中心启动建设，鸿山墓群入选国家大遗址保护利用专项规划，梅里古镇获批成为中国华侨国际文化交流基地，文体事业繁荣发展。

（史湘云）

【文旅融合】 2021年，新吴区委挖掘品牌资源，举办"吴文化"发展大会、吴地经济发展论坛、第二届长三角书画作品交流展等活动。鸿山国家考古遗址公园、伯渎河文化公园、梁鸿国家湿地公园入选江苏"运河百景"文旅产品。深化文旅融合，谋划推进"吴越春秋·鸿山奇境"项目，力促文化底蕴转化为文化IP。做大功能载体，推进建设无锡交响音乐厅、伯渎河文体中心、"三水汇"科技生态公园等一批重点项目。积极"造节引流"，精心打造梅里古镇，月均接待100万人次，"夜经济"蓬勃发展。（史湘云）

【党的建设】 2021年，新吴区委全面落实新时代党的建设总要求，以政治建设为统领，纵深推进全面从严治党，以刀刃向内的自我革命，不断增强各级党组织的政治领导力、思想引领力、群众组织力、社会号召力，为加快社会主义现代化建设提供坚强政治保障。始终把政治建设作为首要任务，深刻领悟、自觉落实

"两个确立"伟大意义和实践要求，增强"四个意识"、坚定"四个自信"、做到"两个维护"，推动习近平总书记重要讲话指示精神和党中央决策部署落地生效。积极稳妥开展二届区委巡察工作，教育引导党员领导干部不断提高政治判断力、政治领悟力、政治执行力，始终同以习近平同志为核心的党中央保持高度一致。牢牢把握意识形态工作主动权，旗帜鲜明地将党管意识形态的原则落实到工作各方面，持续完善"五个纳入""四个一同"工作机制，区委常委会专题研究意识形态工作，常态化分析意识形态领域动态、动向，举办2期全区意识形态工作专题培训班。推进基层党建"五大行动"，实施基层党建"四引"工程，"抓党建促乡村振兴"工作得到省委组织部肯定。完成村(社区)"两委"换届，精心举办"两委"班子培训班，深化社区工作者"1+8"职业体系、专职党建指导员职业体系建设。倾力打造高素质干部队伍，高质量完成区委、人大、政府、政协、纪委换届工作，注重从基层一线、业务骨干中选拔、培养年轻干部。坚持正风肃纪反腐，区委常委会先后12次专题研究部署党风廉政建设和反腐败工作，深入开展作风建设专项检查，查处违反中央八项规定精神问题52起、71人。毫不手软惩治腐败，持续加大对权力集中、资金密集、攸关民生等领域反腐力度，立案159件，采取留置措施7人，移送司法机关8人，追缴违纪违法所得1036.2万元。

（史湘云）

重要会议

【无锡高新区工委(扩大)会议暨新吴区委一届十一次全会】 中国共产党无锡高新区工作委员会(扩大)会议暨中国共产党无锡市新吴区委员会第一届第十一次全体会议于1月4日举行。会议以习近平新时代中国特色社会主义思想为指导，学习贯彻中共十九届五中全会精神和习近平总书记视察江苏重要讲话精神，认真落实中央经济工作会议、省委十三届九次全会和市委十三届十一次全会精神，总结2020年工作，全面部署"十四五"和2021年工作，对太湖湾科创城建设、全面从严治党进行专题部署，动员全区上下承前启后、继往开来，在构建新发展格局中做出"新吴贡献"，勇当全市高质量发展"全能冠军"，争做社会主义现代化建设排头兵。

会议由区委常委会主持，副市长、无锡高新区党工委书记、新吴区委书记蒋敏代表区委常委会讲话。会议审议通过《中共无锡市新吴区委关于制定无锡市新吴区国民经济和社会发展第十四个五年规划和二〇三五年远景目标的建议》，蒋敏就上述建议讨论稿向全会做说明。无锡高新区党工委副书记、管委会主任，新吴区委副书记、代区长崔荣国就经济工作做具体部署。

会议充分肯定区委常委会一年来的工作。会议指出，2020年是外部环境严峻复杂、困难挑战集中显现、运行风险显著加大的一年。尤其是面对突如其来的新冠肺炎疫情，全区上下坚决落实中央和省委、市委重要部署，坚定贯彻落实新发展理念不动摇、坚定"双胜利"目标不动摇、坚定"全能冠军"追求不动摇，积极应对，奋力攻坚，疫情防控精准高效，经济运行稳健有力，发展质效不断提高，人民幸福指数持续攀升，基层活力充分激发，在大战大考中交出了一份"双胜利"的过硬答卷。

会议指出，成绩来之不易，经验尤为珍贵。过去一年的工作实践启示是：党的坚强领导是战胜一切艰难险阻的制胜法宝，人民群众是推动社会发展进步的力量源泉，新发展理念是解决突出问题和挑战的战略指引，争创一流、比学赶超是取得领跑优势的有力武器。

会议指出，中共十九届五中全会系统谋划部署"十四五"时期经济社会发展，擘画了我国未来五年以及十五年的发展新蓝图。习近平总书记深刻阐述了事关现代化建设的一系列方向性、根本性、战略性问题，特别是对立足新发展阶段、贯彻新发展理念、构建新发展格局，提出了一系列新论断、新部署、新要求。习近平总书记视察江苏，殷切期望江苏"在改革创新、推动高质量发展上争当表率，在服务全国构建新发展格局上争做示范，在率先实现社会主义现代化上走在前列"的重要讲话，是新吴区现代化建设的总纲领、总命题、总要求，是谋划未来发展的重大战略指引和根本行动遵循。要担当起习近平总书记赋予江苏的新使命，坚定不移用习近平总书记重要讲话精神领航新征程、建设现代化，坚定不移用中共十九届五中全会精神统一思想、统领发展，全面把握新发展阶段的新任务、新要求，层峰之上再攀高峰，牢牢掌握发展主动权，在构建新发展格局中做出"新吴贡献"，深刻把握发展规律、坚持系统观念，志存高远，勇争一流，充分展现"全能冠军"卓越风采。

会议指出，做好2021年工作，必须要以习近平新时代中国特色社会主义思想为指导，认真贯彻党的十九大和十九届二中、三中、四中、五中全会及习近平总书记视察江苏重要讲话精神，全面落实中央经济工作会议、省委十三届九次全会和市委十三届十一次全会部署要求，坚持稳中求进工作总基调，立足新发展阶段，贯彻新发展理念，构建新发展格局，以推动高质量发展为主题，以深化供给侧结构性改革为主线，以改革创新为根本动力，以满足人民日益增长的美好生活需要为根本目的，坚持系统观念，巩固拓展疫情防控和经济社会发展成果，更好统筹发展和安全，扎实做好“六稳”工作，全面落实“六保”任务，努力保持经济在合理区间运行，推进全面从严治党，确保“十四五”开好局，全面建设社会主义现代化起好步，在构建新发展格局中做出“新吴贡献”，勇当全市高质量发展“全能冠军”，争做社会主义现代化建设排头兵，以优异成绩庆祝建党100周年。

会议确定了新吴区2021年经济社会发展的主要目标，强调实现2021年发展目标任务，重点要做到“三聚三提升”：聚智创新，以创新驱动产业链、供应链优化升级，全力打造长三角最具活力的科创高地；聚焦产业，绘好产业链规划图、产业布局规划图两张图谱，实施“双招双引”、产业园区“三优化三提升”两个行动，突出加强招商体制机制、营商环境两方面建设，夯实发展基础；聚力开放，提升利用外资水平，实现外贸稳中提质，推进高水平外经合作，激发发展活力。提升城市品质，科学统筹好规划、建设、管理三大环节，加快打造更具国际化、现代化的城市主城区；提升民生福祉，加快实施民生实事工程和乡村振兴战略，不断增强多层次、多样化供给能力，增强幸福感；提升安全水平，打好疫情防控持久仗、安全发展纵深仗、生态环保攻坚仗、金融风险歼灭仗、社会稳定主动仗。

会议认为，规划建设太湖湾科创城，是区委面向“十四五”发展、面向长三角区域一体化、面向世界科技创新前沿，积极抢抓太湖湾科创带核心示范区建设的宝贵机遇，做出的一项重大战略决策。会议指出，太湖湾科创城在规划建设过程中，要抢抓机遇、高点定位，自立自强、开放创新，敢于探索、打造样板，加强协调、积极争取。一要瞄准“最前沿”，突出高科技园区带动、高精尖项目拉动、创新型企业推动，全力打造新兴产业策源地。二要追求“硬科技”，建强科技园区平台、重大创新平台、人才引育平台，全力打造科教资源集聚地。三要建设“好环境”，在优化科研机制上展现新思路，在提升科技服务上展现新作为，在推动产城融合上展现新面貌，全力打造科创生态样板地。

会议强调，全区各级党组织要以庆祝建党100周年为契机，全面贯彻新时代党的建设总要求，牢记初心使命，推进自我革命，纵深推进全面从严治党，以党建“最大政绩”引领保障发展“第一要务”。要把稳思想之舵，强化政治引领；要涵养固本之源，夯实战斗堡垒；要昂扬奋斗之志，锻造过硬作风；要绷紧纪律之弦，营造清朗政治生态。

全会审议通过了《中国共产党无锡市新吴区第一届委员会十一次全体会议决议》。

区委委员、候补委员出席会议，区纪委委员和有关方面负责人列席会议。（史湘云）

【中国共产党无锡市新吴区第二次代表大会】 7月26日至28日，中国共产党无锡市新吴区第二次代表大会召开。

会议选举产生了中共无锡市新吴区第二届委员会委员、候补委员和出席中共无锡市第十四次代表大会的代表。

在中共无锡市新吴区第二届委员会第一次全体会议上，蒋敏当选为区委书记，崔荣国、洪延炜当选为副书记，刘霞、顾国栋、章晓明、罗功新、韩杨、周君荣、李伟敏、丁洪军当选为常委。

会议指出，本届区委领导班子当选于中国共产党成立100周年的光荣时刻，承载着72万新吴人民的殷切期待，肩负着“走在社会主义现代化建设最前列”的时代重任。要心中有信仰，当好政治坚定、对党忠诚的表率，必须始终把讲政治作为第一位要求，把忠诚可靠作为第一位标准，在党言党、在党忧党、在党为党、在党爱党，树牢“四个意识”、坚定“四个自信”、坚决做到“两个维护”。要把理论学习作为须臾不离的“必修课”，用伟大建党精神浸润思想品格，不断提升凝聚力、创造力、战斗力。要不折不扣贯彻落实上级要求，把习近平总书记重要指示精神和对江苏发展的谆谆嘱托转化为新吴高质量发展的实践成果，确保中央大政方针和省委、市委决策部署更好地在新吴落地生根、开花结果。要心中有人民，当好亲民爱民、勤政为民的表率，牢牢抓住保障和改善民生这个着力点，突出问题导向，聚焦群众“急难愁盼”问题，积极回应“槽点”、纾解“痛点”、打通“堵点”，用心、用情、用力办好就业、教育、社保、医疗、养老、托幼、住房等民生实事，切实提高公共服务水平，让发展实绩更有“温度”，让惠民答卷更有“厚度”。要心中有责任，当好真抓实干、务实重行的表率，坚持求真务实，进一步提高工作效能，只争朝夕，紧张快干，迅速分解落实党代会提出的各项目标任务，细排计划，倒逼推进。要打开解放思想这个“总开关”，把上级精神与新吴实际结合起来，创造性地开展工作。要增强敢于担当的勇气，树立强烈的事业心和责任感，拓宽思路，创新举措，把各项工作不断向前推进。要切实增强坚韧不拔的精神，把立下的“军令状”切实变成手中的“成绩单”。要心中有大局，当好精诚团结、勠力同心的表率。要充分发挥区委总揽全局、协调各方的核心作用，做到思想合心、工作合力，把党代会确定的目标任务不折不扣地落到实处。要严格执行民主集中制，完善区委议事和决策机制，做到决策之前讲民主，畅所欲言、充分发表意见，决策之后讲集中，用团结的智慧和力量把区委各项工作做好。要真诚相处，坦诚相待，敢于开展批评和自我批评，努力把区委领导班子建设成为政治坚定、团结务实、奋发有为的坚强领导集体，切实做到带好“一班人”、影响“一群人”、团结“一方人”。要心中有敬畏，当好清正廉洁、自律修身的表率。始终保持共产党人清正廉洁的政治本色，牢固树立正确的人生观、权力观、价值观，带头廉洁自律，接受党和人民监督。要认真履行“一岗双责”，带头遵守领导干部廉洁自律的各项规定，带出清廉队伍，培育清正家风，在政治上守护好一方的“青山绿水”。

会议强调，美好前景催人奋进，奋勇争先正当其时。要更加紧密地团结在以习近平同志为核心的党中央周围，在省委、市委的坚强领导下，在上届区委领导班子打下的良好基础上，团结带领全区干部群众，凝心聚力、苦干实干，为把区第二次党代会描绘的美好蓝图变为现实而努力奋斗！（史湘云）

巡察工作

【巡察全覆盖】 2021年，新吴区委扎实做好一届区委第十二轮、第十三轮巡察工作，在全市县区板块率先完成巡察全覆盖。科学谋划二届区委巡察工作，周密组织首轮对江溪、新安街道所辖40个村（社区）党组织及股份经济合作社巡察工作，在全市县、区板块率先完成村（社区）巡察全覆盖任务，提交关于村级股份经济合作社现状、城市精细化管理专题报告2份。发现问题1325个，移交问题线索20件，推动立案35件，问题线索限期内办结率100%。（叶红英）

【巡察工作机制】 2021年，新吴区委加强巡察上下联动机制，探索信息共享、力量联动、协同整改等有效途径，选派干部参与全市公安系统、生态环境系统、涉粮问题专项巡察，6人分别被评为省委、市委巡察优秀抽调干部。探索涉粮问题专项整治和巡视巡察联动发力机制，涉粮领域立案9件。健全区委巡察机构与纪检、组织、审计、信访等部门协作机制，进一步打通巡前、巡中、巡后协作机制，构建巡察大监督格局。（叶红英）

【整改跟踪问效】 2021年，新吴区委压紧压实巡察整改政治责任，把整改工作作为加强对“一把手”监督的重要内容，做好巡察整改质效评估、群众评判和结果运用等工作。对4家单位的党组织开展巡察“回头看”，在“政治体检”的基础上开展“政治复检”，共发现巡察整改不到位问题8个，新发现突出问题20个，移交问题线索1件，形成“再震慑”。坚持“当下改”和“长久立”相结合，推动被巡察单位建章立制42条，巡察反馈问题整改完成率96%。（叶红英）

【一届区委第十二轮巡察工作书记专题会议】 2月8日，无锡高新区党工委（新吴区委）召开第十二轮巡察工作书记专题会议，市委常委、无锡高新区党工委书记、新吴区委书记、区委巡察工作领导小组组长蒋敏主持会议并讲话。蒋敏指出，区委第十二轮巡察工作能够牢牢把握政治巡察根本定位，突出问题导向，紧扣重点领域和关键问题，对各被巡察单位进行精准、全面的“政治画像”，巡察成效值得肯定。蒋敏强调，要原汁原味向被巡察单位反馈巡察意见，并督促被巡察单位及时做好反馈信息公开，成立巡察整改工作领导小组，召开巡察整改专题民主生活会，有序推进巡察整改方案撰写、“三清单”任务分解、整改报告报送等工作环节，从制度上、行动上抓好落实，确保巡察整改全面落实、全面过硬。会议还传达学习了上级有关巡视巡察工作的会议精神，并对下一阶段区委巡察工作进行了安排部署。（叶红英）

【一届区委第十三轮巡察“回头看”】 2月25日，新吴区一届区委召开第十三轮巡察“回头看”工作动员部署会，无锡高新区党工委委员、纪工委书记，新吴区委常委、纪委书记、监委主任，区委巡察工作领导小组常务副组长焦夕莲出席会议并做动员讲话。无锡高新区党工委委员、新吴区委常委、组织部部长韩杨宣读本轮巡察“回头看”工作各巡察组人员授权任职和任务分工的决定。根据区委统一部署，本轮巡察将组建两个巡察组，对区农业农村局、科创中心、高新创投公司、创友担保公司等4家单位的党组织开展巡察“回头看”，时间为2021年3月4日至4月22日。

5月27日，新吴区一届区委召开第十三轮巡察“回头看”工作书记专题会议，市委常委、高新区党工委书记、新吴区委书记、区委巡察工作领导小组组长蒋敏主持会议并讲话。会议传达学习近期中央巡视工作会议精神，并对下阶段区委巡察工作进行安排部署。区委第一、第二巡察组分别汇报了对区农业农村局党组、区科创中心党组、高新创投公司党支部、创友担保公司党支部4家单位巡察“回头看”情况。蒋敏充分肯定本轮巡察“回头看”工作，要求以更严的标准、更强的监督力度做好巡察反馈及整改工作，并对下一步工作提出三点要求：借力起跳，谋篇布局绘制新一届区委巡察“蓝图”；上下联动，共同织密扎牢巡视巡察“监督网”；深学笃行，锤炼打造高素质专业化巡察干部队伍。（叶红英）

【二届区委第一轮巡察工作】 9月30日，新吴区二届区委第一轮巡察工作动员部署会召开，市纪委常委、市监委委员，无锡高新区党工委委员、纪工委书记，新吴区委常委、纪委书记、监委代主任、区委巡察工作领导小组常务副组长罗功新，无锡高新区党工委委员，新吴区委常委、组织部部长、区委巡察工作领导小组副组长韩杨出席会议。市委第三巡察指导督导组成员到会指导。会议传达了省委《关于加强“一把手”和领导班子监督的实施意见》主要精神，韩杨宣读本轮巡察工作组长授权任职及任务分工决定，罗功新做动员讲话。 区委2个巡察组于10月11日起，对江溪街道、新安街道所辖村(社区)党组织及相关股份合作社开展巡察。 (叶红英)

组织工作

【概况】 2021年，新吴区委组织部以习近平新时代中国特色社会主义思想为指导，认真贯彻落实全国和省、市组织部长会议精神，围绕区委中心工作，扎实抓好基层党建、干部管育、人才引育各项工作，打造过硬的领导班子和党员干部队伍，为高质量发展提供坚实的组织保障。 (罗蕴轩)

【基层党建工作】 2021年，新吴区委认真落实基层党建“五聚焦五落实”三年行动计划，推进“五大行动”，健全村(社区)治理体系，“抓党建促乡村振兴”工作获省委组织部肯定。用好“智慧党建”，全覆盖建立“双建三带”支部联系点。优化太科园组织体系设置。建成全省首个快递物流行业党群服务中心，完成“小蜜蜂驿站”全域布点，培塑“锡城骑士”等行业党建品牌。完成105个村(社区)“两委”换届选举，“五有五强”型书记占86%。举办“两委”班子培训班，《新华日报》头版刊载相关报道。推广社区工作者“星级”+“双证”管理模式。选派兼职党建工作指导员350名，专职党务工作者实现“满编”配备。修订专职党务工作人员管理办法，完成“两新”组织党务工作者资格认证，中组部组织二局局长石军到新吴区做专题调研。年内发展党员610名，落实在职党员“三报到三服务”机制，开展企业党员“三亮三比”活动，其做法在《中国组织人事报》上整版刊载。全覆盖设立书记项目，实施基层党建创优实践项目“雁阵计划”，筛选打造精品项目40个。拨付基层党建“以奖代补”经费150万元，发放村(社区)书记企业年金49.78万元、“两新”组织党组织书记“红领津贴”140万元。建成新鸿山乡村振兴党员教育点，升级改造外企党员政治生活馆。 (罗蕴轩)

【干部队伍建设】 2021年，新吴区以“20字”好干部标准为遵循，紧紧围绕捍卫“两个确立”、做到“两个维护”的政治要求，不断优化干部队伍结构，提升干部队伍综合素质。年内共调配干部6批次269人次，其中，市、区联动市管干部职务调整23人次，提拔正科级22人、副科级45人，进一步使用正科级10人、副科级12人，调任公务员9人，平职调整68人次，机构改革更名2人，职级套转1人，职级晋升10人，免职2人，调出4人，其他干部调整61人次(主要包括东西互助、南北共建、科技镇长团、群团挂兼职等)。围绕班子换届，做好相关人事安排。严格落实换届政策，按照新吴区换届工作需要，逐一梳理职数、性别、年龄、党派等结构要求，提前做好人才培养储备，配合市委组织部做好区委、人大、政府、政协领导班子换届考察，注重推荐忠诚、干净、担当的高素质干部。科学制定新一届“两委”及人大政协常委会组成原则和提名办法，严格人选标准，强化审查考察。出台《2021年全区干部教育培训工作要点》，升级打造“四千四万精神”现场教学点，巩固提升干部教育培训工作成效。 (罗蕴轩)

【年轻干部储备】 2021年，新吴区深入落实《新吴区2021年度年轻干部工作目标任务书》，依托“321”人才计划，引进“高精尖缺”人才充实到科技金融、教育医疗、社会治理等一线专业性岗位。举办全区年轻干部培训班，依托无锡青干讲习所新吴分所，开展年轻干部课题调研，举办年轻干部分享会2次；推荐8名年轻干部到基层社区、市级机关、深圳等地区挂职锻炼；抽调1名选调生配合区委巡察部门开展巡视巡察工作。 (罗蕴轩)

【干部管理监督】 2021年，新吴区从严加强换届风气监督，构建换届风气监督“1+6”制度体系，通过开展谈心谈话，宣传“十条禁令”，组织观看《警钟长鸣》警示教育片，营造浓厚的严肃换届纪律氛围；实施舆情日报告制度，“12380”信访举报渠道24小时畅通，实时监测和了解换届风气情况，积极开展换届风气督导，在全区上下凝聚了齐抓共管、上下联动的换届风气监督合力。从严加强干部日常监督，落实政治监督要求，加强干部政治素质考察，开展任前“政治体检”154人次；做深、做细、做实领导干部个人有关事项报告、经济责任审计、信访举报核查等干部日常监督；用好干部监督协同工作机制，加强对干部苗头性倾向性问题的排查力度，紧密联系区纪委监委和公检法等职能部门，及时掌握干部违纪违法等情况，精准、科学做好组织处理。从严规范选人用人检查，结合区委巡察和区政法队伍教育整顿队伍建设巡查工作，先后3轮共对9家单位开展选人用人专项检查，提出整改意见28条。注重发挥“三项机制”作用，鼓励、激励24人，调整岗位1人；整理收集上报典型案例42篇，被市级以上录用9篇，其中1篇典型案例被省委组织部“三项机制”专刊录用。（罗蕴轩）

【公务员管理】 2021年，新吴区完成1159名公务员（参照管理人员）2020年度考核工作，按照公务员奖励政策，给予29人记三等功奖励，给予282人嘉奖奖励；深入实施《公务员平时考核办法（试行）》，落实平时考核与年度考核挂钩制度，进一步健全公务员考核评价体系。完成2021年度43名公务员招录，严格按政策办理公务员调配，完成公务员调任9人、登记69人。推进公务员分类管理，完成应急管理局等5家机关（单位）的第二批行政执法类公务员职位设置及职级套转工作。有序推进公务员初任培训、任职培训和自主选学，选派3批新录用公务员参加市机关先锋队，参与基层一线疫情防控。（罗蕴轩）

【老干部工作】 2021年，新吴区深入学习贯彻习近平总书记关于老干部工作重要指示精神，围绕中心、服务大局，积极开创老干部工作新局面。组织广大老干部讲党史、说理想、话奋斗，积极用好线上资源。开展“百年荣光·颂党恩”庆祝建党100周年系列主题活动，部署“回望百年路，助力新征程”主题党日活动，引导老干部坚守初心使命，坚定理想信念。开展“六有一提升”工程“回头看”活动，选优配强离退休干部党支部书记，积极推进离退休干部党组织活动阵地建设。聚焦服务管理，围绕主责主业，提高“心贴心”的服务质量。应用江苏省离退休干部服务管理系统功能，定期分析研究老干部政治、生活等各项待遇落实情况，不断优化提质服务管理。聚焦自身建设，围绕专业目标，不断加强老干部工作者队伍建设。（罗蕴轩）

【年度综合考核】 2021年，新吴区进一步健全落实与高质量发展要求相匹配的综合考核工作机制，系统吸收省、市考核政策，研究出台2021年度区“1+5”综合考核文件，按照“应纳尽纳、应分尽分”的原则，将市对区考核任务全面分解纳入对街道（园区）和区级机关单位的综合考核体系，合理确定市对区全部63项高质量发展考核指标、36项党的建设考核指标的年度目标任务。统筹做好市对区和区对下年度综合考核工作，抓紧、抓实平时监测督办，完善“以周保月、以月保季、以季保年”协同推进机制，相关做法在《江苏组工信息》上刊载。2021年度无锡高新区在国家高新区排名中排名居第二十位，较上年上升7位。（罗蕴轩）

【人才工程】 2021年，新吴区围绕“6+2+X”现代产业体系，率先出台集成电路、生物医药产业人才政策，重磅支持安家费、人才贡献奖补，提档升级区级卫生、教育人才政策。提升区街人才政策联动性，逐步形成具有无锡高新区特色的“1+X”优势人才政策体系。新吴区“飞凤人才”专项资金全年投入超2.39亿元，对有较大贡献的各类主体发放奖补资金1150万元。国家海外引才计划有效申报数新吴区56个，居全市第一；国家海外引才计划、国家高层次人才特殊支持计划3个，总数全市第一。另从国务院国资委系统申报入选国家“长城计划”1人；省“双创计划”入选10人，全市第一；省“333工程”第二层次入选1个，全市唯一；市“太湖人才计划”入选创新创业人才项目50个、创新创业领军人才团队项目5个，合计55个项目，全市第一；紧扣省、市人才项目申报要求，完善区级人才项目培育评价机制，增加“培育类”项目，区“飞凤人才计划”项目入选179个，创历史新高；国家人才计划青年项目有效申报数新吴15个，全市第一；新引进应届本科以上毕业生25120人。（罗蕴轩）

【人才交流与人才服务】 2021年，新吴区搭建高能级、专业化活动平台，借力PNP、中国电子学会等市场、科研机构资源，开展智能制造、物联网人才交流对接活动。率先举办全市首场“百企千才高校行”苏州大学专场等交流活动，累计交流对接2500人次。强化海外引才长效渠道建设，举办法国里昂、美国硅谷海外专场路演，与驻英大使馆教育处、全英总学联开展英国招才引智连线直播。开辟生物医药、集成电路人才校招专线，赴全国29所高校定向招引产业人才。推广“以赛代招”引才模式，充分调动人才机构积极性，广泛征集发动海内外1226个项目参加“太湖杯”等省、市创新创业大赛，推荐项目获4个决赛组别中的3个第一，国际组10强项目占9席，征集项目数、项目落地数继续保持全市第一，第九届“创业江苏”科技创业大赛中获全省唯一团队组一等奖。连续4年举办人才专员培训班，出台人才专员跟奖跟补办法，对百名企业人才专员进行分类定级，给予工作奖励。新增“人才贷”贷款企业39家，贷款金额1.38亿元。在《新华日报》头版、《中国青年报》头版、《欧洲时报》等多家海内外重点媒体平台发布招才引智启事。

（罗蕴轩）

宣传工作

【概况】 2021年，无锡高新区（新吴区）宣传思想文化战线高举习近平新时代中国特色社会主义思想伟大旗帜，围绕建党百年主线，紧扣全区中心工作，依托“一馆两中心”，守正创新、担当作为，弘扬爱党深情，感悟思想伟力，凝聚奋进力量，各项工作取得显著成效。（尤辛佳）

【政治理论学习】 2021年，新吴区委组织理论中心组学习会28次。其中，学习《论中国共产党历史》及习近平总书记系列重要讲话精神22次，集中学习研讨9次，交流发言59人次。区委中心组成员提交32篇高质量调研报告。在全市率先开展全区党（工）委（党组）理论学习中心组巡学旁听工作，并实现全覆盖。扎实开展党员冬训工作，被评为“2021年度全省基层党员冬训工作示范区”，硕放、鸿山被评为“2021年度全省基层党员冬训工作示范街道”，江溪“联盟课堂‘微体系’项目”被评为2021年度全省基层党员冬训特色项目。 （邓芳芳）

【党史学习教育工作】 2021年，新吴区委邀请中央宣讲团成员李忠杰带来党史学习教育精彩“第一课”，举办2期区四套班子领导干部党史学习教育专题读书班，开展“四史四课”、青年党史知识竞答大会、“大手牵小手 永远跟党走”党史学习教育宣讲参访等专家辅导、主题活动，创排红色锡剧《华阿金》在全区巡演32场。围绕百年党史、中共十九届六中全会精神等主题，开展宣讲活动1600余场次，受众15万余人次。党史学习教育被央媒、省媒宣传报道7372篇次，位列全市第一。

围绕百年党史、基层党建等主题开办“新吴大讲堂”，举办传承高新区精神青年论坛，打造“传承高新区精神 推动高质量发展”精品党课并巡讲11次，举办新四军江抗理论研讨会，深切感悟马克思主义及其中国化创新理论的真理力量和实践力量。办结市“微幸福”民生工程重点督办事项21项。53名县处级以上党员领导干部参加“三进三解”活动，创新实施“三微”行动，办结便民、利民、惠民“微项目”517个，相关做法由党史学习教育官网予以报道。

（邓芳芳）

【意识形态工作】 2021年，新吴区委常委会学习省委、市委关于当前意识形态领域情况的通报等意识形态工作相关重要文件精神9次，研究意识形态相关工作8次，专题研究意识形态工作2次。先后赴泰州、上海组织意识形态工作专题培训班，举办舆情信息员业务培训会，近300人次参加。新吴区第二次党代会系统谋划未来五年的意识形态工作。突出落实意识形态工作责任制在党建考核、政治生态监测等中的分量。结合巡察工作，对区农业农村局、新吴公安分局等5家单位党组织及江溪、新安两街道所辖的13个重点社区（村）党组织开展落实意识形态工作责任制专项检查。 （邓芳芳）

【新闻宣传工作】 2021年，新吴区委在中央和省、市主流媒体发稿12497篇次。其中，央媒2110篇次，省媒6266篇次。发稿总量、央媒发稿量创历史新高。人民网总网首屏刊发《无锡高新区：万亿级现代产业集群深度布局》等7篇报道，新吴区首辆移动疫苗接种车开进企业，被中央电视台《新闻联播》点赞。围绕建党100周年、太湖湾科创城建设等重大主题策划组织全媒体采访活动67次，围绕重大活动组织各类采访261次。成功承办2021中国新媒体蓝皮书发布会暨中国新媒体发展研讨会。加强对全区65个政务微信号的规范管理，以定期发布WCI指数排名等方式激活“政”能量。 （尤 冰）

【网络安全管理】 2021年，新吴区委出台了《网络舆情闭环管理制度（试行）》，在中小学授牌成立首批3家“护苗”工作站。开展正版软件工作培训，摸清机关事业单位、国控公司1115台电脑终端底数。长江社区等3个社区入选省第二批“红石榴家园”。报送7000余条舆情信息，报送数量、考核得分较往年有了质的提升。召开2次分析研判联席会议，及时报送安全专项行动月报，围绕“七一”等时间节点全面排查风险点3次，举报2000余条违法和有害信息线索，协调注销102个网站域名。高效处置某网站发布枪支贩卖信息，入选江苏省举报典型案例。 （王 成）

【融媒体中心建设】 作为全市首家区级融媒体中心，无锡高新区融媒体中心自2019年5月成立以来，打造“雁阵＋矩阵＋联盟”模式，现运营微信公众号、视频号等9个平台发布融媒体产品4067个，获国家高新区微信公众号综合影响力领先奖、国家级开发区外文版政府网站优秀奖等多个奖项。 （徐逸卿）

【精神文明建设】 2021年，新吴区委借力高校优质师资团队开展调研，形成19万字“新时代文明实践志愿服务的运行机制研究——以江苏省无锡市‘新吴模式’为例”成果，获2021年全国民政政策理论研究三等奖。举办“爱无界，善吾锡”2021年无锡国际志愿者嘉年华活动。打造新吴区“彩虹巴士”文明实践项目。市委书记杜小刚、省文明办主任葛莱先后专题调研区新时代文明实践中心（国际志愿者会客厅），对载体建设、运行模式、实践内容等给予高度评价。区新时代文明实践中心自2021年12月启用以来，依托79个志愿服务组织开展志愿服务活动1500个。旺庄“金色号角”退役军人志愿服务队入选全省“百支优秀退役军人志愿服务队”。探索楼道自治，以居民自治助力文明城市创建常态长效，获省文明办主要领导肯定。高质量承办道德讲堂暨2021年第一季度“无锡好人”交流发布会。新增“江苏好人”等先进典型14人。

（闫 浩）

统战工作

【概况】 2021年是新修订的《中国共产党统一战线工作条例》施行的第一年。无锡高新区党工委(新吴区委)聚焦高质量发展中心大局,紧扣"五大关系"团结和谐,依靠"十二类对象"丰沛资源,围绕民主党派、民族宗教、民营经济、民间外交,努力书写好全区统一战线工作的答卷,在新发展格局中彰显统战作为。 (史玛莉)

【新阶层人士统战工作】 2021年,新吴区委按照"基地建设年"的总要求,将新阶层人士统战工作纳入区委统一战线工作领导小组重点工作事项,形成区委、区政府重视,区委统战部牵头,各职能部门、民主党派、群团组织、行业组织密切联系、主动协调、共同参与、互相配合的"大统战"格局。组织新阶层人士参加统战领域思想政治主题教育报告会、专题学习会,在新阶层人士中深入开展习近平新时代中国特色社会主义思想和统战工作理论学习。组织新联会成员赴南京江宁区、镇江润州区学习交流,进一步增进思想共识,增强身份认同感。 (史玛莉)

【民营经济统战工作】 2021年,新吴区委加强组织建设,新吴区工商联(总商会)注册会员(包括基层商协会)达到1219家。实现全区530余家规模以上民营企业全覆盖,上市民营企业全覆盖。坚持吸收具有社会责任感的高新技术企业、专精特新企业等的负责人加入商会组织,6个街道实现商会组织全覆盖。指导全区商会成立党组织,累计成立商会党组织11家,在全市率先实现商会党组织全覆盖,切实发挥党组织在商会建设中的政治核心、思想引领和组织保障作用,被评为"全国县(区)五好工商联"。服务企业发展,建立健全区领导对口联系重点企业制度。特别是在疫情期间,区领导为重点企业协调解决用工难、口罩缺乏、融资难等难题近100起,稳步推进"六稳""六保"工作,为无锡高新区高质量发展打下了坚实的基础。对标企业需求,先后出台《企业挂钩服务工作方案》《关于加强人力资源工作支撑和服务经济社会发展的意见》等疫情常态化下的政策文件,精准解决企业经营难题,结合第二个"企业家日",率先开展"同心聚力,汇智高新"统一战线融合发展企业服务月系列活动,以四大类16场主题活动为抓手,市、区、街道联动,全方位织密为企服务网络。坚持政企对接,举办"警企同行 共守平安""优化法治营商环境 护航中国'芯'发展"云直播论坛,进一步搭建政企合作平台,护航企业发展。配合第五届全球锡商大会组织工作及各类申报工作,获奖数量在全市名列前茅,"金点子、好点子"采用数量全市最多。加强教育培训,带领广大企业家富而思源,积极履行社会责任,助力南北共建、东西部合作,赴青海省互助县、陕西省宜川县、新疆阿合奇县开展对口援助工作,为共同富裕展现责任担当。组织60余人赴武汉大学举办新吴区第四期企业家核心领导力高层次研修班。紧扣企业家能力提升的难点和企业发展的堵点,对全区85%以上上市企业、规模以上企业主要负责人进行培训,为企业健康成长赋能。 (黄 骋)

【民主党派工作】 2021年,新吴区委召开专题民主协商会2次、人事协商会1次,确保重大决策、重要事项听取党外人士意见和建议。结对交友活动深入推进,印发《调整新吴区党员领导干部联系党外干部分工的通知》,年内推动区领导与党外干部谈心谈话30余次。特约人员工作全面展开,举办特约人员集中聘任大会,全面落实区法院、检察院等9个部门应聘尽聘的规定,深入推进特约人员民主监督制度化进程。严格落实人大、政协、政府中的党外干部配备要求,新增政府必配部门党外班子成员2名,全区党外干部达到51名。组织"赓续红色基因、携手共创伟业"无锡高新区(新吴区)第五期党外中青年干部培训班,33名党外中青年干部参训。落实党派主委享受正科级待遇,严格按照市委、区委要求,做好政协、人大、侨联和工商联的换届工作,坚持把政治标准放在首位,严把人选政治关、素质关,让政治坚定、具有较强代表性和参政议政能力的人选进入组织并发挥作用。制定印发新吴区民主党派"六好"评比办法和开展民主党派基层支部(支社)星级评比工作的实施意见,从党派自身建设、对口联系、宣传信息、创新创优、服务高质量发展、统战系列活动参与度6个维度指导各民主党派基层组织制度化、规范化建设。出台民主党派新成员发展规范,推动党派组织发展工作的规范化、制度化,严把入口关,确保新成员发展的质量,全年累计考察36名政治坚定、代表性强的民主党派新成员。优化健全民主党派与结对社区班子成员联席、互派、旁听会议等4项制度,定期召开党派主委碰头会,深入学习"一意见、一规范、五个会议规划",多措并举协助支持各民主党派基层委员会抓好自身建设。深入开展走访调研活动,通过非公企业资金支持,针对性开展文明城市建设、社会治理等社会服务活动,打造统一战线助力区域发展新模式。按照"党派所能、社区所需、群众所盼"原则,深化"同心博爱"项目内涵,围绕重点民生事项,组织开展"同心惠民生""同心志愿行""同心共助学""同心博爱论坛"四大类主题活动16次,受益群众超万人次。南京、扬州发生新冠肺炎疫情,河南、山西发生水灾后,

全区民主党派和无党派人士积极捐款捐物，累计折合1500多万元。（黄 骋）

【欧美同学会】 2021年，作为全市最先成立的区级欧美同学会，新吴区委统战部将组织的联谊性与全区产业特色相融合，在凝聚共识的同时助推产业发展和人才招引，打造“学长同心”品牌工程，发挥同学会学长中双碳企业人才集聚特点，举办“碳达峰”“碳中和”等5场主题交流分享会。在全国欧美同学会基层组织建设大会上，新吴区作为唯一的区级代表进行经验交流。推动“东庄电力电子科技园”在市欧美同学会创新创业基地挂牌，为全区海归创业者搭建合作互助平台，助力高新区打造最强“海归朋友圈”、最优“创新创业地”。（黄 骋）

港澳台事务

【概况】 2021年，新吴区委统战部充分发挥统一战线组织作用，积极拓展港澳台统战资源，拓宽工作渠道，通过联谊活动等形式开展多领域协作交流，搭建合作平台，为港澳台企业提供精准服务，助力和促进交流与合作。（黄 骋）

【惠台服务】 2021年，新吴区举办锡台金融合作恳谈会、无锡太湖湾两岸青年创业基地交流研讨会暨太湖湾两岸双创园签约仪式，为台湾青年在大陆创业创造条件。开展“百人走台企 聚力办实事”活动，投资700万元建立停车场解决绿点科技（无锡）有限公司停车需求，为两家台企优化公交站线路，成立区级护企惠台服务团，设立台企应急救护培训服务站，做好台企服务协调工作，为台企开设疫苗接种专场服务，累计完成台企员工、台胞疫苗接种5000余针次，解决各类求助20余件。全区42家台资企业获得稳岗留工补贴1378.29万元，惠及职工12164人。1家台企获工业发展奖励资金19.8万元，1家台企获企业技术改造奖励30万元，1位台胞获“双创”人才奖励，2位台胞享受“飞凤基金”薪酬补贴，为6家台企的20位管理人员免费体检，54位台胞子女享受义务教育。全区200余家台企发展总体稳定，年营收额超410亿元，与上年持平。推进锡台文化体育交流，举办台企羽毛球赛，协助台湾大学生到台企——江扬科技开展暑期实习，营造锡台一家亲的良好氛围。10月23日，新吴区台办组织全区200多位台胞台属举办金秋联谊活动，这项活动已连续举办18年，已成为新吴区对台联谊的活动品牌。通过开展联谊活动，为广大台商台企做好服务，让台商台企安心扎根新吴，增强了对新吴的认同感、归属感。（黄 骋）

【港澳企业服务】 2021年，新吴区委统战部承接“海外名校优生江苏行”海归人才产业考察暨创新创业洽谈活动，在连续三年承办“同创未来”香港大学生暑期到锡实习计划基础上，会同市委统战部打造无锡市港澳青年创新创业实践基地，推动澳门大学微电子研究院与高新区微纳园签订框架协议，助力“双招双引”。做好新吴香港联谊会成立的相关准备工作，挂牌成立新吴区海外联谊（香港）联络站，拓宽港澳台工作渠道。（黄 骋）

机构编制管理

【机构编制配置】 2021年，新吴区委统编办全力保障部门履职，落实中央和省、市要求，明确区委国安办、区乡村振兴局、区文物局、区教育督导室等相关机构设置及职数配备；加强区党政信息和政务公开工作力量；调整司法局机构设置，加强区法律援助机构保障；调整统战部机构设置，加强群团建设，将区法学会列入群团机关管理；动态调整、盘活资源，为区融媒体中心、区财政预算审核与支付中心、区政务服务中心、区招商中心、区科创中心等事业单位优化调整机构设置；设立无锡市吴文化遗址和文物保护中心，强化历史文化保护区级统筹力度，增强区街工作合力；根据市深化改革要求，调整区土地储备中心管理体制，完善机构设置及职数配备。（吴 宏）

【机构编制保障】 2021年，新吴区委统编办对上争取重新核定全区事业编制总额，为新吴区赢得更大的机构编制自主调配使用权；推动机构编制资源向基层一线、民生领域倾斜；印发区疾控中心“三定”规定，完善职能配置，健全在应急处置、学校卫生、职业健康、检验能力等方面组织架构；加大医疗卫生等专业人才引进力度，设立支持卫生健康人才引进专项事业编制；保障和推动全区教育事业发展，对上争取义务教育、学前教育编制支持，坚持义务教育教师编制按标准配备，核增学前教育教师编制并加大高层次教育人才引进力度；推进职业高等教育人才培养，核增科技职业学院人才引进额度。（吴 宏）

【机构编制精细化管理】 2021年，新吴区委统编办举办全区基层治理体系和治理能力现代化暨干部选任工作、机构编制管理实务培训班，进一步推动各级领导干部提升机构编制理论水平和实操能力。贯彻落实《中国共产党机构编制工作条例》及其实施办法，在区编委会和区编办的审批权限内，推进机构编制工作。严格落实机构编制实名制管理制度，坚持依规办理编制使用手续。（吴 宏）

保密工作

【概况】 2021年，新吴区切实加强保密工作，进一步优化保密制度管理，加强保密管理工作的督查和指导，认真组织保密工作的自查和互查，精心组织开展保密工作的宣传教育，抓好保密工作人员队伍建设，确保工作落到实处。（李 凡）

【制度优化】 2021年，新吴区层层落实保密责任，印发了《2021年无锡新吴区机要保密工作要点》，进一步明确保密工作重点目标，健全领导干部、涉密人员、涉密计算机等的保密管理制度，逐级签订保密责任书和承诺书2000余份。优化密件流转流程，在密件归还环节增设“双向签收”制度，要求换件部门（单位）出示部门流转台账，进行双向签收，倒逼各部门建立健全保密制度。对在外流转时间过长而未归档的密件，安排专人进行专项催办、流转，加速密件归档入库。定期开展督查与自查，抽选区委宣传部、区人社局、空港经开区、区退役军人局4家单位开展为期一个月的保密大检查活动。各街道、机关单位对标对表，围绕计算机、网络、文件、信息公开等关键环节、关键部位，认真开展保密自查自评专项检查，对查出的问题及时整改落实。（李 凡）

【保密宣教】 2021年，新吴区精心组织开展全区首次保密知识竞赛，对竞赛前4名进行奖励并推荐参加省、市保密知识技能竞赛。新吴区在全市保密技能竞赛中成为唯一获得“优秀组织单位”的板块。新吴区联合无锡科技职业学院首次开展保密法宣传进高校活动，约800名学生参加活动。加强党建联盟建设，开展“传承红色基因 开启奋进征程”4级党建联盟党史教育主题活动，邀请市机要保密局局长张耀斌和市委办公室第七党支部等4个支部全体党员参加，不断整合资源，扩大朋友圈。（李 凡）

机关党建

【概况】 2021年，新吴区委区级机关工委认真贯彻习近平总书记关于机关党的建设重要论述和视察江苏重要讲话指示精神，坚持以党的政治建设为统领，聚焦“围绕中心、建设队伍、服务群众”核心任务，深化“情系基层、先锋领跑”党建品牌，围绕争创“三个表率”模范机关目标，深入贯彻落实新时代党的建设总要求和新时代党的组织路线，以高质量机关党建为引领，推动部门单位为新吴区勇当全市高质量发展“全能冠军”、争做社会主义现代化建设排头兵提供坚强政治保证。（张 伟）

【政治建设和思想建设】 截至2021年年底，新吴区委区级机关工委有直属党组织39个，其中党委2个、党总支8个、直属党支部29个，机关党员总数达1852人。新吴区委区级机关工委始终把坚持正确的方向作为抓好机关党的建设的关键，以党史学习教育为契机，通过“学、思、行”，进一步加强机关党员思想政治建设。组织党员干部系统学习习近平总书记的重要论述，特别是视察江苏重要讲话指示精神，为“十四五”开好局、起好步凝聚奋进力量。严格党内政治生活，落实民主生活会、组织生活会、民主评议党员、领导干部双重组织生活等制度，不断提高批评和自我批评质量。结合党史学习教育，抓实抓好干部党性教育，深化政治机关意识教育。紧扣党史学习教育总目标，组织丰富多彩的学思践悟活动，扎实推动党史学习教育走深、走心、走实。组织开展“百年征程心向党 奋楫扬帆启新程”庆祝中国共产党成立100周年主题活动、庆祝建党百年党史知识竞赛，通过以赛促思、以赛促学，加深党员干部对党的历史、理论和路线方针的理解。（张 伟）

【组织建设】 2021年，新吴区委区级机关工委强根固本夯基础，推动组织建设稳扎稳进。紧扣“三个表率”模范机关建设要求深化组织建设，贯彻落实《中国共产党党和国家机关基层组织工作条例》，不断增强机关基层党组织的政治功能和组织力。认真落实党支部工作条例，加强党支部标准化、规范化品牌建设。做好党员发展工作，把更多优秀分子及时吸纳到党内来。综合运用党员管理信息系统，提高党员教育管理的针对性、实效性。将建强党组织书记和党务干部队伍作为做好党建工作的关键一招，组织开展区级机关直属党组织书记和党务干部培训班，推动促进基层党组织书记和党务干部能力素质提升。完善党建带群建工作机制，坚持组织联建、工作联动、资源整合，不断增强群团组织的政治性、先进性、群众性。探索群团组织参与社会治理有效途径，推动群团工作再上新台阶。（张 伟）

【区级机关党风廉政建设】 2021年，新吴区委区级机关工委坚持从严从实优作风，推动政治生态向好。推动“两个责任”落实。压紧压实全面从严治党主体责任和监督责任，落实“一岗双责”，把握作风建设和腐败问题的内在关联性，既着力做好预防与纠错，又注重以制度正本清源，切实铲除违纪违法问题滋生的土壤，推动党员干部自觉维护核心、坚守初心、围绕中心、凝聚民心。加强廉政教育，以庆祝建党100周年为契机，深入挖掘“四史”中的廉洁元素，加强理想信念教育、党性党风党纪教育。丰富“5·10”崇德倡廉主题教育月活动内容，充分发掘优秀传统文化资源和红色资源，用好各类廉政教育基地，增强廉政教育感染力。落实“一把手”上廉政党课制度，坚持警示教育常态化，注重用身边事警示身边人，发挥反面典型的警示震慑作用，筑牢党员干部拒腐防变的思想防线。切实改进作风。落实中央八项规定精神，深入整治形式主义、官僚主义顽瘴痼疾，有效为基层减负。（张　伟）

【基层党建述职会议】 1月15日，新吴区委区级机关工委组织召开2021年度区级机关基层党建述职会议，无锡高新区党工委委员、新吴区委常委、区级机关工委书记匡辉，无锡高新区党工委委员、新吴区委常委、组织部部长韩杨，区级机关工委班子成员，机关工委各直属党组织书记、副书记共50人参加会议。8家单位围绕党组织书记抓基层党建、落实党风廉政建设和意识形态工作责任制、存在问题及下一步工作计划做了述职发言，其他单位进行书面述职；机关工委对区级机关组织开展2020—2021年度基层党员冬训工作做了动员部署。（张　伟）

【庆祝中国共产党成立100周年主题活动】 7月5日，新吴区区级机关举行“百年征程心向党　奋楫扬帆启新程”庆祝中国共产党成立100周年主题活动。无锡高新区党工委委员，新吴区委常委、组织部部长韩杨；无锡市市级机关工委纪监工委书记丁文艳；无锡高新区党工委（新吴区委）组织部常务副部长、区党政办公室主任、区级机关工委书记吴俊芬，区教育局党委、民政卫健局党委、司法局党委、国资办党委、综保区党工委、企业党委分管负责人；区级机关工委全体班子成员；区级机关各直属党组织负责人、党员代表；受表彰的市、区“两优一先”代表及受表扬的区级机关“两优一先”代表等共300余人参加了活动。在活动现场，韩杨、丁文艳、吴俊芬，共同为VR党建服务馆开馆。VR党建服务馆破解机关党建场地受限、服务党员方式单一、品牌建设亮点不足等问题，开启“党建+VR”新模式，在激励广大党员干部重温革命历史、传承革命精神、悟初心、守初心、践初心等方面极具创新意义。（张　伟）

党校工作

【概况】 2021年，新吴区委党校坚持以习近平新时代中国特色社会主义思想为指导，深入贯彻中共十九大和十九届历次全会精神，坚决贯彻习近平总书记关于加强党校工作的系列指示批示精神和省委、市委、区委全会精神，全面贯彻《中国共产党党校（行政学院）工作条例》等相关法规文件，牢牢把握党校姓党根本原则，切实落实新时代党的建设总要求，紧紧围绕区委、区政府工作大局和着力培养造就忠诚干净担当的高素质专业化干部队伍本质任务，较好地发挥了干部培训、思想引领、理论建设、决策咨询作用，努力为新吴区加快建设高质量落实新发展理念标杆示范区、争当无锡现代化建设走在前列先导引领区服务。党校年度工作圆满完成，部分工作特色鲜明、实现突破，党校事业呈现蓬勃发展、欣欣向荣的新气象、新局面。（郑　凯）

【教学工作】 2021年，新吴区委党校以市委党校等50名“师资库”成员为主担负教学主要任务的同时，特邀省委党校、苏州大学等高水平专家名师授课，增强教学力量，提升教学水平和层次。挖掘校内师资力量，研究和开发课程，落实教学任务，配合和保障开展教育培训。主动对接区委、区政府或部门领导，邀请区党政领导干部到党校讲课、做报告和与学员座谈，助力开展教育培训。在教学过程中，坚持课堂讲授为主，辅以参观践学、情景模拟、读书沙龙等多种活动，丰富教学形式，深化教学效果。牢牢把握党校姓党根本原则，严格教学管理，坚持课前审核报备、课堂跟班听课、课后质量评估，严防教学事故和意识形态风险。（郑　凯）

【科研工作】 2021年度，新吴区委党校共申报、完成科研课题和论文30项，其中申报市党校系统年度科研课题4项，均成功立项；2021年度，市党校系统5项科研课题均顺利结项，其中2项课题被评为优秀。推进科研咨政成果进教材、进课堂、进决策，促进教研咨一体化发展，《打造五大中心、实现创新发展——无锡综保区转型升级的探索与实践》一文入选市委党校所编图书《无锡高水平全面建成小康社会案例选编》；选送3篇论文参加2021年科研协作会，其中1篇被评为优秀。组织教职工参与各类科研活动，全年选送教职工51人次参加中央、省、市党校系统各类线上线下培训、学术研讨会共17次。在全市县（区）级党校系统率先出台《中共新吴区委党校教科研工作管理办法（试行）》。（郑　凯）

【培训工作】 2021年，新吴区委党校会同区委组织部等相关部门，科学制订年度教育培训计划，并依据计划有序推进、分期落实。为克服疫情影响，加强培训的组织与实施，根据每期培训的特点和要求，科学制订培训方案，认真做好学员报到签到、教师选聘、外出参观学习等各项事宜。严格培训管理，坚持严以治校、严以治教、严以治学，指定或选派专人全程跟班管理。全年相继举办、协办区管干部轮训班、村（社区）“两委”班子成员轮训班、年轻干部培训班等各类培训14期，受训学员超过1500人次。组织送教下基层22次，受众1300余人次，其中党史学习教育17场。（郑　凯）

综述

【概况】 2021年,新吴区人大常委会召开常委会会议8次、主任会议12次,开展执法检查3项、视察调研15项。听取和审议"一府两院"专项工作报告37项,提出审议意见16项,对1项专项工作开展工作评议,对27名区人大常委会任命人员进行述职评议,任免国家机关工作人员35人次,代表提出的建议全部办结并做出答复,顺利完成了区一届人大六次会议确定的各项任务。 (朱新胜)

重要会议

【新吴区第一届人民代表大会第六次会议】 1月12—14日,新吴区第一届人民代表大会第六次会议召开,出席会议代表190名。大会听取和审议了代区长崔荣国做的政府工作报告、区人大常委会主任张明烈做的人大常委会工作报告、区人民法院院长叶志浩做的人民法院工作报告和区人民检察院检察长丁宏

表2　　2021年新吴区人大常委会会议一览表

时间	会议名称	会议内容
1月7日	区第一届人大常委会第三十八次会议	会议听取和审议了区政府关于审计整改情况的专题报告;听取、审议和通过了区政府《关于2020年国民经济和社会发展计划执行情况及2021年国民经济和社会发展计划草案的报告》(书面);听取、审议和通过了区政府《关于无锡高新区国民经济和社会发展第十四个五年规划和二〇三五年远景目标纲要草案的报告》(书面);听取和审议了区政府关于2021年政府投资重点项目实施情况的报告;听取和审议了区政府关于2021年财政预算调整方案的报告;听取、审议和通过了区政府《关于2020年财政预算执行情况和2021年财政预算草案的报告》(书面);听取、审议和通过了区政府关于一届人大五次会议代表建议办理情况的报告;听取和审议了区人大常委会有关人事任免议案的报告;听取并通过个别市人大代表的辞职申请;听取、审议和通过了关于补选市人大代表的议案;听取、审议和通过了补选代表的资格审查报告;听取、审议和通过了个别代表的代表资格变动报告;听取、审议和通过了关于区人大代表活动先进小组、代表活动积极分子及优秀联络员的通报(书面);听取、审议和通过了区人大常委会工作报告(书面);听取和审议了区一届人大六次会议有关事项安排的报告。同意将以上报告提交区第一届人民代表大会第六次会议进行审议。拟任命人员做了任前承诺发言。会议通过了区一届人大六次会议有关事项安排,同意将大会日程提请区第一届人民代表大会第六次会议主席团第一次会议表决。会议通过了区政府关于2021年政府投资重点项目实施情况的报告;通过了区政府关于2021年财政预算调整方案。会上对4个单位审议整改情况进行了满意度测评;补选出3名无锡市第十六届人大代表;决定了区人大常委会有关人事任免。张明烈给新任命人员颁发了任命书
3月19日	区第一届人大常委会第三十九次会议	会议听取、审议和通过了区政府2021年向区人大常委会报告的重大事项清单;听取和审议了区政府有关人事任免议案的报告;听取和审议了区法院有关人事任免议案的报告;拟任命人员做了任前承诺发言。听取、审议和通过了区人大常委会2021年工作要点。决定了区政府有关人事任免;决定了区法院有关人事任免。张明烈为新任命的9人颁发了任命书

续表 2

时间	会议名称	会议内容
5 月 11 日	区第一届人大常委会第四十次会议	会议听取和审议了区政府有关人事任命议案的报告；拟任命人员做了任前承诺发言。听取、审议和通过了区政府 2021 年度生态环境工作报告；听取、审议和通过了区政府关于 2021 年政府投资重点项目计划安排的报告。决定了区政府有关人事任命。张明烈为薛晗等颁发了任命书
7 月 2 日	区第一届人大常委会第四十一次会议	会议听取和审议了区政府有关人事任命议案的报告；听取和审议了区法院有关人事任命的议案；听取和审议了区检察院有关人事免职的议案；听取、审议和通过了区政府 2021 年法治政府建设工作的报告；听取、审议和通过了区政府安全生产情况的报告；书面听取、审议和通过了《无锡市新吴区人民代表大会常务委员会规范性文件备案审查规定》（草案）。会议提出了《无锡市新吴区人大常委会关于区政府 2021 年法治政府建设工作报告的审议意见》和《无锡市新吴区人大常委会关于区政府安全生产情况报告的审议意见》。决定了区政府、区法院和区检察院有关人事任免。张明烈为顾国栋等颁发了任命书
7 月 23 日	区第一届人大常委会第四十二次会议	会议听取和审议了区政府有关人事任免议案的报告；听取和审议了区监委有关人事任命议案的报告；听取和审议了区检察院有关人事任免议案的报告；接受了焦夕莲辞去区监委主任职务的申请。会议决定了区政府、区监委、区检察院相关人事的任免，任命孙磊、华艳红为无锡市新吴区人民政府副区长；任命罗功新为无锡市新吴区监察委员会副主任，并表决通过了关于罗功新代理无锡市新吴区监察委员会主任职务的决定。张明烈给罗功新、孙磊、华艳红等新任命人员颁发了任命书
9 月 7 日	区第一届人大常委会第四十三次会议	会议听取和审议了区人大常委会有关人事任免的议案的报告；听取和审议了区政府有关人事任免的议案的报告，拟任命人员作了任前承诺发言；听取和审议了区人大常委会关于增补代表资格审查委员会部分成员的决定；听取、审议和通过了区政府“七五”普法工作情况的报告；听取、审议和通过了区政府关于 2021 年为民办实事重点项目推进情况的报告，并通过部分项目调整的报告；听取、审议和通过了区政府关于 2021 年度上半年国民经济和社会发展计划执行情况的报告；听取、审议和通过了区政府 2021 年财政决算（草案）和 2021 年上半年财政预算执行情况的报告；听取、审议和通过了区政府关于 2020 年预算执行情况和其他财政收支情况的审计报告；听取和审议了区人大常委会关于专项工作评议及部分人大常委会任命人员述职评议的相关报告。会议提出了《区人大常委会关于新吴区“七五”普法工作报告的审议意见》《区人大常委会关于区政府 2021 年为民办实事项目推进情况的审议意见》《区人大常委会关于新吴区 2021 年上半年国民经济和社会发展计划执行情况的审议意见》《区人大常委会关于新吴区 2021 年本级财政决算和 2021 年上半年财政预算执行情况的报告的审议意见》《区人大常委会关于新吴区 2021 年度本级预算执行和其他财政收支审计工作报告的审议意见》。表决通过了区人大常委会关于批准新吴区 2021 年财政决算的决定；表决通过了区人大常委会关于增补代表资格审查委员会部分成员的决定。决定了相关人事任免，对长江北路改造建设工作专项评议和由区人大常委会任命的 27 人的述职评议进行了投票表决，当场宣布了评议结果。张明烈宣布了相关任命，并给钱怡等新任命的人员颁发了任命书
9 月 22 日	区第一届人大常委会第四十四次会议	会议听取和审议了区人大常委会有关人事任免议案的报告；听取和审议了区政府有关人事任免议案的报告；拟任命人员做了任前承诺发言。听取和审议了区人大换届选举的决定的报告；听取和审议了任命选举委员会组成人员的报告。会议通过了区人大换届选举的决定；通过了选举委员会组成人员名单；决定了相关人事任免。张明烈为新任命人员颁发了任命书
11 月 10 日	区第一届人大常委会第四十五次会议	会议听取了区监委有关人事任免的议案的报告，听取了区法院有关人事任免的议案的报告，拟任命人员做了任前承诺；听取并通过了区政府《关于推动外来人口及群租房管理工作情况的报告》；听取并通过了区检察院《关于加强检察公益诉讼工作的决定》；听取并通过了区政府《关于一届六次人代会代表建议办理情况的报告》；听取并通过了区政府《关于企业国有资产管理情况的报告》；听取并通过了《区太湖湾科创城建设情况的报告》；听取了部分市人大代表履职述职报告（书面）；通过了关于接受叶志浩辞去无锡市新吴区（高新区）人民法院院长职务的请求。通过了政府关于一届六次人代会代表建议办理情况的报告。会议提出了《关于推动外来人口及群租房管理工作情况的报告》、《企业国有资产管理情况的报告》、《区太湖湾科创城建设情况的报告》等三项审议意见。会议决定了区监委、区法院相关人事的任免，并表决通过了关于刘一勤任无锡高新区法院院长、代理无锡市新吴区法院院长职务的决定。张明烈给刘一勤等颁发了任命书

（朱新胜）

伟做的人民检察院工作报告，听取了区国民经济和社会发展第十四个五年规划和二〇三五年远景目标纲要草案的报告、2020年国民经济和社会发展计划执行情况与2021年国民经济和社会发展计划草案的报告、2020年财政预算执行情况和2021年财政预算草案的报告，以及关于办理区一届人大五次会议代表建议情况的报告。闭幕会上，与会区人大代表以投票选举的方式，选举崔荣国为新吴区人民政府区长，选举出新吴区一届人大常委会委员1名。 （朱新胜）

人大监督

【经济工作监督】 2021年，新吴区人大常委会坚持稳中求进工作总基调，高度关注经济运行，听取、审议年度发展计划执行情况报告，助力做好“六稳”“六保”工作。着眼构建新发展格局，就太湖湾科创城建设、科技载体创新发展、产业园区“三优化三提升”、营商环境、5G智慧农业示范项目等开展调研视察。推进预算审查监督重点向支出预算和政策拓展，听取审议半年度预算执行报告，审查批准年度决算和年度预算调整，做好2022年全口径预算初审，推动积极财政政策全面落实。跟踪审计整改“后半篇文章”，继续对审计查出的突出问题整改情况开展满意度测评。 （朱新胜）

【民生工作监督】 2021年，新吴区人大常委会根据群众对高品质生活的新期待、新要求，紧盯2021年度政府为民办实事项目，听取审议项目实施情况报告，合力推动政府兑现承诺、办好实事。着眼常态化疫情防控，听取区政府关于新冠肺炎疫情防控举措及成效情况的汇报。围绕人民群众高度关注的基础教育改革、民办教育和国际教育发展情况、医疗机构服务能力提升、残疾就业以及公共交通体系建设等情况开展监督，开展长江北路改造建设项目专项工作评议，对全民健身、退役军人事务工作情况进行调研，推动切实解决人民群众最关心的民生问题。 （朱新胜）

1月12日上午，新吴区第一届人民代表大会第六次会议隆重开幕 （李欢 摄）

【环保工作监督】 2021年，新吴区人大常委会着眼深入打好污染防治攻坚战，听取、审议2021年度环境状况及环境保护目标完成情况报告，支持和推动政府依法科学精准治理生态环境，筑牢美丽新吴生态基础。突出水、大气、土壤、固废等环境保护及治理重点，深化实施“美丽河湖”行动，视察区域水、土壤、大气治理情况，跟踪土壤污染防治法执法检查。配合上级人大联动开展固体废物污染环境防治法执法检查，就生态补偿机制实施、农药“零差率”配供和农药包装废弃物统一回收等情况开展监督。坚持落实“河长制”巡河制度，持续关注区域太湖“蓝藻”治理情况，促进生态环境持续向好。 （朱新胜）

【法治工作监督】 2021年，新吴区人大常委会围绕依法行政、公正司法，听取和审议法治政府建设情况报告，对“八五”普法做出决议，推动夯实依法治区基础。开展调研监察体制改革工作，全力支持监察机关发挥职能作用、提升监督质效。视察区法院立案诉讼服务与多元化矛盾纠纷解决机制、区检察院公益诉讼监督检察工作，专题调研外来人口及群租房管理工作情况。持续加强安全生产工作监督，听取和审议安全生产专项整治工作报告。听取妇女儿童权益保护开展情况专题报告。 （朱新胜）

代表工作

【建议办理】 2021年，新吴区人大常委会以对人民高度负责的精神，持之以恒、坚持不懈督办好代表议案建议。准确把握大局、民意，强化代表议案和建议调研、提出、办理、跟踪问效全过程管理，规范和细化代表议案和建议从提出到办理、督办到落实等各个环节流程，推动落实办理工作责任制。对区一届人大六次会议以来50件代表建议进行认真梳理，确定8件建议为重点督办建议，完善区政府领导牵头领办、区人大常委会领导联系督办工作机制，对涉及经济社会发展重大问题和群众利益实际问题的建议进行重点处理，推进建议办理工作由“答复型”向“落实型”、由“被满意”向“真满意”转变。50件建议全部办结，满意率达到100%。 （朱新胜）

【履职保障】 2021年，新吴区人大常委会充分发挥人大代表“家、站”作用，切实与代表和群众保持常沟通、做到真联系。深入贯彻人大代表密切联系人民群众的制度，推动“双联”工作更接地气。邀请50余名代表、选民列席常委会会议和参加调研视察活动，听取代表对人大常委会工作的意见和建议，拓展代表参与常委会工作的深度和广度，邀请人大代表旁听评议法院庭审，建立健全与列席代表座谈机制，面对面听取意见和建议；认真组织专题调研、集中视察、代表小组等活动，广泛听取群众的意见和建议，真实反映群众的愿望和要求，更好发挥代表在了解民情、反映民意、集中民智方面的独特作用。邀请6名群众代表列席人大常委会会议，参与听取和审议区政府半年计划、财政、审计等重要工作报告，专项工作评议和人员述职评议等重要活动。（朱新胜）

【代表培训】 2021年，新吴区人大以政治建设为统领强化代表思想理论武装，推进代表履职培训，提高代表履职能力。围绕代表关注和履职需要，开展各种类型特别是小型化、差别化、精准化培训活动。全年共组织300余名区人大代表和人大干部参加代表履职培训班，听取中共十九届六中全会精神、换届选举工作等专题辅导授课，帮助代表不断提升依法履职水平。利用履职平台推送学习资料，畅通代表知情知政渠道。不断建立和完善代表履职档案，组织6名市人大代表向区人大常委会履职述职，强化代表激励约束机制。开展区人大代表回选区述职调研，加强代表履职档案规范化建设。（朱新胜）

【代表选举】 2021年是新吴区人大换届选举之年。区人大常委会始终坚持把党的领导贯穿于换届选举工作全过程。积极构建“党委领导、人大主办、各方配合”的工作格局，紧扣时间节点，落细落实五个阶段任务。充分发扬民主，最广泛地动员人民群众参加选举。加大宣传工作力度，通过多种形式为选举造势，扩大选举工作的社会影响，激发选民的参选热情。开发“选民直通车”线上选民登记系统，快速、高效、准确登记选民，其经验和做法被省、市人大媒体转发。严格代表人选的标准和条件、结构比例、人选身份，规范代表提名推荐程序，把代表的政治关、素质关、结构关放到突出位置，充分考虑新吴区“区政合一”的特点，注重提名推荐科技创新、开放型经济领域的代表人选。12月，251名新吴区人大代表顺利选举产生。（朱新胜）

重大事项决定

【行使决定权】 2021年，新吴区人大常委会坚持议大事、抓落实，以全局视野依法用好重大事项决定权，把贯彻区委决策部署与回应群众关切有机结合起来，提出有针对性的审议意见，做出决议决定2项，依法把党委意图转化为全区人民的共同意志。健全完善重大事项报告和决议工作机制，加强与“一府一委两院”的沟通协调，认真制定、切实执行讨论决定重大事项的年度清单，提高重大事项议决的精准度和影响力。（朱新胜）

【行使任免权】 2021年，新吴区人大常委会坚持党管干部，依法人事任免，全年依法任免国家机关工作人员60人次。严格落实任前法律知识考试、承诺发言、宪法宣誓等制度，扎实开展对“两院”提请任命审判员、检察员的任前初审。加强人大任命干部的任后监督，深化对政府工作部门的工作评议；对27名人大常委会任命的“一府两院”人员开展履职评议，力促人大任命干部依法履职、担当作为。（朱新胜）

表3　2021年新吴区人大常委会会议任免一览表

时间	会议名称	任免情况
1月7日	区第一届人大常委会第三十八次会议	任命殷晓军为无锡市新吴区人大常委会新安街道工作委员会主任； 免去华立明的无锡市新吴区人大常委会新安街道工作委员会主任职务
3月19日	区第一届人大常委会第三十九次会议	任命包旭东为无锡市新吴区市场监督管理局局长； 任命孙森为无锡市新吴区（高新区）人民法院江溪人民法庭庭长； 任命孙东飞为无锡市新吴区（高新区）人民法院硕放人民法庭庭长； 任命李庆玲为无锡市新吴区（高新区）人民法院审判监督庭庭长； 任命许超为无锡市新吴区（高新区）人民法院知识产权审判庭庭长； 任命严海涛为无锡市新吴区（高新区）人民法院商事金融审判庭庭长； 任命胡艳丽为无锡市新吴区（高新区）人民法院民事审判庭庭长； 任命徐贞为无锡市新吴区（高新区）人民法院旺庄人民法庭庭长； 任命赵玥珑为无锡市新吴区（高新区）人民法院刑事审判庭庭长。 免去郑虎的无锡市新吴区市场监督管理局局长职务； 免去孙东飞的无锡市新吴区（高新区）人民法院硕放人民法庭副庭长职务； 免去许超的无锡市新吴区（高新区）人民法院行政审判庭副庭长职务、无锡高新技术产业开发区人民法院民事审判第二庭副庭长职务；

续表3

时间	会议名称	任免情况
3月19日	区第一届人大常委会第三十九次会议	免去严海涛的无锡市新吴区（高新区）人民法院民事审判庭庭长职务； 免去胡艳丽的无锡市新吴区（高新区）人民法院审判监督庭庭长职务、无锡高新技术产业开发区人民法院民事审判第一庭副庭长职务； 免去徐贞的无锡市新吴区（高新区）人民法院行政审判庭庭长职务； 免去赵玥珑的无锡市新吴区（高新区）人民法院江溪人民法庭庭长职务； 免去黄惠芳的无锡市新吴区（高新区）人民法院刑事审判庭庭长职务； 免去王莉娜的无锡市新吴区（高新区）人民法院民事审判庭副庭长职务
5月11日	区第一届人大常委会第四十次会议	任命薛晗为无锡市新吴区人民政府副区长； 任命丁伟为无锡市新吴区统计局局长
7月2日	区第一届人大常委会第四十一次会议	任命顾国栋为无锡市新吴区人民政府副区长； 任命朱逢吉为无锡市新吴区（高新区）人民法院民事审判庭副庭长。 免去高志荣的无锡市新吴区（高新区）人民检察院检察员职务； 免去黄荣华的无锡市新吴区（高新区）人民检察院检察员职务
7月23日	区第一届人大常委会第四十二次会议	任命孙磊为无锡市新吴区人民政府副区长； 任命华艳红为无锡市新吴区人民政府副区长； 任命罗功新为无锡市新吴区监察委员会副主任； 任命尹艳容为无锡市新吴区（高新区）人民检察院检察员。 免去钱前的无锡市新吴区副区长职务； 免去李伟敏的无锡市新吴区副区长职务； 免去丁洪军的无锡市新吴区财政局局长职务； 免去戴树凤的无锡市新吴区（高新区）人民检察院检察员职务
9月7日	区第一届人大常委会第四十三次会议	任命钱怡为无锡市新吴区人民政府副区长； 任命张汝洋为新吴区旺庄街道人大工委主任； 任命张业生为新吴区梅村街道人大工委主任。 免去丁旭东的无锡市新吴区副区长职务； 免去何兴南的新吴区旺庄街道人大工委主任职务； 免去俞小菲的新吴区梅村街道人大工委主任职务
9月22日	区第一届人大常委会第四十四次会议	任命陆军为新吴区发改委主任； 任命吴宏达为新吴区财政局局长； 任命殷晓军为硕放街道人大工委主任。 免去孙磊的无锡市新吴区发改委主任职务； 免去陈琼的新吴区硕放街道人大工委主任职务； 免去殷晓军的新吴区新安街道人大工委主任职务
11月10日	区第一届人大常委会第四十五次会议	任命钱振宇为无锡市新吴区监察委员会委员； 任命刘一勤为无锡市新吴区（高新区）人民法院副院长、审判委员会委员、审判员； 任命许超为无锡市新吴区（高新区）人民法院审判委员会委员； 任命李庆玲为无锡市新吴区（高新区）人民法院审判委员会委员； 任命孙东飞为无锡市新吴区（高新区）人民法院审判委员会委员； 任命孙森为无锡市新吴区（高新区）人民法院审判委员会委员； 任命钱歆雯为无锡市新吴区（高新区）人民法院审判员； 任命陆凯为无锡市新吴区（高新区）人民法院审判员。 免去朱鼎的无锡市新吴区监察委员会委员职务； 免去叶志浩的无锡市新吴区（高新区）人民法院审判委员会委员、审判员职务； 免去赵玥珑的无锡市新吴区（高新区）人民法院刑事审判庭庭长职务； 免去冯卫红的无锡市新吴区（高新区）人民法院商事金融审判庭副庭长职务； 免去钟耕利的无锡市新吴区（高新区）人民法院审判员职务； 免去孙叶泉的无锡市新吴区（高新区）人民法院审判员职务

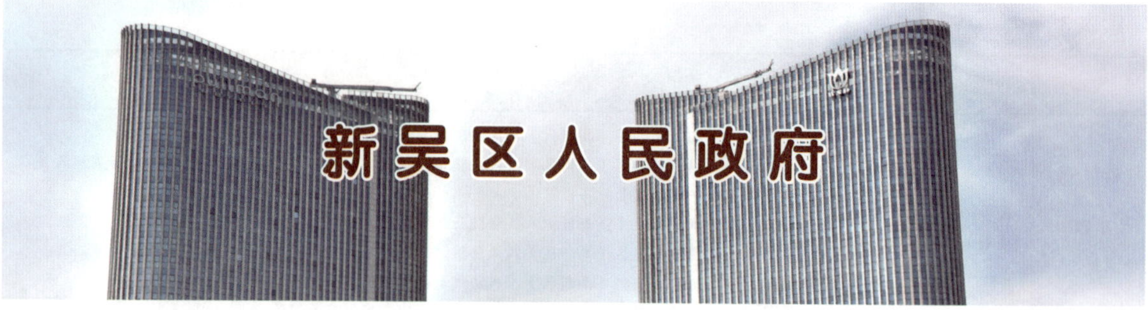

综　述

【概况】 2021年，新吴区人民政府围绕建设“强富美高”新吴区的目标，积极适应新常态，加速落实新举措，在区委的坚强领导下，统筹推进经济社会发展各项工作，努力在构建新发展格局中做出“新吴贡献”，顺利实现了“十四五”开门红，开启了全面建设社会主义现代化新征程。随着2021年发展任务目标的如期实现，新吴区第一届政府圆满完成承担的历史使命。

新吴区第一届政府全面落实新时代党的建设总要求，深入贯彻习近平总书记对江苏工作重要讲话精神，坚持把党的全面领导贯穿依法行政、从严治政、廉洁勤政全过程，精心组织庆祝建党百年系列活动，扎实开展“两学一做”学习教育、“不忘初心、牢记使命”主题教育、党史学习教育，以高站位、实举措全面落实意识形态工作责任制，扎实做好中央和省委巡视、市委巡察反馈意见和整改工作，认真执行中央八项规定精神及其实施细则和省、市、区委具体办法，始终保持“四风”问题纠治高压态势，推进审计监督全覆盖，“三公”经费支出下降35%，严格规范行政执法，扎实推进普法活动，政府系统作风效能全面优化提升。自觉接受区人大法律监督、工作监督和区政协民主监督，累计办结区人大代表建议385件、区政协委员提案454件。（刘晓蓉）

【经济发展】 2021年，新吴区地区生产总值突破2000亿元大关，达到2271.06亿元，同比增长11%，增速全市第一；规模以上工业增加值1629.87亿元，位居全市第一，规模以上工业总产值5554.58亿元；进出口总额568.7亿美元，同比增长13.3%，服务贸易进出口总额超过190亿元，服贸基地综评居全省第一；实际使用外资13.3亿美元。紧抓“双招双引”这个牛鼻子，构建“6+2+X”产业链，新批超亿元产业项目145个、总投资超650亿元，其中10亿元以上项目14个、100亿元以上项目1个；46个省、市级重点项目投资总量连续5年居全市第一，125个区级重大项目投资完成率122%，物联网、集成电路、生物医药、大数据和云计算等战略性新兴产业分别增长15%、20%、15%、15%，全市占比均位居第一，新增市级以上专精特新“小巨人”企业69家、省级绿色工厂5家、省级工业互联网平台2家、省首台套重大装备2个、市级智能车间（工厂）53家，入选全省制造业创新转型升级成效明显地区。新招引科技企业2450家，同比增长65.5%；新认定高科技企业351家，居全市第一；科技型中小企业评价累计入库1540家，居全市第一。新增力芯微、迪哲医药2家科创板上市企业，累计达7家，位居全国高新区前列、江苏高新区第二。荣获国家科学技术奖企业5家，入选“全国硬科技企业之星”100强企业8家，入选苏南自创区独角兽企业2家、潜在独角兽企业6家、瞪羚企业36家，入库市“三类企业”331家，均位居全市第一。新增国家市场监管技术创新中心（特殊食品）等新型研发机构5家、省级众创空间4家、省级孵化载体8家、市级以上工程技术研究中心54家，入选省关键核心技术攻关项目5个，全市占比71%。启动“高新金融谷”建设，引进设立股权投资企业66家，规模达164亿元，落户百亿级“碳中和”产业投资基金2只，全区基金规模达到569亿元。（刘晓蓉）

【城市建设】 2021年，新吴区深化城市精细化管理，城乡面貌明显改善。精心编制新一轮国土空间总体规划，统筹划定生态保护红线、永久基本农田、城镇开发边界控制线，积极谋划大运河沿线和空港机场片区功能布局，强化路网体系规划布局。深入推进太湖湾科创城、鸿山旅游度假区等重点板块建设，全力推进新风路、叙康路、安鸿路等路网建设，长江路美丽宜居街区塑造等4个项目被列为省级试点，实施大运河新吴段整治提升、伯渎河二期工程，安置房开工7377套、建成5848套，完成长欣公寓等9个老旧小区改造，完成房屋征收拆迁180万平方米、攻坚拔点项目36个。春城农贸市场等一批商业配套建成投运。加快城市数字化管理，试点“城市管家”全新治理模式。积极创建生态园林城市，新增绿地51公顷，新改建公园游园5个，完成72条道路形象提升。全力优化停车秩序，新增学志路等停车位8100个，新建改建公厕86座。在全市首创物业“红黑榜”，老旧小区实现物业进驻全覆盖。推进疫情防控公共能力建设，疫苗接种率全市领先，开展全区全员核酸检测压力测试，应急处置能力得到有力提升。纵深推进安全生产“三年大灶”专项整治行动，划分75个安全生产专属网格，建立问题隐患“回头看”制度，组织开展“小园区、厂中厂”专项整治，对危化品、城镇燃气、群租房等重点领域开展“拉网式”排查整治，消除了一大批安全隐患。启动生态文明示范区创建工作，深入打好污染防治攻坚战，纵深实施蓝天、碧水、净土重点工程1618个，新建江苏电科等危废处置工厂、新增处置危废能力30万吨，全力开展“1+7+60”条河道整治，全区5个国省考断面首次全部达到优Ⅲ水平，连续14年实现太湖安全度夏；$PM_{2.5}$平均浓度29.9微克／米^3，下降15.1%，降幅位居全市前列。（刘晓蓉）

【改革开放】 2021年，新吴区深入推进供给侧结构性改革，落实减税降费政策，全年减免各类税费213.5亿元；拨付产业升级资金38亿元，惠及企业6679家次；成立全省首个零碳科技产业园，成功创建国家绿色园区、国家绿色低碳示范园区。新设内资企业7708家，同比增长22.5%。打响“无难事、悉心办”营商环境品牌，开展全省唯一县（区）审批服务便民化试点，灵活就业“一件事”改革成效获国办肯定；发出全省首张“跨省通办”营业执照；推动公共资源交易“不见面”，跨区域投标成为常态。企业服务一体化平台“锡新通”建成使用，惠及企业1.2万余家。出台国企改革“1+N+M”政策体系，国企市场化经营水平持续提升。深入推进服务型综保区建设，打造苏南国际贸易港，成功试点机场—综保区“区港联动”，区港货物实现快速流转分拨。启动长三角电子元器件国际分拨中心建设，获批国家外贸转型升级基地（生物医药），建成江苏自由贸易试验区联动创新发展区、中日韩（江苏）产业合作示范园区、省级跨境电商产业园，开展综保区集成电路全产业链保税模式改革试点，完成无锡跨境电商三大中心建设。规划布局中欧低碳产业园、国际集成电路创新集聚区、中新合作创新示范园等六大国际合作新载体，为更高水平对外开放注入新动能。新设立外资企业104家，新增省级认定跨国公司地区总部和功能性机构2家，新批药明合联、亚新半导体等协议外资超3000万美元重大外资项目16个、世界500强企业投资项目3个。

（刘晓蓉）

【民生改善】 2021年，新吴区新增城镇就业2.3万余人、大学生就业2.4万余人。发放稳岗留工相关补贴1.3亿元，发放低保金、残疾人“两项补贴”1557.66万元。围绕共同富裕阶段性目标，完成10大类、73项民生实事工程，扎实开展“我为群众办实事”实践活动和“微幸福”民生工程，圆满完成国家卫生城市复审，SK海力士医院启动建设，公共卫生大楼建成启用。加快推进教育现代化，顺利通过省级评估，成为全市唯一的全国学前教育普及普惠示范区、义务教育优质均衡发展区、义务教育优质均衡先行创建区创建的县（市、区）。深化与上海世外、无锡金桥、梅村高级中学合作办学，新建、改扩建中小学8所、幼儿园12所。有力落实“双减”政策，课后服务工作走在全市前列。建成综合性养老服务中心3家、区域性助餐中心9家、街道级日间照料中心6个、省级儿童关爱之家1家，入选省智慧健康养老示范街道2个。伯渎河文化中心、伯渎河体育中心启动建设，鸿山墓群入选国家大遗址保护利用专项规划，梅里古镇获批成为中国华侨国际文化交流基地。建成“平安前哨”78个，6个街道全面建成专职网格员队伍，落实村（社区）书记“六突出六加强”工作机制。认真开展金融、房地产、政府债务、能源、社会稳定等领域风险隐患大排查，社会始终和谐稳定。聚力打造“醉美鸿山”乡村振兴示范区，引进“吴越春秋”重大文旅项目，建成全市首个智慧农业云平台和无人农场，3个农业科技项目获得国家级荣誉；农村集体产权制度改革稳妥完成，集体经济组织成员户均增收3000元。（刘晓蓉）

重要会议

【生态文明建设大会】 3月3日，新吴区召开生态文明建设暨深入打好污染防治攻坚战动员大会，总结近三年污染防治攻坚战成效，排查生态环境问题，下达2021年深入打好污染防治攻坚战目标任务书。市委常委、无锡高新区党工委书记、新吴区委书记蒋敏出席会议并讲话；无锡高新区党工委副书记、管委会主任，新吴区委副书记、区长崔荣国做具体部署；省生态环境厅驻无锡市环境监察专员刘明到会指导。会议充分肯定近年来新吴区污染防治攻坚战取得的明显成效，并对全区深入打好污染防治攻坚战提出三点要求。一要肯定成绩、正视问题，争做习近平生态文明思想的坚定信仰者、忠实践行者、不懈奋斗者。全面落实“人与自然和谐共生”的科学自然观、“绿水青山就是金山银山”的绿色发展观、“良好生态环境是最普惠民生福祉”的基本民生观、“山水林田湖草是生命共同体”的整体系统观、“用最严格制度保护生态环境”的严密法治观,正确处理好抓整治与抓惩处的关系。二要突出重点、聚力攻坚,全力争创生态文明建设示范区。重点抓好五个方面的工作:咬定目标,全力以赴争创示范区;精准施策,打好污染防治组合拳;绿色发展,打好转型升级攻坚战;加快修复,展现生态环境高颜值;夯实基础,提升环境保护硬支撑。三要强化担当、狠抓落实,形成深入打好污染防治攻坚战的强大合力。要加强组织领导,压紧压实责任;加强协同推进,共抓共治环境;加强督查督办,严格考核问责。

会议就2021年深入打好污染防治攻坚战进行动员部署。会议提出:要坚持辩证思维,准确把握取得的成绩和面临的形势;要突出系统观念,不折不扣完成工作目标和各项任务,重点抓好五个方面工作:大气治理要抓好“三个治理”,水环境治理要推进“三个攻坚”,土壤固废治理要突出“三个防治”,生态保护修复要做到“三个积极”,打牢环保基础要把握“四个方面”。要强化责任意识,全面扣紧工作链条和完善工作机制:强化执法监督,执法部门要持续开展环保执法专项行动,继续强化环境资源领域执法和司法联动,加大环境违法警示教育力度;强化跟踪问效,加强对污染防治攻坚工作的督查督办;强化宣传教育,在全社会营造崇尚生态文明的良好氛围。

（刘晓蓉）

【财税国资审计工作会议】 4月7日,新吴区召开2021年财税国资审计工作会议,传达贯彻省、市财政工作会议精神,总结工作、分析形势,研究部署2021年重点工作任务。高新区党工委副书记、管委会主任,新吴区委副书记、区长崔荣国出席会议并讲话。会议提出:一是肯定成绩、正视挑战,坚定做好财税国资审计工作的信心和决心。会议回顾总结了“十三五”规划期间的财政工作,肯定了全区各行各业、社会各界的贡献,强调指出财税是政府治理的基础和重要支柱,做好财税审计工作必须置身经济社会发展大局中来谋划,系统考量国际国内形势和经济运行走势,牢牢把握工作主动权。二是突出重点,狠抓关键,圆满完成财税国资审计工作各项目标任务。要坚定当好“两争一前列”的领跑者,坚决落实“产业强区”“双招双引”“太湖湾科创城建设”“产业园区三优化三提升”等区委、区政府做出的战略决策,提供全力支持和有力支撑,为现代化建设开好局提供坚实财税保障。三是履职尽责、强化担当,不断提升财税国资审计工作的能力和水平。做好财税审计工作,事关全区经济社会发展大局,相关部门要牢固树立目标意识、责任意识,找准工作突破口和着力点,转变作风、真抓实干,确保全年工作任务的顺利完成。

围绕年度的工作任务,会议强调了六个方面的工作:一要坚持“量”“质”并举,持续做大蛋糕。致力厚植产业,致力创新驱动,致力项目赋能。二要坚持“增”“减”并重,做优收入组织。围绕收入目标,做好争取、开源、规范和减负4篇文章,推动收入组织更加有效。三要坚持“保”“压”结合,提升支出绩效。坚持有效市场和有为政府协同发力,进一步创新财政支持方式,奋力提升财政扶持的强度,拓展投资带动的宽度,提升民生保障的“温度”,加大厉行节约的力度。四要下足“查”“控”功夫,提升审计质效。强化履职抓审计,突出中心抓审计,服务民生抓审计。坚持应审尽审、凡审必严、严肃问责,持续提升审计质效。五要坚持“防”“化”统一,推动债务化解。务求目标任务必成、组织推进有利、工作举措创新和监督考核到位。六要坚持“破”“立”并行,加快国企改革。以新发集团为代表的国有企业既是高新区发展的建设者,也是高新区未来的投资人。要苦练服务大局、锐意改革和公司治理三个本领。（刘晓蓉）

【产业园区“三优化三提升”工作推进会】 6月24日,新吴区召开专题会议,研究房屋征收、产业园区“三优化三提升”工作。无锡高新区党工委副书记、管委会主任,新吴区委副书记、区长崔荣国在听取相关部门工作汇报后,对下阶段的工作做了部署。

会议强调:一要正视“三个压力”,持续攻坚克难推动拆迁。正视考核任务带来的压力、存在问题带来的压力,以及长远发展带来的压力。要有长远的计划,更要有对历史负责的自觉。对于已谋划未启动、已启动未克难、从不具备条件到创造条件等问题,要认真思考和回答。二要实现“三个到位”,全力调动资源推动拆迁。主动担当的作为要展现到位,关键人物的作用要发挥到位,推进工作的政策要运用到位。要按照保障发展和实战性原则,进一步加强政策研发,细化相关措施配套,与时俱进对相关内容进行明确,提升推进水平。三要做到“三个坚持”,严格公平、规范推动拆迁。坚持阳光透明,坚持政策统一,坚持依靠群众。四要确保“三个不出事”,坚守底线思维推动拆迁。安全稳定不出事,社会稳定不出事,廉洁自律不出事。将党风廉政建设工作贯彻到征收工作每一道环节,坚决避免“工程上去、干部倒下、群众受损”现象发生。五要推行“三个强化”,形成工作合力推动拆迁。强化协调联动,及时沟通协调,善于借势借力；强化推进组织，坚持因地制宜、因企施策，根据各类项目的特点，落实责任、精心组织、有序推进。强化督查问效，真正做到奖优罚劣，形成“有落实、有验收、有奖励、有惩戒”的工作闭环。（刘晓蓉）

机关事务管理

【公务用车管理】 2021年，新吴区加强公务用车平台信息化建设，进一步优化、完善公务用车平台信息，实现纵向层层监管、横向资源共享，形成系统完备、运行有效、科学规范的公务用车标准化管理模式。认真做好车辆资产与财务资产的核对工作，做到资产账与财务账一致。全年完成10辆公务车辆的报废更新审批工作。加大监督检查力度，结合公务用车平台，对街道、部门公务用车使用情况进行抽查，积极配合纪委监委对全区行政事业单位公务用车开展专项监督检查，较好地规范全区公务用车管理。年内组织两次全区公务用车自查自纠，下发6份整改通知单。（邵檬丹）

【办公用房管理】 2021年，新吴区做好区综合服务中心入驻前期准备工作，完成家具和会务设备配置、开办物资采购、标识和标牌制作安装、电话采购及安装、食堂外包招投标、物业招标进驻等前期准备工作。统筹全区办公用房调整工作。按时完成区四套班子换届办公用房调整、太科园办公室紧急装修入驻，统筹考虑、多方沟通，拟订科技商务中心各部门楼层调整方案和相应隔打装修设计工程造价测算等工作，并在年内完成相关招投标，启动调整改造。按照中央、省、市统一部署，认真做好全区党政机关办公用房及技术业务用房相关信息数据报送工作，并同步在国家机关事务管理局相关办公用房信息系统完成数据录入，为办公用房精细化、规范化管理提供真实详尽的数据基础。加大办公用房规范管理监督力度，对各街道及条线机构进行实地督查，对检查中发现的问题发放整改通知书限期完成整改。（邵檬丹）

【公共机构节能】 2021年，新吴区节能降耗工作领导小组提出节能降耗应急调控要求，发布《关于机关带头做好节能降耗的通知》，要求机关各单位落实节约用电、用水、空调用能等措施，严格落实节能管理规定，引领全区公共机构落实“碳达峰、碳中和”目标任务。率先在区政府大楼试点实施合同能源托管，为全区公共机构科学高效做好节能工作的示范。紧抓节能示范创建，总结前期25家示范单位创建成功经验，形成标准，根据行业特点分别细化示范标准，通过复制推广，助推第二批创建单位达到创建要求。组织全区公共机构开展节能宣传周活动，组织人员开展线上学习，收看全国公共机构节能宣传周启动仪式、“红色传承绿色发展”云党课及《黄金时间——改革政策e解读》电视节目，观看人数达3635人次。督促指导机关事业单位垃圾分类工作，按照城管部门考核标准，针对巡查中发现的问题开展“回头看”，督促各单位落实好垃圾分类工作。（邵檬丹）

【机关后勤服务保障】 2021年，新吴区机关事务管理部门切实增强服务工作的主动性和针对性，赴市民中心、锡山区等学习食堂管理先进经验，合理调整饮食菜肴，在区机关大楼食堂及人大、政协食堂实施创新，通过增加菜式品种、推出特色轻食餐线和拉面套餐，改变供餐模式。组织开展机关食堂满意度测评，共收到测评反馈223份，满意率96%。通过在机关食堂、大厅、通道、电梯等公共部位醒目位置播放宣传片、张贴宣传标语和宣传画，摆放倡议书，引导机关工作人员带头树立良好饮食习惯，开展“光盘行动”。加强统筹协调，全方位保障党政机关办公区域安全运行。完成指挥部会议室线路改造应急抢修，保障防疫“中枢”高效运转。完成报告厅LED屏幕、科技交流中心剧场灯光、舞台设备等重点设备改造工程，利用节假日期间对各设备系统（电梯、高低压配电、中央空调、给排水）进行定期检修，及时排除各类故障及隐患，全年开展各类维修1529次，跟进外来施工改造148次。协同信访部门积极做好上访人员接待工作。全面做好会务保障，完成4500余场会议近10万参会人次的茶水、音响、保洁、绿化等会场服务，圆满完成区政协一届六次会议、区第一届人民代表大会第六次会议、庆祝中国共产党成立100周年座谈会暨区“两优一先”表彰会议等大型会务保障工作。提升车辆保障能力，全年共完成公务用车保障任务4500余次，安全行驶无事故，为全区公务出行提供了优质的交通保障服务。（邵檬丹）

调查研究

【概况】 2021年，新吴区党政办始终围绕区委、区政府中心大局，立足“当高参、献良策、出精品”定位，致力吃透上情、摸清下情、了解外情、把握内情，提供有高度、有深度、有力度的文稿服务，充分发挥参谋和助手作用，努力为谱写“强富美高”新吴区现代化建设新篇章贡献智慧和力量。全年撰写全区会议材料、领导讲话、调研报告、工作汇报等重要文稿逾300篇，其中包括区第二次党代会报告、区委一届十一次全会报告、区政府工作报告等一系列重要文稿。

（史湘云）

【信息辅政】 2021年，新吴区党政办紧贴中心工作、聚焦重点领域，充分发挥党政信息的辅政作用，在展示工作特色、服务领导决策、反映社情民意等方面取得明显成效。全区信息工作绩效保持在全市各板块第二位，获得全市信息工作特等奖。全年市级以上采用信息1074篇，获国家领导人批示58件、省领导批示16件。其中，《无锡高新区探索实践"123模式"聚力打造独角兽企业成长高地》获市党政信息领导参阅件单篇采用，《对比分析我省与京沪浙粤等先进省市人才政策差距及对策建议》《浙江山东广东上海北京等省市委党校基本建设情况》等138篇信息被省委、省政府信息刊物采用，《无锡高新区灵活就业"一件事"创新改革做法》《无锡高新区率先布局加快打造"低碳高产田"》等15篇信息被省委、省政府摘报采用，《"云律所"加盟潮存在巨大风险隐患》等42篇信息被国家级刊物采用，《我省体育美育中考新政策舆情梳理表现在三方面》《媒体从五方面评价我省13市前8月经济发展"成绩单"》等信息为上级领导掌握情况、科学决策、推动工作提供了重要参考。

（汪　圆）

督查工作

【概况】 2021年，新吴区督查室充分发挥督查"利剑"作用，立足本职工作，突出重点、难点，加强统筹协调，积极主动、扎实有效开展督查工作，准确反映督查结果，圆满完成区委、区政府等交办的工作任务，有力推动各项决策部署贯彻落实。持续推进基层减负、整治形式主义，着力防止各项减负工作反弹回潮。高度重视人大建议、政协提案办理工作，严格执行法定程序，落实责任、强化督办，全力提升办理工作质效。

（胡方习）

【督查成效】 2021年，新吴区督查室按时完成区主要领导就防疫防控、经济发展、城市管理、环境卫生、教育医疗、安全生产等方面的批示督办件56件，办理市主要领导批示督办件50件，件件做到反馈及时、报送清楚准确，按时办结率100%。紧紧围绕全区"双招双引"、疫情防控管理、安全生产监管、重大项目建设等重点、难点工作，开展专项督查并编发各类通专报33期，对全区重点工作完成情况开展半年度和年度督查评估。

（胡方习）

【建议、提案办理】 2021年，新吴区高度重视建议、提案办理，强化注重沟通协调，全力提升市、区两级建议、提案办理质效。全年承担办理市人大建议、市政协提案34件，承办区人大建议53件、区政协提案81件，获得代表、委员对办理过程、办理结果的"双满意"，满意率达到100%。

（胡方习）

外事工作

【概况】 2021年，新吴区完成接待外宾15批402人次，其中包括法国驻华大使罗梁一行，德国柏丽集团中国区总裁伍力、德国驻上海总领馆副总领事唐孟思一行。

（郭新转）

【外事工作助力经济发展】 2021年，新吴区外办在新冠肺炎疫情常态化防控背景下，在省、市外办的指导下，有序开展外事工作，与外国联系更加紧密，活动层级更高。继续增进文化交流，配合市外办邀请日本、德国、丹麦、捷克、瑞典、印尼驻沪总领馆领事等50余名外宾参加无锡国际樱花友谊林开园仪式，以植樱、赏樱为媒介开展国际性地方民间文化交往和经贸交流。邀请日本、韩国、荷兰、英国、加拿大、新加坡、哥伦比亚、哈萨克斯坦等国家的近50位国际友人观赏大型民族交响史诗《光明行》，以文化交流为纽带，进一步增进文化共鸣。持续助推经济发展，邀请日本、韩国、法国等驻沪总领事在黄浦江畔共叙友情，共谋发展，启动全球驻点招商；邀请在区外籍高管，参加全市国庆招待晚宴，共庆佳节。进一步突显人文关怀，在常态化疫情防控的大背景下，协助2批境外人士家属申报审批入境。

（郭新转）

行政审批和政务服务

【政务公开工作】 2021年，新吴区建立政务公开工作联络机制，明确各部门和街道工作责任划分，建成覆盖区政府各部门、各街道在内的47人政务公开工作队伍，完善"线上+线下"政务公开途径。注重发挥区政府门户网站政务公开"主阵地"作用，编制政务公开指南、制度，梳理形成46个法定主动公开目录，严格依法执行主动公开各项规定，区政府门户网站共审查发布信息10032条，各部门、街道共主动公开各类信息6155余条。严格按照规定程序办理依申请公开答复，年内收到涉及征收拆迁、政策咨询、数据统计等各类依申请公开事项128件，同比增长246%，答复率100%。积极创新监管方式，运用信息化技术手段，引入第三方专业力量参与到政府门户网站、政务新媒体的监管评估中，提高对政务公开阵地的管理水平。

（董大鹏）

【"放管服"改革】 2021年，新吴区印发了《无锡新吴区贯彻落实无锡市2021年深化"放管服"改革工作要点目标任务分解一览表》，细化工作任务，压实工作责任。印发《〈江苏省促进政务服务便利化条例〉宣传贯彻工作方案》，充分发挥自身优势，确保政务服务便利化水平进一步提升。认真贯彻落实《国务院关于取消和下放一批行政许可事项的通知》《市政府关于取消和下放一批行政权力事项的通知》文件精神,全面自查,认真落实。年内,以市级赋权清单为基础,承接行权204项,综合承接率90%。主动对接“太湖湾科创带”建设,成立全市首个太湖湾科创带跨区域“通办服务专窗”。创新试点个人灵活就业“一件事”改革,梳理出需求量较大的70份“一件事”清单,打造“我要工作、我要社保参保、我要税务登记、我要退休”全生命周期管理模式。“开办企业”“工程建设项目审批”一件事的办理时间分别压缩至1个、20个工作日内。推进“苏陕协作”,发出全省东西部协作首张“跨省通办”营业执照;推进“跨省通办”线上线下融合,上线苏陕“跨省通办”专栏,内资企业及分支机构设立登记、失业保险金申领、农民专业合作社设立登记等16个事项实现两地在线通办。推动“苏鲁协办”、苏锡常三地高新区政务服务一体化共建,与对口帮扶地区青海省海东市互助县开展政务服务东西部协作。《无锡高新区政务服务“跨省通办”实践思考》一文被市行政审批局征文录用,获特等奖。(丁海珠)

【网上政务服务能力领跑】 2021年,新吴区推进全区各部门、各街道行政权力事项标准化清单维护和完善,新吴区网上政务服务能力进一步提升:综合指数80.81分,列全市第一,事项办理时限压缩度92.6%,即办率72%,不见面办理率98.6%,全年新吴区在省政务网累计办件122026件。提升“一网通管”能力,完成清单编制,质检合格率100%。共计完成监管事项入库1765项,监管数据准确率100%。积极与市大数据管理局对接,全力推进电子证照系统建设及推广应用工作,在全市率先试点完成市政类电子证照应用,实现线上申报、线上流转、在线审批、在线发证,开启“移动办公”时代,实现“不见面”“零跑动”“无纸化”审批。全年签发电子证照4604张,其中新吴区行政审批局2254张、街道2350张。

(丁海珠)

【三级政务服务体系不断完善】 2021年,新吴区完成区级人社综合服务大厅功能提升,实现全口径进驻,完成市管局特种设备业务和住建局运管业务整体进驻。不断强化对“分中心”的管理与建设,开展“红旗窗口”评选活动,进一步激发窗口工作人员工作积极性。持续提升街道为民服务中心、村(社区)便民服务中心标准化和规范化建设水平,实现“综合窗口”全覆盖。完善政务服务大厅便利老年人的配套服务设施,提供主动帮办、代办服务,让老年人足不出户就能办事。运用法治思维、法治方式,解决问题、深化改革、推进工作,落实法治政府建设责任,参与依法治区,上报法治惠民实事工程,获三等奖。(丁海珠)

【企业开办“办照即营业”常态化】 2021年,新吴区制定出台《企业开办联办窗口提升方案》,进一步升级扩面“1+1”政银合作,企业开办专窗从8个增加至10个,压减企业开办时间至2个工作日以内,最快0.5个工作日办结,为60%以上的新设立企业提供免费帮办、代办服务,向所有新设立企业发放免费公章,为企业节约成本287万元。企业简易注销登记公告时间由45天压缩为20天。实现全市首个综合服务型互联网+灵活用工“闲创客”平台个体户线上集群注册登记。全面推行社会组织登记住所告知承诺制,优化教育文体审批服务,取消出版物现场踏勘环节,允许“一址多照”。年内,全区新增市场主体40473户(法人企业9435户),同比增长191.89%。其中新增内资企业10275家,同比增长6.74%,居全市第二;注册资本总额641.71亿元,同比增长2.75%。

(丁海珠)

【“拿地即开工”模式推广】 2021年,新吴区以“项目直通车”为平台,以服务前置、专班专责、一企一策等为重点,优化政务服务。通过专班服务、专业服务、专题服务,促进重大项目早开工、早建成、早投产。指导各园区、街道成立项目代理人服务团队,推广区域评估成果应用,打造区街和部门联动机制。总结“拿地即开工”模式实践经验,完善“拿地即开工”协议。创新工程建设项目“分段审批、分段发证”新模式和个性化定制“多证联发”套餐,实现不同类型项目“拿地即开工”,核发全市首个商住类EPC项目“地基基础施工许可证”,分段施工许可创新做法获市委书记杜小刚点赞。完成“竣工即验收”试点,较正常竣工验收流程提速90%以上。年内,新增投资项目948个,列城区第一;新增投资总额1326.7亿元,列城区第二,同比增长12.1%;核发施工许可证245张,列全市第一。

(丁海珠)

【“12345”未诉先办能力增强】 2021年,新吴区依托“12345”热线大数据,进一步完善“预知、预判、预处、预警”机制,主动发挥“侦查员”作用,以群众诉求为切入点,主动查找薄弱环节,筑牢“安全线”,累计受理群众诉求57331件,办结率100%,收到企业群众表扬信83件,办结“微幸福”民生工程重点督办事项23件,梳理安全隐患1675条,针对群众反映的热点问题,发布预警10次。报送《“12345”热线简报》50期,获相关领导批示12次。精心组织《作风面对面》直播上线,群众反映的66个问题均得到妥善处理。

(丁海珠)

【公共资源交易保持全市领先】 2021年,新吴区创新推动"评定分离"新模式落地落实，得到市行政审批局肯定。推行公共资源交易"不见面"，创新 EPC（工程总承包）招标、分段评标和远程评标模式，跨区域投标成为常态。着力打造重点项目交易快车道，为所有重点项目平均节省一个月以上招标时间。多措并举规范交易现场监督管理，实行关键环节双人见证制度。制定《新吴区政府分散采购开标评标现场管理办法》，实行分散采购"一标一评价"。拓展进场交易内容，按照"成熟一个，纳入一个"的原则，将农村产权、国有产权交易逐步纳入进场交易范畴。年内，完成公共资源交易项目 1292 宗，中标金额 175.21 亿元。其中，建设工程公开招标项目交易 411 宗，中标金额 153.65 亿元，成交量、成交额连续 4 年居全市第一。完成不见面开标 328 件，不见面开标率 97.81%，居全市第一。（丁海珠）

【"我为群众办实事"项目落地见效】 2021 年，新吴区制定了"我为群众办实事"项目清单，紧盯群众"急难愁盼"问题，坚持从本职抓起、从日常做起、从小事干起，聚焦"利企便民，悉心高效"，推出首批 18 项"我为群众办实事"项目清单。"提升政务服务效能，打造一流营商环境"被列为市级重点备案项目，并高分通过验收，获市委、区委党史教育巡回指导组肯定。积极倡导求真务实的工作作风，突出重点抓好"窗口"作风效能建设，开展"月度服务之星""季度红旗窗口""年度为民服务标兵"等系列评选活动。（丁海珠）

民生实事项目

【概况】 2021 年，新吴区制订出台《新吴区为民办实事重点项目计划》，涵盖教育设施、社会保障、家庭关爱、医疗卫生、养老服务、居住条件、出行畅通、生态环境、文化体育、生活便民 10 个重点民生领域共 73 个，涉及街道、机关部门、国有企事业等单位 34 个，总投资 120 亿元，当年完成投资 47 亿元。项目较往年类型更丰富，惠民覆盖面更广，更贴合民生所需。为确保项目有序推进，全年召开项目推进会 2 次、专题汇报会 3 次，年初制定的目标顺利完成。（李　阳）

【提升教育水平】 2021 年，新吴区推动新吴实验中学、梅里小学、鸿山金桥实验学校等 7 所学校和崇德幼儿园、江华路幼儿园、泰山路幼儿园等 8 所幼儿园建设工作，完成旺庄中学、新城中学、高浪小学、新安小学 4 所学校年度改扩建任务。完成市"十三五"规划课题结题工作 8 个。新吴区第一实验学校、新城中学、梅村实验小学、江溪小学被评为第二批无锡市"四有"好教师团队建设培育单位。梅村幼儿园、旺庄小学、新城中学获江苏省基础教育教学成果奖二等奖。"区域教学变革的新吴实践"成功申报为江苏省基础教育前瞻性教学改革重大实验项目。（李　阳）

【深化社会保障】 2021 年，新吴区为低收入者、未成年人、妇女、老年人、残疾人等社会弱势群体解答法律咨询 3600 人次，办理法律援助案件 1214 件。帮助失业人员再就业 14166 人，援助就业困难人员再就业 2088 人。帮扶困难退役军人 141 人，完成 361 名优抚对象的医疗服务工作，其中体检 298 人，上门巡诊 63 人，对 12 户伤残军人家庭实施改造。完成区级残疾人文体艺活动中心二期项目建设。6 个街道制作残疾人就业服务档案 2400 份。（李　阳）

【关爱少年儿童】 2021 年，新吴区为 15 名 6~16 周岁的事实孤儿和低保家庭儿童打造"梦想小屋"。完成特殊困境儿童个案保护介入服务 70 次，"了不起的小卫士"小学三年级儿童自护 8773 人次，初中青春期教育课程服务 5156 人次，试点开展儿童心理健康援助服务 87 次。完成新安三社区友好社区儿童乐园改造，开展"四史"宣传等亲子活动 16 场。（李　阳）

【家庭教育指导】 2021 年，新吴区以"新吴嫁校"为载体，积极实施婚姻家庭教育指导项目，完成婚姻家庭教育公益课程 / 活动 400 节，开展新婚夫妻谈话 1526 对，完成婚姻危机指导服务 395 对。（李　阳）

【优化医疗卫生】 2021 年，新吴区完成重点人群消化道肿瘤筛查 19631 人、胃肠镜筛查 1505 人。为辖区常住人口投保传染病和突发公共卫生事件应急救助保险，完成 5 起 77 例学校聚集性传染病疫情理赔。举办"健康新吴"大讲堂 10 场，新建健康教育基地 1 个、健康街道 1 个、健康村（社区）6 个、健康家庭 655 户、示范健康家庭 20 户和健康主题公园 1 个。新吴区公共卫生中心建设完成并正式投入运行。硕放卫生服务中心、新吴区中医医院（江溪街道第二社区卫生服务中心）、梅村社区卫生服务中心、鸿山社区卫生服务中心 4 个社区卫生中心建设有序推进，完成新安医院发热门诊建设和医疗设备采购。（李　阳）

【居民养老服务】 2021 年，新吴区完成困难老年人家庭适老化改造 212 户，对实施"家庭养老照护床位"项目的困难老年人家庭实现重点保障。完成居民养老保险参保 862 人。旺庄街道养老院、硕放颐养园二期、江溪街道第二社区卫生服务中心老年养护院、梅村社区卫生服务中心养老院 4 家养老院建设有序推进。（李　阳）

【宜居环境升级】 2021 年，新吴区新开工安置房 7377 套，基本建成安置房 5848 套。完成春潮花园一区及春潮花园二区（群星片区）、新锦园小区、润硕苑小区、欧典家园一期和二期、新安花苑安居房改造工程。鸿山街道姚更上党建特色美丽乡村(二期)、东塘街村美丽乡村、寒儒桥美丽乡村(一期)、七房桥乡村田园文化旅游特色村(二期)4个美丽乡村建设工程有序推进。(李　阳)

【完善道路交通】 2021年,新吴区完成海明路(泰山路—海力士意法路)、春富路(江华路—新光路)、尚德路(乐星路—锡绅路)、漓江路(吴都路—小天鹅内部道路)4条道路建设,启动叙康路(长江路—机场路)改造工程。完成学志路、江华路、前卫路、灵江路、清晏路停车场和第一岗机械停车楼6个停车场建设,新增车位2900个。完成工业园区公共停车场建设,新增车位1000余个。新开优化792路、深南电路定制公交线路(754-1、754-2、754-3)、瑞金医院定制专线,鸿山微循环796路、759路、762路、765路、766路、770路、771路、775路、776路、782路等15条线路。新建公交候车亭70个,电子站牌30个。启动旺庄公交停车场土建工程。(李　阳)

【生态环境保护】 2021年,新吴区完成太湖退渔(田)还湖(贡湖新湖农场)既定目标,完善生态系统结构、加强水岸生态连续性,提升湖体自净能力,促进湖区水质改善。完成江溪港、香泾浜(北)、界泾浜、凤凰浜、姚更上浜、里夫泾浜南段、秀景河等60条河河道清淤、生态修复、驳岸整治、河岸生态景观优化亮化工程及配套设施建设。新建、改建精品公园2个。完成12条背街小巷环境整治提升。(李　阳)

【文化活动惠民】 2021年,新吴区开展"永远跟党走"主题系列文化惠民活动,其中春季巡演28场、"欢乐金秋,魅力新吴"秋季巡演30场。举办区级文化艺术普及、公益性培训465班次。成功举办"中国二胡之乡"新年音乐会、新吴区第二届乡村文化旅游节线上云游。(李　阳)

【便民生活配套】 2021年,新吴区新建、改建公厕86座,建立厕所开放联盟,纳入成员单位305家,形成"百度厕所地图"。完成硕放香楠邻里生鲜市场改造提升。中韩科技园万达广场启动建设。完成农贸市场农产品快速检测60000批次。推广"明厨亮灶"工程,新加入推"明厨亮灶"单位330家。完成江溪都市生活中心建设并正式投入运营。完成梅荆生活中心建设。对区内符合条件的改造商户给予70%的"一口价"补贴282户。(李　阳)

对口支援·帮扶合作

【概况】 2021年,新吴区编制印发《无锡新吴区2021年度对口支援协作合作工作要点》,完成脱贫攻坚档案归集406件,推动实现新吴—互助两地"一网通办",在对口支援协作和南北共建工作方面取得较好工作成效。对口支援的青海省海东市互助县五十镇班彦村获"全国脱贫攻坚楷模"称号;新吴区发改委、挂职干部分别被评为青海省脱贫攻坚先进集体和先进个人;新吴区发改委、宜川和互助联络组分别荣获"江苏省脱贫攻坚暨对口帮扶支援合作先进集体"和"江苏省脱贫攻坚暨对口帮扶支援合作工作表现突出的集体"称号。(吴云倩)

【互访互派】 2021年,新吴区克服疫情影响,主要领导率党政代表团赴陕西省宜川县、青海省互助县、新疆阿合奇县推进协作工作1次;接待宜川县主要领导所率代表团到区访问2次、互助县代表团到区访问1次;召开新吴区与宜川、互助联席会议各2次。区内各单位赴宜川和互助交流考察共计50批次246人次。新吴区向宜川、互助、阿合奇派遣挂职干部各2人,向宜川、互助派遣专技人才各18人,接收宜川、互助挂职干部21人。(吴云倩)

【产业协作帮扶】 2021年,新吴区累计统筹拨付宜川、互助两地帮扶资金6138.75万元,其中区级和街道园区帮扶资金1291.45万元,全部拨付到位。实施帮扶项目33个,涵盖医疗卫生、科教文旅、劳务协作、基础设施等领域。援助重庆市云阳三峡库区建设、新疆阿合奇县资金计131万元,均拨付到位。年内,帮助宜川、互助两县实施跟岗培训共计270人。帮助两地劳动力就业192人,包含脱贫户83人。(吴云倩)

【农产品销售及社会帮扶】 2021年,新吴区累计设立宜川、延安苹果店7家,启动运营互助县易农优品与华泽微福合资打造的利益共享平台,开展青海互助农特产品进外企系列活动,全年对宜川、互助两地消费扶贫采购3106万元,累计帮助销售阿合奇特色农产品290万元。2021年共组织社会各界向宜川、互助两县捐赠财物价值635.05万元,向阿合奇累计捐款捐物价值约265万元。(吴云倩)

【南北共建】 2021年,新吴区开展无锡徐州工业园区省级创新试点园区创建工作。2月,区主要领导率队参加无锡徐州工业园区建设启动仪式;江苏锡徐工业园投资发展有限公司正式成立;5名挂职干部、2名工作人员和2.1亿元注册资金到位,园区建设总体方案获省委、省政府批复。先后制订《无锡徐州工业园区高质量发展规划(2021—2025年)》《无锡徐州工业园区空间总体规划》《无锡徐州工业园区产业发展规划》,编制园区控制规划和城市设计方案。9月,园区高质量发展规划获无锡、徐州两市政府联合批复,并报省发改委备案。成功举办投资推荐会,为无锡徐州工业园引进11家企业,在谈项目10个,形成高端装备制造、电子信息、新能源三大主导产业。编制印发《无锡徐州工业园区 2021 年工作要点》，并纳入区高质量考核体系。顺利完成了省、市下达的年度目标任务。全年在央广网、中国日报网、21 经济网等主流媒体发表工作信息 17 条，利用微信、微博、视频号发表相关信息 10 条。 （吴云倩）

信访工作

【概况】 2021 年，新吴区扎实推进党政领导干部包案制以化解突出的社会矛盾和信访问题、防范化解重点领域风险矛盾“清源”行动、“集中治理重复信访化解信访积案”专项工作及信访矛盾“百日攻坚”活动，坚持“最多跑一地、服务零距离”理念，按照“一窗口受理、一站式服务、一体化运行、一揽子解决”思路，全面加强中心平台窗口、制度机制、队伍能力建设，用心、用情、用力解决好群众“急难愁盼”问题，着力推动化解各类矛盾纠纷和不稳定因素，有效维护社会和谐稳定。 （王　杰）

【畅通信访渠道】 2021 年，新吴区人民来信来访接待中心接待来访群众 581 批、1493 人次，其中区党政领导接待 177 批、377 人次。“阳光信访”系统共办理各类信访件 3740 件，受理办理人民网留言板（区委书记信箱）事项 227 件。结合新实施的《江苏省信访条例》，区信访联席会议印发了《新吴区依法及时就地解决初信初访“六步工作法”》，从规范登记、高效办理、及时沟通、疑难会办、办结回访、重访督查 6 个方面规范和推动初信初访办理工作。 （王　杰）

【风险隐患排查】 2021 年，新吴区加强排查和源头防范化解，对涉拆、涉学、涉楼盘等，在落实政策基础上，加大人文关怀、思想疏导力度，密切关注动态，强化规模性聚集的预防和处置；对层面性重点问题，从最薄弱环节入手、从最关键问题突破，及时调整相关政策，推动问题批量解决；对“三跨三分离”等疑难复杂的重点个案，提级会办，深入剖析问题症结，明确职责分工，合力攻坚化解。 （王　杰）

【信访积案化解】 2021 年，新吴区深入开展党政领导干部包案制化解突出社会矛盾和信访问题、重点信访矛盾“百日攻坚”等活动，与集中治理重复信访专项工作和“清源”行动有机结合、一体推进。对省、市、区交办的重点信访事项和突出层面矛盾逐案逐人落实党政领导干部包案，建立完善专班管理机制，加强协调会办、化解交办、跟踪督办。招商城整改、春勤农贸市场搬迁等影响面较大事项得到稳妥处置。 （王　杰）

政协新吴区委员会

综　述

【概况】 2021年，政协新吴区委员会坚持以习近平新时代中国特色社会主义思想为统领，深入学习贯彻习近平总书记关于加强和改进人民政协工作的重要思想，高举爱国主义、社会主义伟大旗帜，牢牢把握团结和民主两大主题，坚持发扬民主和增进团结相互贯通、建言资政和凝聚共识双向发力，充分发挥社会主义协商民主的重要渠道和专门协商机构作用，把准新方位、新使命，认真履行政治协商、民主监督、参政议政职能，广泛凝聚共识，主动围绕全区发展大局，开拓创新、求真务实、积极作为，在服务全区发展大局中发挥了重要作用。 （李弘毅）

【政协重点工作】 2021年，区政协召开常委会会议5次、主席会议12次，组织专题视察6次，形成调研报告33篇，开展政治协商18次。全面贯彻新时代党的建设总要求，充分发挥政协党组把方向、管大局、保落实的领导作用，成立了全省首个区级政协党建联盟——新吴区政协“同心”党建联盟，推动党的建设与政协履职深度融合，把党的政治优势转化为推动人民政协各项工作提质增效的发展优势。结合区委总体部署，紧密团结各方各界，汇集抗击新冠肺炎疫情合力，共克时艰。 （李弘毅）

重要会议

【政协新吴区第一届委员会第六次会议】 1月1日至13日，政协新吴区第一届委员会第六次会议召开。中共新吴区委、区人大常委会、区政府全体领导，区人民法院院长，区人民检察院检察长，区机关各部门主要负责人，区委各直属党组织书记列席大会开幕式。会议期间，委员们听取并讨论中共新吴区委书记蒋敏的讲话，听取并审议区政协常委会工作报告和提案工作情况报告；列席区一届人大六次会议，听取并讨论区政府工作报告和其他报告；听取提案初步审查情况报告，收到提案128件，立案后形成交办提案88件，办复率和满意率均实现100%。审议通过区第一届政协六次会议决议。会议选举吴胜荣为政协新吴区第一届委员会主席。 （李弘毅）

【区第一届政协常委会第十八次会议】 1月5日，新吴区政协召开第一届第十八次常委会会议。会议听取了区政府2020年政协提案办理情况，听取区委组织部关于区政协委员调整事项及大会临时党委成员名单的说明。协商通过了关于调整区政协委员的决定及有关人事事项。协商通过了政协新吴区第一届委员会第六次会议议程（草案）、执行主席名单、会议日程安排（草案）、大会秘书处及各组成员名单。协商通过了区政协常务委员会工作报告、提案工作报告，以及关于召开政协新吴区第一届委员会第六次会议的决定。

（李弘毅）

【区第一届政协常委会第十九次会议】 3月25日，新吴区政协召开第一届第十九次常委会会议。会议传达学习了全国政协十三届四次会议精神，协商通过区政协2021年工作要点和2021年重点工作计划。会议要求按照《关于深化推进“有事好商量”协商议事工作的指导意见》，深入开展“有事好商量”协商议事工作。聚焦太湖湾科创城建设、产业园区“三优化三提升”、“双招双引”、社会治理、民生实事工程等区委、区政府关注的重点工作，积极做好调查研究、民主监督、提案等各项工作，以优异成绩庆祝中国共产党成立100周年。 （李弘毅）

【区第一届政协常委会第二十次会议】 7月15日，新吴区政协召开第一届第二十次常委会会议。会议听取区政府关于2021年上半年全区经济运行情况的通报。听取通报后，对区政府上半年工作给予了充分肯定和高度评价，并就太湖湾科创带建设、产业园区配套服务、企业降成本、“双碳”目标、人才引进等多个方面提出了意见和建议。会议指出，要深入推进“有事好商量”协商议事室、委员工作室、信息直报点、履职党支部、政协书房“五位一体”建设，牢固树立“四个一线”意识，切实帮助基层群众排忧解难，全力推动为民履职提质增效。统筹兼顾、严明纪律，积极支持和配合相关部门做好委员推选工作，助力营造风清气正的换届环境。（李弘毅）

【区第一届政协常委会第二十一次会议】 9月23日，新吴区政协召开第一届第二十一次常委会会议，聚焦“高水平建设太湖湾科创城”进行协商议政。会上，区科技局、太科园管理办通报了太湖湾科创城建设情况，区政协经济科技和农业农村委汇报了“高水平建设太湖湾科创城”课题调研成果，围绕太湖湾科创城建设治理模式、顶层设计、发展定位、城市化建设等方面进行了深入交流。会议指出，要加快推进太湖湾科创城建设，积极融入太湖湾科创带建设，充分发挥人民政协人才荟萃、民主协商、联系广泛等各方面优势，为高水平建设太湖湾科创城贡献政协智慧和力量。（李弘毅）

【区第一届政协常委会第二十二次会议】 11月18日，新吴区政协召开第一届第二十二次常委会会议。会议学习中共十九届六中全会精神，协商通过区二届政协委员规模、界别设置和名额分配的决定。会议强调，全区政协组织和广大政协委员要深入学习贯彻中共十九届六中全会精神，持续夯实共同奋斗的思想政治基础；全面服务中心大局，保质保量完成年度各项目标任务；强化组织统筹，严肃认真筹备好政协换届工作，为区第一届政协履职圆满收官、第二届政协接续奋斗打下坚实的基础，为新吴区走在社会主义现代化建设最前列做出新的更大贡献。（李弘毅）

参政议政

【提案工作】 2021年，新吴区政协注重提高提案质量、提案办理落实质量和提案服务质量，推动提案由数量型向质量型转变，提案办理评价由追求满意率向追求落实率转变。政协新吴区第一届委员会第六次会议交办的88件提案得到23个部门和单位的重视，提案内容主要涵盖产业发展、科技创新、城市管理、教育医疗、就业保障、文化惠民等方面，办复率100%，满意率100%，有力推动一批热点、难点问题及民生实事的解决。（李弘毅）

【重点提案督办暨专题协商会】 12月11日，新吴区召开区政协重点提案督办暨专题协商会，围绕“充分发挥无锡港国家二类口岸功能，打造长三角一体化物流枢纽”，专题听取区政协重点提案办理情况，向政协委员征询意见和建议。会上，民进新吴区基层委员会汇报提案有关情况，区发展改革委通报提案办理情况，区住建局、区商务局、新吴自然资源规划分局、新吴公安分局交警大队、高新物流汇报相关工作推进情况，政协委员代表做了交流发言。（李弘毅）

【公安、检察院、法院重点工作情况通报会】 12月13日，新吴区政协召开公安、检察院、法院重点工作情况通报会。与会人员实地视察了新吴区刑事案件快速办理中心，深入了解相关情况。在随后会议上，新吴公安分局、区检察院、区法院分别通报了重点工作情况，政协委员结合工作实际，围绕公正司法、改革创新、机制建设等方面提出意见、建议。（李弘毅）

调研视察

【数字经济发展调研视察】 2021年，新吴区政协通过组织行业委员、特邀国内行业专家、调研先进地区等方式，围绕区委、区政府中心工作，聚集区域、产业发展难点、堵点、痛点，进行调查研究，形成《无锡高新区数字经济发展研究》调研报告。（李弘毅）

【“碳达峰”和“碳中和”路径探索调研视察】 2021年，新吴区政协为推动新吴区构建绿色低碳循环发展经济体系，稳步推进“碳达峰”“碳中和”目标实现，助力新吴区绿色高质量发展，按照区政协年度工作计划，成立“碳达峰”和“碳中和”路径探索调研组，先后赴广西、重庆、成都开展专题调研，多次组织相关部门、街道和社区进行座谈交流，围绕新吴区“碳达峰”和“碳中和”路径探索形成调研报告。（李弘毅）

【文体融合发展调研视察】 2021年，新吴区政协围绕文体融合发展，前往多地开展调查研究，与政府职能部门举行专题座谈会，开展对口协商，形成调研报告。（李弘毅）

【社区民主政治建设情况调研视察】 2021年，新吴区政协组织赴成都、上海考察学习社区治理等方面的工作做法，交流地方政协工作，开阔视野，学习经验，撰写形成《新吴区社区民主政治建设情况》调研报告。（李弘毅）

【“三优化三提升”专题视察】 11月24日，新吴区政协开展产业园区“三优化三提升”专题视察。委员们视察梅村街道中欧低碳产业园项目和旺庄街道奥特维项目，详细了解产业园区规划、项目建设、企业发展等相关情况。在随后的座谈会上，街道负责人详细汇报了产业园区“三优化三提升”工作推进情况。政

协委员结合视察情况，围绕产业发展、规划完善、企业清退、园区配套服务提升等方面提出意见和建议。（李弘毅）

监督协商

【"有事好商量"议事室全覆盖】 2021年，新吴区政协建立完善"有事好商量"议事室111个，形成街道、村(社区)全覆盖，成为政协联系服务群众的重要支点。全年围绕各类议题开展协商议事活动200多场，在"3232"电视平台发布协商公告、协商邀请、协商成果等信息1200多条，推动形成线上线下双向融合的协商格局。（李弘毅）

【开展"民生专题协商议事月"活动】 2021年，新吴区政协深入开展"民生专题协商议事月"活动，紧扣涉及群众切身利益的实际问题和基层关注的热点、焦点问题展开协商，助推了农贸市场和社区卫生服务中心改造、小区停车难、老旧小区通信线路改造等一批民生难题的解决。（李弘毅）

【"长三角旅游市场和服务一体化推进落实情况"联动民主监督】 2021年，新吴区政协积极贯彻落实《长三角地区2021年开展"长三角旅游市场和服务一体化推进落实情况"联动民主监督(江苏)工作方案》，根据省、市(县)、区政协三级联动方案要求，由新吴区政协学习文史委和文教卫体委联合开展民主监督活动，重点对辖区内文化旅游推进情况开展民主监督，深入了解本地实际情况，积极监督助推工作落实。（李弘毅）

委员工作

【提升委员履职能力】 2021年，新吴区政协按照"懂政协、会协商、善议政，守纪律、讲规矩、重品行"的要求，持续加强委员学习培训，开展2次履职能力提升培训班，实现政协委员全员轮训，引导组织委员广泛学习各方面知识，准确把握政协履职方式方法，不断提升政治把握能力、调查研究能力、联系群众能力、合作共事能力。出台《关于进一步发挥政协委员主体作用的意见》，推动政协委员履职提质增效，发挥政协委员在本职工作中的带头作用、在政协工作中的主体作用、在界别群众中的代表作用。（李弘毅）

【助力疫情防控工作】 2021年，新吴区政协委员和政协机关干部直接参与抗疫一线志愿服务，发起支援抗疫一线倡议，募集捐款220多万元。收集、及时反映界别群众意见和建议形成社情民意，助推社区依法防控、抗疫物资保障、"城中村"防疫、居家隔离人员心理疏导等群众身边问题的解决。广泛走访企业，全面了解企业复工复产存在的困难和需求，协调职能部门解决企业复工所需防疫物资缺口，为做好"六稳"工作、落实"六保"任务提供助力。（李弘毅）

综　述

【概况】 2021 年，新吴区各级纪检监察组织忠实履行党章和宪法赋予的职责，始终坚持高质量发展主题、主线，坚定不移服务中心大局，持续深入正风肃纪反腐，积极发挥监督保障执行、促进完善发展作用，为“强富美高”新吴区现代化建设提供了坚强政治保障。被评为 2021 年度“全市服务高质量发展先进集体”、综合考核第一等次、高质量发展综合考核优秀单位等，14 人受到区委表彰，3 人记三等功，第五审查调查室被评为“全省纪检监察系统先进集体”。（叶红英）

【执纪审查】 2021 年，新吴区纪委、监委严肃查处违纪违法案件，处置问题线索 313 件，立案 183 件，给予党纪政务处分 140 人，采取留置措施 8 人，移送司法机关 8 人。先后查处了硕放供销合作社原法定代表人王某某、吴博园公司原工作人员夏某、无锡苏南国际机场集团经营管理有限公司原总经理助理王某等。聚焦民生投入、安监环保、工程建设等重点领域案件查处情况，加强案件剖析力度，做实做细查办案件“后半篇文章”，制发纪检监察建议 27 份，对建议落实情况开展专项评估，督促相关单位健全机制、制度 164 项，强化对权力运行的监督制约，筑牢拒腐防变的制度堤坝。拍摄《一念之“误”》警示教育片，召开全区警示教育大会，各级领导干部同上“一堂课”、共敲“警示钟”。深化“5·10”思廉月系列活动，推动“一把手”上廉政党课全覆盖，深化“新风清语”廉洁品牌建设，通过推荐《江苏历代贤吏为官之道》等廉洁读本、制发廉洁文创产品、制作廉洁微视频等方式，引导广大党员干部变“要我廉”为“我要廉”。（叶红英）

【“四风”查纠】 2021 年，新吴区纪委、监委组织作风建设突出问题专项治理，查处违反中央八项规定精神问题 52 个，党纪政务处分 56 人。其中，查处形式主义、官僚主义问题 16 起，涉及 23 人；查处享乐主义、奢靡之风 36 起，涉及 49 人。开展违规配备公车问题自查自纠，严防“车轮上的腐败”，相关经验做法在省纪委内网上刊发；严明“不得收受礼品礼金”纪律要求，开展元旦、春节等节庆期间作风建设监督检查，查处收受礼金、礼品问题 10 人，通报曝光典型案例 2 人。（叶红英）

【群众身边腐败和作风问题整治】 2021 年，新吴区纪委、监委深入开展农贸市场转供电专项治理。针对“疫情期间国家降低一般工商业用电电价 5% 的政策不落实反而加价收费”问题，组织对全区 14 个农贸市场开展全面清查，立案查处 6 件，追回加价多收电费 190 余万元，涉及商户 1884 户，推动“六稳”“六保”政策落地落实。持续深化民生专项资金清理整治，全面清查 2013 年以来 69 项共 4.2 亿元民生专项资金，运用大数据在线比对分析，排查发现问题 143 个，涉及补助对象 1250 人次，立案 25 件，追回应发放给困难群众的补助补贴款 180 余万元。扎实推进公共停车收费管理专项整治，重拳纠治背后的腐败和作风问题，立案 5 件，诫勉、提醒谈话 13 人，约谈相关责任单位 13 个。推动升级全区统一的“新吴智慧停车”管理平台，实现停车引导、收费服务、动态监测“一网统管”。深化村级集体资金违规出借和资产出租问题专项清理整治，查处违纪违法问题 24 起，涉及 26 人，推动职能部门出台《关于进一步完善农村集体“三资”管理的意见》《关于加强村级集体存量资金规范管理的指导意见》等制度，进一步规范集体资金管理。（叶红英）

【干部队伍建设】 2021 年，新吴区纪委、监委实施“立根铸魂”工程。健全常委会集体学习制度，把党的创新理论转化为纪律检查工作的思路和举措。高标准开展党史学习教育、“两在两同”建新功、“三强三促”开新局、“三进三解”、“我为群众办实事”等实践活动。发挥党建引领作用，顺利完成全区基层党总支、党支部换届选举工作，推动党建与业务工作深度融合。实施“强基固本”工程，积极参与省、市纪委、监委组织的业务培训，组织开展业务讲坛、读书分享会、集中研讨会等活动，强化纪法意识、纪法思维、纪法素养。抽调57人次参与上级审查调查、专项督查和巡察工作，组织13名基层纪检干部到区纪委监委轮岗锻炼，成立8个“一对一”传帮带小组，全面优化队伍的知识结构、专业结构、能力结构。实施“明规立矩”工程，开展自身建设内部督查和执纪执法权力风险评估，完善规范权力运行的内控机制。刚性落实“八严禁”要求，严格落实纪检干部廉政档案和个人事项申报制度，深入开展家访、走访、随访活动。（叶红英）

【廉政文化宣传教育月】 5月8日，新吴区纪委、监委在新吴区梅村街道二胡文化园组织开展第八届“新风清语”廉政文化宣传教育主题月启动活动暨梅村街道泰伯尚德倡廉教育基地展示馆揭牌仪式。无锡高新区党工委委员、纪工委书记，新吴区委常委、纪委书记、监委主任焦夕莲出席并讲话。此次活动是新吴区连续第八年举办“新风清语”廉政文化宣传教育主题月活动，以“庆百年华诞，颂廉洁初心”为主题，结合中国共产党成立100周年，组织开展一次建党100周年主题宣传教育、开展一次在线答题活动、召开一场警示教育大会、组织一堂廉政教育专题党课、组织一次廉政警示教育参观、开展一次廉洁家风建设活动、开展一次优秀共产党员学习宣传“七个一”活动，营造学廉、思廉、颂廉的良好氛围，掀起新的廉政文化教育热潮。（叶红英）

重要会议

【中共无锡市新吴区第二届纪律检查委员会第一次全体会议】 7月28日，中共无锡市新吴区第二届纪律检查委员会第一次全体会议召开。会上，罗功新当选为新吴区委第二届纪律检查委员会书记，殷璐、沈健当选为副书记，王佳、周辰、殷翔、钱振宇当选为常委。罗功新代表新一届区纪委领导班子讲话。

会议指出，新吴区第二次党代会确定了全区今后五年经济社会发展的指导思想、奋斗目标和主要任务，对全区党风廉政建设和反腐败工作提出了新的更高要求。立足新起点，担当新使命，深感责任重大、使命光荣，一定不负众望，不辱使命，恪尽职守，凝心聚力，开拓创新，砥砺前行，全力做好本届纪委各项工作，以党风廉政建设和反腐败工作的新成效回应全区党员干部和人民群众的殷切期盼。未来五年全区发展的蓝图已经绘就，做好新时代纪律检查工作的号角已经吹响，目标催人奋进、任务光荣艰巨。要提高政治站位，强化宗旨意识、使命担当、同频共振和自身建设，在市纪委、监委和区委的坚强领导下，团结带领全区广大纪检监察干部，不忘初心、不负时代，守正创新、真抓实干，为推动新吴区“十四五”规划顺利实施、勇当全市高质量发展“全能冠军”提供坚强纪律保障。（叶红英）

【新吴区领导干部警示教育大会】 12月29日，新吴区召开全区领导干部警示教育大会，用身边事教育身边人，从典型案例中汲取教训，教育引导广大党员干部强化思想警醒，增强行动自觉，严规矩、正风气、净生态、聚人心，进一步强化走好新“赶考”之路的政治责任，进一步涵养奋进新征程的风清气正政治生态，进一步激发担当新使命的干事创业的精气神。市委常委、常务副市长、无锡高新区党工委书记、新吴区委书记蒋敏出席会议并讲话。无锡高新区管委会主任、新吴区区长崔荣国主持会议。区四套班子领导，区法院、区检察院、区委巡察办及巡察组、区各部委办局、区各直属企事业单位、市有关单位驻区条线机构主要负责人，空港经开区、各街道党政主要负责人和纪工委书记参加了会议。（叶红英）

监督执纪

【破解难题】 2021年，新吴区纪委、监委坚持把监督挺在前面、融入治理，做实专责监督、贯通各类监督，整体提升监督效能。精准开展日常监督，综合运用谈心谈话、调研督导、列席民主生活会等方式，加强对“一把手”和领导班子的监督，推动正确用权、规范用权。坚持挺纪在前，运用“四种形态”批评教育帮助和处理党员干部360人次，其中第一、二种形态占91.3%，做到纪法约束有硬度、组织关怀有“温度”。深化派驻“嵌入式”监督，扎实开展“五个集中”机关廉政教育主题活动，开展谈心谈话、廉政约谈167人次，受理问题线索54件，立案审查调查38件。强化协同联动机制，探索实践“室组地”三方联动模式，对具有行业性、区域性、专业性特点的问题线索，由相关“室”牵头抓总，“组”充实力量，“地”攻坚突破，建立健全“内设科室+5个派驻纪检监察组+6个街道纪工委”协同联动机制，有效缓解实践中存在的监督检查触角不深、派驻纪检监察组力量不足等问题，相关经验方法的报道被省纪委专刊录用。推动基层监督落地，提升派出监察员办公室监督质效，共处置问题线索133件，立案83人，有效破解基层力量薄弱等难题。开展派出监察员办公室与村务监督委员会协

同监督，打通基层监察监督“最后一千米”，市纪委主要领导对此多次调研，给予充分肯定。（叶红英）

【督查预警】 2021年，新吴区纪委、监委推动落实常态化疫情防控，聚焦疫苗接种、重点场所防控、重点人员管理等方面，深入一线开展监督检查256次，发现并督促整改问题132个，对落实疫情防控不力的4名党员干部严肃追责并予以公开通报。开展安全生产专项整治，严格季度督查、半年考核，开展明察暗访38次，督促立知立改问题51个，推动了突出问题的解决、安全责任的落实和本质安全的提升。督促推动文明城市建设整改提升，开展明察暗访27次，发现并督促整改问题155个。严格开展换届风气监督，严把政治关、廉洁关，审慎、高效做好党风廉政意见回复，累计回复82批2866次，对4人提出暂缓提拔意见，对2人提出否定性意见。落实“三个区分开来”要求，实施容错备案8项，容错免责1人，严肃查处诬告陷害行为2起，及时澄清正名、消除影响，营造干事创业良好氛围。（叶红英）

中国国民党革命委员会新吴区基层委员会

【概况】 2021 年,中国国民党革命委员会新吴区基层委员会(以下简称民革新吴区基层委员会)下设 4 个支部。党员 58 人,具有中高级以上职称 36 人,硕士以上学历 6 人,市人大代表 1 人,市政协委员 2 人,区政协委员 10 人。 (王 聪)

【参政议政】 2021 年,民革新吴区基层委员会切实开展参政议政,组织撰写约稿分别为《太湖湾科创带东大门战略发展》(中关村何筱敏)、《太湖湾科创带民营企业良性发展》(北邮国昊杨承萱)、《高新区集成电路产业人才发展》(科技职业学院周闰芳)、《新吴区航空物流产业发展》(深航孙滟)、《高新区工业用地提升建议》(区规划局陈伟)、《新吴区矛盾纠纷化解突破思路》(区司法局刘文晓)、《刑事辩护护航新吴民企》(瑞莱律师戴瑞兵)等,年内完成 4 篇。刘文晓、陈伟等报送了《关于当下平台用工劳动者权益保障的问题及建议》《对大运河无锡段的规划管控的建议》等总计 22 个提案,陆浩昱提交的《关于加强对快递、外卖行业交通安全教育和监管的建议》被评为 2021 年度无锡市人民建议专题征集三等奖。俞知明提交了《关于提升社区养老工作的几点建议》,并与区卫健局进行商讨。撰写的关于"法治乡村建设提升"的提案上报省里,省级层面专门进行了督办。牛文冉被民革江苏省委评为年度反映社情民意信息工作的先进个人,黄展宏被评为年度组统工作先进个人。 (王 聪)

【组织建设】 2021 年,民革新吴区基层委员会组织党员参加民革市委会、区委统战部举办的各类学习培训,总计 30 余人次。推进示范支部建设,其中二支部获省级示范支部。一支部与中关村创新园签署共建协议,并成立"中山博爱之家",展示新时代中国特色社会主义参政党的综合形象与素质,被评为省优秀"中山博爱之家";四支部与梅村街道梅荆一社区签订合作共建协议。 (王 聪)

【社会服务】 2021 年,民革新吴区基层委员会在梅荆一社区举办"中山博爱讲堂"社区讲堂活动,邀请了市教科院教授讲述梅村文化历史,党员李风律师讲解《民法典》重点章节,工艺美术大师、党员周永清为旺庄街道党员干部及社区百姓做无锡非遗文化讲座。党员戴瑞兵为新吴公安分局警民做刑事专题讲座。市政法系统教育整顿英模代表、党员刘文晓到全区各个街道做讲座,讲解《民法典》、人民调解能力提升等。二、三支部党员联合深航无锡公司空乘人员在泰伯二社区广场举行"航空知识飞进社区家"特色服务活动。民革新吴区基层委员会与梅村街道、市台协共同举办了"千名台青看无锡"梅村行活动,80 名台湾同胞投资企业协会青年委员会会员参观了二胡产业园、泰伯庙等。在抗击疫情中,民革新吴区基层委员会在开展对本辖区的社区防疫的慰问活动的同时,还赠送结对的沈阳浑南区(高新区)民革总支医用口罩 1000 只。梅村社区卫生中心内科主任、党员汪洋主动请缨在梅村隔离点酒店工作。三支部主任委员、深航无锡地勤部副经理孙滟自禄口机场疫情发生后,一直在一线工作。梅荆一社区宣统干事、党员吴婷长期奋战在基层一线。党员叶晶晶通过其担任法人的寻真文化基金发起对河南灾区的捐款捐物。主任委员唐鹏积极响应区委、区政府号召,第一时间申请加入志愿者行列,第一批前往叙丰里社区开展全员核酸检测前期工作。 (王 聪)

中国民主同盟新吴区基层委员会

【概况】 2021 年,中国民主同盟新吴区基层委员会

(以下简称民盟新吴区基层委员会)下设6个支部:无锡科技职业学院支部、第三高级中学支部、太科园支部、梁鸿支部、新安支部、景云支部。盟员114人。其中,市人大代表1人,市政协委员1人,区人大代表1人,区政协委员15人。（王　聪）

【参政议政】 2021年,民盟新吴区基层委员会两篇调研报告《无锡新吴区文旅融合发展的路径与策略研究》《无锡市新吴区数字乡村发展调研报告》分别获区政协优秀调研成果一、三等奖。市第十六届人大代表李华撰写的《无锡职业教育服务无锡太湖科创带建设的对策研究》获得无锡市人大十佳调研报告;市第十六届人大代表余敏和市政协委员耿峰撰写的《关于盘活我市烂尾商业综合体的建议》《关于加强教师心理健康建设、提高教师队伍素质的建议》获充分关注。年内,上报社情民意52篇,内容涉及科技创新、公共卫生、民生教育、城市管理等方面。其中,10篇被市政协、市委统战部采用,10篇被民盟省委采用,1篇被省委统战部、省政协采用,1篇被全国政协、中央统战部采用。（王　聪）

【组织建设】 2021年,民盟新吴区基层委员会新发展5名盟员,盟员数量达114人。强化质量意识,坚持从民主党派发挥参政党职能需要出发,着眼于后备干部队伍的建设,发展高素质、高层次的盟员。在全市民盟基层组织中,新吴区基层委员会的盟员具有平均年龄轻、学历层次高、管理层级较强的优势。

（王　聪）

【社会服务】 2021年,民盟新吴区基层委员会通过举办"党建同心、助残同行"系列活动启动仪式,号召广大盟员为残障人士奉献爱心,并将爱心不断传承,形成长效机制,组织参会嘉宾开展爱心认购残疾人亲手制作的产品,消费助残,通过义卖为残疾人募集资金1万余元;联合区委统战部举办"盟动心灵同心助残"文艺汇演,为残疾人送去慰问;以"盟动心灵"关爱残疾人活动为载体,精准发力,带动多个爱心团队联盟的上百名志愿者联合参与,对口帮扶陕西省宜川县开展盟动助残活动,向宜川县残联捐赠轮椅32辆;通过开展主题为"让爱来、让碍走"的关爱自闭症儿童公益活动,向自闭症孩子赠送红色绘本,与孩子们一起阅读红色经典。年内,开展16次助残帮扶活动。盟员顾培明荣获民盟江苏省委2020—2021年社会服务先进个人称号。（王　聪）

中国民主建国会新吴区基层委员会

【概况】 2021年,中国民主建国会新吴区基层委员会(以下简称民建新吴区基层委员会)下设4个支部,会员91名。其中,省政协委员1名,市人大代表3名,市政协委员3名,区政协委员9名;本科及以上学历人员占75%,平均年龄45岁。（王　聪）

【参政议政】 2021年,民建新吴区基层委员会有20篇社情民意被采用,其中3篇被民建中央录用,半数以上被民建省委、省委统战部等采用。市、区两会上,民建新吴区基层委员会提交各类提案、议案16篇,12篇信息被各类媒体录用。（王　聪）

【组织建设】 2021年3月,民建新吴区基层委员会召开会员大会,经过民主选举,产生新一届领导班子,协商产生下属4个支部班子组成人员,严格按照组织章程,发展新会员7名。民建新吴区基层委员会在民建无锡市委组织的"重温红色记忆,传颂时代精神"朗诵会中获二等奖,一支部申报的邻里节公益项目获民建江苏省委社会服务品牌创新奖,一支部同时被评为民建无锡市委先进基层组织。四支部在民建无锡市委年度工作目标考核中被评为示范支部,三支部被评为优秀支部。1名会员被评为民建中央参与脱贫攻坚先进个人,1名会员被评为民建江苏省委参政议政先进个人,1名会员被评为市抗击新冠疫情先进个人。1名会员被评为民建无锡市委优秀会员,3名会员被评为新吴区统战部先进个人。（王　聪）

【社会服务】 2021年,会员唐逸获民建中央参与脱贫攻坚先进个人称号;会员谢磊在郑州水灾之际,向郑州红十字会捐款10万元;在与新吴区结对的青海省互助县"村企结对,消费帮扶"活动中,会员白林森捐款3万元。与奕淳社区举办的"美好生活邻里相伴"公益市集活动暨邻里节获得2021年度民建江苏省委社会服务创新品牌项目。与硕放街道"残疾人之家"结对帮扶开展低碳宣传、慈善义卖等活动。组织10多名会员参加新冠肺炎疫情防控志愿者工作。联合SK海力士、乐助社工走进江溪街道,开展爱心公益活动,助力全国文明城市创建。（王　聪）

中国民主促进会新吴区基层委员会

【概况】 2021年,中国民主促进会新吴区基层委员会(以下简称民进新吴区基层委员会)下设5个支部。会员81人。其中,市人大代表2名,区人大代表4名,区政协委员11名。（王　聪）

【参政议政】 2021年,民进新吴区基层委员会会员撰写报送社情民意60篇。其中,30条被民进市委录用,28条被民进省委录用,2条被民进中央录用。调研报告《优化营商环境,打造国际级集成电路产业集群》被列为区政协大会发言报告。提交的2个政协提案入选大会区领导督办重要提案,占40%。其中,关于《充分发挥无锡港国家二类口岸功能的建议》提案成为政协优秀提案,《打造新吴区都市特色农业,助力太湖湾科创城建设》调研报告获区政协调研报告三等奖。 （王 聪）

【组织建设】 2021年,民进新吴区基层委员会积极开展新会员发展工作,以主界别为重点对象,同时关注区内新阶层、非公经济人员和优秀青年人才,经过认真考察,严把进入关。发展了4位中青年人才入会,为组织增强了中坚力量。 （王 聪）

【社会服务】 2021年,民进新吴区基层委员会依托"同心实践基地",自2013年开始连续8年在新吴区旺庄街道敬老院开展以"送亲情,送温暖,送欢乐"为主题的"三送"活动。继续依托"新吴民进同心教育服务团",开展社区暑期支教"清风行动"和区内学校送教交流活动,在形式传承的同时加强内容创新。年内,"清风行动"以"走进702所中国船舶科学研究中心"为主题,活动报道被《团结报》转载。"智慧课堂、助力成长"送教活动走进旺庄实验小学开展"财商"教育和"区块链概念普及"送教课程,得到学校老师和学生的高度认可,活动报道被《团结报》转载。开展系列社会服务活动,其中包括连续两年开展的爱心梨树认养捐赠活动,被《团结报》刊载。组织全体会员为疫情和扶贫捐款活动,其中企业家会员陈琪捐款共计超过30万元,被评为2021年民进中央扶贫攻坚先进个人。 （王 聪）

中国农工民主党新吴区基层委员会

【概况】 2021年,中国农工民主党新吴区基层委员会(以下简称农工党新吴区基层委员会)下设4个支部。党员71人。其中,博士2名,硕士20名,本科41名,本科及以上学历人员占近90%;女性党员32名,占45%。其中,市人大代表和政协委员4名,区人大代表和政协委员15名。 （王 聪）

【参政议政】 2021年,农工党新吴区基层委员会注重强基固本,不断提升参政议政能力和水平。江玉萍撰写的《新形势下关于大统战聚力"小乡村"的思考》获无锡市统战征文一等奖。孟玉琼提出的《关于加快新吴区文体设施建设的建议》被列为重点提案,被列为区政协和农工党新吴区基层委员会的联合专项调研课题。聚焦太湖湾科创城建设"头号工程",利用主界别优势,深入调研,积极献计,撰写的《医疗器械行业发展的建议》获区主要领导的肯定。广大党员聚焦民生福祉积极作为,认真履行参政议政职能,提交社情民意32篇。王慧村撰写的《仿冒银行"权行普惠"闪现多地吞噬巨额资金亟待加强监管》被农工党中央信息专报采用,《"缺芯潮"三方面制约高端医疗器械行业发展需破解》被省政协采用,莫若理撰写的《建议以"医疗数字化"加强公共卫生体系建设》、杨骏宇撰写的《建议打通高端生物医药材料供应链有效解决生物医药产业发展堵点》、王鹏撰写的《建议我省关爱"减化"过程中失业人群再就业问题》等十余篇信息,均被农工党江苏省委采用。数篇文章被农工党无锡市委采用。杨骏宇、王慧村被评为农工党江苏省委年度参政议政先进个人。 （王 聪）

【组织建设】 2021年,农工党新吴区基层委员会新发展4名党员。进一步健全议事规则和决策程序,邀请优秀党员参加基层委员会主任扩大会议,推进议事决策的科学化。推荐骨干党员参加各类区级、市级的培训进修班,强化在经济形势、产业发展、参政议政能力等方面的培训,提高理论水平和业务能力。 （王 聪）

【抗疫赈灾】 2021年,农工党作为以医药卫生为主界别的参政党,农工党新吴区基层委员会广大党员把合作初心镌刻在抗疫战场上,挺身而出,奋战在疫苗接种的第一线。经济综合二支部主委邵金华为新安二社区捐献医疗设备、进行健康宣讲、开展爱心义诊活动;医卫综合支部主委包小燕为苏南硕放机场高速卡口捐赠口罩、手套等物资并积极参与河南赈灾;党员莫若理向郑州大学第一附属医院等捐赠设备,总价值100余万元;陈伟等经联会成员积极捐款2.7万元用于购买物资捐助河南同胞;党员简婷婷捐赠50万元救济物资运往河南灾区。曹敏、吴春泽、周玲玲等在抗疫中被评为先进个人,陈伟被评为江苏省经济界联谊会先进个人。 （王 聪）

【社会服务】 农工党新吴区基层委员会开展各类社会服务,阳光助学、绿色植树、环保共建、社区服务、医疗帮扶等服务活动坚持数年之久,解决相关群众的实际困难,社会影响日益提升。持续13年打造"阳光助学"品牌,定期慰问、资助贫困学子,帮助品学兼优和家庭经济困难的学子完成学业、健康成长;持续12年举办大型义务植树活动,邀请自闭症儿童参与亲子植树活动,棵棵树苗、岁岁年轮、一城风景,12年用心聚成林;持续参与"大手拉小手"企业环保共建项目,作为第三方对项目进行长期社会监督,积极关注项目成效,为守卫新吴绿水青山贡献智慧和力量。结对硕放街道香楠佳苑社区,共建"同心实践基地",被评为年度统一战线"同心博爱"社会服务活动优秀奖。在社区开展"糖尿病防治误区健康讲座""中医养生讲堂""消防安全·益童成长公益""心肺复苏培训课""护脊柱·养健康"等公益活动,与社区党员共同成立"健康志愿团",共同开展"同心惠民生——安全守护救在危急"系列活动。依托界别优势,在社区

开展弱势群体免费体检、中医理疗等活动。（王　聪）

中国致公党新吴区基层委员会

【概况】 2021年，中国致公党新吴区基层委员会（以下简称致公党新吴区基层委员会）下设6个支部。党员118人，党员中有侨海关系的占70%，具有本科及以上学历的人员占92%。其中，省人大代表1人，区人大代表3人，市政协委员4人，区政协委员16人。

（王　聪）

【参政议政】 2021年，致公党新吴区基层委员会按照调查研究工作方案，6个支部均确立调研课题，做到"一支部一调研"。先后开展"乡村振兴和乡村旅游发展情况""太湖湾科创城""碳达峰、碳中和发展情况"等多项调研活动，配合全国人大代表开展"规范劳务外包专题"及"企业用工及劳务市场情况"调研，逐步形成跨领域、多视角、有价值的议政成果。年内，在省、市、区两会期间，提交建议及提案27份，其中，提交省人大建议4份、市政协提案5份、区政协提案18份。《关于老旧小区住宅加装电梯的建议》被评为优秀提案，《新吴区老旧小区改造调研报告》被评为优秀调研成果，调研课题"加强大数据技（BI）应用推动制造业转型升级"被全国政协、省政协采用。

（王　聪）

【组织建设】 2021年，致公党新吴区基层委员会新发展6名党员。6月，完成党派换届选举，产生新一届领导班子。通过座谈交流、走访调研、会议研讨等方式，建立并完善各项组织工作制度。以制度为导向，对原有支部人员进行合理优化调整。推荐党员参加中共江苏省委、无锡市委、新吴区委统战部举办的党外干部培训班8人次。（王　聪）

【社会服务】 2021年，致公党新吴区基层委员会响应"同心向党、砥砺奋进"全市统一战线社会服务月活动号召，组织党员开展登山低碳环保服务活动，连续4年前往新吴区儿童康复中心探望自闭症儿童。走进硕放城管中队、新吴城管大队、硕放社区服务中心、鸿山街道及新吴消防大队，为奋战在一线的工作人员送去医护用品及慰问物资。教师节期间，组织医护工作者20余人及教师60余人观影。初秋，为新吴区新瑞医院一线医护工作者、爱满园康复中心患有自闭症的孩子们送去"爱心梨园"认领的丰收黄金梨。长期与叙康里社区结对帮扶，10月"敬老月"期间，联合SK海力士、乐助社工走进叙康里社区，开展"金秋十月，情暖夕阳"主题活动，向高龄老人送去慰问与关怀，并提供健康咨询、义务理发、理财安全、环保挑战等志愿服务。12月，组织党员走进消防大队开展"迎新年、包饺子、送温暖"活动，为消防官兵们送去节日的问候。二支部向扬州市江都区红十字会捐款3万元，用于疫情防控。党员黄焕斌主动向柬埔寨、新吴区等地捐款捐物，总价值逾230万元，被致公党江苏省委授予"抗击新冠肺炎疫情先进个人"荣誉称号。党员杨朝辉向青海省玉树市曲麻莱县教育局捐款30万元购买光伏照明设备，为高寒地区儿童解决照明和取暖困难。党员颜厥枝向无锡市光彩事业促进会捐款5万元。致公党新吴区基层委员会被致公党江苏省委授予"抗击新冠肺炎疫情先进集体""脱贫攻坚先进集体"称号，被致公党无锡市委授予"抗疫先进集体"称号。

（王　聪）

九三学社新吴区基层委员会

【概况】 2021年，九三学社新吴区基层委员会下设3个支部。社员74人，其中高级职称13名，硕士18人，市人大代表1名，区政协委员8名。（王　聪）

【参政议政】 2021年，九三学社新吴区基层委员会提交社情民意信息27篇；完成了《"一村一品"为无锡乡村特色文化产业振兴赋能》《无锡市跨街道文旅共同体构建范本研究》《无锡鸿山街道工业集聚区提质增效的困境及化解对策研究》《加快城市更新建设美丽无锡的研究》《打造太湖湾科创带新吴板块人才内核》《无锡高新区科技创新载体高质量发展报告》《新发展阶段海归留学人才统战工作质量发展策略建议》7篇专题协商调研报告；完成政协提案8件、人大建议1件。其中，《打造太湖湾科创带新吴板块人才内核》《无锡高新区科技创新载体高质量发展报告》《推进科技要素市场化配置改革，提升太湖湾科技新城驱动力》分别获区政协课题调研成果三等奖、二等奖和一等奖。《新发展阶段海归留学人才统战工作质量发展策略建议》获市委统战部征文优秀奖。（王　聪）

【组织建设】 2021年，九三学社新吴区基层委员会新发展社员5名，其中企业家2名、硕士3人。组织关系新转入社员4人。5名社员职务得到晋升或调整。

（王　聪）

【社会服务】 2021年，九三学社新吴区基层委员会举办中国共产党成立100周年主题教育活动，组织社区党员和群众听取主题党课、参观江抗新四军纪念馆，60多人参与。组织社区青少年参观物联网产业示范基地，体验智慧课堂。联合区红十字会专业人员开展"救"在身边——日常急救知识讲座。开展"情系党湾，筑梦远航"爱心助学活动，对接陕西省延安市宜川县党湾小学开展捐资助学公益活动。（王　聪）

无党派知识分子联谊会新吴区分会

【概况】 2021年,无党派知识分子联谊会新吴区分会有会员34名。 （王 聪）

【参政议政】 2021年,无党派知识分子联谊会新吴区分会紧扣氢燃料主题,发挥该会联系广大外资企业优势,确定年度调研课题,抽调精干人员扎实开展调研。专题调研组与外资企业互动交流,有的放矢开展深入细致的调研,完成《关于“双碳”目标下加快构筑新吴区优势独具的氢燃料汽车产业体系的对策研究》调研报告,在区两会上报告发言,并获新吴区政协2021年度优秀调研成果一等奖。 （王 聪）

【组织建设】 2021年,无党派知识分子联谊会新吴区分会高度重视组织发展和队伍建设,重点吸纳、发展一批政治觉悟高、专业技术好,在一定领域内有较大影响力的无党派人士加入联谊会,不断优化会员队伍年龄结构和知识结构,充实新吴区无党派代表人士队伍,年内发展15位新会员。 （王 聪）

【社会服务】 2021年,无党派知识分子联谊会新吴区分会依托“知联碧水”社会公益品牌的社会影响力,会同荣誉理事单位——无锡康明斯涡轮增压技术有限公司,积极组织开展环保、节能等系列公益活动,充分激发会员在环境治理方面的关注与热情,进一步宣扬“知联碧水”品牌价值理念,增强该会社会公益组织实践基地的影响力和凝聚力。 （王 聪）

新吴区工商业联合会

【概况】 2021年,新吴区工商业联合会(以下简称新吴区工商联)认真落实市工商联和新吴区委要求,坚持对标对表、聚力非公需求、狠抓制度落实,工作有序推进。会员稳步发展到1200多名。全年上报党政信息、统战信息录用6篇;在市级以上报纸杂志刊登稿件4篇;被全国工商联、省工商联社情民意录用2篇,微信公众号录用信息18篇,推送省工商联网站录用稿件36篇。区工商联被评为全国“五好”县级工商联。 （沈 琦）

【执委大会】 10月9日,新吴区工商联第一届六次执委会暨换届动员大会在东方美术馆召开。无锡高新区党工委委员,新吴区委常委、统战部部长李伟敏出席会议并讲话。新吴区人大副主任、区工商联主席黄家传,区委统战部副部长、区工商联党组书记沈琦出席会议。新吴区工商联全体党组成员、区工商联第一届执委会成员百余名代表参加会议。会议由黄家传主持。会上,学习了中国共产党无锡市第十四次代表大会报告精神,审议通过了新吴区工商联2020年度工作报告暨2021年工作要点、2020年新吴区工商联财务报告,并就区工商联换届工作进行专题部署动员。 （沈 琦）

10月9日,新吴区工商联第一届六次执委会暨换届动员大会在东方美术馆召开 （区工商联 供图）

7月9日,无锡高新区(新吴区)企业家核心领导力高层次研修班(第四期)在武汉大学举行 （区工商联 供图）

2021年无锡高新区(新吴区)工商联春季徒步活动参加人员合影 （区工商联 供图）

【助推非公企业发展】 2021年,新吴区工商联以会员需求为牵引,聚焦企业发展的“痛点”和“堵点”,主动服务,积极协调,全力打造“家+”模式,打造“亲清”营商环境,助力企业健康发展。精心组织企业家培训,7月9日,在武汉大学举办无锡高新区(新吴区)企业家核心领导力高层次研修班(第四期),全区重点民营企业主要负责人和来自无锡高新区结对友好单位青海省互助县、陕西省宜川县的企业代表参加学习培训。实行“警企联协”,助力安全发展。区工商联

4月29日新吴区工商联组织基层商协会负责人赴南通举行2021年度业务培训暨工作推进会

（区工商联　供图）

12月17日，太科园商会举行成立启动仪式

（区工商联　供图）

与新吴公安分局联合召开警企联系协作联席会议，密切警企联系协作，更好提升服务企业的能力和水平，为企业正常生产经营和转型升级提供更加良好的法治环境。举行“民企心向党、再铸新辉煌，庆祝建党100周年”主题徒步活动，新吴区部分企业高管及银行负责人等100多人参与。（沈　琦）

【对口帮扶工作】 2021年，新吴区区工商联认真落实陕西省宜川县、青海省互助县对口扶贫计划，推进企业精准对接项目。河南郑州遭遇百年罕见特大水灾，区工商联第一时间发出倡议，号召所属会员企业及社会各界捐钱捐物，为河南籍在无锡务工人员和学生提供应有的帮助；推进“关爱·圆梦”工程，优先安排河南籍在无锡学生到爱心企业开展勤工俭学，展示锡商企业家的良好形象。（沈　琦）

【组织建设】 2021年，新吴区在全市率先实现基层商协会党组织全覆盖。4月，区工商联加强所属商会党建工作，探索完善工商联党组织领导和管理所属商会党建工作的有效机制。探索在工商联所属商会党组织中建立统战工作联络员制度，积极培育和发展工商联所属商会，使商会组织覆盖民营经济各个行业和领域。区工商联按照中共中央及省委、市委、区委关于加强社会组织党建工作部署和党章规定，结合实际，推动党建工作与商协会工作深度融合、互促互进，充分发挥商会党组织在推动发展、凝聚人心、促进和谐中的突出作用。截至年底，区工商联所属5个街道商会、1个行业协会、2个异地商会全部成立党组织，在全市率先实现基层商协会党组织全覆盖。（沈　琦）

【理想信念教育】 5月14日，新吴区工商联党支部、梅村街道商会党支部举行“三联系五指导”党建微联盟共建启动仪式暨主题党日活动，旨在拓展商会党建新模式，融合工商联党组织党建资源，增进互动交流，共创“微联盟、小平台、大党建”商会党建工作新格局。（沈　琦）

【履行社会责任】 7月，区委统战部、新吴区工商联号召广大民营企业与基层商会积极行动，用大爱善举为河南加油，与受灾群众风雨同舟、共渡难关。无锡祥生医疗科技股份有限公司向郑州大学第一附属医院捐赠掌上超声SonoEye系列3套，向阜外华中心血管病医院捐赠高端笔记本彩超SonoBook9一套，设备总价值100余万元；无锡中达电机股份有限公司心系河南，“绵薄之力，共盼安好”，通过无锡市红十字会向河南捐赠20万元，用于物资采购及灾后重建工作；无锡一米网络科技有限公司迅速响应驰援号召，捐赠备灾救助资金10万元。先导智能向无锡市新吴区红十字会转入爱心款41316元。祥生医疗、中达电机等企业积极行动，奉献爱心。（沈　琦）

【基层商会建设】 4月29日，新吴区工商联组织基层商协会负责人赴南通市举行2021年度业务培训暨工作推进会，并举办培训班。区人大常委会副主任、工商联主席黄家传带队参加活动。培训班在南通市委党校张謇企业家学院举行，由区委统战部副部长、工商联党组书记沈琦主持。学员们重温习近平总书记在企业家座谈会和在江苏考察的重要讲话精神，并就如何发挥基层商协会宣传引领作用，激发企业家弘扬张謇精神、增强家国情怀、践行新发展理念，结合实际展开讨论，就如何更好地开展基层商会的宣传工作，形成高新区品牌进行交流。（沈　琦）

【太科园商会】 12月17日，太科园商会举行成立启动仪式。无锡高新区党工委委员，新吴区委常委、组织部部长韩杨；无锡高新区党工委委员，新吴区委常委、统战部部长李伟敏；新吴区人大常委会副主任、区工商联主席黄家传；无锡高新区管委会副主任、新吴区副区长、无锡太湖国际科技园管理办公室主任朱晓红；区委统战部、区行政审批局负责人；区委组织部分管领导；区委统战部、区工商联全体领导班子成员出席仪式。（沈　琦）

新吴区总工会

【概况】 2021年，新吴区总工会以庆祝中国共产党成立100周年和开展党史学习教育为主线，以践行“我为群众办实事”为契机，坚持“以职工为中心”导向，着力扩大覆盖面、增强代表性，着力强化服务意识、提高维权能力，着力加强思想建设、提升服务水平，全面推进工会工作创新发展，较好地完成预定的各项目标任务。（张 平）

【全国企业民主管理工作互检组调研检查】 10月25日，第十一次全国企业民主管理工作调研检查第二互检组到新吴区SK海力士半导体（中国）有限公司调研检查厂务公开民主管理工作。互检组通过看现场、听汇报、查资料等方式对企业厂务公开民主管理工作情况进行详细了解。互检组一行参观集职工文化、健身、休闲、娱乐于一体的SK海力士“职工之家”，听取关于SK海力士实施产业工人队伍建设改革工作的介绍，了解产业工人队伍建设改革工作在职工思想引领、技能提升、权益保障等方面的情况，参观SK海力士生产车间。召开第十一次全国企业民主管理工作调研检查汇报会，听取企业厂务公开民主管理工作情况，检查企业职代会、集体合同等工作台账。互检组对SK海力士企业民主管理工作助力产业工人队伍建设和企业高质量发展的做法给予充分肯定，认为SK海力士高度重视厂务公开民主管理工作，措施得力、效果明显、重点突出，特别是外资企业亮点凸显，值得学习借鉴。（张 平）

【选树劳模先进典型】 4月26日，新吴区召开“庆五一”劳模先进表彰大会。会上，播放了《同心砥砺“十三五”，聚力起航新征程》视频，回顾新吴工会和广大职工群众在区委、区政府领导下，奋力建功“十三五”的工作纪实，表彰劳模先进、平凡岗位不平凡员工、优秀外籍员工。年内，区总工会共评选江苏省劳动模范和先进工作者6名、无锡市劳动模范17名，全国、市“五一”劳动奖章、市“五一”创新能手等先进个人17名，市“五一”劳动奖状等先进集体4个，“平凡岗位不平凡员工”220名、优秀外籍员工40名。（张 平）

【开展劳动竞赛活动】 2021年，新吴区总工会积极组织职工科技创新成果、先进操作法、发明专利和“金点子”推荐评选活动，选送优秀作品参评省、市奖项。新吴

新吴区总工会为留锡过年职工家庭送“新春礼”

（区总工会 供图）

长三角（5+10）城市工会工作联盟40余人在无锡村田电子有限公司考察职工思想政治引领工作

（区总工会 供图）

"高温送清凉"活动现场　　（区总工会　供图）

4月26日，"当好主人翁 建功新时代"新吴区"庆五一"劳模先进表彰大会召开　　（区总工会　供图）

区许义兵获无锡市职工十大科技创新成果奖，黄柱玲获无锡市十佳"金点子"（合理化建议）奖。（张　平）

【劳动安全保护工作】 2021年，新吴区总工会根据《关于2021年度开展"安康杯"竞赛活动的通知》精神，组织开展"安康杯"竞赛活动，38家企业25710名职工报名参加；结合安全生产月活动，先后组织工会劳动保护干部培训和企业班组长培训；开展线上安全知识竞赛，2000余名职工参与；"安全隐患随手拍"活动共收到图片150张。开展夏季安康"三送"（送清凉、送安全、送法律）活动，慰问坚守和奋战在区一线岗位的环卫工人、企业职工2000人次，发放毛巾、矿泉水等防暑降温慰问品价值11.3万元。（张　平）

【工会服务项目建设】 2021年，新吴区总工会做细做实"春送岗位、夏送清凉、秋送助学、冬送温暖"工会服务品牌项目建设，组织"两新"组织和"八大群体"职工健康体检，组织百余名困难女职工健康体检；向44名区困难职工发放生活慰问金和医疗救助金，向12名区困难职工子女提供"关爱圆梦"勤工俭学岗位，向45名困难职工子女发放助学资金，向区内288名劳模发放劳模"四金"。10月起，先后在宜兴竹海、太湖工人疗养院、拈花湾等职工（劳模）疗休养基地开展4批次职工疗休养活动。推动建成6家企业"爱心母婴休息室"、17家康乃馨服务站，其中1家康乃馨服务站为省示范点，2家为市示范点。（张　平）

【劳动用工监督评估】 4月，新吴区总工会抽查100余家企业，开展工会劳动法律监督检查工作，并集中对20家企业进行劳动法律评估服务。检查组为企业送去《劳动法实用手册》《民法用典30问》等法律书籍，要求企业工会以"排查隐患、化解纠纷、维护职工队伍稳定"为主题，按照企业自我监督评估、预约监督评估、专业团队巡回监督评估（抽查监督评估）和复查监督评估4种形式，认真开展自查自纠。3月至4月下旬，新吴区总工会集中开展工资集体协商"春季要约行动"，各街道、园区工会集中时间组织企业工会代表职工向用人单位发出书面要约，年度工资集体协商建制率达98%以上，10家企业工资集体协商工作被评定为三星级，1家企业被评为江苏省集体协商示范企业。（张　平）

【省首家产业工人学院成立】 4月26日，江苏省首家产业工人学院——无锡新吴区产业工人学院在无锡科技职业学院挂牌成立，新吴区总工会党组书记、副主席夏同军担任学院院长，学院运行管理事项由新吴区产改办和无锡科技职业学院服务新区办公室统筹协调。新吴区约有40万名产业工人，每年组织企业职工岗位技能提升培训9000人次以上。在产业升级、高质量发展需求背景下，产业工人技能、素养、学历等方面的培训工作有较大的提升空间。产业工人学院所在的无锡科技职业学院，2020年7月成立新吴区产业工人培训基地，具备承担产业工人技能培训、考级考证、学历提升等项目的师资条件，在开展职工素质提升培训等方面具有丰富经验。产业工人学院面向全区企业在职职工，构建职业技能形成体系，依托学校的教学资源和平台，为企业员工提供专科—本科—研究生提升学历的绿色通道；针对紧缺的技术技能人才领域统筹推进产业工人职业技能培训；联合紧密型合作的本科高校和园区多家重点企业形成实训学院与生源地高校之间的联动机制；落实"英才名匠"培训计划、高技能人才"青苗计划"和青年高技能人才培养"匠人匠心"计划等。（张　平）

【优秀职工代表提案评选】 7月至11月，新吴区总工会开展优秀职工代表提案征集评选活动，经过企业申报、街道和园区工会推荐、专家评审，"年休假使用方法检讨的提案"和"无纺布加工淋延膜复合工艺改成撒粉复合工艺"两项提案入选无锡市十大职工代表优秀提案。（张　平）

【产业工人队伍建设改革试点工作】 2021年，新吴区总工会承担江苏省产业工人队伍建设改革试点任务，主动作为，积极探索，形成行之有效且富有特色的经验成果。"整体谋划，突出特色，打造高新技术和新兴产业发展相适应的产业工人队伍"和SK海力士半导体（中国）

有限公司推进实施的“畅通发展双通道,助推职工成长成才”等两项产业工人队伍建设改革工作经验,被评为长三角地区深入推进产业工人队伍建设改革工作优秀案例。年内,江西省、甘肃省天水市、浙江省湖州市、山东省东营市、江苏省扬州市等多个省、市总工会考察组到新吴区考察学习。各考察组与新吴区总工会互通有无,对新吴区在推进产业工人队伍建设改革工作的先进做法和经验给予了高度评价。（张 平）

【工会干部素质提升】 2021年,新吴区总工会加强街道(园区)工会建设、职业化和社会化工会工作者队伍建设,健全社会化工会工作者招聘录用、教育培训、薪酬管理等机制,基本形成了“专职主席(专职副主席)+社会化工会工作者”的街道工会干部配备模式,年内新招录工会工作者9人。12月6—8日,举办新吴区基层工会主席及工会骨干培训,全区70余名工会干部参加。培训班以习近平总书记关于工人阶级和工会工作的重要论述为指导,主要围绕《中华人民共和国宪法》、十九届六中全会精神、新时代工会工作的思路方法和基层工会财务操作规范等内容进行授课,并安排实地参观环节,兼顾政治理论性和操作指导性,对提升工会干部政治理论素养和业务水平具有良好的促进作用。（张 平）

【工会文体活动】 2021年,新吴区总工会每月开展一次主题文体活动,内容包括摄影、桌球、游泳、羽毛球、篮球等,全年参与企业150余家、参与职工4万余名。7月至8月,由市、区总工会主办,市工人文化宫和街道总工会承办的“送关爱、送帮扶、送文化”暨慰问职工巡演系列活动,先后在江溪、旺庄、硕放、梅村和鸿山街道举行,吸引3万余名企业职工、社区居民参加,发放法律法规宣传手册1000余份。年内,区、街道两级工会全部建成职工服务中心并有效运行,建成区级职工书屋10家、读书角6家、市级职工书屋2家。村田新能源(无锡)有限公司被评为“江苏省书香企业”、绿点科技(无锡)有限公司被评为“江苏省职工书屋示范点”。（张 平）

【小微企业建会推进】 2021年,新吴区总工会坚持因地制宜、因企制宜、因业制宜,以新业态劳动领域企业为重点,全面推进货车司机、快递员、护工护理员等“八大群体”入会工作,并推进小微企业建会。共组建独立工会39家,通过家政行业工会联合会、物联网行业工会联合会,覆盖企业80余家,发展会员15384人。此项行动获2021年度无锡工会创新工作项目三等奖。（张 平）

【工会经费审计】 2021年,委托第三方会计事务所对新吴区总工会、街道园区、部分社区工会、直属工会以及企业工会等27家工会进行经费审计,规范工会经费的收、管、用,深化审计监督,服务工会改革发展。（张 平）

【职工留锡稳岗举措】 2021年年初,新吴区总工会为协助政府做好疫情防控工作,减少职工跨区域流动,依据新吴区《关于支持企业稳留岗保供应促增长的若干政策》,积极落实留锡承诺接力、你留锡我送奖、你留锡我牵线、慰问在岗职工、留锡在岗先进职工评选等10项“年味服务”举措。区总工会通过“云下”走访慰问和“云上”真情服务的形式,为留锡过节外地困难职工送上100份年货,为留锡过节外地快递员等送上600份“年夜饭”,为600名留锡过节外地职工提供套餐健康服务和600份蛋糕券,鼓励职工就地过年,体验别样的“新吴的温情”。中国新闻网对新吴区总工会引导职工留锡过春节,全力做好企业稳岗留工等关爱举措做专题报道。（张 平）

【国际劳动妇女节系列活动】 2021年“三八”国际劳动妇女节期间,新吴区总工会开展系列主题鲜明、内容丰富的庆祝纪念活动。女性专场就业招聘会现场发放法律法规和防治艾滋病知识相关资料800余份;慰问3名大病女职工,每人发放慰问金500元;开展“巾帼逐梦 建功新吴”女职工素质提升系列讲座活动,为无锡百联奥特莱斯、村田电子、新安中学等单位送去包括专业技能、情绪管理等10场知识讲座;开展第六届“书香新吴、智慧女性”女职工读书征文活动,收到作品161件。（张 平）

共青团新吴区委员会

【概况】 2021年,共青团新吴区委员会以围绕党政中心、服务全区经济发展大局为工作主线,充分发挥各级团代表和委员的作用,积极围绕青年就业需求、交友联谊需求以及文化生活需求等,创新构建社会融入服务体系,统筹协调资源优势,整合社会力量,营造浓厚的留才良好氛围,全力投入青年发展友好型城市建设。截至年底,新吴区团组织共1254个,其中团委27个、团工委12个、团总支15个、团支部1189个、毕业生团组织11个,团员17514人。（查 晓）

【思想引领】 2021年,共青团新吴区委积极参与“青年大学习”行动,组织团员青年学习团中央每周发布的“青年大学习”宣读内容,平均每期参与率达80%;把握宣传主阵地,打造“‘两山’理论践行之路”青年学习社项目,全年开展“青年讲师团”进校园、社区、乡村系列党史教育宣讲82场,覆盖3.5万余人;举办习近平总书记“七一”讲话精神宣讲20场,覆盖1000余人;发动全区各级团组织开展“学党史、强信念、跟党走”主题团日活动,广泛开展党史学习教育,将理论学习与实践活动相结合,带领青少年走进“红心照相馆”“初心放映厅”“童心梦工厂”,举办“党史青春说”“党史游园会”“党史知识竞答大会”等特色活动。（查 晓）

【组织能力建设】 2021年,共青团新吴区委运用智慧团建系统提升信息完整度和时效性,团员、团组织、团干部信息完整度达到100%;共青团无锡市新吴区第一届委员会第四次全体(扩大)会议召开,增补委员、常委,进一步加强团区委班子配备力量;顺利完成村(社区)团组织换届,“95后”团干部比例大幅提高,村(社区)团组织负责人进入“两委”班子达100%;依托全国“五四红旗团支部”康明斯发电机技术(中国)有限公司,打造新吴外企青年聚集地——“羊(young)群”青年工作室;开展新吴区基层团干部培训班;新吴区首个新兴青年“筑梦空间”挂牌。推动成立生物医药、互联网行业2个市级和快递行业1个区级行业团工委;作为社区青春行动省级试点,遴选100名高校学生团干部兼任社区团干部,全方位助力疫情防控、文明创建等基层社会治理工作。(查 晓)

【助力青年成长发展】 2021年,共青团新吴区委参与承办“太湖杯”创新创业大赛西安赛区赛事,聘任西安交通大学、西北工业大学等高校大学生担任“高新青年推荐官”;承办“同芯共赢”中韩青年圆桌会议,为中韩青年人才搭建交流合作平台,组织青年科技工作者走进园区企业,汇聚中韩青年力量,加速青年科技成果转移转化,推动人才科技成果与产业需求的精准对接;承办全省“青云邀约”苏台青年云分享活动,通过搭建线上平台,加强苏台青年交流合作,助力两岸青年成长发展;联合长三角8家高新区团委(苏州、无锡、常州、杭州、嘉兴、张江、紫竹、合肥)共同成立长三角高新区青年创新创业联盟,促进长三角青年创新创业各要素畅通流动。(查 晓)

4月27日,“学党史、强信念、跟党走”新吴区主题团日活动举行 (共青团新吴区委 供图)

5月26日,党史知识竞答大会现场 (共青团新吴区委 供图)

【青年服务工作】 2021年,共青团新吴区委统筹做好团员、青少年政治引领、组织建设、服务发展、疫情防控等各项工作。举办“为爱攀登·520城市定向赛”青年交友活动;开展“青春建功新时代,我为一线送清凉”系列活动,为在酷暑期间坚守岗位的太湖蓝藻打捞工人、外卖员送上太阳帽、毛巾、防晒袖套、矿泉水、酸奶、防暑药品等“夏日清凉礼包”;开展“暖心关爱,团团与你同在”主题活动,走访慰问奋战在疫情防控一线的医护人员、青年志愿者,以及河南籍快递员等一批在锡务工青年代表;承办“科创湖湾·友新‘Young’”青年人才交友活动;举行新吴区“筑梦空间”成立仪式,为新吴区新兴青年群体提供相关创业就业、权益维护、技能提升等方面的专业服务;全年积极配合做好“新创力”青年科技成果直通车、海归青年人才“新引力”服务计划、政务见习等相关工作,为“新引力”海归青年人才招募岗位14个。配合共青团“千校万岗”青联委员企业就业服务活动,发动全区青联委员企业供岗合计26个;开展农村青年人才队伍摸底筛查、建档立卡、信息采集和人员入库等工作,全年新录入“新农菁英”人才库10人,累计录入39人;进一步深化“新农菁英”培育计划,募集农口岗位20个。举行“落实安全责任 推动安全发展”安全生产月主题活动暨“安全e学堂”云直播启动仪式,在新吴区范围内开展“安全生产青年在行动”集中服务活动。(查 晓)

【行业团建工作】 2021年,为扩大团组织对非公企业和新兴领域青年群体的有效覆盖,共青团新吴区委积极推进行业系统和重点领域团的组织建设。在新吴区国家软件园成功举办无锡市互联网行业团工委成立大会暨全市互联网行业青年圆桌论坛;在无锡市快递物流业党群服务中心召开2021年无锡市行业团建工作座谈会,挂牌成立新吴区快递行业团工委。(查 晓)

【高新区青年成长营】 2021年,共青团新吴区委牵头成立“青言有家”高新区青年成长营,旨在凝聚引导青年围绕中心主动思考,立足本职献计出力,为全区广大青年搭建提高能力、展示才华、学习交流的平台。青年成长营实施2021年“青春赋能”计划,4月在新吴区青少年活动中心举办“传承高新区精神 展现新时代风采”青年论坛;5月在新吴区政务服务中心举办“百年奋斗路 薪火永相传”青年党史知识竞答大会;7月承办江苏省非公企业团组织学习光辉党史、歌咏奋斗历程“云接力”活动。(查 晓)

【少年儿童成长】 2021年,共青团新吴区委坚持团建

9 月 17 日，新吴区举行“梦想改造 +”中秋特别活动暨童“新”筑梦青少年关爱之家启用仪式

（共青团新吴区委　供图）

10 月 11 日，新吴马克思主义青年学校揭牌仪式举行　（共青团新吴区委　供图）

带队建，结合各类活动服务全区少年儿童成长。在防疫期间，进一步强化对辖区内以事实无人抚养儿童为主体的困境青少年的关爱与帮扶，为困境青少年送去防护物资、宣传防疫知识等服务；在梅里古镇举办“月圆人圆梦圆”中秋特别活动暨童“新”筑梦青少年关爱之家启动仪式；联合新瑞医院团委开展以事实孤儿为主体的困境青少年“童心护航”专项行动，为新吴区困境儿童群体提供免费健康体检服务。“梦想改造 +”2022 年暖冬行动得到全区爱心企业的多方相助。成立“小青新守护者联盟”，在爱心企业间架起桥梁，串联配套服务，为关爱对象送去温暖，呵护困境少年儿童成长。　（查　晓）

【“梦想改造 +”关爱计划】 2021 年，共青团新吴区委全面启动实施“梦想改造 +”关爱计划，精准摸排全区 15 位 6 ~ 16 周岁的事实孤儿和低保家庭儿童的相关情况，为他们量身打造温暖舒适的“梦想小屋”。实施“‘新’中有梦　‘吴’限可能”——困境青少年护航项目，打造全市首个以古镇为阵地的“困境青少年关爱之家”，并针对性地开展书画课堂、心理疏导、健康体检、点亮微心愿等暖心服务。推进教育惠民课后服务 2.0 工程，举办“爱心暑托班”“公益夏令营”“非遗艺术体验营”等，解决双职工青年的“三点半难题”（即下午孩子放学早，家长不便接）。　（查　晓）

【青年志愿者抗疫】 2021 年，共青团新吴区委在“青春新吴”微信公众号上发布青年志愿者招募通知，全区各级团组织招募青年志愿者 1700 余人，组建青年突击队 37 支，上岗志愿者 1420 余人，458 名返乡大学生团员就近就便到社区报到，投入到核酸检测、宣传引导、关爱帮扶等疫情防控工作中，涌现出张巨明等一批“95 后”“00 后”青春榜样。　（查　晓）

【共青团江苏省委书记司勇一行调研新吴区工作】 9 月 29 日，共青团江苏省委书记司勇一行赴新吴区调研。司勇一行走进 SK 海力士半导体（中国）有限公司，参观企业展厅及工厂生产线，详细询问并听取设备运行维护、产品生产销售等情况。江苏省青年科技工作者协会信息与电子科学专委会成员代表在海力士生产车间进行“揭榜答题”。　（查　晓）

新吴区妇女联合会

【概况】 2021 年，新吴区妇女联合会及各级妇联组织聚力夺取疫情防控和经济社会发展“双胜利”，在政治引领凝聚巾帼合力、创新创业推动高质量发展、妇儿服务打造新吴样板、深化改革激发组织活力等方面奋发努力，深入践行“在你身边”妇联建设理念，全区妇女事业取得新进步。　（吴　瑛）

【妇联一届五次执委会议】 1 月 28 日，新吴区妇联一届五次执委会议召开。会议全面总结 2020 年全区妇联工作，部署 2021 年重点工作任务。会议审议通过增补区妇联第一届常务执委，选举区妇联副主席。新吴区委常委、组织部部长韩杨充分肯定全区妇联工作，并要求妇女工作要提高政治站位，引领广大妇女听党话、跟党走；坚持服务中心，动员广大妇女建新功、立新业；践行根本宗旨，联系服务妇女用真心、动真情；立足固本强基，推动妇联改革用实招、求实效。会上，区妇联主席袁秋明向一届五次执委会议做工作报告，回顾总结 2020 年妇联工作，展望 2021 年各项工作目标任务。旺庄街道妇联、新安街道妇联、区妇联执委代表在会上做工作交流。　（吴　瑛）

【妇女儿童工作会议】 2 月 1 日，新吴区召开全区妇女儿童工作会议。会议回顾了“十三五”期间新吴区妇女儿童事业取得的成绩，梳理分析存在的短板，研究部署当前和下阶段的妇女儿童工作。高新区管委会副主任、新吴区副区长李伟敏肯定“十三五”以来区妇女儿童事

业取得的进步，对下阶段迎接国家考核提出要求。会议强调，要提高政治站位，以更加强烈的担当投身妇女儿童事业；要坚持政府主导、部门协作、社会参与的工作机制，认真落实男女平等基本国策和儿童优先原则；着力突出重点，破解妇女儿童发展中的难点问题；重视工作实效，补齐妇女儿童民生事业短板；健全机制体制，切实维护妇女儿童合法权益。要主动对标找差，以更加过硬的作风确保“两纲两规”终期评估全面达标；要聚焦重点工作，以更加有力的举措推动妇女儿童事业迈上新台阶。会上，区妇联主席、妇女儿童工委办主任袁秋明汇报了新吴区“十三五”妇女儿童发展规划终期监测评估情况，区法院、区民政卫健局和新安街道代表进行了交流发言。（吴 瑛）

【区“三八红旗手联盟”成立大会】 3月3日，新吴区举行“了不起的她”——纪念“三八”国际妇女节111周年暨区“三八红旗手联盟”成立大会。市妇联副主席朱秀娟，高新区党工委委员，新吴区委常委、组织部部长韩杨，高新区管委会副主任、新吴区副区长李伟敏出席会议。韩杨代表区委向受到表彰的先进集体和个人表示祝贺，向全区广大妇女致以节日问候。大会表彰了2019—2021年区级巾帼文明岗和巾帼建功标兵，为新成立的“三八红旗手”工作室授牌，“三八红旗手联盟”宣告成立。（吴 瑛）

【先进典型引领】 3月4日，市委常委、无锡高新区党工委书记、新吴区委书记蒋敏带队走访慰问全国“三八红旗集体”和全国“最美家庭”代表，代表区委、区政府向全区妇女送上节日的祝福。在新吴区检察院，蒋敏为第三检察部代颁全国三八红旗集体荣誉证书，对她们用检察智慧、检察温情，在未成年人全面综合司法保护工作中发挥的积极作用表示充分肯定。希望她们珍惜荣誉，再接再厉，让人民群众在每一个司法案件中都能感受到公平正义，继续为新吴区经济社会发展做出积极贡献。在钱建平家中，蒋敏详细询问了他一家工作、生活情况，并将全国“最美家庭”的奖杯和荣誉证书送至钱建平手中，鼓励他们继续传承家庭美德，发挥家庭力量，以实际行动引导带动新吴区更多家庭相亲相爱、向上向善、争做“最美”、助推新风。（吴 瑛）

【思想政治工作】 2021年，以建党100周年为契机，新吴区妇联开展“巾帼心向党、奋进新征程”系列主题宣传活动。举行“致敬最美巾帼奋斗者”——纪念国际劳动妇女节111周年大会暨区“三八红旗手联盟”成立仪式。持续推动“学习强国”进家庭，组织各类学习接力行动。开展“十百千巾帼大宣讲”，打造优化巾帼党性教育基地2个和三八红旗手(集体)工作室16个。结合党史学习教育，充分发挥“新吴巾帼好声音”红旗手宣讲团作用，用好线上线下宣传阵地，开展“红旗手讲党史”和“红色家书诵读”系列活动。深化志愿服务品牌，常态化开展“与爱同行·在你身边”巾帼志愿服务，进一步深化新时代巾帼文明实践活动，推进巾帼志愿服务规范化、项目化、品牌化发展，发布“我为妇女儿童办实事”重点项目

3月3日，新吴区举行“了不起的她”——纪念“三八”国际妇女节111周年暨区“三八红旗手联盟”成立大会（区妇联 供图）

3月22日，新吴区妇联组织开展“妇联邀您回娘家”活动（区妇联 供图）

5月14日，中国儿童少年基金会秘书长朱锡生、省妇联副主席沈梅参观调研省妇女儿童公益项目——“点亮心灯”项目（区妇联 供图）

清单。（吴　瑛）

【创业创新巾帼行动】 2021年，新吴区妇联继续开展"创业创新巾帼行动"，深化妇女创业创新联动，通过资金支持、业务指导，助力梅村街道妇联打造"巾帼创业创新示范街区"。组织区女企业家联谊会开展"走学党史——红色之旅"活动。持续实施"点亮计划"，共资助学生26人，捐赠助学金11余万元。推动"乡村振兴巾帼行动"，以"美丽家园"建设为抓手，组织动员广大妇女积极参与农业农村发展、生态环境保护、乡村文明建设，推荐鸿山街道大坊桥村申报"美丽家园"省级示范点。（吴　瑛）

【家庭文明创建】 2021年，新吴区妇联开展"巾帼文明岗""巾帼建功标兵"创建工作，命名区级巾帼文明岗20个、区级巾帼建功标兵20个。通过"家庭文明建设工程"寻找"最美家庭"活动内涵和价值引领，评出区级"最美家庭"23户、省"最美家庭"2户、省"最美书香家庭"2户、市"最美家庭"2户。推进"三全"社区家庭教育支持行动试点，建设社区家庭教育支持行动工作机制。第一批试点3个社区共建立522户家庭教育档案，收集孩子家庭真实诉求182个，初步绘制出可知、易感的社区家庭教育地图。（吴　瑛）

【妇女儿童维权】 2021年，新吴区妇联坚持源头参与，广泛宣传"男女平等"基本国策和《中华人民共和国妇女权益保障法》《中华人民共和国未成年人保护法》《中华人民共和国反家庭暴力法》等有关妇儿保护的法律知识，累计发放反家暴宣传海报300份。挂牌市级公益性心理咨询服务中心，实施省政府妇女儿童公益项目——"点亮心灯"心理健康援助项目，为权益受侵害的妇女儿童提供个案支持服务和家庭团辅活动，搭建新吴区心理援助平台。（吴　瑛）

【"一路童行"儿童保护项目】 2021年，新吴区将"一路童行"儿童保护项目纳入区为民办实事项目，建立"家庭—学校—社区—社会"多级保护安全网络体系，共完成特殊困境儿童个案保护项目介入服务70次；"了不起的小卫士"小学三年级儿童自护项目服务8773人次；初中青春期教育课程项目服务5156人次；儿童心理健康援助项目在3个试点学校开展服务87次，累计服务1343人次；新安三社区友好社区建设进行儿童乐园改造完成，开展"四史"宣传等亲子活动共计16场。（吴　瑛）

【婚姻家庭教育指导】 2021年，新吴区妇联深化"新吴嫁校"婚姻家庭教育指导项目，创新构建家庭成长服务体系，共完成公益课程/活动400节，服务14378人。开展新婚夫妻谈话1526对，完成婚姻危机指导服务395对。（吴　瑛）

【妇联体制机制改革】 2021年，新吴区妇联坚持党建引领，开展"苔花芬芳·三百三优"三年行动计划，做好"联"字文章。抓住村（社区）"两委"换届契机，制定《关于做好全区村（社区）妇联组织换届选举工作的实施意见》并汇编换届操作手册，主动作为，分类指导，与"两委"换届同步推进妇联换届，推进女性进村（社区）"两委"工作。女性进村（社区）"两委"100%，村（社区）妇联主席进"两委"100%，女性代表比例较上一届上升。灵活打造服务工作网，围绕妇女群众的关注热点和多元需求，将妇联家政家教、权益维护、巾帼志愿及相关服务纳入"网上工程"，提高认同感。举办"女性融媒体"培训暨基层妇联干部班，推进传统工作方式与新媒体时代工作方式的融合，更好地发挥新媒体在宣传引领妇女群众中的作用。（吴　瑛）

【"最美家庭联盟"成立】 5月20日，新吴区妇联举办"学史力行、赋能家庭"无锡市"最美家庭联盟"成立暨新吴区"红色亲子研学路线"发布仪式。市妇联副主席杭向丽；无锡高新区党工委委员，新吴区委常委、组织部部长韩杨；无锡高新区管委会副主任、新吴区副区长李伟敏参加活动。活动现场，杭向丽为无锡市"最美家庭联盟"代表授旗，韩杨、李伟敏为获得2019—2021年度新吴区最美家庭的23户家庭代表颁奖。区妇联发布了新吴区红色亲子研学线路，旨在通过学史明理、学史增信、学史崇德、学史力行，引导青少年自觉弘扬党的光荣传统和优良作风，传承红色基因，赓续精神血脉。全国"最美家庭"、无锡市"最美家庭联盟"成员代表钱建平为"520"登记结婚的新人颁发结婚证书，给予新人美好的祝福。（吴　瑛）

【中国儿童少年基金会调研新吴区妇女儿童工作】 5月14日，在第28个国际家庭日来临之际，中国儿童少年基金会秘书长朱锡生一行赴新吴区调研妇女儿童工作。江苏省妇联副主席沈梅；市妇联主席蒋群联；无锡高新区党工委委员，新吴区委常委、组织部部长韩杨；区妇联及街道主要负责人陪同调研。调研组在尚泽社区实地察看了"暖心亲子圈""益家幸福楼""合声家风亭"，通过听取汇报、现场交流，详细了解尚泽社区打造"益启爱·家倍爱""三全"社区家庭教育实践品牌的相关情况，并与"家倍爱"宝妈联盟代表交流。调研组到省政府民生实事项目"点亮心灯"心理健康援助项目的落地点——新吴区新时代文明实践中心，考察新吴区妇联依托社会组织，开展"一路童行""点亮心灯"等公益项目，对服务妇女儿童权益维护和心理健康的做法表示充分肯定。（吴　瑛）

新吴区科学技术协会

【概况】 2021年，新吴区科协履行"四服务一加强（服务科技工作者、服务创新驱动发展战略、服务公民科学素质提高、服务党委政府科学决策、加强自身建设职能定位）”职能，坚持科普宣传、科学教育、科技创新“三科”方向，践行协调、协助、协商“三协”模式，调动街道、园区、企业与院校等科协基层组织力量，以“全国科技活动周”“全国科普日”“海智工作”等活动为牵引，促进科协工作和全区经济社会发展的有效融合。新吴区科协荣获“全国科普日”活动优秀组织单位、全省“十佳”优秀海智工作基地称号和全省“优秀老科技工作者之家”等奖项。（王　珏）

【学术交流与科技服务】 2021年，新吴区科协根据全区科技企业数量众多、涉及产业广泛的特点，紧密结合各产业、行业、企业发展需求和特点开展学术交流，提供科技服务。结对走访无锡华润矽科微电子有限公司和无锡紫光微电子有限公司，提供相关建议；根据产业发展规划，重点引进和培育一批与产业集群层次相当的国内外有影响力的行业专家，加强院校产学研合作。重视对科技工作者的表彰激励，祥生医疗科技股份有限公司创新中心总监诸晓明入选省“2021年‘科创江苏’企业创新达人”，并成为企业创新达人宣讲代表。深入了解无锡威孚高科技集团股份有限公司、无锡汉和航空技术有限公司、无锡紫光微电子有限公司等企业在新能源电池技术、控制软件算法、雷达设计等方面迫切的技术需求，第一时间对接邀请浙江大学、“清华—瑞地”智能汽车测试实验室、航天科技集团五院等行业龙头单位，就相关技术资源专程把脉问诊。通过海智引育、平台对接、科技创新等方式多端发力，注入人才创新动力，提升科技创新浓度，建成产业创新高地，为经济社会发展提供高效海外人才智力保障。2018年以来，新吴区科协连续4个年度获全省“十佳”优秀海智工作基地称号。

（王　珏）

【创新创业】 2021年，新吴区科协坚持面向基层组织建设与科技创新服务，设立科创助企中心，主动整合部门、机构、载体等优势资源，通过民营企业技术改造、科技创新、人才引进、融资上市、政策支持，让更多中小企业获得直接有效的帮扶。发挥群团组织渠道优势，探讨创新合作方向，与以色列特拉维夫大学技术转移中心正式授权的科技机构——中以天梯创新技术研究院合作，实现优势互补。参与由旅欧华人华侨生命科学专家和欧洲本地科学家联合发起成立，并与无锡科协系统签订战略合作协议的中欧生命科学联盟的合作，推动人才、项目引进与技术交流实质性进展。在“太湖杯”国际精英挑战赛中，新吴区科协报送的73个项目，有14个国际项目进入“太湖杯”60强

讲述一百年来中国共产党领导下的科技发展史《百年展望》展板（区科协　供图）

无锡市全民科学素质工作领导小组办公室对新吴区《全民科学素质行动计划纲要》“十三五”以来的实施情况进行总结评估（区科协　供图）

“新吴学苑”基地开设老年智能技术培训班（区科协　供图）

复赛，获得1个二等奖、4个优胜奖。（王　珏）

【科普宣传】 2021年，新吴区科协持续加强科普基地建设与管理，推动科普基地内涵式、特色化、创新性发展，提升科普、科教、科技整合协同效益。与区教育局、格林美示范园共同签署《无锡高新区低碳

产业科普教育基地三方合作协议》，共建低碳科普基地，举办环境保护、节能减排主题公益培训，开展爱护环境宣传教育，举办环保魅力展览体验活动。鸿山泰伯景区、无锡深南电路有限公司获建“2021年无锡市科普教育基地”，春城实验小学被评为“2021年无锡市优秀科普教育基地”。以“百年再出发，迈向高水平科技自立自强”为主题，组织开展全国科普日创意科普微视频活动。编制《党领导下的科技发展史》专题宣传片，以短视频和图文形式，讲述中国共产党带领中国人民在科技强国方面的探索和努力。加强前沿科技教育，开展移动5G体验科普教育宣传活动，参观学习云计算、大数据、智能制造、车联网、物联网安全、人工智能等技术。组织企业参与无锡科普宣传周活动，涉及光伏新能源、食品安全、文明健康、绿色环保等多个领域的隆玛科技有限公司、中科西北星信息科技有限公司、星辰无人机科技有限公司等20余家企业参展，参展企业为历年最多。加强基层科普组织、科普信息化、科普阵地建设，实施科普工作专项奖补，江溪街道春阳社区成功入围江苏省“基层科普行动计划”。（王　珏）

【全国科技活动周活动】 2021年，新吴区科协通过组织学术论坛、专家讲座、技术沙龙、科技服务、企业走访、人才慰问等系列活动，与市科协、上海交大、威孚集团、市工程师学会等单位，共同举办全国科技活动周主场活动开幕式，首获科技部表彰。与市工程师学会、威孚集团、恒星环宇北欧创新中心、美东创新创业联盟4家单位分别签订合作协议。特邀上海交通大学张希教授和朱旺旺博士作《智能电动汽车关键核心技术研发与产业化》《自动驾驶融合感知决策技术》技术报告，就行业热点问题进行广泛交流。（王　珏）

【老年科技工作】 2021年，新吴区老科协在助推企业创新发展、科技咨询服务、科普教育培训等方面主动作为，受到市老科协好评。筹备成立老科协党支部，聚焦老年人智能技术培训、建设老科协专家库。不断完善“新吴学苑”基地的组织架构、课程设计、教学设施、学员构成、志愿者服务，并就运行机制、平台建设、品牌打造等进行广泛深入的研讨，《无锡日报》对其做法及经验进行报道。全省16家老科协组织被授予“优秀老科技工作者之家”称号，新吴区老科技工作者协会名列首位。（王　珏）

【《全民科学素质行动计划纲要》评估】 2021年，市全民科学素质工作领导小组办公室对新吴区《全民科学素质行动计划纲要》“十三五”以来的实施情况进行总结评估，实地查看新吴区春城实验小学、中华赏石园、徐塘桥智慧农业科普馆，听取区科学素质纲要“十三五”工作情况与“十四五”工作打算汇报，查阅工作台账，并与区全民科学素质工作领导小组成员单位进行交流，充分肯定新吴区“十三五”期间工作的特色和成效。（王　珏）

新吴区侨联

【概况】 2021年，新吴区侨联通过开展侨法宣传活动，普及侨务法律；创新服务模式，主动为归侨、侨眷和侨资企业提供服务，排忧解难；加强规范化建设，提高基层侨联组织的服务能力和水平。积极承办了“创业中华·筑梦江苏”2021年太湖湾科创带侨创峰会、“创业中华·创享无锡”侨界大讲堂、“新侨梦想 湾区科创”主题侨创沙龙等省、市重要活动。（黄　骋）

【双“五有”侨联】 2021年，新吴区侨联成为继江阴、宜兴市之后，无锡市区首家获双“五有”侨联荣誉的区级侨联组织。区侨联围绕省侨联双“五有”（有组织、有队伍、有经费、有阵地、有活动；服务侨胞有真情、凝聚侨胞有载体、团结侨胞有骨干、活跃组织有品牌、维护侨益有能力）要求，组织开展“争当侨胞之友”主题活动，为侨胞侨眷办实事、办好事；完善侨胞侨眷走访慰问制度，不断扩大覆盖面；充分挖掘吴文化特色，开展各类海内外文化交流活动，鸿山泰伯墓、梅村二胡文化园成功申报江苏省华侨文化交流基地；承办省、市侨联“亲情中华”“创业中华”品牌活动，通过“海创江南”侨创基地联盟，对接国内多所高校，吸引海归人才进驻专业园区创新创业。梅村街道梅里古镇被授予“中国华侨国际文化交流基地”国家级牌子。（黄　骋）

【节庆走访】 2021年，新吴区侨联在春节、端午、中秋等节庆期间，开展走访慰问部分老归侨、困难归侨侨眷活动，宣传党的侨务政策，倾听归侨、侨眷对侨联工作的意见和建议，为困难群众带去温暖与关怀，营造知侨情、暖侨心、解侨困的良好氛围。全年共发放慰问金1.8万元。（黄　骋）

【基层侨联组织规范化建设】 2021年，新吴区侨联落实“党建带侨建 侨建为党建”工作机制，调动基层组织活力，提升基层侨联组织服务水平，促进基层侨联组织健康发展。各街道以社区侨之家建设为平台，利用文化站、青少年活动室、妇儿之家等阵地，打造侨之家心理咨询室、“巴特莱社区学院”等品牌，开展为侨、护侨、助侨服务。组织侨界群众开展特色活动，宣传《中华人民共和国民法典》、侨法，举办“庆建党百年 展中医文化”新吴区“中医惠侨”基地授牌活动、“庆百年华诞 颂时代新侨”主题系列广场服务活动。新冠肺炎疫情防控期间，开通“24小时防疫专线”，及时解答海外留学生、境外归侨、侨属侨眷对疫情防控期间最新政策的疑问。全区社区侨之家创建单位由原来的9家扩增至15家。（黄 骋）

新吴区残疾人联合会

【概况】 2021年，新吴区残联贯彻落实习近平总书记关于残疾人事业的重要指示批示精神和上级决策部署，以促进残疾人全面发展和共同富裕为导向，以深化残联改革为动力，围绕市、区残疾人重点工作目标任务，统筹抓好常态化疫情防控，在残疾人就业、康复、维权等方面优服务、创品牌、争一流，残疾人事业迈上新台阶。新吴区政府残联工委被评为“全国残疾人工作先进单位”，区残联党支部被评为“无锡高新区（新吴区）先进基层党组织”。全年发放老年重度残疾人生活补助1523人次共87.3万元；完成免费白内障复明手术373例；发放辅助器具250件；完成0～14岁儿童康复服务与训练276人次，建档率100%；提供精神病医疗救助及服药84人次；精准康复服务覆盖率100%；向全区22名残疾学生发放慈善助学金7.15万元，向36名残疾学生及残疾人家庭子女发放奖（助）学金4.65万元；残疾人商业保险参保率100%；实施惠残实事工程，为50名残疾人免费适配电动轮椅，组织1053名残疾人免费体检。（王 哲）

【残疾人联合会第二次代表大会】 2021年11月2日，新吴区残疾人联合会第二次代表大会召开。无锡高新区管委会主任、新吴区区长崔荣国，市残联党组书记、理事长周皖红出席会议并讲话。新吴区人大常委会主任张明烈，区领导孙磊、沈雪芳、肖伟民出席会议。大会总结过去五年区残联残疾人工作情况，明确今后五年残疾人工作总目标和总要求，选举产生新一届主席团和执行理事会。无锡高新区管委会副主任、新吴区副区长孙磊当选新吴区残联第二届主席团主席。（王 哲）

【制定出台《关于推进新时代残疾人事业高质量发展的实施意见》】 2021年，新吴区残联根据五年实践的总结提升和对上级政策的内涵理解，以及下一步创新探索，制定出台《关于推进新时代残疾人事业高质量发展的实施意见》，涵盖残疾人就业、康复、文体等18项具体举措，旨在进一步增进辖区残疾人群体的获得感、幸福感、安全感，推动新吴区残疾人工作持续走在省、市前列。（王 哲）

【残疾人康复托养供求服务中心建成启用】 2021年，新吴区残疾人联合会创设残疾人康复托养供求服务中心，配备专职工作人员和场地，内设康复咨询区、服务演示区、康复指导评估室等区域。面向辖区16～59周岁行动不便的重度肢体及智力、精神残疾人，引入专业服务机构开展康复、托养需求摸底、评估，为符合条件的残疾人提供“一对一”居家康复治疗、健康护理、心灵关爱等服务，并为每名服务对象建立个人健康档案。该项目被评为全省残联系统2021年度创新创优示范项目。（王 哲）

【残疾人就业服务】 2021年，新吴区残疾人联合会完成2400份残疾人就业服务档案制作，劳动年龄段残疾人全覆盖；每月组织1场残疾人专场招聘会，协调企业28家，提供岗位49个，新增残疾人实名制就业24人；旺庄、江溪两街道试点建成居家辅助性就业服务点，支持19个残疾人家庭，增收近20万元；开设残疾人岗位技能培训、互联网应用培训等4类7个项目培训班，培训残疾人250名；参加市残疾人职业技能竞赛，获得团体第三名；建成残疾人就业创业孵化中心，探索开展就业创业培训指导、政策咨询、项目培育、技术支持等服务。（王 哲）

【残疾人康复服务】 2021年，新吴区残疾人联合会实现残疾人证“跨省通办”，残疾评定每月一次，办理评残申请324人，其中249人被评定为残疾；区特殊教育学校确定为市、区残疾儿童基本康复训练服务定点机构；成立区特殊教育学校实践基地（区儿童康复中心），残疾儿童康复救助服务对象满意率92%；深化省、市级残疾人社区康复示范点规范化建设，区康复医院专业康复师每月进站点服务。（王 哲）

【残疾人维权工作】 2021年，新吴区残联建立区残疾人维权服务中心，接待信访45起，开展法律巡回讲座5场，办理残疾人免费乘车11.4万人次，审核发放残疾人代步车补贴共72辆5.2万元，完成困难残疾人家庭无障碍改造42户；向60户残疾人家庭配发康复健身体育器材。（王 哲）

【残疾人文体工作】 2021年，新吴区成立残疾人文体和文艺协会（下设8个专业分会），各街道成立综合残协，完成残疾人文体和文艺活动中心建设，累计投入资金200余万元，接待群众活动2000余人次；区、街道共同培育残疾人精品文艺节目10个，组织“送文艺演出进社区”文艺演出6场；组织56名残疾运动员参加市第十三届运动会残疾人部比赛，夺得33金、21银、9铜，居奖牌榜第三。（王 哲）

【基础工作】 2021年，新吴区残联完善领导班子、业务科室挂钩联系基层制度，举办“智慧残联系统操作”“持证残疾人基本状况调查工作”业务培训班，参训300人次。扎实开展民生专项资金清理整治，杜绝资金截留、挤占、挪用、违规支出等现象。深入开展党史学习教育，开展“我为群众办十件实事”助残实践活动，6个方面12项重点工作有序推进，学习教育、日常工作同步推动、相互促进。（王　哲）

【助残环境】 2021年，新吴区残疾人联合会开展企业党建微联盟常态化开展扶残助残活动，募集“9·9”公益日助残项目资金19.79万元；动员全市14支志愿服务队与各街道残联结对，常态化帮扶智力残疾人；举办“残障学生融合就业联盟研讨会”，80余家企业及15所高校专家、就业服务人员参会；向陕西宜川县、青海互助县和新疆阿合奇县残联三地每地提供8万元专项扶持经费，助促残疾人事业发展。（王　哲）

新吴区红十字会

【概况】 2021年，新吴区红十字会以党史学习教育为动力，以开展“我为群众办实事”实践活动为抓手，深化改革创新，以党建引领志愿服务，健全应急救援体系建设；注重救护培训提质增效，推进生命关爱工程建设；规范志愿服务和青少年工作，常态化开展“博爱送万家”活动，打造“2021红十字人道万人捐”“无锡·善——锡红公益联盟”等特色品牌项目，发动群众参与“博爱家园”建设；结合建党100周年、“5·8”世界红十字日、防灾减灾日、“6·14”世界献血日等时间节点策划主题宣传活动，提高红十字会工作社会影响力；“三献（献血液、献造血干细胞、献人体器官组织）”工作稳步推进。（吴　君）

【党建引领】 2021年，新吴区红十字会注重增强组织的政治性、先进性和群众性，在梅里古镇党建服务阵地——“红色会客厅”建设红十字志愿服务基地，围绕共建共享的原则，积极开展红十字会健康管理、应急救护和养老照护等服务，打通基层党员志愿者服务群众渠道；组织无偿献血志愿服务队结对社区开展“文明新吴 我也行动”志愿服务，推动志愿服务队和基层单位党建工作“双促进、双提升”活动；扎实开展党史学习教育，开展集中学习11次，研读习近平总书记讲话近600篇。科学谋划党日活动、主题活动、学习实践，组织观看《长征大会师》《长津湖》等红色电影，开展讲红色故事、建党百年党史知识测试等活动；出台《关于进一步巩固和加强红十字基层组织建设的意见》，巩固和发展基层组织。推进街道社区、卫生服务中心、中小学红十字会的组织建设和换届选举工作，进一步完善全区红十字服务网络。（吴　君）

【应急救援体系建设】 2021年，新吴区红十字会与区应急管理局签订《2021年防灾减灾救灾联动工作机制合作协议》，组建由20人组成的区级赈济救援队，开展帐篷搭建、创伤救护等训练。与中国邮政新吴分公司签署《战略合作框架协议》，探索开展备灾救灾物资应急物流、安全公益宣传、应急救护培训等方面合作。面对复杂多变的疫情防控形势，迅速响应，积极行动，组织全体工作人员下沉社区一线，协助社区开展核酸检测。组织红十字志愿者为核酸检测点搭建帐篷，助力核酸检测压力测试。组织应急救援骨干进社区、进学校、进企业开展宣传活动，普及防控知识。（吴　君）

【人道救助能力建设】 2021年，新吴区红十字会常态化开展“博爱送万家”活动，春节前为215户困难家庭发放一次性慰问补助金49.1万元。在“六一”“七一”等时间节点，上下联动集中开展关爱困难儿童和为困难党员送温暖活动。河南发生灾情后，按照属地救助、分级救助的原则启动应急救助，积极对接教育、住建、城管、工会等部门，及时为27名河南受灾地区员工、学生实施临时应急救助。（吴　君）

【公益性救护培训】 2021年，新吴区红十字会推进公益性救护培训“五进”活动，举办全区托幼机构、校外培训机构救护员培训活动，实现托幼机构、校外培训机构救护员全覆盖，为全区12所幼托机构开展了普及性培训。开办3期CPR+AED专项培训，实施标准化课件，提高培训质量。常态化开放区级救护培训基地，启动街道救护培训基地建设。为台企量身定做公益性应急救护培训项目，在远纺工业（无锡）有限公司设置“新吴区台企应急救护培训服务站”，逐步实现台企应急救护培训服务全覆盖。根据人群特征开展“订单式”急救培训业务，针对中小学生开展急救知识讲座，针对中青年开展技能培训，针对老年人开展社区宣传活动。年内，完成初级救护员培训454人、普及性救护培训9278人。（吴　君）

【生命关爱行动】 2021年，新吴区红十字会加大献血、献造血干细胞的宣传力度，在人员密集场所及社区电子屏投放宣传广告，努力营造良好氛围。召开造血干细胞捐献工作座谈会，严把造血干细胞捐献入库质量关，完成造血干细胞血样采集入库31人份，再动员18人，高分辨检测7人，体检4人，实现捐献1人。联合区民政局、卫健局、驻区部队、高校在无锡高新区在线微信公众号上开展有奖知识问答，普及无偿献血知识、新冠肺炎疫情知识、应急救护知识，通过献血屋悬挂横幅、展示宣传展架、发放宣传手册、现场讲解等形式，打造科学献血氛围。（吴　君）

【特色品牌项目】 2021年，新吴区红十字会发动4家单位加入“无锡·善——锡红公益联盟”，与无锡市国联证券联合打造价值400万元的“健康新吴行 体

11月8日，新吴区护企惠台服务团成立暨台企应急救护培训服务站揭牌　　（区红十字会　供图）

8月25日，新吴区红十字会与中国邮政集团有限公司无锡市分公司新吴分公司在民生大厦做举行战略合作签约仪式　　（区红十字会　供图）

5月5日，新吴区红十字会联合中铁十九局在宝龙广场举办第74个世界红十字日“关爱生命　救在身边”主题活动　　（区红十字会　供图）

检暖人心”公益体检服务项目。主动加入党建助残联盟，动员村田电子、西尔格2家企业向区残联定向捐赠21.2万元用于辅助性就业。联合企业党委发动40多家企业持续开展对口扶贫项目，为青海省互助县捐赠智能黑板及资助贫困学生折合30余万元。积极探索互联网筹资方式，围绕“小学儿童自护宣教”项目，积极组织参与腾讯“9・9”公益日活动，完成网络筹资5.2万元。　　（吴　君）

【志愿服务】　2021年，新吴区红十字会推进志愿服务规范化、信息化管理，完成系统注册和填报工作，新增1支志愿服务队、1个志愿服务基地。在学校开展以生命安全健康、救护知识普及为核心的“博爱校园”建设。　　（吴　君）

【学校救护培训】　2021年，新吴区红十字会开展新吴区全区托幼机构、校外培训机构救护员全覆盖培训，为全区12所幼儿园分别举办普及性培训；组织春阳小学、春城小学、泰山路小学开展红十字入会仪式及应急救护培训；做好春城实验小学省级红十字示范校创建工作；以少年军校为平台，开设应急救护课程。落实《关于在全市各级各类学校开展“救在身边 校园守护”行动的通知》要求，继续实施初一新生救护培训全覆盖行动，持续开展“救在身边・儿童自护宣教”人道项目，为全区18所小学的8000多名三年级学生带来高品质儿童自护课程和趣味求知体验。推进新城中学生命健康安全体验教室建设。　　（吴　君）

【专项资金清查】　2021年，新吴区红十字会按照民生专项资金清理整治工作要求，认真贯彻落实市红十字会工作要求，严密制订工作方案，组织全区各街道开展“人道万人捐”和定向救助2项民生专项资金的自查自纠工作，进一步筑牢资金的截留、挤占、挪用、违规支出的安全防线。　　（吴　君）

新吴区关心下一代工作委员会

【概况】　2021年，新吴区关工委在市关工委和区委、区政府的领导下，坚持以习近平新时代中国特色社会主义思想和关心下一代工作重要指示精神为指导，认真贯彻省关工委成立30周年会议精神和市“两个文件”精神，坚持“党建带关建”，紧扣立德树人的根本任务，创造性地开展迎建党百年七个“一百”献礼项目建设，有力推动全区关工委建设迈上新台阶。　　（谷　磊）

【自身建设】　2021年，新吴区关工委建立健全办公室制度化、规范化办公机制，适应新形势下关心下一代事业创新发展需要，加强办公室领导队伍建设，街道办公室主任由团委书记担任。同时通过公开招聘，引进青年人才，配备2名在职工作人员，充实调整工作力量，明确工作人员工作职责、明确分工内容。为提升“五老”的业务能力和工作水平，强化“五老”

志愿者忠诚敬业、关爱后代、务实创新、无私奉献的政治担当，9月28日，举行“五老志愿者标兵”集训营，邀请市关工委主任缪根宝为参加集训营的100多名“五老志愿者标兵”集中授课，进行专门辅导和深入解读。（谷　磊）

【主题宣讲】 2021年，新吴区关工委以党史学习教育为重点，以建党100周年为契机，围绕“颂建党百年做时代新人”开展主题宣讲活动，区关工委成立“关爱明天”讲师团，并延伸到街道成立6个分团，形成“一总六分”43名讲师组成的讲师团队，并组织讲师团集体备课，邀请市、区专家进行现场辅导，按照讲课重点目标任务，由讲师提出课题并精心备课，将宣讲课题汇总审定，形成42个主题宣讲菜单。5月13日，在鸿山实验小学举行“颂建党百年 做时代新人”主题教育暨百场宣讲会启动仪式，区“关爱明天”讲师团成员作题为“我们身边的党史”的首场宣讲，拉开了青少年主题教育的序幕。全区共开展117场主题教育宣讲会，形式灵活多样、内容生动形象，受众达上万人次。宣讲会走进学校、走进社区、走进企业，其中学校40余场、社区60余场、企业10余场。（谷　磊）

【教育辅导站】 2021年，新吴区关工委以优化校外教育辅导站为依托，校站、校所建设展现新成果。建立由100名在职教师、100名大学生村干部和社区工作者、500名“五老”组成的校外教育辅导站，各街道、社区关工委建立校外教育辅导站达100余个。11月，投入13.4万元资金在硕放文体中心图书馆建成VR虚拟现实体验馆（试点），购置一体机1台、头盔10个等设备。（谷　磊）

【预防减少青少年违法犯罪】 2021年，经新吴区关工委积极沟通协调，新吴公安分局关爱工作站开展“开学第一课”安全讲座、“安全童行”假期法制安全宣讲、“安全课堂进校园”、“防骗训练营”进校园、“小手拉大手，争当禁毒小卫士”、“反对校园霸凌欺凌”等活动200余场次；联合警校心理辅导科室、教育部门心理教育室为学生、家长及老师提供专业、有效、个性化的辅导，接受个案咨询、面询计85人次。江溪街道关工委、司法所、公益组织联合开展青少年模拟法庭体验、“非暴力沟通”线上直播等活动，通过情景模拟和技能知识分享等新颖的法治宣传教育模式，让青少年在实践中增强青少年学法、知法、懂法、守法的意识和自我保护能力。旺庄街道针对各年龄段青少年实际需求，组织开展“三个百场”公益课程，开讲“小小法制课堂”100余场；创立青少年维权示范岗，预防和减少青少年违法和犯罪，切实为青少年健康成长保驾护航。鸿山街道关工委统一组织“五老”志愿者按2～3人为一组，开展巡查监督网吧任务。深入排查本区域内有“黑色网吧”，落实网吧经营管理规定。重点检查学校200米范围内是否设有网吧、是否有未成年人进入营业性网吧。（谷　磊）

【外资企业关工委建设】 2021年，新吴区关工委切实履行“指导企业关工委组织建设、推动企业关工委制度落实、助力企业关工委工作提升”三项职责，采取走访企业调查摸底、上门指导解决问题等扎实举措，在短短3个月时间，全面完成新建100家外资企业关工委组建工作，无锡高新区企业的500强企业实现了关工委组织全覆盖，其中近40家企业由资方主要领导担任关工委名誉主任，为后续关工委工作的开展奠定了良好的基础，提供了有利的保障。7月8日，在高新区外企党员生活馆举行的新建百家外资企业关工委授牌仪式上，对新建百家外资企业关工委代表进行授牌，对评选出的20名“关工之友”进行表彰。区关工委“七一”前给新建百家外资企业关工委下达任务，并印发《外资企业关工委工作指南》。组织中外劳模集中送关爱活动，在4月26日举行的“百名中外劳模集中关爱行动”活动中，20多名中外劳模代表走进新吴区特殊教育学校，为该校58名学生送上校服和彩笔、绘本等学习用品。“五一”国际劳动节来临之际，区关工委向全区百名中外劳模发出倡议，号召广大劳模真诚关心下一代成长，推出政治引领、精神指引和困难帮扶三大类12个关爱项目“菜单”。全区100多名中外劳模结合自身特长优势，踊跃认领项目，伸出关爱之手，积极认领“一对一”“一对多”项目150多个，捐赠款物价值6.5万元。（谷　磊）

【网上关工委建设】 2021年，新吴区各街道、区教育系统和高新区企业关工委建立8个网上关工委直播课堂，面向对象为全区“五老”志愿者和广大青少年。采用“小鹅通”线上直播课堂系统平台和“钉钉”手机App授课，师资队伍由区关工委领导、“关爱明天”讲师团成员、“桑梅书记工作室”讲师、“五老”志愿者和外聘讲师组成；运行方式由8个基层关工委负责申办开播和维护；经费保障上，直播课堂运行成本、讲师讲课费纳入财政保障体系，实行足额报销。（谷　磊）

【创建百个特色项目】 2021年，新吴区关工委积极打造102个特色项目，结合青少年成长实际与需求，唱响立德树人主旋律。项目内容涵盖理想信念、爱国主题教育、思想道德、法治实践教育、传统美德、弘扬民族文化、公益项目、树立环保意识。既有线下关工委，又有网上关工委；既有理论层面，又有社会实践学习；既有“五老”骨干参与，又有关工委青年工作者参与，创新工作方式，护航青少年健康成长。（谷　磊）

政法委及综治

【概况】 2021年，新吴区委政法委以全面做好庆祝建党100周年安保维稳工作为主线，重点打好“六项攻坚战”，在重大节点有力维护社会稳定，在全市率先实现综合网格员专职化，全面推进平安新吴建设，深入开展常态化扫黑除恶斗争，全区群众安全感达99%以上，有效服务保障全区发展大局。　（蒋平）

【社会稳定维护】 2021年，新吴区有序推进社会稳定矛盾化解工作，防范化解重大社会稳定风险的能力水平不断提升。深入推进重点领域涉稳风险防范化解“清源”行动。依托社会及信访稳定工作联动平台，定期对全区各重点领域矛盾风险进行排查汇总，对存在的涉稳风险矛盾通过专题研判会等形式逐案分析研判，商讨对策措施，确保化解工作按期推进。推进社会及信访稳定工作联动机制向基层延伸。指导各街道制订出台相关方案，开辟专门办公地点，整合各方面力量，完善联动机制在基层的有效运行。依托社会及信访稳定联运机制，狠抓风险评估源头管理，切实提高源头风险防控水平。　（王金秋）

【政法队伍教育整顿】 2021年，新吴区根据《中共中央关于开展全国政法队伍教育整顿的指导意见》和省、市要求，开展政法队伍教育整顿。教育整顿分学习教育、查纠整改、总结提升三个环节进行。开展政治教育、警示教育、英模教育，由区委书记上党课、区纪委书记上廉政教育课、各级“一把手”上专题党课，政法各单位3256名干警和职工参与政治轮训。坚持开门整顿，召开座谈会23场、新闻发布会2场，多渠道收集意见建议。坚持动真碰硬，层层开展“一对一”“面对面”谈心谈话，109个问题列入顽疾整治清单，列出149项整改措施并整改到位。坚持标本兼治，建立健全长效机制118项。坚持教育成果转化，“新吴e律通”为律师与承办检察官、法官之间架设信息化沟通桥梁。全区政法队伍教育整顿总体考核绩效位列全市前列。　（周鸿斌）

【区域社会治理能力提升】 2021年，新吴区建立健全联席会议、专题会议、信息简报、督导考核和工作总结等各项工作制度。完善“社区党委（总支部）—网格党支部—楼栋党小组—党员中心户”四级组织

3月16日，新吴区召开政法队伍教育整顿第一次新闻发布会　（区委政法委　供图）

3月31日，新吴区召开政法队伍教育整顿警示教育大会　（区委政法委　供图）

体系，推进基层治理“红网格”建设，成功打造6个党建引领网格化治理社区。深入实施“四大工程”，以“清源”行动和“百日攻坚”活动为抓手，排查化解矛盾隐患。不断健全完善区、街道、村(社区)三级社会矛盾纠纷调处服务中心(室)工作机制。完成江溪街道新丰苑社区、鸿泰苑第一社区等58个“平安前哨”基础版、16个“平安前哨”示范版建设，社区网格事务与社区警务一体运作率达到100%。（韩留锋）

【网格服务】 2021年，新吴区联动街道、社区、网格员全力做好“日监测、周通报、月考核”工作。对原划分网格进行优化整合，做到全区层面基本统一。开展“政法进社区 服务零距离”活动，开展年度“最美网格员”评选活动。推进区法院、区检察院、维稳、应急等条线融合需求落地，依托区网格化平台开发“网格+”专题模块，强化科技支撑。调整最新“三官一律”人员入网格，不断充实网格多元力量。（韩留锋）

【扫黑除恶专项斗争】 2021年，新吴区召开全区扫黑除恶斗争领导小组第一次全体会议暨四大行业领域整治推进会，推动四大行业领域整治。共破获“九类”案件139起，抓获犯罪嫌疑人273人，刑拘151人，公安分局黑恶案件百名民警判决数全市第一。对“九类”涉黑涉恶案件23件、56人提起公诉，其中恶势力犯罪案件1件、7人，有力维护新吴区平安稳定大局。对已经填报录入全国扫黑办“12337”平台的60份“三书一函”进行“回头看”，推动建立制度机制12项，逐步形成打击、整治、管理、建设的长效机制。（韩留锋）

【铁路护路专项】 2021年，新吴区签订铁路护路责任状，涉铁路街道加大隐患排查力度，深化对铁路途经重点部位以及重大节日、特殊天气、重要时段的监管力度，与企业共建投资40万元对铁路沿线电缆进行改造，确保铁路安全。（韩留锋）

【禁毒专项】 2021年，新吴区全面落实缉毒执法、宣传教育、禁毒管理和吸毒人员管控各项措施，解除强制隔离戒毒人员当年后续照管率达100%，社区戒毒康复执行率达100%。（韩留锋）

【易肇事肇祸精神障碍患者专项】 2021年，新吴区采取“医院—社区—家庭”模式，严格落实“精神障碍患者四帮一”工作制度，成立专项小组对易肇事肇祸精神障碍患者定期上门走访。积极开展区2个、街道9个挂牌重点地区和突出治安问题排查整治工作，每月集中分析研判一次社会治安形势，研究制订针对性措施。（韩留锋）

法治政府建设

【概况】 2021年，新吴区深化“法治新吴”建设，充

8月30日，中共无锡高新区工委（新吴区委）全面依法治区委员会第三次会议召开（宋俊杰 摄）

分发挥依法治区“一办三组”职责，推动执法、司法、守法普法3个协调小组发挥协调衔接作用；推动党政主要负责人切实履行推进法治建设第一责任人职责，实现领导干部任前考法、日常学法、年度述法工作常态化制度化；探索法治议事协调机构向街道延伸，构建党委领导、总揽全局、协调各方的全面依法治街工作体系。提升法治惠民质效，全链联动、全员上阵、全域覆盖，各项工作取得显著成效。（宋俊杰）

【依法决策】 2021年，新吴区共审核区政府、街道办事处重大决策和行政文件、文书63份，重大招商项目协议30份，参与处理房屋征收、信访复查等各类涉法事务52件；全年累计共办结行政复议案件50起、行政应诉案件10起；发布2021年度区政府重大行政决策事项目录，推动落实全流程法定程序。（宋俊杰）

【执法监督制度】 2021年，新吴区开展执法资格考试、案卷评查、执法检查，持续推进行政执法“三项制度”落实。实行证明事项告知承诺制，深化街道综合执法改革，制发《新吴区6个街道集中行使行政处罚权详细目录清单》，加强街道行政执法指导，下发《无锡市镇街综合行政执法指导规范(试行)》，推动街道规范化开展行政执法。全省首批20名行政执法监督员正式上任。（宋俊杰）

【普法惠民工程】 2021年，新吴区印发《2021年新吴区普法依法治理工作要点》《2021年新吴区机关部门(单位)月度普法项目清单》，指导协调各部门、街道、村(社区)开展覆盖广泛的疫情防控、“春风行动”、“农民工学法周”等专题宣传活动200余场次；区委常委会和区政府常务会议开展集中学法11次，组织领导干部任前法律知识考试5场次118人，组织旁听庭审2次100余人；在梅村街道二胡文化园、新四军江抗东进纪念馆等地搭建民法典宣传平台，采用“宣讲员+辅导员”双师模式，引导群众互动交流；全力推进法治文化建设，打造法治文化阵地，融合当

地文化特色建成宪法、青少年等规模化法治主题公园（广场）32个；推出《新吴小司说法律》《小新小吴说反诈》《轻松普法100秒》等系列普法微视频31部。其中，《民法典解疑难》获得江苏省民法典普法短视频征集三等奖；《宪法遇上民法典》《典亮生活伴民同行》分别获得无锡市优秀法治文化作品评选活动动画类和短视频类一等奖；《我与宪法一生同行》获得无锡市优秀法治文化作品评选活动短视频类二等奖。（宋俊杰）

公　安

【概况】 2021年，新吴公安分局维护全区社会治安持续稳定，公安工作和队伍建设取得了新的成绩。年内，4个集体、62名个人获市公安局以上表彰，涌现出江苏公安"百优刑警"、"新时代江苏公安交警标兵民警"、"全市优秀共产党员"、"无锡市巾帼建功标兵"、"全市30佳优秀政法干警"、"无锡最美警察"等一批有影响力的先进典型。（吴音月　杨瑾丰）

【刑事案件侦破】 2021年，新吴区共立刑事案件6462起，同比上升8.6%；破案1929起，同比下降4.1%；破案率29.9%，同比下降4%；破案绝对数2232起，同比上升0.6%，达到历年最高；实现命案连续11年、抢劫案连续5年全破，全区没有发生治安热点问题。全面落实扫黑除恶常态化工作机制，捣毁3个有社会影响的恶势力犯罪团伙，抓获犯罪嫌疑人33人，破获案件50余起。破获"九类"案件84起，抓获犯罪嫌疑人250人，分局黑恶案件百名民警判决数全市第一。坚持"以打开路"，扎实开展系列专项行动，严打严治各类违法犯罪。年内3起命案、77起"八类"案件全部快侦快破。侦破旺庄"3·12"故意伤害致死案、坊前"8·22"入室抢劫案、后宅"6·17"放火案等一系列大要案件。（吴音月　杨瑾丰）

【人口管理】 2021年，新吴公安分局全年共受理省内异地办证32563张，跨省异地办证18277张，港澳台居民居住证办证73张。（吴音月　杨瑾丰）

【出入境管理】 2021年，新吴区常住境外人员4917人，共登记境外人员住宿21381人次，住宿登记管控率100%；出入境窗口受理各类出入境证件及签注3845张；完成不准出境人员和特殊身份人员报备1820人次；境外人员住宿联网宾馆55家。查处"三非"行政案件70起、70人，妨害国边境刑事案件立案12起、13人，公诉3人。（吴音月　杨瑾丰）

【禁毒管理】 2021年，新吴公安分局共查获各类涉毒违法犯罪嫌疑人183人，其中采取刑事措施35人，公诉51人，行政处罚148人，强制隔离戒毒14人。

5月10日下午，"丹心向阳　风华百年"——庆祝建党100周年主题文艺作品展开幕　（王淑慧　摄）

11月25日，江苏省寄递渠道毒品查缉无锡站揭牌仪式举行　（薛　超　摄）

组织社会面吸毒人员再核查、再评估1728人，办理易制毒购买运输备案许可2958份，走访检查办证企业340余家，检查率100%，开展校园毒品预防宣传宣讲50余场次、线上禁毒宣传90场次。

（吴音月　杨瑾丰）

【群租房管理】 2021年，新吴公安分局全面落实群租房安全管理，排查10人以上群租房5382户，发现并整改隐患部位777处，牵头群租房安全整治"543"攻坚行动，核查登记流动人员31万余人，注销38万余人，查处违规出租群租165户。启动为期6个月的群租房"去存量、控增量"攻坚行动，通过减人、去床位、停租房间等措施认真抓好本地群租房控量工作。年内，全区有群租房947户，去存4435户，其中取缔6户、停租311户、拆迁391户、分流3727户，降幅达82.4%。（吴音月　杨瑾丰）

【交通管理】 2021年，新吴区共受理交通事故46096起、伤128人、直接财产损失51.25万元，同比分别上升17.53%、43.82%、39.30%；发生亡人事故56起、致死56人，亡人事故起数、亡人数同比分别下降8.2%、11.11%。全年查处各类交通违法行为 30.4 万余起，其中电动自行车违法 23.8 万余起、酒驾醉驾 760 起、工程车违法 3840 起、超载 1038 起、违法停车 7 万余起。建立完善“两客一危一货一校”重点车辆单位分级分类监管机制，深入企业督促落实安全措施，排查整改源头隐患 77 项，整改路面设施隐患 3950 项，全区 3 条市级、10 条区级挂牌督办隐患整改完毕通过验收；依托安全生产“春风行动”、“百团进百万企业”等专项行动，深入 186 家监管企业开展安全警示教育；落实道路交通事故月度综合分析和重大事故“一案一评析”，同步增设 39 处二次过街设施，划设 26 处右转弯危险区，安装右转弯危险区硬隔离 13 处及道路安全预警系统 10 套。（吴音月　杨瑾丰）

【警务改革】 2021年，新吴公安分局优化警务机制，成立情报研判通达战队、数据必达战队，构建“一街道一中队”的交通管理模式，推进“一村（社）一交通辅警”建设，建立61个社区交警工作站。增效打击防控，警务工作站配备高空鹰眼摄像头、高空AR可视化全景平台、AI人工智能预警平台，实现巡逻防控、接处警流程可视化、智能化。升级改造合成侦查中心、视频实验室、电子物证室，建立反诈专业队，打造新吴反诈全能作战平台。牵头建成新吴区刑事速裁中心，在全市率先建立48小时、刑事拘留、取保候审三类快速办理机制，有责检察监督数据同比下降60%，执法绩效考核居全市前列。落实创新项目，建成58个基础版、20个示范版“平安前哨”，建设网安警务室等特色警务室，完成全区二维码门牌安装。建成248个基本版、25个高级版智慧技防小区、57个智慧技防校园。完成技防城“320”改造，建成“三圈两线一中心”感知防控圈智能设备298路、智慧公交站台55个、智慧技防单元10个。建设全息防控圈项目，构建环城、环区、环重点部位三层电子围栏，建立精准手机、人脸、车牌匹配关联数据库。

（吴音月　杨瑾丰）

【惠企得民】 2021 年，新吴公安分局制定出台《新吴分局惠企利民七项措施》，建设派出所综合窗口，办理户政、交通管理、出入境管理等业务；升级完善出入境大厅智慧岛建设，引进 6 台智慧岛受理台，全面实现窗口无纸化受理模式，实现群众办证电子档案归档。走访重点企业 120 余次，征集意见建议 46 条，帮助企业解决困难求助事项 75 件，破获经济案件 77 起，抓获犯罪嫌疑人 131 人，为企业挽回经济损失 3.2 亿元。排查甄别非法集资风险企业 900 余家，警示约谈 57 家，侦破全市首例大规模线上非法吸收公众存款新型案件，百分百追赃 1268 万余元。优化城警联动工作机制，整治交通秩序、犬类管理、“小广告”三个重点领域，整改交通设施 1955 处，查处各类交通违法 16.8 万余起，协调新增 16 个公共停车场、7000 余个停车位。（吴音月　杨瑾丰）

【队伍建设】 2021 年，新吴公安分局建成启用大厅“健康角”“健康小屋”常态化运行，举办忠诚从警纪念章颁发、集中授奖等仪式，安排落实功模民警辅警疗休养。445 名民警职级得到晋升，其中 25 名民警提前晋升。在全市率先争取 30 万元辅警专项表彰经费。强化岗位练兵，分局科（所、队）长以上领导干部全部通过全市公安机关执法用枪训练考核，全警分批次进行公共科目测试。在全市公安法律技能练兵竞赛中，新吴公安分局荣获二等奖。5 名教官成为中国人民公安大学“外聘教官”。（吴音月　杨瑾丰）

【“净网 2021”专项行动】 2021 年，新吴公安分局以“净网 2021”专项行动为契机，打好网络阻击战。受理各类案件601起，主侦案件16起，配侦案件585起，抓获各类违法犯罪嫌疑人 700 余名。受理取证案件 51 起，处理检材 400 余份，出具取证报告 60 余份，成功侦破多个有社会影响的案件。积极开展散布政治

11 月 12 日，新吴区刑事案件快速办理中心揭牌启用仪式举行（薛　超　摄）

10月22日，“反诈锡引力”广场宣传暨全民反诈“精准宣防进企业”活动（王淑慧　摄）

5月28日上午，全市见义勇为工作会议在新吴公安分局召开 （王淑慧　摄）

3月27日，新吴公安分局举行“终结诈骗　全民参与”反诈宣传启动仪式 （王淑慧　摄）

谣言网民落地，查证境内外发布政治谣言网民19人，侦办“三个一律”专案2起。 （吴音月　杨瑾丰）

检　察

【概况】 2021年，新吴区检察院1个案例入选最高检指导性案例，5个案例入选省级典型案例，未检团队被评为“全国三八红旗集体”，46个案（事）例被人民日报、新华社、中央广播电视总台等中央媒体报道。依法打击刑事犯罪，共批准逮捕184件、259人，提起公诉780件、1133人。依法对故意杀人、抢劫、强奸等严重暴力犯罪的14名被告人提起公诉。快速办理一起国庆假日期间发生的特大持刀抢劫金店案，2名被告人均被判处10年以上有期徒刑，不断提升人民群众安全感。 （李吟月）

【护航民企发展】 2021年，新吴区检察院聚焦太湖湾科创城建设，设立法律服务点，制定18条服务保障举措护航民企发展，依法妥善办理涉企刑事案件48件。出台《涉民营企业案件企业合规办理操作指引》，对作出不起诉决定的民营企业持续跟踪监督，先后10余次实地走访相关企业，帮助企业建立并完善合规制度。制定《护企零距离活动方案》，通过案例说法、专员访情、实事助企，全面掌握企业在涉法领域存在的困难和所需、所盼。推进省检察院护航民企试点项目“实体警示教育基地”建设，提升非公企业法律风险防控水平。依托“精准普法月月行”平台，举办专题讲座6个，提供法律咨询120人次，深入企业发放《企业常见刑事法律风险防控提示函》等资料400余份。 （李吟月）

【法治惠民】 2021年，新吴区检察院全力防范化解金融风险，依法打击保险诈骗、伪造金融票证、洗钱等金融犯罪，共起诉17人。加强检监配合，主动发现一起职务犯罪案中的洗钱线索，并依法成功办理该案。引导公安机关对一起非法吸收公众存款案实现100%追赃，挽回群众损失1200余万元。持续开展防范“套路贷”和非法集资法治宣传，对全区105个村社区实现宣传资料发放全覆盖。巩固脱贫攻坚成果，共办理司法救助案件48件，发放救助款39.96万元，帮助因案受困的被害人及其家属走出困境。运行远程司法救助系统，实现司法救助“零次跑”。全程指导远在四川的救助对象完成救助手续事例在《人民日报》海外版头版报道。聚焦“美丽新吴”建设，共办理环保类刑事和公益诉讼案件50件。创新“新吴＋相城”跨区域环境保护协作机制，相互移送危害环境线索2条。建立“网格化＋志愿者”公益损害风险防控协作机制，合力保护伯渎河，联合有关部门覆土复绿2.8万平方米，首次使用公益诉讼生态损害赔偿金增殖放流鱼苗3000余尾，获区法治惠民实事工程二等奖。 （李吟月）

【知识产权保护】 2021年，新吴区检察院成立知识产权检察办公室，整合刑事、民事、行政检察职能，共办理知识产权案件17件。邓某某等人销售假冒注册商标的商品案入选最高检指导性案例，封某等人侵犯计算机软件著作权案入选“江苏省打击侵权盗版十大案件”，知识产权办案团队被评为全省检察机关优秀办案团队。连续九年举办知识产权保护“泰吴讲坛”，举办护航中国“芯”发展主题论坛，组织权威专家帮助分析企业知识产权保护漏洞，完善企业员工管理和知识产权内控机制。 （李吟月）

【扫黑除恶案件检察】 2021年，新吴区检察院出台《推进扫黑除恶常态化切实提升群众满意度的实施方案》等文件，促进扫黑除恶提质增效。共提起公诉涉黑涉恶“九类”案件25件、61人，四大行业十大领域案件291件、320人。依法办理一起涉及苏州、无锡两地，时间跨度长达8年的涉黑涉恶案件，对9名犯罪嫌疑人以涉嫌开设赌场罪、聚众斗殴罪、敲诈勒索

罪批准逮捕。（李吟月）

【职务犯罪检察】 2021年，新吴区检察院依法办理市检察院交办和区监委移送起诉的职务犯罪案件11件、12人。办理一起国有企业工作人员贪污贿赂案。对轻微违法的举报线索，单独或与区纪委联合开展函询、谈话3人次。（李吟月）

【法律服务】 2021年，新吴区检察院在安全生产、交通运输、网络管理等领域制发综合治理类检察建议、法律风险提示函89份，督促有关单位落实依法行政、行业整治和属地管理职责。开展“政法进社区，服务零距离”等系列活动，下沉干警581人次，开展法律咨询等服务活动206场次，发放法治宣传资料3000余份，制作“检察官说法”节目4期。（李吟月）

【刑事诉讼检察】 2021年，新吴区检察院强化侦查监督，提前介入引导侦查173件，依法追捕、追诉49人。办理一起20人电信网络诈骗案，依法对为该诈骗团伙窝藏、转移赃款的2名被告人监督立案，并追缴全部赃款121万元。深化行政执法与刑事司法衔接机制，引导行政机关向公安机关移送刑事侦查线索10余条。强化刑事审判监督，依法抗诉3件，发出再审检察建议1件，检察长列席审委会5次。依法对220名社区矫正对象、24名指定居所监视居住对象开展检察监督，监督强制医疗执行案件1件。（李吟月）

【民事检察】 2021年，新吴区检察院共办理民事检察案件126件。落实最高检“5号检察建议”，联合区法院、新吴公安分局成立全市首个“预防和惩治虚假诉讼联络办公室”，形成虚假诉讼惩防合力，打造“新吴诚讼”检察工作品牌。共办理民事虚假诉讼案件11件，涉案金额1600余万元，4人被追究刑事责任。办理的杜某等系列虚假诉讼案被评为全省“十佳民事裁判结果检察监督案件”。共办理行政监督案件30件，发出检察建议11份，办理行政争议实质性化解案件10件。（李吟月）

【公益诉讼检察】 2021年，新吴区检察院落实区人大常委会《关于加强检察公益诉讼工作的决定》，共办理公益诉讼案件128件，发出诉前检察建议119份，回复整改率100%，提起刑事附带民事公益诉讼5件，成功追回社保基金利息损失168万元。扎实开展公益诉讼专项监督，共开展英烈设施保护、畅通消防通道、保护无障碍环境建设、加强校外培训治理等20余项专项活动。（李吟月）

【落实认罪认罚从宽制度】 2021年，新吴区检察院共适用认罪认罚办结840件1160人，适用比例超过90%。依法对社会危险性较小的45名犯罪嫌疑人不批捕，对27名犯罪嫌疑人变更强制措施，审前羁押率降至26.78%，对情节轻微的109名犯罪嫌疑人不起诉。推行案件办理程序公开，共办理检察听证案件74件。（李吟月）

【惠民司法保障】 2021年，新吴区检察院推出“暖民心”“我为群众办实事”等项目15个。参与打击电信网络诈骗犯罪“断卡”行动，共批捕41人，起诉99人。出台《食品安全检察监督专项活动实施方案》，重拳打击危害食品安全犯罪，办理的1起销售有毒、

普及禁毒知识，解答群众咨询（叶昊明 摄）

9月1日，新吴区检察院联合区应急管理局，对生产经营企业开展安全生产检查（叶昊明 摄）

5月25日，“生命之源绿色发展项目——太阳能原位菌巢示范活动”举行（叶昊明 摄）

有害“减肥糖果”案，被中央电视台《今日说法》专题报道。与区法院、新吴公安分局联合出台《关于进一步加强涉众型经济犯罪案件追赃挽损工作意见》，推动犯罪嫌疑人在检察环节退出赃款4900余万元，获区法治惠民实事工程二等奖。履行民事支持起诉职能，办理支持起诉案件42件，助力进城务工人员依法讨薪。保护公民个人信息，办理侵犯公民个人信息犯罪案件5件，对售楼处等公共场所公民个人信息保护情况开展专项监督。（李吟月）

【未成年人成长护航】 2021年，新吴区检察院严厉打击侵害未成年人犯罪案件，共批捕18人，起诉23人。对涉罪未成年人宽容不纵容，对12名未成年人作出附条件不起诉决定，持续跟踪帮教，办理的吕某某盗窃帮教案被评为全省十大优秀帮教案例。开展“点亮心灯”被害儿童心理救助项目，实现未成年人保护专业化与社会化衔接。推进未检业务统一集中办理，对2件监护侵害案件支持起诉撤销监护人资格，制发检察建议，敦促旅馆业、民营医疗机构等履行强制报告义务，推动行业规范治理。组建法治副校长宣讲团，打造“立体化”普法产品矩阵，开通“云普法”线上法治宣传直播平台，覆盖辖区全部中小学，受众达7万余人次。（李吟月）

【司法程序效能提升】 2021年，新吴区检察院构建以“案—件比”为核心的案件质量评价指标体系，倒逼检察官以“求极致”的心态落实办案责任。“案—件比”降至1.1，最大限度减少不必要的诉讼环节和群众讼累，提升诉讼效率。建设新吴区刑事案件快速办理中心，实现繁简分流和简案快办，速裁程序和简易程序适用率达94.74%。打造检察环节多元矛盾化解平台，吸收专业律师、心理咨询师和人民调解员参与矛盾“一站式化解”，共化解疑难复杂信访案件10件。（李吟月）

【公共服务优化】 2021年，新吴区检察院优化“12309”检察服务中心功能，落实“暖心控申”工作要求，共接待群众信访180件，严格执行“群众信访件件有回复”要求，7日内程序性回复和3个月内办理过程、结果答复率均为100%。主动问需于民，就提升便民服务质效开展专项部署，走访调研40余次，推出便民措施16条。运用互联网和电子数据平台等信息化手段提供高效便利的阅卷服务，研发全市首个法律职业共同体线上沟通平台“新吴e律通”，共接待当事人、律师阅卷查询1232人次。（李吟月）

【社会监督】 2021年，新吴区检察院向区人大及其常委会报告重要事项、重点工作3次，接受区人大常委会对公益诉讼等专题调研，组织5名检察官接受区人大常委会述职评议，邀请人大代表参加活动150人次。向区政协通报检察工作，组织人民监督员、特约检察员、律师等参与检察开放日活动80人次，召开

3月29日，凯利公社开展“防范电信诈骗，检察官在您身边”专题法治宣传活动　（叶昊明　摄）

9月3日，“开学第一课”检察长与同学们面对面云交流　（叶昊明　摄）

“检民”、“检律”等座谈会8场，收到群众意见函130余份。召开新闻发布会5次，通过“两微一端”等发布工作信息2174条，总阅读量60万次，在全区“谁执法谁普法”履职评议活动中获优秀奖。深化案件信息公开，通过互联网向社会公开案件信息1337条、法律文书782份，以检务公开提升司法公信。

（李吟月）

法　院

【概况】 2021年，新吴区人民法院受理各类案件16750件，在审执结15293件，同比分别上升19.03%和24.76%。在审判质量效率评价体系10项关键指标中，4项全市第一，6项全省领先，审判执行主要质效指标位居全市法院前列。（王茜之）

【扫黑除恶案件审判】 2021年，新吴区人民法院强化要案攻坚，依法审结蔺某某等7人恶势力犯罪案。对2018年以来审结的涉黑涉恶案件及上级交办线索全面复查核查，确保无遗漏无死角。会同公安、检察

机关出台涉众型经济犯罪案件追赃挽损工作意见，在岳某某、彭某某等30人诈骗案中，通过“线上＋线下”向被害人发放退赃款240余万元。（王茜之）

【刑事犯罪惩治】 2021年，新吴区人民法院审结刑事案件736件，判处罪犯1138人。严厉打击破坏疫情防控犯罪，被告人周某涉防疫物资诈骗案庭审被评为全国法院百场优秀庭审。依法惩治破坏营商环境犯罪，审结非法经营、非法吸收公众存款、电信网络诈骗等犯罪104件、322人，涉“断卡”行动案件51件、96人，全力追赃挽损720余万元。审结涉食品药品安全犯罪5件、19人，吴某某等人生产、销售有毒有害“减肥糖果”案被中央电视《今日说法》报道。从严惩处贪污贿赂犯罪9人，依法判处“红通人员”江苏省纸联再生资源有限公司原总经理谢某某有期徒刑17年，并处罚金80万元。（王茜之）

【法治化营商环境建设】 2021年，新吴区人民法院出台《推进法治化营商环境建设的行动方案（2021）》，有效提升法院服务保障重大战略实施的司法效能。全年审结商事案件2349件，防范化解金融风险，降低企业融资成本，全力支持实体经济发展。打造无锡涉外商事争端解决首选地，审结涉外、涉港澳台民商事案件92件。（王茜之）

【企业服务】 2021年，新吴区人民法院盘活不良资产22.3亿元，推动33家“僵尸企业”退出市场，加强府院联动，促成中兴九城等企业重整成功，新湖竞德全等公司资产及时变现，妥善解决涉及百名工人安置的焦化厂破产案，精准助力产业升级。办理国土征收案件，推动伯渎河等重点地块扫尾灭点，强制腾退占用星洲工业园、软件园等工业、科研用地3万平方米。（王茜之）

【知识产权保护】 2021年，新吴区人民法院审结知识产权案件557件。在太湖湾科创城设立知识产权巡回审判庭，推出惠企举措17条，与太科园管委会共同开设“法智科创城”线上普法平台，发布知识产权司法保护蓝皮书，一起侵犯著作权犯罪案件入选江苏省打击侵权盗版十大案件，区法院被国家版权局表彰为有功单位。强化知名品牌保护，对5家恶意侵权的公司适用惩罚性赔偿总计近50万元。注重司法保护创新创业配套产业，防范化解科研合作、创新项目运行过程中潜在风险，建立孵化器产业租赁纠纷便捷处理机制，运用诉前保全等法律手段为权利人挽回经济损失5000万元。（王茜之）

【诉前调解】 2021年，新吴区人民法院深入开展“审务进基层、法官进网格”活动，82名法官及法官助理挂钩对接全区108个社区、663个网格；强化诉前调解实质化运行，引入民间调解组织、专业律师调解团队，增强人民调解力量，诉前化解各类案件2285件；着力矛盾多元共治，建立“前哨预警、联动处置、就地解纷”流程处置三张网，健全法院与相关单位“1+N”联动对接机制。“五一”假期加班加点，通过与街道司法所、社区紧密联动，采用“诉前调解＋司法确认”，一次性化解鸿坤理想湾510户业主与开发商房屋买卖合同纠纷。（王茜之）

【惠民司法保障】 2021年，新吴区人民法院审结衣食住行娱等民生案件4226件。运用代表人诉讼、示范性裁判等方式，高效集约解决涉及楼盘延期交付、质量问题等群体性纠纷9件、634户。推进家事审判改革，“大玫法官工作室”入驻区综治中心，审结的张某申请人身保护令案入选2016—2021年江苏法院人身安全保护令典型案例。利用新媒体阵地开设“以案说法”专栏、开展“法律风险防范”直播课等专题普法活动，全年对外发布宣传社会主义核心价值观典型案（事）例473篇，其中46篇被国家级媒体刊载，4件法治文化作品获得市级以上荣誉。

聚焦“切实解决执行难”工作目标，全年受理执行案件7056件，执结6848件，执行到位金额14.4亿元，多项核心指标领跑全市法院。创新“互联网”＋执行模式，在全市率先推广适用“网格化”社会治理信息平台。在全省首次适用继续执行责任保险，有效提高财产处置速度，保障胜诉群众的合法权益。持续开展“我为群众办实事”实践，推出12个为民办实事项目、12项便民利民措施。新建成并投入使用“七位一体”诉讼服务中心，打造网上立案“一键通”、自助立案“不打烊”、跨域立案“一站通”的全天候网上诉讼服务快车，全年开展网上立案1431人次，诉讼服务综合质效指标位居全省法院第一。积极融入政协“有事好商量”平台，打造“有事好商量，法官来帮忙”实事项目。实施“惠民助企争先”司法服务提升工程，获年度区法治惠民实事工程项目一等奖。（王茜之）

【司法队伍建设】 2021年，新吴区人民法院开辟以“微课堂”“微平台”“微调研”为一体的学习阵地，教育引导干警学思悟践，争当新时代司法“排头兵”。加强党建引领，开展党支部与街道、社区等基层党组织共建，打造党建联合、业务联通、上下联动的坚强战斗堡垒；加强专业培训，全年组织干警参加各类业务培训1200余人次；加强调查研究，在《人民司法》《中国法院年度案例》等法学核心刊物发表论文、案例45篇；主动接受监督，全年邀请代表、委员旁听庭审、见证执行、视察法院、座谈评议210余人次。（王茜之）

司法行政

【企业法律服务】 2021 年，新吴区开展“法治体检”，服务企业 537 家，提出法律意见 391 条；提档企业法律服务中心建设，优化法律服务举措，依托中心和 7 个园区法律服务联系点，派驻律师定时定点坐班，受理企业法律需求，为企业运营、上市、重组等提供全流程法律服务；依托“线上＋线下”一体化企业法律服务中心平台，深化“产业链＋法律服务”活动，打造集成电路、生物医药、节能环保等“6+1”产业链＋法律服务联盟；围绕物联网、集成电路、新能源、生物医药等重点产业项目和太湖湾科创带、“一带一路”等建设，江苏瑞莱律师事务所参与“一带一路”埃塞俄比亚法律服务中心工作；针对小微（初创）企业，推出 11 项企业全生命周期法律服务项目；编制《新吴区企业知识产权保护和纠纷应对指南》、各类合同范本及维权操作指引，依托律师事务所非诉分中心，办结知识产权类调解案件 71 个。（宋俊杰）

【公共法律服务】 2021 年，新吴区积极参与“服务零距离，政法进社区”活动，组织司法行政干警、律师、法律服务工作者等 589 人次参加，解答群众咨询 405 个；推动“一村（社区）一法律顾问”制度有效实施，全区法律顾问为村（社区）居委会决策提供法律意见 159 次，举办法治培训 48 场；实施“法律明白人”挖掘培育工程，遴选出的 663 名“法律明白人”累计开展普法宣传 258 次、调解矛盾纠纷 463 件；开展“法润民生·拓展工程”法律援助活动，推进法律援助事项范围“负面清单”落地，全年累计办理法律援助案件 1096 件，为年度目标任务的 150%。积极开展“为民办实事”专项活动，组织 14 名机关干警下沉基层，服务群众，开展“五走进、五必访”计 236 次，为群众提供法律咨询约 143 人次；以政府购买法律服务方式，委托律师每周两天在村（社区）“坐堂办公”，累计编发法治宣传案例 5100 多个，提供现场法律咨询 1265 次，为群众解决具体问题 205 个。（宋俊杰）

【基层社会治理】 2021 年，新吴区打造矛盾纠纷多元化解平台，夯实基层基础，对基础设施升级改造；提升纠纷化解效率，深化人民调解与行政调解、司法调解对接机制，延伸服务网络，完善非诉中心、对接调解室，优化调解队伍，择优新聘 20 名专职调解员；依托“苏解纷”线上平台，打造统一调度、集中管控、上下联动的“智慧调解”集成平台，全年各级调解组织调解矛盾纠纷 10830 件、群体性纠纷 39 件、涉及 981 人，调解成功率 98%；加大特殊人群管控力度，列入社区矫正对象 224 人，2021 年入矫 162 人，解矫 166 人，安置帮教对象 675 人，后续照管对象 53 人。严格落实社矫对象日常教育监管，创新“红黄榜”管理模式，对入红榜人员给予优先推荐就业等奖励，对入黄榜人员调升管理等级，有效提升改造积极性；提高特殊人群帮扶质效，联合劳动、民政和社会培训机构等建立就业帮教基地 2 个，定期组织开展技能培训，依托爱心企业帮助解决就业，累计开展专题招聘 5 次，提供就业指导服务 20 次，提供就业指导服务 120 次，安置就业 79 人。（宋俊杰）

10 月 27 日，无锡汇业（无锡）律师事务所为江苏日新外运国际运输有限公司开展企业合规管理讲座（宋俊杰 摄）

10 月 29 日，新吴区举行行政执法监督企业联系点暨企业行政执法监督员聘任仪式（宋俊杰 摄）

旺庄司法所拍摄微电影《轻松普法 100 秒》，宣传普及法律知识（张露莛 摄）

5月17日，新吴区司法局联合新吴区消防大队，以“筑牢安全防线 护航校园生活”为主题，走进坊前实验小学，开展消防安全宣传活动 （宋俊杰 摄）

推广“苏解纷”线上非诉服务平台，实现了矛盾纠纷化解“一次都不用跑” （宋俊杰 摄）

3月30日，新吴区司法局党委书记、局长杜斌以为全区司法行政系统在职在编人员上党课 （宋俊杰 摄）

【政法队伍教育整顿】 2021年，新吴区慎终如始开展队伍教育整顿，围绕“四项任务”“三个环节”要求，将学习教育贯穿始终，注重打牢“学”的基础作用，动真碰硬查纠整改，综合运用自查自纠、组织查处等手段，排查发现问题60人次，明确整改措施、时限，压实整改责任；坚持“当下治”与“长久立”相统一，健全完善相关制度机制，制发提升工作质量、规范工作制度等文件20项，有效巩固教育整顿成果；持之以恒加强党史学习教育，与教育整顿工作同部署、同安排、同推进，把准学习方向，强化制度保障，落实全员学习，通过书记上党课、聆听专题讲座、观看红色电影等活动，切实推动党史学习教育走深走实、见行见效；一以贯之抓好全面从严治党，突出学习型党组织建设，加强理论武装，坚持习近平法治思想的学习贯彻落实，管好意识形态主阵地；积极发挥机关党委、律师行业党委组织领导作用，推进党支部标准化、规范化建设；严格执行中央八项规定精神和党风廉政建设各项规定，常态化开展党性、党风、党纪和反腐倡廉教育，严肃党的政治纪律、组织纪律、廉洁纪律，努力打造敢打硬战、作风优良、绝对忠诚的司法行政队伍。 （宋俊杰）

人民武装

【思想政治建设】 2021年，新吴区人武部严格落实党委中心组理论学习计划，坚持把抓好党史学习教育作为贯穿全年的重大政治任务，认真学习习近平总书记在党史学习教育动员大会的讲话和“七一”重要讲话精神，通过党委书记、纪委书记带头上党课，落实组织生活制度，强化党性锻炼，增强党员意识。灵活多样开展“学党章、上党课、戴党徽、唱党歌、向党旗宣誓、讲党的传统”等活动，涵养党史文化，培育红色基因，坚定政治信念。围绕迎接和庆祝建党100周年，组织开展党史学习教育，按照“学党史、悟思想、办实事”活动要求，积极开展“四个一百”活动。（胡铭旸）

【国防教育】 2021年，新吴区人武部坚持每月制作国防教育简报并送至区政府和各街道，强化各级和公民国防意识。筹建新吴区国防教育讲师团，推动国防教育进院校、进企业、进社区。依托江抗纪念馆和无锡科技职业学院平台建设新吴区国防教育实践基地，以区少年军校、双拥公园、国防教育实践基地等为阵地，创新新吴国防教育特色。会同区委宣传部、区退役军人事务局整合区内国防教育资源，持续深化全民国防教育。 （胡铭旸）

【“双拥”工作】 2021年，新吴区人武部以首创“双拥模范区”为契机，贯彻落实《中华人民共和国退役军人保障法》和《中华人民共和国军人权益和地位保障法》，进一步完善“双拥”优待政策，组织对辖区内现役军人家庭进行慰问，拓展深化拥军优属“新吴模式”。 （胡铭旸）

【演练与训练】 2021年，新吴区人武部按照《江苏省后备力量建设"十四五"规划》，大力抓好民兵整组工作，编实建强"三支队伍"，军地合力推进民兵队伍编组、党组织预建及相关配套保障；先后召开10余次武装工作例会、2次现场观摩会，研究部署帮难解困，对民兵整组工作全过程进行检查验收。全年组织防空、森林防火、防汛抗洪等专业技术兵参加上级轮训。9月，民兵应急连反恐维稳排代表无锡市参加省军区应急分队考核，两次考核均表现优异。（胡铭旸）

【征兵工作】 2021年，新吴区高质量完成年度征兵任务。区人武部投入经费20万元同无锡科技职业学院一起建设"征兵工作站"，引导广大优秀学生投身军营、报效祖国。落实"一企一策"，"企业带编"入伍试点工作取得积极成效。（胡铭旸）

人民防空

【概况】 2021年，新吴区人民防空办公室（以下简称区人防办）把握新时代人民防空工作要求，不断推动各项工作有序开展。组织开展宣传活动，推进人防安全专项治理工作，加强社区民防工作站的平时管理，全面推动基层人防建设，培育基层人防工作人员，为街道、社区民防工作站配发图书1000多册，为新吴区所有初中二年级以及小学四年级学生配发民防知识读本6000余册。积极组织"5·12"防震减灾宣传周及"9·18"防空袭相关演练活动，在江溪实验小学、万裕苑二社区、春潮四社区、新安花苑第五社区、和风社区、新光社区组织宣传活动，居民群众及学校师生1800余人参加，增强人民群众的人防意识，宣传人防应急避难救护知识，提高防灾防战能力，保障人民群众生命安全。（何平）

【指挥通信】 2021年，新吴区新增数台固定警报器和1台多媒体警报器，完成"9·18"国家公祭日暨全省防空警报试鸣工作，警报覆盖率100%，鸣响率100%。加强指挥系统建设，积极推进小型机动指挥所机动拉练演练工作，参加省民防局组织的跨区机动通信和保障活动，检验机动指挥车机动能力、通信保障能力和组织指挥能力。完成区人民防空袭预案和人口疏散方案的修编工作。（何平）

【人防专业队伍建设】 2021年，新吴区按照人防专业队整组要求，汇总全区抢险抢修、医疗、防化防疫、交通运输、通信、治安、消防、心理防护、伪装设障9支专业队伍和民防志愿者队伍情况，加强新形势下防空防灾一体化建设，健全人民防空专业队伍组织，提高遂行应急和应战任务能力，确保专业队伍建设规范有序。（何平）

【工程建设管理】 2021年，区人防办完成全区新立项及在建项目的梳理审批，全年新立项项目、新开工项目、新竣工项目，均超额完成市、区两级既定目标。全面实行网络化办公，严格按照省、市标准要求施行新的人防审批细则，所有审批项目在江苏省人民防空综合平台公示，提高行政服务透明度及办事效率。（何平）

【安全专项整治】 2021年，新吴区地下人防工程已竣工项目199个，按照新吴区地下人防工程安全管理分级分类监督管理办法，人防工程维护管理按照"条块结合、以块为主、各负其责、权责明晰"的原则，A类人防疏散基地和人防指挥所由区人防部门监管，B类为机关、企业、办公园区、商业广场及酒店、学校、医院人防工程由街道人防部门负责，C类为住宅小区由属地社区负责。区人防办对本地区人防工程维护管理、平时使用证管理进行监督和检查；各街道按规定落实定期检查制度，及时上报检查结果。定期检查人防工程平时使用、维护管理、安全管理等情况，建立监督检查制度，对本地区人防工程的检查每年实现全覆盖。组织安全隐患排查整治专项行动，对全区人防工程全覆盖，排查出一般隐患22条，全部整改完毕。

（何平）

【维护管理】 2021年，新吴区完善人防工程平时使用证制度，建立人防工程管理责任体系，建立住宅小区人防工程停车费、租金单独列账制度，规范人防资金使用管理，推进完成60%以上住宅小区人防工程资金账户单列，其中45%进入市人防平台监管。人防工程的主体责任及资金管理责任落实到具体责任单位，责任到人，监管到位。完成已竣工人防工程80%标识更新工作，督促管理单位将人防区域和人防车位进行标识，更便于广大群众正确识别和有效使用防护资源，利于战时、灾时人员快速掩蔽和疏散，确保人民生命财产安全，进一步明确人防工程责任管理单位的制度责任，提高人防工程维护管理的意识和水平。（何平）

财　政

【概况】 2021 年,新吴区财政局国资系统全年完成一般公共预算收入 243.3 亿元,同比增长 12.5%;完成税收收入 209.7 亿元,同比增长 11%。一般公共预算收入和一般公共预算税收收入规模双破 200 亿元大关,一般公共预算收入规模在全省县(区)中排名第七、增幅在苏南各开发区中位列第一,财税高质量考核保持全市第一。区财政局被市委、市政府表彰为“服务高质量发展先进集体”。（徐　彬）

【重大民生支出保障】 2021 年,新吴区财政局完成一般公共预算支出 175.4 亿元,同比增长 17.6%。教育、养老、医疗、生态文明等民生领域支出占比保持在 70% 左右。全区各类城乡公共服务支出 94.28 亿元,同比增长 3.24%。其中,教育支出 15.83 亿元,同比增长 2.34%;医疗卫生支出 11.07 亿元,同比增长 46.61%;住房保障支出 6.95 亿元,同比增长 34.95%;乡社区事务支出 48.45 亿元,社会保障和就业支出 10.9 亿元,与上年基本持平;投入超 2 亿元,保障疫情防控工作。为华虹半导体、海辰半导体、乐友新能源等各类企业办理增值税留抵退税 20.6 亿元,办理出口退税 90.4 亿元,有效激发市场主体活力。重点支持公共卫生、养老服务、老旧小区改造等补短板、惠民生项目,持续扩大基本民生项目投资强度,持续加大重点基础设施建设财政投入力度,区财政用于政府投资项目资金 21 亿元、轨道交通资金 12.71 亿元,补贴公交运营资金 1.1 亿元、生态环保和城市维护资金 7.7 亿元。全年实施项目 101 个,其中社会民生类项目 20 个。（王梓先）

【财政改革深化】 2021 年,新吴区财政局建立区与园街财政事权和支出责任划分改革实施方案“1+4”政策文件体系,理顺区、街两级财政分配关系,加快形成财权与事权相匹配的财政体制。核定太科园 2021 年度各类财政基数,平稳移交 2021 年度预算,实现太科园财政独立运作,为太湖湾科创城建设提供财税支撑。修订区本级财政专项资金管理办法及清单、运转类经费预算职能目录体系,进一步厘清区财政资金管理职能和业务部门项目管理职能边界,着力提高专项资金使用效益。（王梓先）

【保障资金直达】 2021 年,新吴区财政局按照中央及省关于直达资金拨付管理要求,加强直达资金人员调配和台账管理,加大与省厅、市局相关部门业务沟通力度,实行对资金分配下达、资金支付、惠企利民补贴、补助发放情况的动态监控,采取多项举措确保直达资金精准、安全、高效运行。2021 年,中央直达资金 1.1 亿元全部下达至预算单位,政策红利直达市场主体和人民群众,确保第一时间惠及企业和群众。（王梓先）

【政府采购】 2021年，新吴区财政局发布《关于实施采购人信用承诺制的通知》《层转财政部关于在政府采购活动中落实平等对待内外资企业有关政策的通知》等文件。全年完成政府采购业务1839批次，其中集中采购1604项，预算金额6.55亿元；分散采购235项，预算金额7.49亿元。选取8个部门预算主管单位进行试点，全年落实采购意向公开项目65个，采购金额为6.2亿元。持续加强中小企业采购政策扶持，全面放开市场准入，对集中采购目录以内或采购限额标准以上、200万元以下的货物和服务采购项目、400万元以下的工程采购项目，适宜由中小企业提供的，专门面向中小企业采购，全年专门面向中小型企业的采购项目总预算金额超1亿元。（费　铭）

【债务风险管控】 2021 年,新吴区财政局强化风险管控,坚持用中长期贷款和当期 LPR 标准置换存量债务,动态做好债务期限、成本、融资方式“三个优化”统筹工作。全口径债务综合利率和平均债务期限均处于较优水平，融资平台公司经营性债务增幅控制在全市较低水平，无新增融资平台公司情况发生，融资平台公司个数及账户结余等始终控制在全市较低水平。政府性债务率持续下降，债务风险等级与省、市同步进入中低风险区域。同时，严格履行财政承受能力评估程序，严禁新上无资金来源政府投资项目。深入梳理园街板块全口径资源债务对应情况，指导协助园街板块做好中长期资源债务统筹管理，对资源债务覆盖率高、有效资源产出多的板块，给予重点支持。加大专项债券对上争取力度，逐个审核、统筹把关，全年获批专项债券项目30个，项目投资总规模约98亿元，债券总额30.5亿元，超七成债券资金用于街道项目，统筹保障了一批安居房建设、老旧小区改造等补短板、惠民生项目建设实施，促进区域经济内循环发展。强化债券资金使用管理，确保不出现将债券资金违规用于经常性支出、楼堂馆所、形象工程等问题，切实提升债券资金使用产出效益。（费　铭）

【双招双引】 2021年，新吴区财政局全面落实市委、市政府稳企20条政策意见和支持企业复工复产的决策部署，积极应对新冠肺炎疫情影响。全年积极对上争取严格按流程执行区本级预算，助力“双招双引”活动（“双招双引”指招商引资、招才引智，是一种对外招商引资的策略）。组织开展科技企业三期认定382家，完成32个重大项目预评估，完成126个项目测算。紧盯重大项目签约落地，新发集团出资组建无锡国鹏航空投资中心，新发集成电路产业园、新港集成电路装备零部件及材料产业园、东裕国际产业园项目陆续启动，星洲股份高通—全讯二期项目、英飞凌无锡IGBT生产基地项目、隆基氢能项目等一批重大项目落户。新动能产业基金积极对接一批重大功能类项目和合作基金，联合金茂资本、中信金石、晨壹资本，围绕重大发展战略和区支柱产业打造产业基金集群，至年末，新动能产业基金累计对外投资26.88亿元（实际出资额），围绕新动能产业基金形成的合作子基金总规模超150亿元，累计对外投资超50亿元。

（殷红　张蕊）

【会计事务管理】 2021年，新吴区财政局推进政府会计制度改革，组织相关业务培训，推动政府会计准则制度的贯彻落实；优化审批（服务）流程，推进全程网上报送、网上审批，全面提升监管服务效能，完成16家代理记账公司审核备案；推进会计人才队伍建设，组织初级711人、中级2499人、高级19人的职称报名审核工作，组织全区会计人员继续教育工作，申报入选市太湖人才计划1名。（殷　红）

【营商环境优化】 2021年，新吴区财政局不断优化营商环境。新发集团、星洲股份等企业通过新建、收购等方式加大工业厂房供应力度，确保优质企业在高新区“稳心留根”；高新物流全面提升港口竞争力和服务能力，构建起“24小时不打烊，360度无死角”口岸服务工作体系，以科技手段提高通关效率，实现区内企业24小时便利通关；智慧新吴不断完善“锡新通”企业一体化平台功能，开发“高新区企业创新积分”管理系统，通过创新方向、能力、前景等多维度对企业进行智能化的“创新积分”评定，为新一轮企业培育和营商环境优化提供重要的参考；新新人力结合自身经营特点及区域资源禀赋，引入战略合作方，打造蓝领服务产业链，绿点、捷普、摩丁等一批企业率先受益。（张　蕊）

税　务

【组织收入】 2021年，新吴区全年组织税收收入407.06亿元，同比增长11.7%，占全市税收总量的22.1%。完成税收一般公共预算收入209.7亿元，同比增长11%。完成个人所得税收入37.23亿元，同比增长23.2%。非税收入11.18亿元，基本保持稳定。

3月25日，税务人员到闻泰科技辅导税收优惠政策　（区税务局　供图）

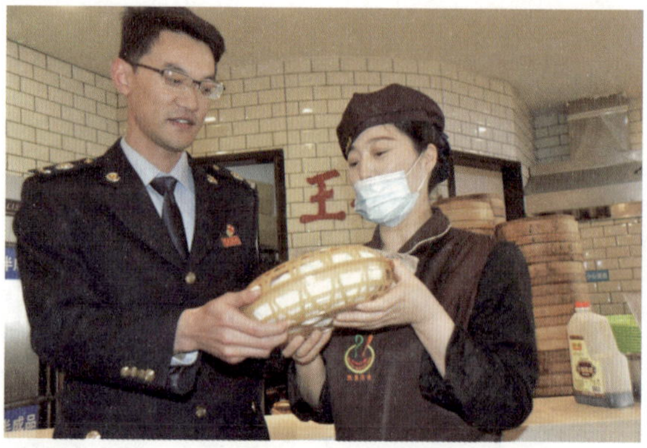

4月23日，税务人员到梅村便民办税服务点进行税收政策辅导　（区税务局　供图）

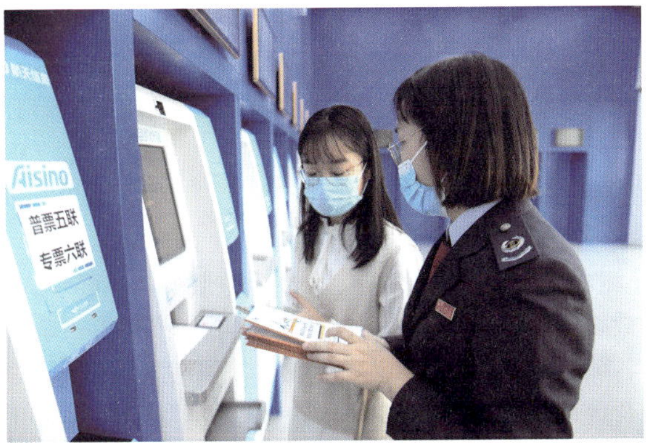

10月27日，区税务局开展网络安全宣传周活动
（区税务局　供图）

完成房地产开发企业清算项目21个，土地增值税清算合计退税6884万元。组织社保费入库148.43亿元，社保费征缴率达99.83%。（濮志晔　童晓文）

【税费减免】2021年，新吴区税务局建立常态化落实增值税留抵退税机制，共退还留抵税额20.64亿元，占全市的26.9%，高于税收占比4.8个百分点，华虹等先进制造业受益明显。预缴申报享受研发费加计扣除优惠户数1667户，享受优惠金额83.64亿元，均列全市第一。全年共审核审批出口退（免）税171.95亿元，同比上升28.5%。完成税收协定减免162户次，减免非居民企业所得税2.56亿元。（濮志晔　童晓文）

【税收征管改革】2021年，新吴区税务局以重点税收事项分类为基础，建立风险应对、土地增值税清算、出口退税管理、国际税收管理等专业团队，提高执法质效。围绕"税费服务一体化"建设目标，推进便民办税服务点全面进驻全区各街道便民服务中心，持续拓展旺庄、梅村便民办税服务点业务范围，统一标准、规范管理。（濮志晔　童晓文）

【税收服务】2021年，新吴区税务局持续推进办税缴费便利化改革，构建"非接触式"办税新格局，运用大数据做精做实宣传辅导，进一步优化营商环境。推行网上申报"一表集成"，推行财行税报表十税合一、增值税附加税合并申报，在全市率先推行小规模纳税人自开专票。率先开发"预申报"功能，引导企业"一次填报、一次提交"，样本企业申报总时长和平均申报时长均下降50%以上，"申报助手"在全市得到推广。建立留抵退税"快审快退"机制，利用大数据平台智能分析筛选，提前预审、专人受理、逐户辅导、全程跟踪，留抵退税平均退税时长从半小时压缩至10分钟以内。（濮志晔　童晓文）

【税收法治】2021年，新吴区税务局对成品油企业、人力资源企业、大宗商品流通企业等开展专项整治工作。聚焦重点对象、关键环节和高风险事项，开展分类逐项排查，对疑点数据开展全量核查，督纪联动开展8次复核。推进"网格＋税治"建设，形成"税费网中办理，人在格中服务"模式，实现日常管理服务网格下沉。严格执行重大行政决策集体讨论制度、重大决策合法性审查制度、重大决策风险评估制度，全年共召开重大涉税事项集体审议87户次。对内规范执法行为，完善基础业务事项工作流程、标准、责任，对外坚持防治结合，结合高新区企业经营范围及特点，分析建立重点风险事项库和重点风险企业库，分类定向推送风险提醒，加强重点风险企业日常重点监管。共完成风险应对任务342户，应对总成效达到7.6亿元。（濮志晔　童晓文）

国有资产管理

【概况】2021年，新吴区属直管国有企业实现年末总资产377亿元，净资产173.92亿元，实现利润总额3.96亿元，净利润3.25亿元，资产负债率53.87%，总体保持在风险可控的合理水平。（王若澄）

【国企改革】2021年，新吴区国资办直管国有企业总员工数1389人，实现年末总资产774亿元，净资产351.6亿元，净利润5.13亿元。区本级国有企业总员工数2342人，年末总资产835.37亿元，净资产388.21亿元，净利润4.5亿元。区财政局起草、制定出台《无锡高新区国企改革三年行动计划（2021—2023）》《目标任务细化分解表》及配套制度清单。健全国有企业市场化经营制度体系，研究制定《关于进一步加强区属国有企业市场化运营的指导意见》，研究出台适用于高新区的《产业引导投资基金管理暂行办法》，在支持区经济社会高质量发展和"6+2+X"先进产业发展的同时，实现国有资本良性循环。（张　蕊）

【新发集团】2021年，新发集团本部实现营业收入6.49亿元，当年国资收益上缴9390万元，净资产收益率1.98%，经营性资产收益率5.68%，经营性收入增长18.26%。（王若澄）

【基础设施建设】2021年，新发集团承担基础设施建设项目共计58项，总投资额41.2亿元。计划开工项目25项，实际开工23项，开工率92%；计划完工项目48项，实际完工46项，完工率96%。（王若澄）

【房建类项目建设】2021年，新发集团负责的房建类项目共计56个，总投资额约77.4亿元，总建筑面积约130万平方米，同比增长22%。其中，自营项目完工8个，在建项目4个，待开工项目4个；财政项目完工6个，在建项目18个，待开工项目10个。（王若澄）

【资产经营规模增长】2021年，新发集团（含太科园公司）持有工业厂房、商业用房、办公用房、公寓住

宅等资产面积合计达到135.8万平方米，同比增长39%，资产去化率75.3%，实现运营收入约3.85亿元，同比增长18%。新发汇业广场实现开园运营，成功招商引进8家优质企业；雅诗阁、馨乐庭酒店同步开业。高新区上海、深圳两地创新中心用房购置、租赁工作完成。（王若澄）

【对外投资】 2021年，新发集团对外投资累计16.3亿元，包括对集成电路产业园、新港集成电路装备园、东裕国际产业园等项目进行出资，保障推进区域重大项目建设；维护新吴区土地市场平稳健康发展，保障人才公寓建设，竞拍双限人才房和青年公寓地块。累计取得投资分红2172万元，完成年度目标的167%。（王若澄）

【筹资渠道拓宽】 2021年，新发集团本部（含城投公司）全年筹集各类资金101亿元，其中外部融资47亿元，经营自筹12亿元，全年安排保障工程建设、股权投资及还本付息等各类支出共104亿元。（王若澄）

【审计工作机制优化】 2021年，新发集团组织开展本部部门及直管子公司内控审计，推进制度体系化建设，强化制度执行效能。工程审计方面，全年开展结算审计230项，核减金额1.13亿元，平均核减率15%；完成政府代建项目竣工决算审计26项，审定投资额7.87亿元；完成自营项目决算审计5项，审定投资额2.35亿元，切实提高建设资金使用效益。（王若澄）

【市场化业务拓展】 2021年，新发集团在股权、基金投资方面出资参与产发和生光电基金、国联新发母基金等，以新发产投公司为平台，设立星源私募基金管理公司，引进项目团队，逐步开展基金“募、投、管、退”全过程业务。围绕国家重大发展战略需求和新吴区支柱产业集群，重点投资集成电路、生物医药、新能源、物联网、人工智能等关键领域。2021年，新发集团通过基金布局投资企业包括屹信航天、大族机器人、华进半导体、韦感半导体、无锡吉冈精密、吉姆西等。已投企业迪哲医药实现在科创板上市，无锡吉冈精密在北交所上市，也是无锡首家在北交所挂牌上市的企业；在资产收购、盘活方面，新发集团通过法院拍卖渠道竞得新湖竞德全绿点厂房，对于流通类股权资产首次以转融通的方式进行盘活，通过对国联证券、交通银行进行转融通操作，创收近1000万元；在城市综合运维方面，新发集团与无锡交建集团合作，成立由集团控股的新发城运公司，从事市政、绿化养护业务，促进市政基础设施建设、养护、管理和运维一体化；在电力能源方面，新发集团深化与广盈集团合作，以新盈电力公司为平台，参与电力工程的设计、投资、建设及运营。公司获得电力工程设计资质，以联合体形式组织开展电力总承包业务。首个自营投资项目吴都路110千伏变电站于2021年10月成功投运，直接获取电压等级的电费差价，获得投资利润。（王若澄）

金融管理

【概况】 2021年，新吴区聚焦金融服务实体经济，高效推动企业上市，提升金融监管能力，推进上市金融各项工作，先后被评为无锡市2021年度金融工作“综合贡献先进单位”和“金融生态优秀区”。年末本外币贷款余额为1421亿元，全年新增信贷投放219亿元，增幅18.2%，高于全市平均5.1个百分点。（王锡平）

【金融服务】 2021年，新吴区推进金融创新，阿斯利康药业（中国）有限公司设立无锡首个欧洲跨国企业资金池；无锡物联网产业研究院牵头发起制定全球首个物联网金融科技国际标准《基于物联网（传感网）技术面向动产质押监管集成平台的系统要求》；新投集团非公开成功发行无锡市首单的科技创新公司债券，规模4亿元；加速要素集聚，全市首家台资银行上海商业储蓄银行无锡分行正式开业；全年新增股权投资基金66家、规模164亿元，其中落户一只百亿级规模高端制造专项基金、全市首只投贷联动基金、全区首只QFLP基金；提升金融黏度，开展普惠金融产品宣讲等形式多样的政银企活动20余场，对接企业400多家，对接意向金额40.6亿元；推进无锡综合金融服务平台建设，注册企业7194家，累计撮合贷款124亿元；推动“新科贷”业务扩容，合作银行增至10家、资金池增至4600万元；支持知识产权质押贷款、“新科贷”等创新产品开展，知识产权质押贷款7.4亿元，累计支持130个科技项目获得“新科贷”3.5亿元。（王锡平）

【金融稳定】 2021年，新吴区聚焦重点领域，对监管的“7+4”类地方金融从业机构进行梳理，对11家法人机构进行常态化监管。对4家小额贷款公司、2家融资租赁公司、1家商业保理公司进行第三方审计；完成首批私募基金管理人及可能涉及私募基金企业的排查工作，共排查234家。健全防控机制，针对涉诉信访较多的企业，通过发函警示、约谈等手段进行持续跟踪，共计发函17份（6份警示函、10份风险提示函、1份咨询函）。严把金融准入门槛，共会商企业55家，其中新设39家。各类金融风险得到有效稳控，信贷不良率处于全市较低水平。营造宣传氛围，开展现场宣传活动2场，发放宣传材料2000余份。（王锡平）

【上市挂牌】 2021年，新吴区出台《无锡新吴区加快推进企业上市高质量发展“十四五”倍增计划》，打造动态的上市企业后备库，入库企业 60 余家；完善企业上市联席会议工作机制，协调解决环保、安监、税务、城管等有关问题 100 多项；接待证监会、省证监局领导走访调研 2 次，举办“创投无锡”太湖人才金融路演等活动 2 场，推荐 7 名上市公司高管参加陶朱商学院高级金融人才研修班；走访企业 200 多家，定期开展企业路演活动、业务培训、企业座谈等 10 余场，培训企业超过 100 家。全区上市企业共 29 家，其中科创板企业 7 家，数量位居全市第一；全年新增上市企业 3 家，其中科创板上市公司 2 家，迪哲医药为全市“尚未盈利企业上市第一股”；新增报会企业 4 家，新增报辅导企业 7 家，新增股改企业 6 家；新增直接融资 103.38 亿元，创历史新高，其中首发融资 26.84 亿元，定增 76.51 亿元。（王锡平）

审　计

【概况】 2021 年，新吴区审计局全面依法履职，共开展财务审计项目 22 个，查出不规范金额 8.2 亿元，发现非金额计量问题 80 个，做出审计决定两份，核减投资额 7.59 亿元。（鲁冬梅）

【政策落实跟踪审计】 2021 年，新吴区对稳就业政策措施落实情况进行专项审计，重点审计稳就业、保用工政策落实、配套资金使用、优化创业环境、强化职业培训体系等情况；对 2021 年区本级政府投资项目计划执行情况进行专项审计调查，重点关注年度计划的制订和执行情况；实施长江流域禁捕退捕政策落实情况和政府债务管理政策贯彻落实情况跟踪审计，重点审计全面推进长江流域禁捕退捕相关政策措施落实和资金管理使用等情况，摸清各地政府隐性债务化解情况，促进防范化解重大风险和恢复水域生态环境。（鲁冬梅）

【预算执行审计】 2021 年，新吴区以财政同级审计为重点，对区本级 46 家一级预算单位实现预算执行审计数据分析全覆盖，重点关注专项债券使用、存量资金和闲置资产盘活、专项资金使用以及遵守中央八项规定精神、厉行节约反对浪费有关规定等情况，推动纠正不合理不合规支出、压减低效无效支出，促进清理盘活沉淀资金和资产，严格预算约束和财经纪律。对专项资金审计，从项目设置、预算安排、资金拨付、任务实施、结余结转清理到政策目标实现，覆盖财政资金管理使用的关键环节，促进把钱用在刀刃上，切实提高预算管理绩效。（鲁冬梅）

【经济责任审计】 2021 年，新吴区贯彻党管干部原则，重点关注领导干部重大经济方针政策、重大决策部署执行情况，对鸿山街道、新安街道、土地储备中心等的 4 名党政主要领导以及智慧新吴、新投集团、高新水务和高新物流的 4 名国有企业领导干部开展任期经济责任审计。审计新安街道党政主要领导干部任期经济责任，推进领导干部自然资源资产审计，重点关注领导干部履行自然资源资产管理和环境保护责任情况。（鲁冬梅）

【民生审计】 2021 年，新吴区围绕民生关注热点，对河道水环境综合整治情况和老旧小区综合改造情况实施专项审计，重点关注资金投入和使用绩效、民生工程项目实施，目标任务实现情况，揭示挤占挪用资金等侵害群众利益的行为。对区内唯一非政府办非营利性医院新瑞医院运营管理情况进行审计，关注卫生医疗政策落实。在常规审计项目中关注民生，在街道经济责任审计时，发现一街道下属农贸市场转供电加价收费不规范问题，督促该农贸市场向场内 200 多个商户清退多收取的不合理加价电费合计 20 余万元，减轻基层商户的经营负担，优化营商环境。（鲁冬梅）

【政府投资审计】 2021 年，新吴区共开展政府投资审计 648 项，累计核减各类不合理款项 7.59 亿元。其中，单项工程结算审计项目 538 个，送审金额 54.8 亿元，审定金额 47.21 亿元，核减金额 7.59 亿元，平均核减率为 13.85%；项目竣工决算审计 16 项，项目金额 4.02 亿元；完成非住宅拆迁评估复核 37 项，涉及拆迁评估金额 5.28 亿元；对 75 个新开工重点建设项目实施跟踪审计，项目总投资达 81.24 亿元。（鲁冬梅）

【审计信息化建设】 2021 年，新吴区对全过程项目管理审计系统进行二期升级建设，完善信息化系统建设，扩大项目管理覆盖面。该系统整合送审项目管理、送审资料审核管理、审计过程周报管理、限时预警审结及第三方复核进度管理等模块，将内部审计及国控公司自营项目纳入审计系统管理，形成全区投资审计一盘棋，实现“系统操作智能化、业务流程科学化、信息数据完整化、管理效率最大化”，为审计提供有力的技术支撑。该系统运行以来，解决了一批久拖未结的问题，送审时间超一年的项目已全部审结。（鲁冬梅）

【审计质量提升】 2021 年，新吴区坚持做好审计计划源头引导，审计实施前加强审计人员审前培训；审计过程中，强化过程质量管控，实施精准定性和处理，严格审计项目审理过程。《无锡市新吴区人民政府江溪街道办事处涉农村（社区）经济运行及“三资”管理情况的专项审计调查》被评为江苏省优秀审计项目，是无锡市唯一获此殊荣的县（区）级审计机关。（鲁冬梅）

【审计发现问题整改】 2021 年，新吴区形成人大监督参与的审计整改联动机制，提高审计整改质量和效果。对近三年审计发现的问题进行整改“回头看”，与被审计单位主要领导沟通、电话指导、发放《审计发现问题整改持续跟踪督查函》，督促各责任单位落实整改，实行销号管理。2018—2021年审计发现的400个问题，完成整改销号383个，整改率达95.75%。通过审计整改，上缴财政2.92亿元，归还原渠道资金1.07亿元，收回各类资金3.94亿元，促进资金拨付到账1.2亿元，挽回损失905.21万元，建立健全相关制度26项，向纪委移送处理事项和问题线索11起。（鲁冬梅）

统　计

【概况】 2021年，新吴区统计局推进“统计效能提升年”活动，科学严谨提供优质统计服务，高效完成普查调查任务，完善统计体制机制，夯实统计基层基础，强化统计队伍建设。获“江苏省第七次全国人口普查工作成绩显著集体”称号和区“2021年三季度真抓实干奖”。（徐伟恩）

【统计改革】 2021年，新吴区统计局推动统计现代化改革，深化GDP统一核算改革，强化规模以下单位监测，夯实GDP核算基础数据。探索推广工业、投资、服务业等领域企业电子统计台账应用，开展规模以下互联网广告特色文化产业统计监测，在全市统计系统率先开展“限下贸易抽样调查协管员试点改革”，全面完成限下贸易样本单位挂牌。（徐伟恩）

【统计信息化建设】 2021年，新吴区统计局开发建设统计数据业务处理平台，打造多元化统计大数据资源中心，实现分地区、行业、产业等不同维度的数据汇总处理功能，提升统计工作效率，部门间统计信息共享度和开放度持续提高。（徐伟恩）

【运行监测分析】 2021年，新吴区统计局改进统计监测服务，改版新吴统计月报，发布《2021年国民经济和社会发展统计公报》，做好区两会、全委会、党代会等会议材料数据服务。加强月度、季度和年度经济数据分析预警，完成季度分析、专题分析、考核分析等数十篇各类监测报告。（徐伟恩）

【统计数据分析研究】 2021年，新吴区统计局开展物联网、数字经济、生物医药、集成电路等现代产业的统计监测，加强“碳达峰、碳中和”相关统计指标研究。畅通部门数据交流渠道，为经济、科技、民生、涉农、环保等年度指标，以及现代服务业规划、现代生物医药产业工作计划、生态工业示范区绩效评价、高新区绿色发展行动方案等提供数据支撑。（徐伟恩）

【评价考核机制研究】 2021年，新吴区统计局动态分析省、市高质量考核指标完成情况，为国家高新区争先进位考核、火炬统计年报、开发区年报等方面提供统计保障。起草年度高质量考核文件，印发年度综合考核满意度评价方案，研究确定区级机关争先进位考核指标，对接反馈市对镇（街道）高质量发展监测评价实施意见，参与草拟区对街道（园区）高质量考核文件。对接季度、半年度市对区高质量发展绩效评价结果，掌握41个对标地区季度数据，配合做好全区“争第一创唯一季季评”活动，科学监测、全面客观评价全区各街道、各部门高质量发展成效。（徐伟恩）

【第七次全国人口普查】 2021年，新吴区统计局发布全区第七次全国人口普查公报，撰写人口普查分析报告，做好人口普查数据解读，启动“第七次全国人口普查”课题开发。修改完善“十四五”人口发展规划，做好国民经济与社会发展“十四五”规划、年度计划以及城乡、民政、卫生、生态环境等专项规划人口数据衔接。组织申报省、市优秀表彰评选，2家单位、118名个人获江苏省第七次全国人口普查工作成绩显著集体和个人，5家单位、195名个人获无锡市第七次全国人口普查优秀集体和优秀个人。（徐伟恩）

【统计调查工作】 2021年，新吴区统计局组织开展年度人口变动情况抽样调查，做好“两员”培训、住房单元核查、入户登记、质量复查等工作。扎实开展住户、劳动力调查，做好住户收支调查培训辅导、月度会审、量化考核工作，加大调查点业务指导力度，提升记账数据监管能力，完成劳动力调查新老样本更替、扩样。（徐伟恩）

【规模单位审核管理】 2021年，新吴区统计局推进“四上”单位（规模以上单位）审核入库工作，新增“四上”单位数再创新高，新增总数787家。第一批新增单位89家，月度新增单位20家。精心组织实施工业、服务业、批发零售、住宿餐饮、房地产、建筑业等常规统计调查，在库“四上”单位2542家。推进“四下”单位抽样调查，探索开展“四下”单位培训，保障数据真实准确。（徐伟恩）

【基层基础工作制度】 2021年，新吴区统计局制定年度统计基层基础工作要点，严格执行局领导、责任处室与街道统计部门挂钩联系工作机制。完善统计“协管员”队伍管理模式，逐步建立“日常管理以街道为主、业务开展由街道和社区两级共管、总体指导由区级负责”的精准管理模式。加强统计业务培训力度，组织各专业年定报、半年度业务培训10余次，逐条解读统计指标年度变化情况，规范统计台账记录、健全统计资料管理制度，着力提升基层统计人员业务水平。（徐伟恩）

【统计执法督察】 2021年，新吴区统计局开展区级

"双随机"执法检查企业 20 家，行政指导企业 30 家，配合上级统计部门"双随机"执法检查企业 18 家。开展数据质量核查，对区相关专业核查 18 批次，涉及企业（单位）144 家，投资领域项目凭证实现全覆盖。成立统计法治工作专班，研究制订省级统计督察迎检方案，进一步落实防范统计造假、弄虚作假责任制，统计生态环境持续优化。（徐伟恩）

【统计能力建设】 2021 年，新吴区统计局完善争先创优考核办法、街道统计综合考核办法等 7 项制度，建立长效工作机制。深入开展"走基层、访百企"活动，年度走访企业 106 家、调查 73 户。加强统计能力建设，举办统计综合能力提升培训班，邀请专家专题授课，提升基层统计人员业务素质。组织开展 9 期"统计月讲堂"活动，提升统计人员综合业务能力。2 人获市"我身边的统计榜样"称号，1 人获省"优秀统计人"称号。（徐伟恩）

市场监督管理

【概况】 2021 年，新吴区市场监督管理局围绕"守住安全底线、维护市场秩序、打击违法行为"三方面，在市场监管模式上持续探索，在重点领域、突出问题上加强执法监管，在更优环境、更高品质生活上加强优质供给。新吴区获批江苏省知识产权强省建设区域示范区和全省首批产业知识产权运营中心。区市场监管局被表彰为 2019—2021 年江苏省文明单位。（周　倩）

【知识产权管理】 2021 年，新吴区新增授权专利 16081 件，新增 PCT 专利申请 222 项，新增发明专利授权、累计有效发明专利、PCT 专利申请等高质量专利指标持续位列全市第一。有效发明专利达 9406 件，万人发明专利拥有量 130.58 件，是全市平均的 2.62 倍，知识产权产出全市领先。对上争取省知识产权产业运营中心、省知识产权战略推进计划、市高价值专利等项目 70 余项，资金总额超过 1400 万元。（周　倩）

3 月 19 日，新吴区举行商业秘密保护示范点授牌仪式（区市场监管局　供图）

英飞凌获"中国质量奖提名奖"（区市场监管局　供图）

先导智能获"省长质量奖"（区市场监管局　供图）

【营商环境优化】 2021 年，新吴区市场监督管理局对"农贸市场转供电、房地产经纪机构"等 19 个领域共开展 322 项"双随机"抽查，共抽查市场主体 6181 个，检查结果回填率 100%；抓好企业年报公示，全区应年报企业 47191 家，已年报 44240 家，年报率 93.7%，同比提高 2.6%；积极做好外资企业服务工作，2021 年，共办理各类外资企业登记 1077 件，新增外资企业数和登记业务量均排全市第一。（周　倩）

【产品质量管理】 2021 年，新吴区市场监督管理局组织企业争创"区长质量奖""市长质量奖""省长质量奖""中国质量奖"，区企业英飞凌获"中国质量奖提名奖"；4 家企业包揽省长质量奖无锡市的入围名单，先导智能、威孚高科分别获"省长质量奖""省长质量奖提名奖"，申报数和获奖数在全市均名列第一；小天鹅获"市长质量奖"，奥特维、中电二建获"市质量管理优秀奖"，获奖数位列全市各板块第一。加强产品质量监督抽检，共抽检眼镜、成品油、口罩等

5月20日，"食安封签"投放启动仪式

（区市场监管局　供图）

食品安全宣传周　　（区市场监管局　供图）

七大类产品119批次。多方面拓展挖掘标准化项目，邀请国家、省、市标准化行业专家策划建立物联网标准化联盟，增强企业的行业话语权和市场竞争力。（周　倩）

【食品药品监管】 2021年，新吴区市场监督管理局开展小餐饮专项整治及学校食品安全风险隐患排查，累计检查小餐饮单位6427家次，发现、整改问题2200余个。持续推进"互联网＋明厨亮灶"建设，完成"互联网＋明厨亮灶"硬件设施安装餐饮服务单位2686家。保障网络送餐安全，举办"食安封签"投放启动仪式，投放"食安封签"220万份。加强抽检监测，食品抽检达11.27批次/千人，超额完成年度目标。加强对药品、医疗器械、化妆品市场监管，累计检查生产、销售单位1060家次，集中销毁不合格药品和有毒有害保健食品3.5吨。（周　倩）

【特种设备安全检查】 2021年，新吴区市场监督管理局全覆盖开展特种设备安全检查。组织开展起重机械地操培训、防高坠专项整治、压力管道隐患排查等监督检查和培训，共检查特种设备使用单位3750家，发现隐患122条，整改122条；开展特种设备安全告知承诺3600余家，印制发放特种设备相关知识标签55400份，培训人员7803人。加快推进智慧监管，落实800台"智慧电梯"安装，签约1051家"智慧叉车"。（周　倩）

【执法典型案例】 2021年，新吴区市场监督管理局查处案件499件，罚没款926.49万元，刷新历史纪录。依法打击市场监管领域违法行为，守卫良好市场秩序。玛丽电子商务中心"刷单炒信"案入选长三角市场监管联动执法典型案例、江苏省市场监管反不正当竞争十大典型案例；无锡源石云科技有限公司虚假金融广告案入选江苏省市场监管侵害消费者权益十大典型案例；远纺工业（无锡）有限公司无证从事餐饮服务、使用未经检验的特种设备及虚假宣传案入选江苏省市场监管局"两反两保"典型案例。（周　倩）

价格管理

【定价履职】 2021年，新吴区调整公办幼儿园保育教育费标准，核定区属2家民办小学学费标准。完成16个住宅小区（含5个安置房小区）的前期物业备案工作。完成207个停车场（库）、公共泊位收费的备案工作。将公共停车收费管理专项整治行动作为党史学习教育"为民办实事"的重要内容，整治规范停车收费管理行为。（李　赟）

【降本减负】 2021年，新吴区建立转供电加价发现、查处、整治的闭环机制，解决转供电不合理加价问题，推广应用"转供电费码"，确保终端用户足额享受国家政策红利。动态调整收费目录清单，清理规范收费行为。以"大数据"对各收费单位进行监管，及时更新各收费单位收费动态监管系统相关信息数据，对收费情况进行统计，掌握收费执行情况。与区民政、卫健局联动对全区行业协会、商会收费行为进行整治，取缔"僵尸"行业协会、商会。实施专项涉企优惠政策，确保政策红利传导到位。符合条件的中小微企业，可申请缓缴社会保险费，缓缴期限最长不超过6个月，缓缴期间免收滞纳金。实施援企稳岗政策。执行疫情暂停服务期间对自主创业和个体就业残疾人停业补贴、盲人按摩机构和残疾人辅助性就业的专项补贴政策。降低企业房租成本。对承租区国有企业和区级行政事业单位的经营性房产用于生产经营、且因疫情原因导致生产经营困难的服务业小微企业租户（含个体租户），免除1个月租金或延长相应租期。（李　赟）

【价格调控监管】 2021年，新吴区全区平价商店网点保持9家，日均销售平价品种21个，蔬菜价格平均低于市场价37.68%，粮油肉蛋价格平均低于市场价

20.64%。全年共销售平价蔬菜360.6万千克，销售金额1515.09万元；共销售平价粮油肉蛋132.71万千克，销售金额3413.10万元；受益人次986.63万人，市民节约开支1581.25万元。在全市平价商店考核中有3家平价商店获得一等奖，一等奖总数及占比数均为全市第一。（李　赟）

【价格认定】 2021年1月1日起，新吴区承接辖区内价格认定工作。全年完成刑事案件价格认定251件，涉案金额297.39万元；纪委案件价格认定3件，涉案金额218.68万元；不予受理认定34件。（李　赟）

知识产权管理

【概况】 2021年，新吴区知识产权工作成绩显著。成功获批江苏省知识产权强省建设区域示范区、全省首批产业知识产权运营中心之一——无锡高新区集成电路产业知识产权运营中心；获得无锡市专利奖总数全市第一；新增发明专利授权数、PCT专利申请数、有效发明专利总数、万人发明专利拥有量等高质量专利指标居全市第一；获批江苏省知识产权战略推进计划项目数居全市第一；新增知识产权贯标认证企业居全市第一；新增知识产权质押贷款总额居全市第一；新成立物联网产业领域知识产权联盟2家，总数居全市第一。（周　倩）

【知识产权产出】 2021年，新吴区高质量考核指标中，每十亿元GDP发明专利拥有量为41.42件，水平得分为94.52。万人发明专利拥有量为130.58件，位列全市第一，是全市平均值的2.62倍。绝对数量上，全区有效发明专利拥有量为9406件，占全市有效发明专利总数的25.23%，位列全市第一，同比增长10.11%。其中，新增授权发明专利1117件，同比增长29.88%，占全市授权发明专利总量的19.38%；新增PCT专利申请222件，同比增长26.14%，占全市PCT专利申请总量的34.00%。（周　倩）

【项目申报】 2021年，新吴区共组织申报省高价值专利项目、知识产权战略推进计划项目9项；组织申报市高价值专利项目、质押融资贴息项目、专利导航、专利预警等项目110余项；组织申报市级专利奖10项，立项5项，总数位居全市第一；组织申报国家专利奖10项，总数居全市第一。（周　倩）

【知识产权运用】 2021年，新吴区获批江苏省首批产业知识产权运营中心的无锡高新区集成电路产业知识产权运营中心，促进全区集成电路产业知识产权有效转化实施。筹建物联网产业领域知识产权联盟2家，开展产业专利导航项目1项。全区新增各类知识产权质押融资超过7亿元，完成企业知识产权托管300余家，托管专利2000余件。（周　倩）

【知识产权保护】 2021年，新吴区积极开展知识产权执法检查，集中开展知识产权执法专项行动10余次，共完成知识产权行政案件30余件。积极开展企业知识产权法律风险防控、知识产权行政保护等宣传培训，营造良好营商法治环境专题活动。（周　倩）

【知识产权培训】 2021年，新吴区积极组织"4·26"知识产权日系列活动，开展知识产权贯标、专利申请、知识产权项目辅导等专题培训4次，共发放各类知识产权知识宣传资料100余份。同时，会同功能园区、中介服务机构等开展知识产权数据运用、保护策略、知识产权融资对接等相关培训活动10余次，推动全区知识产权保护氛围进一步优化。（周　倩）

【知识产权贯标备案】 2021年，新吴区积极推进企业知识产权贯标备案工作，加强企业知识产权贯标工作宣传指导，新增知识产权贯标备案企业215家，新增通过认证单位超过200家，新增申请贯标绩效评价企业13家，总数居全市第一。（周　倩）

信用管理

【概况】 2021年，新吴区根据区发展改革委编制的《新吴区2021年社会信用体系建设工作要点》要求，推进社会信用体系建设工作，完成社会信用管理体系建设、信用信息与数据归集、信用承诺、信用应用、信用培训与宣传五个方面工作。（陈冰洁）

【信用管理体系建设】 2021年，新吴区出台《新吴区重点领域信用监管示范工程实施方案》，在政府采购、政府和社会资本合作、招投标、招商引资、政府债务、统计等重点领域出台政务诚信建设相关制度文件，各部门配套出台相关信用体系建设制度，形成符合区实际的制度体系；推进依法行政，健全重大行政决策制度配套的法律顾问相关制度，出台《新吴区重大行政决策程序规定实施细则》，在"十四五"规划、为民办实事项目等重大行政决策方面依法依规邀请公众参与和专家论证，对项目实施进行风险评估和合法性审查。（陈冰洁）

【信用信息与数据归集】 2021年，新吴区在政府网站及时公布年度政府信息公开工作报告，主动向社会公开政府信息情况。官网开设政府信息公开专栏，公开内容包括公开指南、公开目录、公开制度、公开年报等。确保政务信息公开的连续性和时效性，保障公民、法人、社会组织的知情权和监督权。强化"双公示"信息归集报送，开展"双公示"数据报送培训，确保全年"双公示"数据报送达标率90%以上。实现

在政府门户网站、“信用无锡”网站、各部门官方网站的多渠道公示。（陈冰洁）

【信用承诺】 2021年，新吴区加强街道和乡镇政务诚信建设。将政务诚信建设纳入街道和乡镇综合考核体系。夯实街道政务诚信建设的制度基础，在政务、财务、就业等16个重点领域实行公开信用承诺制度，基本实现各街道全覆盖。通过工作人员签订承诺书、公开承诺制度上墙公示，接受被服务人员及社会监督，设立监督举报电话等形式履行公开信用承诺。（陈冰洁）

【信用应用】 2021年，新吴区推行政务服务信用承诺制，持续推行证明事项、涉企经营许可事项等告知承诺制，建立信用承诺事项清单，推进“放管服”改革，持续推进“减证便民”行动。建立信用承诺人信用档案并进行闭环管理。相关信用承诺信息在本地信用门户网站公示，并定期向市公共信用信息中心推送。（陈冰洁）

【信用培训与宣传】 2021年，新吴区开展公务员教育、培训和管理工作。将信用审查纳入公务员录用资格审查，在公务员调任、选拔、评优评先、职务晋升时严格执行政审工作要求，依法对被录用对象是否被依法列为失信联合惩戒对象等信用状况进行查询，同时将诚信教育纳入公务员培训和领导干部进修课程。加强信用宣传，利用各街道政务微信公众号，多渠道加强与人民群众沟通；常态化开展“诚信建设万里行”活动，执法部门定期约谈失信企业。联合6个街道开展“诚信街道、诚信社区”建设宣传活动，通过LED屏展示、悬拉横幅、发放宣传册、现场讲解等方式对《江苏省社会信用条例》进行宣传。（陈冰洁）

综 述

【概况】 2021年，新吴区坚持以创新驱动为核心、产业强区为主导的产业发展思路，围绕“具有世界影响力的高科技园区”发展定位，发挥苏南国家自主创新示范区和国家传感网创新示范区的叠加效应，大力推动科技创新各项工作，实现“十四五”规划良好开局。全区高新技术产业产值突破3800亿元，增长20%以上，占规模以上工业总产值突破70%，研发投入占地区生产总值的4.6%，被评为全国“绿色低碳示范园区”。3项反映科技创新工作成效的事项获省督查激励。推动高新区各项综合评价指标排名稳步上升，2021年度在全国高新区排名20名，较上年度提升7个位次。全省高新区创新驱动发展综合评价排名第二。

（李俊俊　张胜亚）

【专利申请授权】 2021年，新吴区新增专利授权16081件，其中发明专利1117件，同比增长29.88%；新增PCT专利申请222件，同比增长26.14%；累计有效发明专利达到9406件，增幅达10.11%，万人发明专利拥有量达到130.58件，各项专利产出均居全市首位。（李俊俊　张胜亚）

【科技创新活动】 2021年，新吴区成功举办“十四五”集成电路产业高质量发展（无锡）研讨会，和6家国家高新区发起成立“长三角集成电路产业国家高新区创新发展联盟”，承办2021年度火炬统计年报数据年审会，受邀参加国家高新区“碳达峰、碳中和”技术革命与产业变革高峰会议、长城工程科技会议2021年第一次主题大会、科技部火炬中心与瑞士创新园协调机构创新创业合作签约仪式，宣传高新区创新合作优势。完成首届无锡高新区科技创新周系列活动，组织企业参加国家、省、市科技创新创业大赛以及“太湖杯”国际精英创新创业大赛等，形成“支持创新、参与创新”的浓厚氛围。（潘晟涵　王　澄）

【人才引育】 2021年，新吴区科学技术局聚焦人才，汇聚发展智力引擎。获批省科技副总项目22个，中科德芯获批省级院士工作站。新增国家重大工程人才3人，入选省“双创计划”10人，入围“太湖人才计划”项目55个，入围数大幅领先全市其他县（市、区），区领军人才创新创业项目立项179个。SK海力士（中国）公司郑银泰获得“江苏友谊奖”，为无锡市唯一入选的外国专家。（罗　婕　曹　榛）

【无锡—伦敦“云牵手”招才引智】 5月15日，凤巢“高”筑、向“新”而生、“锡”引“英”才——无锡高新区招才引智（英国）直播推介活动在无锡高新区拉开帷幕。活动由无锡国家高新技术产业开发区管理委员会、无锡市新吴区人民政府主办，以中国无锡—英国伦敦同步联动、线上直播带岗为特色，区人社局领导和企业人力资源主管化身“主播”，向海内外各类人才发出邀请。无锡高新区是全无锡国际化人才的聚集之地，为打通国际人才的引育通道，构建海外引才工作站的工作机制，在英国、美国、德国、加拿大、澳大利亚建立了5个工作站，聚力招才引智，聚焦“双招双引”。为吸引海外学子归国创业，本次直播推介活动邀请中国物联网国际创新园总经理杨渊斌以及阿斯利康无锡国际生命科学创新园负责人周滢作分享交流，畅谈高新区全面优化的创业创新发展环境举措；围绕生物医药和集成电路产业等无锡高新区产业发展重点领域，邀请华润微集成电路（无锡）有限公司首席专家萧硕与无锡祥生医疗科技股份有限公司人力资源总监戴家亮进行集中展示，围绕人才关注的企业发展、岗位情况、员工福利等方面进行了全面推介。当天，超过28万人次观看、参与本次直播推介活动。（王谢超）

【科技成果转化】 2021年，新吴区科学技术局深入推动科技创新成果转化，5 家企业 3 项成果荣获 2021 年度国家科学技术奖，其中华进半导体获得全区首个国家科技进步奖一等奖，也是全市唯一获得一等奖的单位；海斯凯尔荣获“黄家驷生物医学工程奖”技术发明类二等奖。华进、中感微获得 2021 年度无锡市腾飞奖。（缪利刚　金　兰）

【生物医药重大项目】 2021 年，新吴区科学技术局制定《无锡高新区关于推进无锡国际生命科学创新园发展的实施方案》，提出打造“1+2+X”生物医药园区发展新格局，进一步提升高新区生物医药产业空间承载能力。举办无锡高新区生物医药重大项目集中签约仪式，新签约项目 35 个，总投资 339 亿元，无锡国际科学技术生命科学创新园太湖湾创新基地正式开工。联合阿斯利康、中金资本等龙头企业的行业资源，举办太湖湾生命健康未来大会、阿斯利康中国生态圈大会主峰会、代谢产业生态圈发展闭门研讨会等多项重大活动，承办 2021 年中国特殊食品大会（第六届），I· Campus 连续三年亮相进博会，高新区生物医药产业影响力不断提升，产业发展氛围日益浓厚。（陶心怡　陈　枫）

科技投入

【概况】 2021 年，新吴区加快政策体系更新，出台“飞凤人才计划”补充意见、支持生物医药产业高质量发展的政策文件，制定科创载体管理实施细则、天使投资引导基金管理办法，加大创新创业扶持力度。全年拨付科技发展专项资金超过 5.41 亿元，惠及企业 1070 家，主要用于高企培育、科技示范、国际科技合作、科技成果转化等方面。规模以上工业企业中有研发活动企业数占比为 67.39%，列全市第一。（鲍家俭　张友伟）

【对上资金争取】 2021 年，新吴区积极推进自创区奖补申报工作，获得苏南国家自主创新示范区奖补资金 2850 万元，同比增长 16%，资金额位居全省第一。科技口全年对上争取资金超过 4.08 亿元。全区对上申报省级科技计划项目 89 个，获取各类资金 6500 万元。（鲍家俭　张友伟）

5 月 15 日，无锡—伦敦“云牵手”招才引智直播推介会新吴区现场

（区人力资源和社会保障局 供图）

【科技园区建设】 2021 年，新吴区狠抓龙头生态园区建设，中电海康无锡物联网产业基地、朗新科技产业园、无锡本码科创中心、海尔物联生态网示范基地等一批由龙头企业建设的科技园区加快建设。微纳园四期、北邮国昊三期、生命科技园区二期、天安智慧城二期、中关村二期等科技载体相继开工建设。（鲍家俭　张友伟）

【校企产学研合作】 2021 年，新吴区完成新产学研在线平台系统首版开发，推动区内企业达成 60 项产学研项目合作，项目合作额突破 5400 万元，完成技术合同登记额首次突破百亿元，达到 141.9 亿元。（鲍家俭　张友伟）

平台载体

【概况】 2021 年，新吴区构架完善的研发机构梯队建设，加强企业研发机构认定辅导，获批省级工程技术研究中心 19 家、市级 35 家。全年规模以上工业企业中有研发活动企业数占比为 67.39%，列全市第一，预计全年研发投入申报数突破 120 亿元。服务推动 5 个新型研发机构储备项目落地或投入运作，获批建设国家市场监管技术创新中心（特殊食品），是国内第一个也是唯一的特殊食品技术创新中心；完成 11 家省级新型研发机构储备库项目年报工作。（张宏生　徐宏浩）

【重大创新平台】 2021 年，新吴区聚焦重点产业领域，引进 MEMS 先进感知研发中心、冷冻电镜创新中心、瑞金长三角健康研究院、特殊食品与营养健康研究院等重大创新平台。（张宏生　徐宏浩）

【科技孵化载体建设】 2021 年，新吴区新获批省级众创空间 4 家、省级科技企业孵化器 2 家、省级加速器和科技孵化链条各 1 家，认定总数位居全市第一。3 家单位被评为科技部火炬中心优秀（A 类）国家级科技企业孵化器，4 家在省级绩效评价中被评为优秀。全区拥有的国家、省、市三级科技企业孵化器年度运营绩效优良率保持全市第一。（张宏生　徐宏浩）

企业科技

【概况】 2021 年，新吴区开展全年赴上海、杭州、深圳等地举办重大招商活动 10 余次，新引进重大科技项目 70 家、招引科技企业 2450 家。通过国家科技型中小企

业评价企业1540家。新认定国家高新技术企业351家，市高新技术企业培育入库470家，有效期内高新技术企业首次突破1000家，达到1042家，列全市第一。

（詹文圆　钱庆庆）

【创新型企业培育】 2021年，新吴区5家企业入选中国潜在独角兽榜单，迪哲医药、微导纳米2家企业首次入选省独角兽企业名单，占全市50%，入选数居全省单一园区第一。入选省潜在独角兽、瞪羚企业分别有6家、36家，全市领先。全年入库"市三类企业"共331家，其中雏鹰企业207家、瞪羚企业108家、准独角兽企业16家，总数列全市第一。7家企业被认定为省技术先进型服务企业，8家企业入选2021年全国硬科技企业之星100强榜单。华润微电子、先导智能跨入上市公司"千亿元俱乐部"，新增力芯微、迪哲医药2家科创板上市企业，累计达7家，位居全国高新区前列、江苏高新区第二。（詹文圆　钱庆庆）

科技金融

【概况】 2021年，新吴区科学技术局积极推进科技金融创新。建立新吴区投保贷联动模式，匹配多元化融资需求，强化金融服务功能。启动无锡"高新金融谷"建设，太湖湾科创城基金大厦正式揭牌，全区聚集了119只基金，规模达610亿元。

（龚一峰　王　澄）

【"新科贷"扩容和升级】 2021年，新吴区科学技术局完成"新科贷"扩容和升级，贷款总额上限从2亿元提升至5亿元，新增贷款投放8590万元，共有488个科技项目获得风险补偿贷款超15亿元。

（龚一峰　王　澄）

数字经济

综述

【概况】 2021年，新吴区坚持以“数能共融”为主线，突出信息化和数字经济“两手抓”，持续推进信息化和智慧城市建设。高新技术产业产值突破3800亿元，增长20%以上，占规模以上工业总产值比重突破70%，研发投入占GDP比重达到4.6%，被评为全国“绿色低碳示范园区”。（李俊俊　张胜亚）

【体制机制】 2021年，新吴区完善信息化建设组织架构，完成《无锡新吴区“十四五”信息化规划（2021—2025）》编制工作，找准新型智慧城市建设的行动方向和实施路径。发布《无锡新吴区使用财政性资金信息化项目管理办法》，全面规范区域智慧城市建设要求，全年为区财政节省资金超500万元。开展“十三五”信息化项目绩效评价工作，对“十三五”期间58个重点建设项目开展绩效评价。（李俊俊　张胜亚）

【数字基础设施建设】 2021年，新吴区累计开通建设5G基站1800余个，基站密度约每平方千米8.1个，基本实现区域全覆盖。以路灯为5G基站载体，在全市率先实施5G多杆合一试点建设。加快推进5G+融合应用，赋能行业数字化转型。“5G+工业互联网”快速发展，绿点科技“5G超大规模集群化M2M应用项目”、施耐德“5G柔性乐高生产线”、捷普电子“5G边缘计算数字工厂”等一批项目得到广泛应用；中科西北星“基于5G+增强现实的医疗康复远程指导系统”项目、识凌“5G+云医护平台及机器人”等项目成功入选国家级示范项目。（李俊俊　张胜亚）

【产政融合】 2021年，新吴区注重项目建设与应用示范相融合，强化以项目促产业，积极以项目为牵引。4月，智慧新吴公司与苏州美能华智能科技有限公司签署战略合作协议，进一步提升产政合作水平；9月，无锡大数据有限公司正式落户高新区，为全市物联网、大数据产业蓬勃发展增添力量；10月，GE医疗“无锡创·中心”正式启动，第一批入驻企业——深南电路、德为、脉得智能、数坤科技均与GE医疗签署战略合作协议，为高新区生物医药产业“1+2+X”发展格局奠定新基础；区内企业深度感知研究所成功中标常州市智慧城市照明改造项目。（李俊俊　张胜亚）

物联网产业

【产业规模】 2021年，新吴区物联网产业发展态势良好，产业规模达2365亿元，同比增速27.8%以上，约占全市规模的三分之二。（过雪东）

【顶层设计】 2021年，新吴区加强顶层设计，制定针对性政策文件，出台了《无锡高新区物联网产业链跃升发展三年行动计划》，实施“创新强链”“固基稳链”“应用延链”等五大行动，进一步完善物联网产业生态建设，助力建设国家物联网先进制造业集群。（过雪东）

【项目建设】 中电海康无锡物联网产业基地取得阶段性进展，一期工程顺利封顶；物联网国际创新园四期科技加速器、朗新科技产业园一期等一大批物联网重大项目正式封顶。（过雪东）

【创新成果】 2021年，新吴区英臻科技、曼荼罗、中科西北星、识凌科技等5个项目入选工信部年度物联网项目；中科光电入选国家专精特新“小巨人”第一批重点支持发展企业；深度感知研究所、小天鹅获中国智能科学技术最高奖；由物联网产业研究院制定的全球首个物联网金融国际标准正式发布；央视国际、凯乐士等多家企业入选省人工智能融合创新产品及应用解决方案，全市占比75%；朗新科技、艾信智能等多家企业揭榜物联网等新一代信息技术服务支撑疫情常态化防控创新任务，占60%以上，充分展现区内企业在行业应用方面的竞争力；中科西北星、英臻科技等4家企业入围国家传感网创新示范区物联网十大应用案例，全市占比40%，居全市第一；物联网国际创新园、无锡国家软件园成功入选市物联网特色园区。（过雪东）

【品牌活动】2021年，新吴区圆满完成2021年物博会高新区系列活动，成功举办慧海湾产业论坛等多场活动，2500余名领导、嘉宾齐聚高新区，研讨未来发展思路，共同探讨加强合作，推动签约一批项目，完工一批项目、发布一批成果。活动期间，各类项目签约金额46亿元，发布创新成果13项，30家生态企业集中入驻园区。在新技术新产品新应用成果发布会上，高新区企业在全球1780项成果中脱颖而出，施耐德"5G+柔性厂线"项目获金奖，海尔数字"生物资产数字化平台"、深度感知"人工智能雷视一体机"项目分别获得专项奖。在物联网应用与产品展示展览上，高新区朗新科技、阿斯利康、中科光电等30多家行业重点企业参展，约占全市参展企业数的50%，涵盖智慧城市、智慧医疗、智能工业、车联网等多个领域。在央地两用产业合作交流会上，有5个项目集中签约，项目签约总额接近13亿元。（过雪东）

【车路协同】2021年，新吴区初步完成车路协同技术5G智能交通示范项目，积极为本地企业提供技术测试、验证场景，共建发展平台，集聚产业生态；成功揭榜国家江苏(无锡)车联网先导区创新区；全省首个智能驾驶物流应用项目在综保区完成测试，成功实现了从智能制造工厂到智慧仓库之间的全程智慧供应链闭环；两条开放道路入选无锡市智能网联汽车开放测试道路群。（过雪东）

软件与信息服务业

【产业规模】2021年，新吴区软件与信息服务业营收979亿元，同比增长20.41%，实现稳步快速增长。其中，营收超亿元企业有114家，超10亿元企业有27家。（丁　强）

【示范应用】2021年，新吴区先后被评为江苏省区块链产业发展集聚区、首批江苏省工业大数据应用示范区，并且入选江苏省信息技术应用创新先导区培育库单位。无锡国家软件园被评为首批江苏软件名园"第一层次"培育试点园区。（丁　强）

【企业荣誉】2021年，由无锡高新区管委会、朗新科技、晟能科技联合申报的"无锡高新区'平台+园区'项目"入选工信部2021年工业互联网试点示范项目；无锡高新区3家软件企业入围"国家鼓励的重点软件企业"名单；15家企业入选2021年省级软件企业技术中心，其中3家企业通过省级软件企业技术中心认定；4家企业的8个解决方案入围2021年江苏省信息技术应用创新优秀解决方案；6家企业入选工信部重点企业名单。（丁　强）

【重要活动】2021年，新吴区成功举办无锡市第六届"iPark杯"互联网创新创业大赛、信创培训大会等重大活动。顺利举办元宇宙技术沙龙，促成元宇宙联盟协会等组织成立，并获得无锡市元宇宙产业园授牌。（丁　强）

人工智能产业

【概况】2021年，新吴区人工智能核心产业营收112.54亿元，约占全市的60%。（过雪东）

【创新成果】2021年，新吴区历经多年发展，形成了一批人工智能领域成果，产品逐步开始占据国内外主流市场。灵汐科技的类脑芯片KA200，能高效支持深度学习神经网络、生物神经网络和大规模脑仿真，该类脑芯片作为基础前沿技术重大突破成果，入选国家"十三五"科技成就展。中感微电子承担的"支持物联网语音入口的人工智能SoC芯片的研发及产业化"创新项目成功揭榜工信部新一代人工智能产业创新任务优胜单位，其芯片已成功打入三星、小米等世界知名品牌家电供应商，具有非常强的国际竞争力。深度感知研究所的产品"用AI雷达点亮机器视界"获人工智能科技进步三等奖，该项目将人工智能技术融入毫米波雷达，提升了60%的探测距离，将干扰降到原来的六分之一。（过雪东）

【应用成果】2021年，新吴区祥生医疗的乳腺人工智能软件成为全国第一个通过中检院国家级三类医疗器械检测报告的超声AI产品；小天鹅电器的智能洗衣机与人工智能技术融合应用，其产品获得人工智能科技进步奖三等奖。曲速教育获评全国人工智能创新50强企业，其极课大数据人工智能教育实践入选科技部《智能教育创新应用发展报告》；识凌科技的"5G+云医护平台及机器人示范应用"项目入选工信部示范项目；无锡科技职业学院成功入选教育部"AI+智慧学习"共建人工智能学院项目；中央电视台国际网络建设的"基于AI技术实现视频生产智能化项目"入选国家级项目库。（过雪东）

【产业生态】2021年，新吴区培育建设人工智能特色园，无锡北邮国昊物联生态园获批2021中国人工智能示范园区。持续推进与北京邮电大学深度合作，共建"北京邮电大学无锡智能科学研究院"，积极开展人工智能、物联网等领域的科学研究、产教融合高层次人才培养。持续加强与航天科工集团的合作，规划建设人工智能与物联网安全生态基地，打造集

AIoT 标准制定、技术研发、人工智能、产品与方案检测、军工级业务连续性保障于一体的安全生态产业链。举办物联网与人工智能、人工智能发展峰会等学术论坛,强化合作交流,营造产业发展生态;成立无锡市人工智能学会、无锡市智能工业产业协会等产业创新组织,加强人工智能成果转化与政企合作。

（过雪东）

电子商务

【概况】 2021 年,新吴区网络零售规模增长迅速,据全国 60 家主流电商检测平台数据显示,电商企业实现网络零售额 330 亿元,同比增长超过 32%;其中 B2C 网络零售额 230 亿元,同比增长超过 55%,占销售总量的 70%,成为支撑电商发展的主力。在产业结合方面,新吴区利用先进制造业全市领先的优势,不断鼓励区内先进制造业企业继续加大发展数字经济,小天鹅、云南白药等企业电子商务业务规模及市场份额均迅速增长。在电商直播领域,新吴区紧跟时代潮流快速发展,全区参与直播的商品数超过 5 万个,直播场次 6000 多场;成立“长三角新就业产业园区”,有效聚集主播培训、公用直播间、短视频剪辑等资源,为主播等网络营销师提供执业证领取、社保服务等全方位的一站式服务。顺丰无锡电商产业园被评为“省级电子商务示范基地”。（史 奇）

【跨境电商】 2021 年 2 月,由新吴区承接的中国(无锡)跨境电子商务综合试验区展示中心、综合服务中心、保税进口商品 O2O 体验中心正式挂牌运行,为全市的跨境电商企业提供咨询、上门指导等服务,全年累计服务全市跨境电商企业超百家。推动日淘 O2O 体验店成为全市首个跨境体验店,为探索跨境体验店运营提供经验。7 月,由新吴区“一带一路”跨境电商产业园内的企业丝路国信成功实现外贸新业态 1039 模式首单全省联动。小天鹅有限公司在综保区成功注册成立跨境电商公司,成为中国家电行业首家注册跨境电商公司的传统家电企业。推动全球知名的跨境电商营销服务商泊客电商落户无锡新吴区。新吴区内“一带一路”产业园、空港顺丰跨境电商产业园已落户跨境电商企业近 60 家。2021 年,全区集聚跨境电商企业 101 家,完成跨境电商进出口额 6.45 亿美元,同比增长 44.2%。（张 帆）

数字治理

【智慧政务】 2021 年,新吴区根据《中华人民共和国数据安全法》《无锡市公共数据管理办法》要求启用加密传输、访问控制、数据脱敏、数据监控等安全技术手段,建设高新区电子政务外网信息安全项目,通过政务网络等级保护 2.0 二级测评,有效提升公共数据安全防御能力,做好提前防范和有效应对数据泄露等安全问题的预防措施,为新吴区筑牢数据安全“防火墙”。强化信息化系统等保测评工作,累计通过二级等保测评项目 21 个、三级等保测评项目 1 个。

（严卫中）

【智慧民生】 2021 年,新吴区坚持智慧城市建设成果惠民便民导向,优先排定教育、医疗、就业等民生类项目,扎实推进“智慧教育”“智慧技防校园”“智慧电梯”“智慧交通”“新吴区一体化在线政务服务平台”“重点断面水质自动监测”“智能消防”等惠民项目建设,切实增强市民的获得感、幸福感和安全感。2021 年,新吴区旺庄、新安街道成为全市两家荣获“江苏省智慧健康养老示范街道”的单位。2021 年,位于新吴区内的无锡科技职业学院顺利通过江苏省智慧校园审核认定,全省仅 36 家。

（严卫中）

【智慧农业】 2021 年,新吴区践行“数字农业”战略,在全市率先建成智慧农业云平台,建设成果受到人民网、新华日报·交汇点、中国江苏网等央媒、省媒的持续关注。（严卫中）

【智慧治理】 2021 年,企业服务一体化平台“锡新通”被列入高新区“我为群众办实事”重点示范项目,平台兑现政策补贴 33.4 亿元,惠及企业 3967 家。依托平台建设的企业稳岗留工资金在线申报系统,助力员工留锡过年,支持企业稳岗留工。

（严卫中）

【数据汇聚】 2021 年,新吴区开展 2021 年度公共数据资源核查工作,汇聚全区 72 个部门(单位)2131 个信息系统(自建系统 333 个)和 851 个数据资源(共 6239 个字段)。建设信息资源目录系统和“智慧新吴”数据治理智能网关项目,完成数据汇聚顶层架构设计,接入城管、排水、安检、环保等 10 余个部门,汇聚 30 余套信息系统数据目录,数据覆盖城市建设、安全生产、民生医疗、政务服务等多个领域,汇聚数据总量超 9900 万条。（严卫中）

【数据共享】 2021 年,新吴区厘清区内信息系统清单、数据资源清单,充分征求区各单位关于公共数据共享资源及需求,以信息化数据交换平台为载体,加强部门数据共享与开放工作。（严卫中）

总部经济

综述

【概况】 2021 年，新吴区持续推进总部经济高质量发展工作，在省、市、区三级总部经济企业体系构建和总部经济发展营商环境建设等方面取得优异成绩。年度总部经济工作综合评价继续蝉联全市第一。截至 2021 年年末，新吴区新增省级总部企业 2 家，累计达到 19 家；新增市级总部企业 20 家；新评定区级总部企业 212 家，实现工厂总部化 91 家。省、市、区三级总部企业阶梯架构已经形成，总部企业板块囊括先进制造业、现代服务业重点龙头企业的格局已经确立，总部企业在营收增幅、利税增长、领军人才及科技创新领域的贡献优势明显。 （周立平）

【新增企业】 2021 年，新吴区新增 2 家省级认定的总部经济企业，累计达到 19 家，占全市 40% 以上；新增 20 家市级认定总部经济企业，其中新申报成功 6 家，复核认定 14 家；新评审认定 107 家区级总部经济企业，纳入省、市总部经济企业后备种子库，全年各类新申报及认定总数均列全市第一。新增的 2 家省级总部企业为宝克（中国）测试设备有限公司、东电化兰达（中国）电子有限公司。新申报成功的 6 家市级总部企业分别是安利（中国）植物研发中心有限公司、约克（无锡）空调冷冻设备有限公司、威巴克（无锡）减震器有限公司、无锡一米人力资源有限公司、普利司通（中国）研究开发有限公司、柯尼卡美能达办公系统研发（无锡）有限公司。107 家区级总部经济企业按照综合型、创新驱动型、利润提升型三个大类分门别类建立区级总部经济企业库台账。 （周立平）

总部企业及功能性机构

【宝克（中国）测试设备有限公司】 美国宝克集团（BPG）成立于 1953 年，总部位于美国密西根州，是中国光大集团全资控股的全球领先的智能制造和高端装备供应商。公司产品包括电动、混动 EV 汽车检测设备、整车研发实验和认证设备、汽车动力总成自动化装配线、风电齿轮箱测试系统。全球共有 16 个工厂及研发中心和 35 个运营部，员工数量超过 2000 人。客户包括了全球主要的汽车生产商和配件商，如奔驰、宝马、丰田、通用、特斯拉等。2015 年 3 月后，通过中国光大集团的支持，公司已进入新能源、高端精密制造（如 3D 打印机、生命科学设备）平衡机系统等一系列新业务领域，以保持公司在高端制造行业的领导地位。2016 年 8 月，宝克（中国）测试设备有限公司在无锡新吴区正式成立，并于 2018 年 10 月竣工投产，项目注册资本 3000 万美元。2021 年宝克（中国）销售约 1.8 亿元，税收约 1100 万元。凭借公司的领先技术，抓住中国汽车工业发展的契机，宝克公司以每年平均超过 20% 的速度持续增长。宝克生产的汽车测试设备在传统汽车领域的市场份额超过了 50%，在电动、混动车领域的市场份额超过了 85%。宝克（中国）测试设备有限公司的建成不仅填补了新吴区在高端汽车检测成套设备领域的空白，而且推动了中国新能源汽车的研发，支持传统汽车排放技术的升级，促进自动驾驶技术的研发，助力智能装备产业的进步。 （周立平）

【东电化兰达（中国）电子有限公司】 东电化兰达（中国）电子有限公司，成立于 1995 年，注册资本 2300 万美元，是日本 TDK-Lambda 株式会社的全资子公司。专业从事工业电源产品及电源设备的设计和制造，致力于高可靠性 AC-DC、DC-DC 开关电源的新品研发和技术革新，是国内有磁性材料、陶瓷材料等最新技术的电源制造商。东电化兰达（中国）电子有限公司经营范围为设计、开发开关式稳压电源、不间断电源、滤波器和整流器。经过 20 多年的发展，公司已成为集研发、生产、销售及售后服务于一体的全功能总部型企业，先后在上海、北京、深圳、大连及香港成立分公司，并在全国多地建立技术支持网络。公司于 2021 年 10 月通过无锡市总部企业的认定，于 2021 年 11 月通过江苏省跨国公司功能性机构的认定。公司 2021 年实现主营业务收入 7.4 亿元，利润总额 6500 万元，纳税 3100 万元。

（周立平）

新兴产业

综述

【概况】 自2009年获批国家传感网创新示范区以来，新吴区以物联网为龙头的新一代信息技术产业保持高速高质量增长，走在了全国前列，站在了行业前沿，为全国物联网的发展和探索积累经验，成为城市发展的一张闪亮名片。其中，集成电路规模位列全国第二(仅次于张江)，国家软件园区在全国排名前十。（贺齐东）

【新兴产业规模】 2021年，新吴区高端装备制造业实现规模以上工业产值1690.06亿元，同比增长31%。新能源产业规模达到229.11亿元，同比增长39.9%。集成电路产业产值跨过千亿门槛，达到1175亿元，同比增长超30%，占全国的11.5%。（贺齐东）

高端装备产业

【概况】 2021年，新吴区高端装备制造业实现规模以上工业产值1690.06亿元，同比增长31%。初步形成了涵盖智能专用装备、高端装备零部件、整机及系统总集成在内的较完整的产业链，形成了以康明斯、铁姆肯、布勒集团等为代表的外资装备企业集群，同时培育了华光锅炉、先导智能、奥特维科技、航亚科技等一批内资装备企业集群，全区高端装备制造产业在集成电路专用装备、新能源专用装备、航空发动机等领域涌现出一批领军龙头企业。（贺齐东）

【代表企业】 无锡先导智能装备股份有限公司已经成为全球锂电池生产装备的龙头企业；无锡奥特维科技股份有限公司是光伏组件自动化设备制造的国内领军企业；无锡华光锅炉股份有限公司的生物质能发电系列产品承担了国家火炬计划产业化示范项目。认定江苏省首台(套)重大装备及关键部件30项，认定江苏省首台(套)重大装备及关键部件示范应用项目4项。（贺齐东）

新能源产业

【概况】 2021年，新吴区新能源产业规模达到229.11亿元，同比增长39.9%。（贺齐东）

【光伏产业】 2021年，新吴区已集聚尚德、隆基、日托等一批龙头企业，集中分布在硅片、电池、组件、系统、设备、材料6个领域，形成了硅材料、电池及组件、光伏设备制造、零部件配套、光伏电站、专业检测和服务平台等完整的产业链，涵盖了从硅片到光伏系统的各个环节，光伏并网规模增速超过60%，走在全省乃至全国的前列，引领行业发展。（贺齐东）

【锂电池产业】 2021年，新吴区企业集中分布在锂电原辅材料、锂电设备及配件、锂电池回收利用三个领域。以村田、三星等世界500强企业为代表的动力电池生产商拥有锂离子电池和镍氢电池等高端品牌的自主设计开发和制造能力，具有全球竞争力，不断扩大产业规模和供给领域；以先导智能为代表的制造型企业利用技术积累优势，不断延伸产业链末端，已成为全球领先的锂电池智能装备制造商，与松下、三星、LG等知名电池企业建立战略合作关系；以格林美为代表的创新型企业建立资源循环模式和清洁能源材料模式，攻克动力电池材料的三元“核”技术等世界技术难题，构建了世界先进的新能源全生命周期价值链，绿色技术辐射全球。（贺齐东）

【氢能及燃料电池产业】 2021年，新吴区威孚、博世、先导、隆基、隆盛等重点企业分别侧重电堆、动力总成、智能生产线、关键零部件等环节落子布局，加大关键核心技术攻关力度，具备较好的技术积累和产业基础，聚集了大批高端产业人才和优质创新企业，并将行业末端延伸至电解制氢装备、光伏制氢等

领域，为新吴区氢能及燃料电池产业发展注入强大动力。（贺齐东）

集成电路产业

【产业规模】 2021年，新吴区集成电路产业产值突破千亿元大关，达到1175亿元，同比增长超30%。其中，设计业完成产值182.31亿元，同比增长28.06%；制造业完成产值397.79亿元，同比增长36.76%；封测业完成产值324.77亿元，同比增长19.07%。（徐　丹）

【政策环境】 2021年，新吴区出台了《无锡高新区关于进一步加快推进集成电路产业高质量发展的政策意见（试行）》政策文件，制定了《集成电路产业“十四五”规划》《无锡新吴区半导体装备及材料产业“十四五”发展规划》《无锡新吴区国际集成电路创新园规划》等规划性文件，不断完善新吴区集成电路产业政策体系。（徐　丹）

【产业氛围】 2021年，新吴区成功举办了“十四五”集成电路产业高质量发展（无锡）闭门研讨会、无锡市集成电路装备产业高质量发展研讨闭门会、中国集成电路设计业2021年会、IMEC人才培训等重大活动，并且推动国家集成电路特色工艺及封装测试创新中心顺利揭牌。（徐　丹）

【对上争取、对企服务】 2021年，新吴区先后多次赴工信部、省工信厅汇报重点工作，当年度完成对上争取资金2.46亿元。完成华虹一期扩产、华润微8英寸线核心能力建设等项目的窗口指导工作，完成无锡国家“芯火”双创基地年度工作审核。助力4家集成电路企业被认定为国家重点集成电路设计企业，占全省的40%。（徐　丹）

【企业荣誉】 2021年，新吴区内6家集成电路企业入选全国半导体企业十强；3家集成电路企业荣获“国家技术发明奖二等奖”，1家集成电路企业荣获“国家科学技术进步奖一等奖”，1家集成电路企业荣获“江苏省科学技术奖一等奖”；3家集成电路企业斩获“中国IC设计成就奖”；5家企业荣获2021年“中国芯”优秀产品称号；力芯微在科创板IPO上市；华润微市值破千亿元，入选科创板50强。（徐　丹）

重点企业选介

【无锡中科光电技术有限公司】 无锡中科光电技术有限公司自成立以来，专注于大气环境高端监测仪器的研发和集成应用，主导产品大气颗粒物监测激光雷达在国内大气颗粒物监测激光雷达细分市场占有率达40%以上，位列全国第一，曾承担了南京亚青会和青奥会、第二届互联网大会、杭州G20、厦门金砖会议、青岛上合峰会、武汉军运会等重大赛事空气质量保障监测任务。2021年，公司营收突破3亿元，利税超4000万元。5月，工信部公布建议支持的国家级专精特新“小巨人”企业公示名单，新吴区企业无锡中科光电技术有限公司入围，占全市入围企业的三分之一。（徐　丹）

【江苏中科西北星信息科技有限公司】 江苏中科西北星信息科技有限公司是中国科学院物联网研究发展中心在国内孵化的第一家关注养老的科技型公司，是国内最早研究物联网技术在养老管理服务中应用的国家科技队。公司研发具有自主知识产权的“智慧养老”系列产品已经在江苏、云南、四川、新疆、陕西、河南、河北等28个省份进行广泛应用。公司智慧健康养老服务云平台是全国唯一在市级范围内落地应用的智慧养老平台，唯一在区县级范围实现养老智能化服务全覆盖的平台。7月，工信部公示2021年新型信息消费示范项目遴选结果，江苏中科西北星信息科技有限公司的“数字化家庭养老床位管理服务平台”入选公共服务类领域项目。江苏省共入围8家单位，无锡仅新吴区就入选2家，此项目为其中之一。8月17日，工信部、国家卫健委公布5G+医疗健康应用试点项目名单，全市共5个项目入选，江苏中科西北星信息科技有限公司的基于5G+增强现实的医疗康复远程指导系统项目成功入选。加快推进5G网络等新型基础设施建设，促进“互联网+医疗健康”发展。试点内容围绕急诊救治、远程诊断、远程医疗、远程重症监护（ICU）、中医诊疗、医院管理、智能疾控、健康管理等8个重点方向，鼓励5G应用场景创新，通过建设试点项目，推动运用5G技术改造提升卫生健康网络基础设施，开展智慧医疗健康设备和应用创新，培育可复制、可推广的5G智慧医疗健康新产品、新业态、新模式。（徐　丹）

【无锡识凌科技有限公司】 无锡识凌科技有限公司成立于2010年，是专注于医疗物联网领域和智慧医院整体解决方案的国家高新技术企业，是国家卫健委医疗信息化标准主要编制成员单位，工信部医疗物联网标准主起草单位，致力于为医院提供医疗物联网整体解决方案。公司的整体智慧医院项目已在江南大学附属医院、延安大学附属医院、江西省中医药大学附属医院等大型三甲医院成功落地。7月，工信部公示2021年新型信息消费示范项目遴选结果，无锡识凌科技有限公司的“5G+云医护平台及机器人示范应用”入选公共服务类领域项目，此项目为新吴区入选的2个项目之一。（徐　丹）

【无锡珍岛数字生态服务平台技术有限公司】 无锡珍岛数字生态服务平台技术有限公司是国内首创的营销力平台,致力于打造全球领先的SaaS智能营销云平台;专注于云计算、大数据、人工智能技术在数字营销领域的创新与整合;面向全球中小微企业提供企业级营销力软件及服务,现已形成营销工具 Allin One(SaaS)、智慧中台(PaaS)、云计算(IaaS)以及数字威客、云应用市场、数字媒体自助等"一站式"企业服务云平台。12月,省工信厅公布2021年度江苏省"数动未来"融合创新中心名单,全省共有20家融合创新中心入选,新吴区有2家单位成功入围,在全市占比三分之二,无锡珍岛数字生态服务平台技术有限公司为其中之一。 (徐 丹)

【江苏海宝制造科技股份有限公司】 江苏海宝制造科技股份有限公司是一家专门为制造企业提供"云+端+应用"的"智能工厂"整体解决方案,以及基于"两化融合"和"工业4.0"的软硬件开发、信息系统集成的高新技术企业。海宝智造提供的智能制造、智能工厂、智能车间相关产品及服务,可以帮助生产制造企业实现产品制造全过程的数字化、透明化、可视化、实时化、网络化、协同化和智能化。12月,省工信厅公布2021年度江苏省"数动未来"融合创新中心名单,江苏海宝制造科技股份有限公司为其中之一。 (徐 丹)

【无锡深南电路有限公司】 12月8日,由江苏省人民政府、工业和信息化部、中国工程院、中国科学技术协会联合主办的"2021年世界智能制造大会"正式公布了"2021年智能制造标杆企业"名单,无锡深南电路有限公司位列其中,是全市唯一获此殊荣的企业,全国仅11家。自2019年4月起,工业和信息化部指导开展"智能制造标杆企业"评选,以国家标准《智能制造能力成熟度模型》和《智能制造能力成熟度评估方法》为依据,围绕人员、技术、资源、制造四个能力要素,全面评估企业在设计、生产、物流、销售、服务等业务环节所达到的智能制造能力水平,重点关注数据驱动业务优化在企业发展过程中发挥的作用。申报单位按照《智能制造能力成熟度模型》进行自评价,并经过合规审查、专家推荐、现场核查、专家评审和公示等程序之后,确定入选企业名单。"2021年智能制造标杆企业"有全国8000家企业参与申报,130家企业进入最终评审,全国仅11家企业入选。深南电路的脱颖而出,充分体现出公司在智能制造领域的超强实力与水平。公司深入探索封装基板(SUB)及印制电路板(PCB)产品离散型制造的特点,颠覆传统电子电路制造行业大量依靠人力的制造模式。通过自主探索制订设备接口标准,连通设备种类超500种,建立以智能单元系统为自动控制层、制造执行系统为业务执行层、企业资源管理系统为运营管理层、智能分析平台为决策分析层的智能制造系统架构,实现了全业务数字化协同和数据互联互通,大幅提高生产效率、制造可靠性和智能决策能力。突破行业在配方下达、物流配送、质量管控等方面的共性难点,提升复杂工艺制造过程的数字化管控能力,实现了高效稳定的制造与运营模式,为电子电路行业的数字化转型探明方向。 (徐 丹)

商贸服务业

商贸流通

【概况】 2021年，新吴区以民生需求为导向，有效落实内需扩大战略，策划促消费主题活动，开展农贸市场改造提升，落实商贸领域疫情防控，促进实物消费提档升级，服务消费提质扩容，以商贸行业高质量发展惠及民生。（王　鹏）

【农贸市场改造提升】 2021年，新吴区高标准新建春城农贸市场，融入人文、乐购等新元素打造“网红菜市场”，使周边居民告别“脏乱差”的购物环境。完成硕放商城、香楠邻里生鲜2家农贸市场改造提升工作，全区农贸市场旧貌换新颜，全部达到标准化农贸市场标准。投资89万余元为5家农贸市场安装肉菜流通追溯系统，全区覆盖率达到89%，有力保障“菜篮子”安全。（王　鹏）

【激发供需活力】 2021年，新吴区加强促消费政策引导，搭建促消费活动平台，联动无锡“金秋太湖购物节”，打响“约惠新吴”系列消费促进季品牌。全市首场消费促进活动在新吴区百联奥特莱斯正式启动，在“五一”、“十一”、中秋、端午等节庆日，均组织区内重点商贸综合体开展系列促消费活动。10月2日，启动“约惠新吴，乐享金秋”消费促进季活动，区、街道联动组织十大促消费活动，充分释放消费潜力。百联奥特莱斯、中升之星2家企业获全省商务促消费奖励资金100万元，全区争取并拨付商贸服务业纾困资金1786万元，保障市场主体活力，释放消费增长潜力。年内，全区社会消费品零售总额达到414.66亿元，同比增长9.6%。（王　鹏）

【培育新型消费模式】 2021年，新吴区聚焦新冠肺炎疫情后消费业态多元化的发展趋势，强化促消费引导，支持梅里古镇文商旅融合，推进梅里古镇、新地假日广场消费场景改造升级，打造示范街区、特色街区。梅里古镇入选全市十大“醉美盛夏夜消费打卡地”。推动“线上”“线下”融合发展，以发展资金鼓励欧尚超市、贝贝帕克等龙头企业发展“新零售”，支持百联奥特莱斯、欣旺餐饮等企业开设直播间，做强旺庄科创中心国家电商基地直播带货消费新模式。（王　鹏）

【成品油市场规范管理】 2021年，新吴区共办理加油站变更10家，改扩建1家，改扩建领证2家。加强成品油企业年检审核把关，对存在问题的企业从速整改、规范经营活动。加强加油站空气污染治理，对梅村加油站等11家年销售量达到5000吨以上的加油站全部安装完成油气回收在线监测系统（VOCs），并与生态环境部门连网，加装三次油气回收系统装置，助力打赢“蓝天保卫战”。（王　鹏）

【商贸无诈企业建设】 2021年，新吴区印发《关于推进批零住餐业“无诈企业”建设工作的通知》，通过会议推进，每日通报加强工作推动，与821家商贸企业签订“无诈建设”活动评测和个人承诺书，发放无锡市“全民反诈”宣传告知书，打造诚信市场。（王　鹏）

【“一刻钟便民生活圈”试点建设】 2021年，新吴区聚焦利民，积极参加无锡市“一刻钟便民生活圈”试点，组织发动全区所有街道、社区认真开展全覆盖的调查摸排。经综合评审，确定春城社区、梅里社区纳入全市首批试点，提升便民商业设施建设。（王　鹏）

【住宿餐饮】 2021年，新吴区促进餐饮行业稳步健康发展，大力打造商贸亮点，推出新吴当家菜品促消费活动推广及宣传报道，以无锡“太湖购物节”、新吴“约惠新吴”促消费活动为平台，组织“新吴六宝”“吴地八件”餐饮品牌伴手礼展示。积极推动新吴区商贸发展，突出新吴新味新亮点，举办“文明新风吴地‘食’尚”主题宣传活动，发布《使用公筷公勺倡导勤俭节约》倡议书，7 家餐饮名店作为“吴地新‘食’尚”餐饮联盟推广大使被授牌。树立餐饮行业新形象，欣旺大酒店的欣旺飘香蟹被列入江苏省地标美食记忆名录，欣旺集团出品总监吴林栋工作室，被评为“无锡市技能大师工作室”，新吴区餐饮协会会长、欣旺集团董事长荣膺中国饭店协会副会长。全年全区餐饮业营业额达 30.44 亿元，同比增长 11.8%。全年住宿业营业额达 5.16 亿元，同比增长 16.8%。（王 鹏）

旅游业

【鸿山遗址博物馆】 新吴区鸿山遗址博物馆是国家二级博物馆、国家 AAAA 级旅游景区，是以春秋战国时期长江下游地区吴越文化为主题的遗址类专题博物馆。于 2008 年 4 月 10 日落成，9 月正式开放，总建筑面积 10000 平方米。博物馆建筑风格古朴、简约、自然。馆内藏品丰富、器型众多、系列完整，全面展示吴越地区灿烂的历史文化，对春秋战国时期的吴越历史、玉器工艺史、音乐史、青瓷起源等研究课题具有重要价值。（逯俊宁）

【中华赏石园】 新吴区中华赏石园是国家 AAAA 级旅游景区，位于鸿山旅游度假区内，占地约 14.5 万平方米，2011 年 11 月正式开园。该展馆由中国观赏石协会和新吴区联合打造，是华东地区最大的观赏石专题展馆。展馆内设有 8 个主题展厅，展示造型石、图纹石等五大门类的精品展品，令游人一览行业百余主流石种。（逯俊宁）

【鸿山泰伯景区】 新吴区鸿山泰伯景区是国家 AAAA 级旅游景区、全国重点文物保护单位。景区位于锡东鸿山南麓，是江南始祖泰伯的归藏之地。墓区面积近 50 亩。景区以吴文化为内涵，融自然景观和人文景观于一体，以丰富的资料、塑像、碑刻、实物为形象手段，展现了 3000 多年吴地生产、人文、民俗的情况。（逯俊宁）

【钱穆钱伟长故居】 新吴区钱穆、钱伟长故居是国家 AAA 级旅游景区，地处鸿山旅游度假区境内，占地面积约 5400 平方米，系在原钱氏家族旧址上，按钱氏鼎盛时期建筑规模重建而成。故居东侧为始建于元末明初的怀海义庄，是钱氏家族救灾恤贫、资助族内贫困子弟就学的传统民间慈善机构。2012 年 5 月，钱穆钱伟长故居（怀海义庄）开放，内设素书堂、怀海堂等多个景点。（逯俊宁）

【新洲生态园】 新吴区新洲生态园是国家 AAA 级旅游景区，位于新吴区锡士路，占地 46 公顷。经过对水体及地形的改造，形成湿地、湖泊、山地、丘陵等多种自然地貌，为动植物提供了良好的生长生活空间，成为新吴区的绿肺。在生态园内，游人既可漫步绿地、远眺湖景，还能垂钓养性、烧烤娱情，在无边美景间尽享欢乐。（逯俊宁）

泰伯庙　　（区委宣传部　供稿）

【泰伯庙】 新吴区泰伯庙是国家 AA 级旅游景区，始建于东汉永兴二年（154 年），在今无锡梅村镇的伯渎河畔，占地面积 7492 平方米。现存的香花河桥、“至德名邦”石牌坊、棂星门与至德殿均为明弘治年间（1488—1505 年）重建，宝珠堂、三让堂、德洽堂、玉皇殿、关帝殿等十余处殿堂则为清同治年间（1862—1874 年）重建。2019 年，泰伯庙经历大规模修葺后，三王殿等得以恢复，至德殿等得以完善，突出周吴同源，姓氏衍变的历史文化背景愈加清晰。（逯俊宁）

【梁鸿国家湿地公园】 新吴区梁鸿国家湿地公园位于鸿山旅游度假区内，自然风光秀丽。2011 年 10 月 13 日，在第二届亚洲湿地论坛上被评为首批正式挂牌的国家湿地公园。公园既拥有得天独厚的江南水乡美景，水系发达，孕育了丰富的湿地动植物资源；还蕴含 3200 年吴地文明精华，农耕文化、水利文化等精华在园内体现得淋漓尽致。（逯俊宁）

房地产业

【房地产开发】 2021 年，新吴区商品房新开工面积 222.09 万平方米，同比增长 34.6%；共计办理商品房预售 58 个，新增预售面积 48.19 万平方米。（王 远）

【商品房销售】 2021 年，新吴区商品房成交 15215 套，成交面积 157.89 万平方米，成交金额 297.81 亿元，环比增长 29.05%（按面积）。其中，商品住宅成交 12790 套，成交面积 138.88 万平方米，成交金额 277.10 亿元，环比增长 38.70%（按面积）；其他商品房成交 2425 套，成交面积 19.01 万平方米，成交金额 20.71 亿元，环比下降 14.45%（按面积）。（王 远）

表 4　　新吴区 1—12 月商品房成交情况分析

分类	套数(套)		环比增长	面积(万平方米)		环比增长
	2021 年	2020 年		2021 年	2020 年	
商品房	15215	12660	20.18%	157.89	122.35	29.05%
商品住宅	12790	9066	41.08%	138.88	100.13	38.70%
分类	金额(万元)		环比增长	均价(元/平方米)		环比增长
商品房	297.81	209.54	42.13%	18861.48	17125.66	10.14%
商品住宅	277.10	184.91	49.86%	19952.49	18466.49	8.05%

【二手房市场】 新吴区成交二手房 9452 套,成交面积 85.07 万平方米,成交金额 102.27 亿元,成交均价 12021.86 元/平方米。 (王　远)

【物业管理】 2021 年,新吴区龙湖滟澜艺墅和吴月雅境成功入围省级宜居示范居住区项目,鸿泰苑三区、吴月雅境、无锡新吴区科技交流中心和中国传感网国际创新园 4 个项目获省级示范物业管理项目,其中鸿泰苑三区实现新吴区安置房省级示范物业管理项目零的突破。新安花苑五区等 8 个项目获市级示范物业管理项目,入围数量位列全市第一。 (陆晓芳)

【智慧物业】 2021 年,新吴区智慧物业平台新增新吴区住宅小区物业服务“五色榜”,这是全市首个区级物业管理信用评价考核体系。“五色榜”以一个自然年为考核周期,根据分值高低,将在新吴区服务的物业服务企业和住宅小区物业管理项目(项目负责人)分为“红、橙、绿、蓝、黑”五色榜单。榜单实行动态管理,动态计分,采集到加减分值将实时在平台上更新,并可实现实时查询。 (陆晓芳)

物流业

【快递业】 2021 年,新吴区有快递企业 42 家(分拨企业 12 家),末端快递网点 548 个。全区快递业务量达 3.68 亿件,同比增长 51.44%,占无锡大市总量的 37.85%;快递业务收入达 57.77 亿元,同比增长 56.2%,占无锡市总量的 56.8%,持续领跑全市各板块。 (曹洋)

【疫情防控】 2021 年,新吴区快递从业人员第二针接种率达 90%。持续推进加强针接种。涉外快递公司对进口快件始终坚持全面消杀的常态化防控模式。制定出台了《新吴区邮政快递行业新冠肺炎疫情防控工作手册》,实行涉外快递一线从业人员每 2 天检测一次,普通快递从业人员每月检测一次。 (曹洋)

【园区建设】 2021 年,新吴区苏南快递产业园被列入无锡市现代服务业高质量发展工作要点。新吴公安分局无锡顺丰丰泰产业园设立全省首个毒品查缉站。打造全省首个快递物流业党群服务中心。持续推进无锡国际邮件互换局项目建设。继续推动绿色试点创建工作,建设绿色网点、绿色分拨中心。 (曹　洋)

【综保区现代物流发展区建设】 2021 年,新吴区结合综保区转型升级以及企业的刚性需求,将利用自有存量土地,建设 1 栋 4 层 3.6 万平方米的高标仓库并整合海关监管场所区域,以形成约 5 万平方米的现代物流发展区。监管场所区域调整完成,仓库 11 月进行场地试桩,预计 2022 年 4 月正式开展施工建设,2023 年 6 月竣工。 (陈　靖)

【跨境电商示范区建设和业务运行】 2021 年,新吴区完成跨境电商示范区大楼和公共停车场改造及验收工作,完善基础设施、提升园区形象,打造出与企业发展相适应的宜业环境。持续做好跨境电商服务工作,跨境电商综试区“三大中心”正式揭牌,跨境电商线上综合服务平台同步上线。截至 11 月底,公服

3 月 5 日,副省长惠建林调研中国(无锡)跨境电子商务综合试验区“展示中心” (区融媒体　供图)

平台服务跨境电商企业1299家。年内，全市跨境电商进出口交易额231428.62万美元，其中B2B出口额达23.14亿美元，获批省级跨境电子商务产业园。

（陈 靖）

【港口多式联运】 2021年，新吴区发挥好水运二类口岸功能，持续推进“陆改水”“水水中转”多式联运服务。与铁路南站开展货运合作项目，推进铁路集装箱业务，加快发展铁水联运，充分融入国内大循环，推进枢纽经济高质量发展。以ICT上海港无锡分支港项目建设为契机，与上港集团开展深层次对接，打造多式联运型综合示范物流园区。无锡港新安水路二类口岸合作成为上海港ICT已列入市政府重点项目。

（陈 靖）

粮食储备

【粮食安全】 2021年，新吴区严格落实粮食安全责任制工作，进一步提升全区粮食安全保障水平和市场保供稳价应急机制，积极配合组织协调区考核领导小组做好对新吴区的全面考核，并组织做好对区各成员单位的考核工作，全面落实责任。准确把握考评细节和评判标准，对标找差，固强补弱，新吴区在2021年度的无锡市考核中继续保持“优秀”的好成绩。

（童宇峰）

【储备粮轮换】 2021年，新吴区发展改革委落实粮食安全第一责任人制度，做好本区2.7万吨地方储备粮轮换及粮食质量安全风险管控等重点工作。新吴区发改委与江苏无锡国家粮食储备库签订承储协议，由其进行专业化收储；委托第三方检测机构对待轮换的地方储备粮进行品质检测；委托第三方会计师事务所对新吴区的粮食购销活动进行数量与金额审计，从而使各个环节均处于有效监管中。2021年新吴区轮换小麦5065.23吨、粳稻9352吨。为保障地产粮食种植农民的利益，确保秋粮收购过程中不发生“卖粮难”情况。

（童宇峰）

【涉粮巡查】 10月，全国范围内开展涉粮领域巡视巡察工作，新吴区发展改革委按照巡查要求积极做好被查资料台账整理，编写专题汇报材料，做好相关政策解释及配合现场检查工作。在巡查期间，积极做好自查自纠工作，对巡查组指出的其他问题，逐一对照制定整改措施，确保问题及时整改到位。

（童宇峰）

电信

【概况】 中国电信无锡分公司新吴区局（下称新吴电信区局），现有员工近500人，其中外包员工近400人。下设10个分局，服务范围覆盖新吴区6个街道及各工业园、开发区和各类产业园区。2021年，新吴电信区局完成收入4.6亿元，各类业务发展良好。其中，天翼4G用户15万户、5G用户数达20万户，百兆家庭宽带超18万户，千兆家庭宽带达2万户，天翼高清电视用户超11万户。2021年新吴电信区局新建门店20家，截至年底，新吴电信区局公众渠道覆盖有效门店104家。

（夏 孟 蒋佳辰 周萍萍）

【助力疫情防控】 2021年，新吴电信区局积极落实区政府疫情防控工作，在数据防核查专班、核酸监测点位、集中隔离点等防疫工作上取得区、街道认可。信息化手段赋能数据核查专班核查工作。新吴电信针对区、街道数据核查专班提供一揽子信息化解决方案：组织协调保障物资部署、用信息化手段提升核查工作人员效率：AI寻呼、来电名片、挂机短信、实时保录音、保障信息有效传达。专班工作期间，市长杜小刚在新吴电信视频会议保障下开展三级点调工作。

紧急落实全区核酸监测点位监控项目照片

（新吴电信区局 供图）

紧急接棒全区核酸监测点位监控，不舍昼夜高效落实。有效推进梅村集中隔离点建设，精准防控。新吴区局协调建设部组织施工力量、紧急备货备料，配合甲方土建进场，同步铺设管道、敷设缆线，第一时间提供了隔离点基础通信资源。同时，新吴区局积极配合隔离点建设，提供了全品类的通信服务，满足隔离点的各种需求：每个房间安装“ETV电视、固话、宽带、WIFI”，满足隔离人员娱乐休闲需求。

（夏　孟　蒋佳辰　周萍萍）

【技防工程】 2021年，新吴电信区局聚焦美丽新吴，在社会监管、城市治理、政务服务、教育医卫、智慧城市等板块创新落实，体现能量。承接智慧技防小区、校园一期项目，涉及248个小区、33所学校、1458个前端点位。应急响应搭建智慧燃气平台，每街道派驻专属服务经理，快速推进，服务商户5000余户，守护居民燃气餐饮安全，同时搭建名厨亮灶平台，每年服务餐饮商户1000余户。根据新吴区建筑工程安全质量监督站工地E管视频监控平台的需求，为住建搭建智慧工地平台并提供云存储服务，通过VPN专线将工地视频流推送到平台，助力监管部门日常轮询。全面贯彻国家新修订的《固体废物污染环境防治法》，进一步强化危险废物全过程监管，搭建危险废物全生命周期监控系统，帮助企业在前端安装摄像头并通过专线将视频流安全接入至平台，实现科技治废、全程可溯。平台的云存储功能，帮助政府部门实现危险废物全生命周期精细化监管。以数字转型提升产业园区营商环境，参与智慧园区信息化建设、国家软件园信息化建设、微纳园智慧用电平台，为入住企业提供线上缴费、日常用电查询、园区用电报表勘察，为低碳园区贡献信息化能量；梅村工业园区用5G、全光网为工业企业转型提供环境。 （夏　孟　蒋佳辰　周萍萍）

【通信线路改造】 2021年，新吴电信区局在文明城市复查期间，牵头整治新吴区12个农贸市场及周边的通信线路，绑扎固定光缆3000米，整理分纤箱205个，清除所有陈年废旧线路。全年配合城管处理超过900张城管工单。上半年，牵头实施鸿山鸿泰苑、硕放南星苑、江溪欧典家园、东风苑等小区的通信线路改造，大大改善小区楼道内的环境，惠及超过3500户居民。 （夏　孟　蒋佳辰　周萍萍）

【创新动能】 2021年，新吴电信区局组建云网安全专业团队，守护网络安全。结合安全报告，为政府部门及企业提供网络建议与支撑，协助政府和企业提升网络安全及防护能力，全年累计走访客户102户，督促整改网络漏洞风险企业93家。与市网安、区公安共同推进江苏省首家网络安全警务站申报，将于2022年为新吴区企业安全防护搭建防护平台。运用天翼云和物联网平台，实现云上物联利企惠企。推动5G建设，打造示范标杆。完成5G基站建设492个，覆盖新吴区范围内核心商业聚集区、住宅聚集区、重要工业园区、重点产业园区、重点物流园区、重要交通枢纽。在5G应用上，协助小天鹅建设5G智慧工厂，并且共同搭建工业互联网平台，通过建设AR展示、数字采集、智慧工厂等业务，实现5G在工业产线上首次应用，提升了工业生产的效率。

（夏　孟　蒋佳辰　周萍萍）

都市农业

综述

【概况】 2021 年，新吴区以《无锡新吴区“一区三带”发展总体规划(2021—2025)》为牵引，农业供给侧结构性改革不断深入，农业高质量发展大力实施，农业生产方式积极转变，产业结构不断优化，产业模式不断创新，培育现代农业发展载体，推动传统农业做大做强、特色农业做优做精。科技型农业、智能装备农业等优势特色产业提质发展，现代农业产业园区经济运行持续稳定，龙头企业，一、二、三产业融合，家庭农场等新型农业经营主体强点扩面，农业供给安全保障有力。全年农林牧渔业增加值 0.71 亿元，粮食作物种植面积 1.48 万亩，稻麦产量 6817 吨；建成高标准农田 532.8 亩，新增高效节水灌溉农田 500 亩、优良食味水稻 6850 亩。 (贾天宇)

【农业载体建设】 2021 年，新吴区农业农村重大项目投资大幅跃升，全年招引农业投资 0.9 亿元，实施农业农村重大项目 5 个，年度完成投资金额 3.94 亿元，同比增长 500%。2021 年度全区农业龙头企业共实现销售收入 15.36 亿元；创汇 1195.51 万美元，同比增长 31%；上缴税金 0.55 亿元，同比增长 4.6%；科研投入 2254.43 万元，同比增长 8.26%。各级财政对相关龙头企业进行项目补助 260 万元。建成无锡“百企建百园”工程项目 3 个。新培育无锡市级农业龙头企业 3 个，累计 7 个，全区无锡市级以上农业龙头企业总规模达 10 个，以华泽微福、富华科技、汉和航空等农业智能装备、农业电商平台为代表的科技类农业产业化龙头企业集群逐步形成。 (贾天宇)

【一、二、三产业融合】 2021 年，新吴区一、二、三产业融合发展，全产业链、电子商务、信息进村入户发展提速，农产品电商实现销售额 3.8 亿元，同比增长 50% 以上。全年开展农事节庆活动 2 批次，接待游客、群众 70.61 万人次，实现综合营收 1.025 亿元，同比增长 10.2%。打造具有新吴特色优质稻米品牌，累计培育市级区域公用品牌 1 个，入选市级产品品牌目录 1 个，获市级金奖 1 个。新增对口帮扶农产品直营点位 1 个，全年全区 7 家对口帮扶农产品直营点位累计实现农特产品销售近 800 万元。 (贾天宇)

农业安全

【农业安全生产】 2021 年，新吴区农业农村局按照“三管三必须”要求，聚焦农业生产各环节，以农机、渔业领域为专项重点，覆盖农业大棚、农资、农药、动物诊疗、危化品、饲料兽药等领域，全面排查并消除农业安全生产过程中各类安全隐患，切实提高农业安全生产精准治理能力，从源头坚决遏制农业生产事故发生。全年累计出动执法检查人员 259 人次，摸排整改渔业农机安全生产一般隐患 3 条，隐患整改率 100%，录入率 100%，农业农村领域安全生产形势稳定向好。 (叶海平)

【创新安全监管工作模式】 2021 年，新吴区搭建“智慧农业”云平台，打造“物联网 + 安全监管”新模式，充分利用科技监管手段，推动农业安全生产科学化发展不断深入；创新农机年审检测模式，提升农机安全技术水平，有效压降农机安全事故的发生；初步构建农产品质量追溯体系，8 家农业企业、合作社和家庭农场实现农产品质量全程可追溯，为地产农产品质量安全做出了示范。 (叶海平)

农村建设与管理

【“美丽乡村”建设】 2021 年，新吴区农村全域实施“美丽乡村”建设。全面实施“区级主导、街道主体、村级主抓、全民参与”的工作机制，区级统一抓协调、监督、考核，街道、村负责实施人居环境治理，发动群众广泛参与，形成上下贯通、各司其职、无缝覆盖管理模式。宣传督导整治一体联动，建立宣传引导和督查督导两条“战线”，结合街村包保督导制度，确保治理到位。问题查摆整治一体联动，确定农村人居环境整治8个方面27项主要内容，坚决“一把尺子量到底”，推进“拉网式”“地毯化”查摆整治，确保100%整治到位。人居品质显著改善，全速实施“厕所革命”，高标准新建改建公厕10座，所有行政村公共厕所覆盖率100%，厕所粪污处理、资源化利用100%。全面开展农村垃圾分类试点，开展农村暴露垃圾和非正规堆放点整治，完善“投收运处”体系建设，农村生活垃圾分类就地处置和资源化利用100%，农村生活垃圾分类设施覆盖率达到70%。全力治理农村污水，深化区、街、村三级“河长制”全覆盖，农村生活污水管网覆盖率100%，实施河道生态修复工程，确保农村河道不出现黑臭现象。规模养殖场进行畜禽养殖废弃物有机化处理利用，全区畜禽养殖粪污综合利用率达到98%以上。积极开展废旧农膜回收利用试点，建成农户捡拾、网点回收、循环利用一体的废旧农膜回收利用建设体系。（李亮亮）

【人居环境整治】 2021年，成功创建省级人居环境整治示范村1个、市级美丽乡村示范村3个、省级特色田园乡村1个、市级特色田园乡村2个。培植具有较大影响力的金家里、姚更上、七房桥、徐塘桥美丽乡村新样板。推进全域人居环境整治提升，结合鸿山旅游度假区建设，针对不同类型的村庄，把握整治力度、建设程度、财力承受度、农民接受度，以大坊桥、七房桥、东塘街、后中村为培育重点，根据各村资源禀赋、产业形态等具体情况，分类打造“生态旅游型”“特色保护型”“产业融合型”“整治提升型”四类人居环境整治标杆、精品亮点。乡村颜值全面美化，实施村庄环境清洁行动，坚持“因地制宜、统筹安排、逐步推进”的原则，聚焦房前屋后、道路两侧、沟河两岸等“死角”难点，集中村庄清洁活动，全区4个规划保留行政村33个自然村全部达到省级清洁村庄标准。实施村域环境清洁行动，以“美丽乡村建设”为重点，在所有自然村庄开展以“五清五补”为整治重点，提升农村生活垃圾清理、农村生活污水等整治活动，巩固提升“四好农村路”示范县区创建成果，落实管理长效机制。实施庭院环境清洁行动，落实“门前三包”“美丽庭院”，引导群众积极参与创建活动、转变生活习惯、养成卫生自觉，评选“一星庭院”39户、“三星庭院”12户、“五星庭院”5户，落实激励奖补政策，以“小家之美”助推农村环境提升。开展全面巡查清理行动，推进“田容田貌专项清理整治、村庄面貌提升、河塘水质清洁、田园整理美化、道路绿化改造”五项行动，清理整治交通沿线田容田貌298.915亩，整治提升619.835亩。（李亮亮）

【建管机制】 2021年，新吴区强化包村督导，完善落实包保制度，建立推行由区委、区政府分管领导参与的“美丽乡村”建设和农村人居环境整治等工作推进机制，实行一线督导、一线推进，街道全面建立挂钩整治、工作包保制度，建立4个规划保留村干部分片包村制度，实行责任清单制，全力抓紧美丽乡村建设和农村人居环境整治工作。健全落实推进机制，严格落实村庄长效管护标准，成立人居环境整治督查组，每半月一次抽查巡查，聘请第三方测评机构，每季度一次暗访，按照综合考评分数发布“红黑榜”，进行排名及通报，并与各村奖补、村干部奖金相挂钩，以此鼓励先进、鞭策后进，形成你追我赶的工作氛围。完成姚更上、徐塘桥2个市级重要节点村庄整治提升工作。大坊桥村获第二批全国乡村治理示范村称号；大坊桥村金家里荣登全市农村人居环境整治排名“红榜”；七房桥村、鸿山街道、东塘街村3个农村人居环境整治典型案例被市农业农村局列入全市典型范例。（李亮亮）

招商引资

【概况】 2021年，新吴区坚持促增量与稳存量并举，全力做好招商、安商、稳商、护商工作。全年招引注册3000万美元以上重大外资项目17个，新批超亿元重大产业项目145个，同比增长20%，创历史最高水平；招引投资超100亿元旗舰型项目1个，超50亿元项目1个，超10亿元项目14个。（胥 平）

【项目建设】 2021年，新吴区重大项目招引保持全市领先地位。深入实施招商创新，聚焦地标产业项目招引。成立产业链招商工作领导小组和7个产业链招商专班，绘制7个产业链招商图谱，实施"强链、补链、延链、造链"招商。引进以LG化学中国研发中心等为代表的一批优质产业链项目，引进全市首家由国际顶级四大所设立的分支机构——普华永道无锡分公司。（胥 平）

【外商投资环境营造】 2021年，新吴区探索"全球招商合伙人"模式，与普华永道、世邦魏理仕、上海美国商会、第一太平戴维斯等国际知名投资咨询机构，签署"百渠工程"战略合作协议。优化国内外驻点招商布局，充实新吴区驻韩国办事处驻点招商力量。（胥 平）

【招商活动】 2021年，新吴区以重大招商活动作为加快推进项目抓手，举办无锡高新区（上海）投资推介会、2021锡台金融合作恳谈会暨无锡高新区台资企业座谈会，组织参加首届东亚企业家太湖论坛、第六届（夏季）央企投资发展论坛以及赴上海、北京、深圳、杭州等地的集中经贸招商活动。全面构建起"百渠工程"、海外驻点招商、会展定向的全链条覆盖招商组织体系和推进矩阵。（胥 平）

对外贸易

【概况】 2021年，新吴区进出口总额568.7亿美元，同比增长13.3%。其中，出口完成305.8亿美元，同比增长26.9%；进口262.8亿美元，同比增长0.8%。外贸结构持续优化，高新技术产品出口额186.4亿美元，同比增长23%，占出口61%。获批国家外贸转型升级基地（生物医药）。（张 帆）

【对外投资增长】 2021年，新吴区对外投资工作稳步推进，企业"走出去"步伐逐步加快。全区对外投资备案（新设、并购、增资及变更）项目25个，累计新吴区协议投资额完成10624.8万美元，全区实际到位数4872万美元。（季 芳）

【投资项目分布】 2021年，新吴区境外投资超1000万美元的项目主要有威孚高科、阿斯利康中金创业、无锡市创景贸易等企业，对外投资项目进展顺利。投资领域主要分布在电气机械及器材、设备及机械制造、研发与贸易等行业，主要投资国别以欧美、日韩等发达国家及地区为主，也有部分走向新加坡、柬埔寨等"一带一路"沿线国家。（季 芳）

无锡高新区综合保税区

【概况】 无锡高新区综合保税区（以下简称"无锡综保区"）由原无锡出口加工区转型升级而来，2012年4月经国务院批准设立，封关面积为2.385平方千米。园区现有注册企业60余家，从业人员3.8万人，集聚全市进出口重点企业，累计协议注册资本50.7亿美元。

据中国两区协会数据统计，无锡综保区进出口值在全国156个综保区中位列第十。从单位面积计算，无锡综保区单位面积投资强度全国第一、单位面积财政总收入全国第一、单位面积进出口总额全国第五、单位面积工业产值全国第五。据自然资源部关于国家级开发区土地集约利用评价情况通报，无锡综保区第七年在520个国家级开发区土地集约利

3 月 15 日，液化空气无锡二工厂正式启用

（崔炜　摄）

6 月 16 日，SK 海力士集成电路及科尔泰成功签署战略合作协议

（崔炜　摄）

9 月 10 日，长三角电子元器件国际分拨中心项目签约

（崔炜　摄）

用评价结果中排全国前三。

2021 年，无锡综保区取得“六个全省第一”：开发区土地节约集约利用水平位列全省第一；“1210”跨境海外仓出口货值达到 10 亿元，位列全省第一；综保区新型离岸贸易收支金额达到 97.8 亿美元，位列全省第一；财政总收入 38.7 亿元，位列全省综保区第一；综保区全省首例智能驾驶物流应用项目测试顺利完成；省内首创半导体保税零部件 24 小时全天候通关模式。（陈　兰）

【经贸发展】 2021 年，无锡综保区全年完成营业总收入 1645 亿元，同比增长 15%。其中，规模以上工业产值 862 亿元，同比增长 16%；商品销售额 770 亿元，同比增长 13%；规模以上服务业营收 13 亿元，同比增长 30%。财政总收入 38.7 亿元，同比增长 52%。完成工业固定资产投资 180 亿元。进出口总额 233.6 亿美元，同比增长 2.5%。其中，出口额完成 131 亿美元，同比增长 13%。全市前 20 家进出口企业中，综保区企业占 9 家，其中海太、SK 海力士、希捷国际、富昌中外运在全市分别排名第一、二、三、五名。（陈　兰）

【招商引资】 2021 年，无锡综保区累计招引项目 21 个，其中总投资超百亿元重大项目 1 个、超亿元项目 8 个。实际使用外资 4.3112 亿美元，实现整体进度的 360%，新招引协议外资超 3000 万美元重大项目 2 个，完成外资地区总部 1 个、世界 500 强项目 1 个。液化空气无锡二工厂一期及中国数字化中心正式启用，成为集团产能最大的高纯电子氮气制造基地。与 SK 海力士系统集成电路及科尔泰签署战略合作协议：SK 海力士系统集成电路（无锡）有限公司是目前国内单体厂房产能最大的 8 英寸晶圆代工企业。捷普电子风能核心组件及新型储能电池产业项目签约：增加总投资 3 亿美元，租赁约 2 万平方米标准厂房，投资智能化生产线启动世界最先进的 12 兆瓦风能发电机组部件及新型储能电池产业项目，达产后年销售额约为 15 亿元。佳利达长三角电子元器件国际分拨中心暨上市全面战略合作项目签约：共建年进出口额 10 亿美元、贸易销售 20 亿元以上的长三角电子元器件国际分拨中心，打造长三角供应链枢纽基地。捷普电子新型储能电池项目投产暨北亚区联合创新研发中心签约：主要生产无机（水系）钠盐电池，适用于人口密集的城市区域的储能电站或工业备点系统，是市场上独树一帜的新型储能技术。与韩国 SK 海力士进行深度合作：进一步拓展在集成电路、“碳达峰、碳中和”、医疗、教育等领域的合作。SK 海力士自 2005 年设立以来，累计投资已超过 200 亿美元，成为江苏省单体投资规模最大的外商投资项目。（陈　兰）

【改革创新】 2021 年，无锡综保区获南京海关批准开展集成电路全产业链保税模式业务改革，实现可复制可推广 10 项保税监管试点。纳入中国（江苏）自由贸易试验区联动创新发展区，全面复制自贸区便利化措施。获省商务厅批准设立无锡高新区综保区跨境电商产业园，进一步推动跨境电商综试区建设。同时整合现有资源，打造“五大产业中心”。设立长三角电子元器件国际分拨中心，招引国际知名电子元器

件通路商及供应链管理公司的项目，完成保税物流进出库金额达到280亿美元。服务型综保区规划选址工作，扩区主体服务型综保区位于G2硕放枢纽南侧，面积2.05平方千米，可满足集成电路、服务贸易等重大项目用地需求；打造国际贸易港综保区片区，整合高浪路高架两侧33.33公顷土地资源载体，规划建设发展国际创新中心、国际物流中心、国际商务中心三大片区；设立全球维修检测中心，翻新改造高新物流、星洲工业园厂房载体外墙约10万平方米，集聚8家维修检测企业，维修业务量达到18亿元。（陈　兰）

无锡空港经济开发区

【概况】 无锡空港经济开发区是无锡最早开发开放的板块之一，2021年，无锡空港经济开发区对标国家级临空经济示范区、中国（江苏）自贸试验区沪苏锡合作区、江苏省首个跨市协作先行区三大目标，为无锡构建全国性综合交通枢纽城市、打造长三角枢纽经济创新高地注入新动能。加快壮大新兴产业规模，构建产城融合新高地，规划“一城五园”。重点规划建设3.5平方千米的创新型国际社区，坚持“城、人、产”有机融合，以城市化价值塑造为核心、国际化为方向，实现区域经济价值和社会价值共赢。推进国际生命产业园、临空产业创新园、国家级航空物流园、循环经济低碳产业示范园、综合保税园区建设。（徐玲颖）

【格林美新能源循环经济低碳产业示范园举办开园仪式】 6月6日，空港经济开发区举办以“资源有限·循环无限”为主题的“格林美新能源循环经济低碳产业示范园”开园仪式。作为中国循环经济领军企业，格林美集团将在“十四五”期间追加投资人民币28亿元，将无锡格林美新能源循环经济低碳产业示范园打造成世界一流新能源循环经济低碳产业园区、世界一流的新能源循环经济创新中心、世界一流的动力电池与新能源汽车回收利用基地、世界一流的低碳产业教育示范基地。低碳产业示范园聚焦实施“动力电池材料+新能源汽车高值化循环利用+动力电池回收拆解及梯级利用”三轨驱动战略，将打造低碳技术研究中心、低碳技术体验区等，5年后力争实现年产值突破200亿元，减碳超200万吨。仪式上，空港经济开发区与格林美签署《格林美新能源循环经济低碳产业示范园战略合作协议》；区科技金融创业投资集团、空港经开区与格林美共同签署《格林美动力电池低碳循环项目资本合作三方协议》。（徐玲颖）

【无锡空港跨境电商产业园建设】 2月3日，空港经济开发区举行“无锡空港跨境电商产业园”揭牌和“顺丰（无锡）跨境电商示范园”授牌仪式，并进行了项目签约。顺丰是国内领先的快递物流综合服务商，在无锡空港经开区已建成两个产业园区，植入智慧物流科技、互联网+、供应链、金融、大数据等服务功能，入驻企业近百家。此次项目签约，计划将华友三路8号顺丰产业园载体转型升级，打造顺丰（无锡）跨境电商示范园，力争通过3年，形成跨境上下游企业集聚效应，打造具有区域影响力的跨境产业园区。（徐玲颖）

【特色智慧物流园区】 位于空港经济开发区的菜鸟网络无锡未来园区智慧物流，是一个集仓储、配送、分拨于一体的现代化物流产业园，是中国智能物流骨干网苏南总部的中心项目，也是全国首个应用物联网整体解决方案的物流园区。园区投入1000台agv机器人，是国内最大agv智能仓，承担了仓内的拣选工作与货物搬运工作，大幅度减少拣选环节人工走动距离，提升拣选效率。拥有总高24米、共有22条巷道、可存放货物43000余托盘的立体化仓库，存储量达到普通仓的3倍，是一个高密度的无人化智能仓库。物流园区还通过运用无人叉车、机械臂和交叉式分拣机等智能化设备和柔性化供应链管理，达到降本增效的目的。（徐玲颖）

无锡（国家）软件园

【概况】 2021年，无锡（国家）软件园完成至讯创新、大数据公司、众安科技等12个“一事一议”项目过会，新引进科技企业数360家，合计注册资本14亿元，超额完成年度指标。其中，数字经济企业194家，软件与信息服务企业154家，物联网企业34家，文化创意企业16家，集成电路企业15家，零碳新能源项目6家；新增出租面积8万平方米，办公用房出租率达72%。2021年获批江苏省软件名园培育试点园区，是全市唯一被评为“第一层次”的园区，获批国家重点研发计划“区域科技咨询服务应用示范点”首批站点、省级科技企业加速器（均为全市唯一），连续4年获市级科技企业孵化器A类评价，园区位居全国火炬计划软件产业基地十强，持续位列无锡市“Park”园区排名榜首。（戴　清）

【企业服务】 2021年，无锡（国家）软件园进一步创新企业服务工作体系，建立完善企业走访机制，累计走访企业超100家；举办4场企业家小型联谊会，为30多家企业提供交流合作机会；举办、参与各类创新创业活动10余场，参与江苏省第七届“爱创杯”互联网创新创业大赛、2021年世界半导体大会、2021年中国无锡“太湖杯”国际精英创新创业大赛、“数字时代的项目管理转型”专场公益沙龙等活动。定期组织知识产权政策宣讲、科技人才政策宣讲、高新技术企

业申报政策会等活动。 （戴 清）

中国物联网国际创新园

【概况】 2021年，中国物联网国际创新园在园办公企业273家，科技载体出租率91.6%。园区总产值超130亿元，产值超亿元企业32家，超千万元企业95余家；税收7.22亿元，纳税企业650余家；亩均产值超5000万元，亩均税收超300万元，高新技术企业103家；园区专利授权总数641件，发明授权专利89件，PCT18件，万人发明专利拥有量1250件。 （陆 魏）

【双招双引】 2021年，中国物联网国际创新园连续3年被评为高新区“双招双引”优秀单位。微纳园新引进科技企业数323家，其中人才项目10个、高新技术企业项目19个、总投资超亿元重大项目4个、“一事一议”重大项目20个，实际使用外资1500万美元。 （陆 魏）

【重点项目】 2021年，中科院长春光机所首个产业化项目谱视界成功落户园区。券商总部项目华英证券落户中国物联网国际创新园，培育微纳上市板块。八寸MEMS代工线启动，预计2022年10月实现量产。高新区深圳创新中心由园区运管管理，采用“众创+独立办公+路演”等多种业态混合运营模式。 （陆 魏）

【企业培育】 2021年，中国物联网国际创新园雏鹰、瞪羚、准独角兽企业培育入库15家，约占全区四分之一。园区省高企入库数34家，估值超10亿元企业9家，超5亿元企业12家；入选“太湖人才”创新创业领军人才和团队项目数10个，认定区领军人才创新创业项目25个。 （陆 魏）

【科技人才】 2021年，中国物联网国际创新园集聚各类人才6600余人，高层次人才及团队约180个。其中，国家重大人才工程B类专家1名，省双创人才38名，省双创团队3个，双创博士7名，省333工程培育对象5名，六大人才高峰7名，省科技企业家4名，市科技企业家8名，市领军人才44名，区科技创业领军人才60名；拥有重大科技创新平台3个，市级以上研发机构18家。 （陆 魏）

【股权融资】 2021年，中国物联网国际创新园全年股权融资总额超过35亿元，银行贷款总额6.4亿元，兑现贷款贴息604.24万元，园区参与完成4项投资。园区企业飞谱电子获华为哈勃战略投资，华景传感获小米长江产业基金投资，还有芯河半导体完成新一轮超亿元融资、芯享科技完成近亿元A轮融资等。入资菲莱、飞谱电子、猎金半导体、曼荼罗等高成长性科技企业。 （陆 魏）

【品牌园区建设】 2021年，中国物联网国际创新园获国家级科技企业孵化器绩效评价A类（连续3年）。华进半导体“高密度高可靠电子封装关键技术及成套工艺”项目获国家科学技术进步奖一等奖。智驰华芯入选中国留学人员回国创业启动支持计划，全市唯一。在“太湖杯”国际精英挑战赛（选拔赛组）中，创芯海微获得初创企业组二等奖，芯享科技获得成长组企业一等奖（全市唯一），高铭科维获得优胜奖。芯享科技荣获“第九届创业江苏科技创业大赛暨第十届中国创新创业大赛”江苏赛区成长组总决赛第二名。园区获江苏省科技企业孵化器绩效评价A类、江苏创业孵化行业抗击疫情突出贡献单位（全市唯一），被评为无锡市物联网特色园区（产业类）。 （陆 魏）

无锡星洲工业园

【概况】 2021年，无锡星洲股份公司实现合并业务总收入9.40亿元，完成预算收入的107.5%，同比增

5月27日，无锡高新区与高通公司签署战略合作备忘录 （崔 炜 摄）

5月28日，高通—全讯射频二期项目开工仪式 （崔 炜 摄）

长8.7%，其中租金收入2.27亿元；全年售电量9.99亿千瓦时，同比增长13%；实现合并税后净利润8880万元，完成预算的123.5%，同比增长9.4%。年末，星洲股份公司总资产为21.2亿元。净资产收益率10.4%。园区企业实现规模以上工业产值627亿元，同比增长35.7%；完成固定资产投资23亿元，同比增长15%。园区重点企业英飞凌获中国质量奖提名奖（全无锡2家）；先导股份产值破千亿大关，获江苏省省长质量奖，批准设立江苏省博士后创新实践基地；百尔制冷积极参与冬奥，建设冰场制冷系统。园区企业政策服务满意度为96.5%，同比上升0.5%。（江文莉）

【项目招引】 2021年，无锡星洲工业园区共计完成总投资超亿元项目12个，其中超10亿元项目1个、超5亿元项目2个，超额完成区重大项目招引任务；招引科技项目21个，其中科技人才项目2个、符合高新技术企业培育项目2个；完成区"飞凤人才"项目1个；完成到位外资3250万美元。年内新签约落户克林富乐、瑞埃德、长风医药等多个新企业，301A/B地块厂房做到完工即满租。全年新增厂房出租面积9.3万平方米，标房出租率为87.4%，同比增长4.6%；加上定制厂房出租率100%，综合出租率为90.6%。推动总投资超10亿元的高通—全讯射频二期项目签约落户；总投资5亿元的唐纳森第二生产基地一期项目9月正式投产，第二生产基地扩产及中国先进过滤创新中心项目11月签约。（江文莉）

【企业服务】 2021年，无锡星洲工业园区通过政策宣讲、走访服务等多种形式，指导企业充分利用各类政策，协调解决企业经营中遇到的问题和困难，优化营商环境。全年完成锡坤路到底（周泾浜河边）、锡士路（4S店）、锡新二路、储能站4个停车场的建设，新增420个停车位，切实缓解园区停车难问题。（江文莉）

【重大厂房项目建设】 2021年，无锡星洲工业园区竣工交付工业厂房共计11万平方米，其中交付隆基二期2万平方米，301A/B地块约9万平方米。新开定制标房5万平方米（即全讯）。截至2021年年底，园区存量标房和定制厂房总建筑面积为61万平方米，标房资产持有量同比增长19.8%，扣除转让的伟测标房和隆基定制厂房，全年资产总量净增8.4%。同时，对2022年新开地块积极做土地储备，301C/D地块70亩和生命科学园产业集聚区一期用地100亩均已启动拿地前期。（江文莉）

【综合能源供应】 2021年，无锡星洲工业园区利用国家电力体制改革的政策，成功确定专门针对增量配电网的综合电价计费方法；启动园区现有110千伏变电所的增容改造工作，为园区企业安全用电提供保障；与国电投合作成立了和星能源公司，建设制冷能源站，提高园区能源利用效率；围绕"碳达峰"与"碳中和"目标，与远景能源合作，启动零碳园区规划和建设，构建智慧能源体系，《无锡星洲工业园"碳达峰、碳中和"规划报告》11月5日正式发布。（江文莉）

无锡国家集成电路设计产业园

【概况】 2021年，无锡国家集成电路设计产业园依托由科技部认定的全国八大"国家集成电路设计产业化基地"之一的国家集成电路设计（无锡）产业化基地运营管理，实施两块牌子、一套班子的工作模式，以平台建设、资金扶持、政策优惠、人才培养、技术支持等专业服务体系为支撑，形成了集IC设计、IC制造、封测及支撑配套业的完整产业链。（徐丹）

【"双招双引"工作】 2021年，无锡国家集成电路设计产业园新招引科技型企业192家、集成电路类企业23家、设计企业19家、科技人才项目12家，符合高新技术企业培育项目9家。坚持人才导向，集合招商与产业双循环，充分挖掘企业人才项目。完成国家项目申报1个；辅导省级项目申报1个；入选无锡市"太湖人才"项目3个；入选新吴区"飞凤人才"项目10个；认定新吴区领军人才创新创业项目10个；完成"太湖杯"挑战赛项目申报71个，获得优胜奖1个，选拔赛有效报名5家，落地项目10个。（徐丹）

【科技创新能力提升】 2021年，无锡国家集成电路设计产业园科技培育稳步推进，完成高新技术企业培育入库5家；高新技术企业认定申报6家，认定2家；雏鹰企业入库2家；瞪羚企业入库5家；完成科技型中小企业评价入库数32家。推动企业申报各类资质项目，无锡市晶源微电子有限公司入选江苏省专精特新"小巨人"；无锡硅动力微电子股份有限公司、无锡中微腾芯电子有限公司入选无锡市专精特新"小巨人"；无锡迪思微电子有限公司入选无锡市级智能制造示范车间；江苏悦腾半导体科技有限公司被认定为雏鹰企业，无锡安趋电子有限公司、无锡中微爱芯电子有限公司、无锡硅动力微电子股份有限公司、无锡市晶源微电子有限公司被认定为瞪羚企业。完成省、市级孵化器绩效评价，获省级扶持资金21万元。新增"双五"企业1家；新增发明专利授权46件，新型研发机构1家，累计有省级及以上研发机构6家；技术合同成交额1.13亿元。全年规模以上企业有效研发投入1.89亿元，同比增长为42%，全年研发人员数量增幅超30%，企业本科及以上学历人员占从业

人员率55%；全年规模以上服务业营收13.5亿元，同比增幅58%。全年协助企业兑现资金408.94万元。（徐　丹）

【“芯火”平台建设】 2021年，无锡国家集成电路设计产业园将“芯火”平台建设作为推进集成电路产业发展的着力点，坚持全盘筹划、分布实施的原则，稳步推进平台建设。对接设计企业需求，全面掌握设计企业各个阶段发展现状，分层次、有针对性地开展各类专题培训。先后举办“芯火”沙龙活动、设计企业座谈会、政策咨询培训会、行业高峰论坛等“芯火”专项活动共计20余次；开办各类专业技术培训26场次，线上线下累计参加人数近6000人次；6月7日，“IMEC集成电路高端人才培训”开班。打造共享实验室试运行期间，为数十家企业、高校、科研机构提供112次测试服务，测试电路数量1245条，出具测试报告、数据共计98份，测试总时长500余小时。（徐　丹）

【产业服务】 2021年，无锡国家集成电路设计产业园举办集成电路企业家新春茶话会1次、高新技术企业培训会3次、企业对接沙龙、厦门集微峰会、“4·29”高质量闭门会议、市人社开展集成电路人才培训沙龙等等，营造无锡高新区集成电路产业氛围。参展ICChina2021、ICCAD2021等行业峰会，完成集成电路设计企业17家53个展品征集，更新宣传视频、宣传册，并充分利用微信公众号（国家集成电路设计无锡产业化基地）发布行业资讯、企业动态、政策文件等信息200余条。助力无锡力芯微电子股份有限公司IPO上市，成为无锡第一家科创板上市企业，培育上市后备企业如无锡市晶源微电子有限公司、无锡硅动力微电子股份有限公司等；推动高新区集成电路企业参选第十六届“中国芯”产品征集活动，无锡硅动力微电子股份有限公司、无锡新洁能股份有限公司入围“芯火”新锐产品奖，无锡芯朋微电子股份有限公司、无锡中微爱芯电子有限公司、无锡华润华晶微电子有限公司入选优秀技术创新产品奖，数量全市第一，占83%。（徐　丹）

无锡国际生命科学创新园

【概况】 2021年，无锡国际生命科学创新园已有超50家海内外优秀企业入驻，全球8个产业机构和10余个投资机构与园区达成战略合作，江苏省药监局无锡检查分局无锡高新区生物医药产业创新发展服务中心、无锡市外办I·Campus外事服务站、无锡市生物医药行业协会入园。园区全年实现营业收入70亿元，增幅15%；税收4.2亿元，增幅11%。（王谋卯）

【“双招双引”工作】 2021年，无锡国际生命科学创新园新引进科技企业360家，其中符合科技人才培育项目22个，符合高新技术企业培育项目12个；新签“一事一议”项目13个；完成3个超亿元重大项目备案；实际使用外资1077万美元；新增上市后备企业2家。推进佰翱得冷冻电镜生物医药创新平台、阳光诺和改良新药研发平台、特殊食品创新中心等落地；完成芯朋微购置长江路16号三创载体；跟进总投资2.8亿元的尚沃医疗项目建设。全年新增申报医疗器械证15张，获批医疗器械证12张，新增新药临床获批3张。园区综合出租率达到90.3%，同比增长8.9%。科技金融方面，首支全球医疗产业基金“阿斯利康中金医疗创投基金”已完成超22亿元I期融资，该项基金由阿斯利康与中金资本联合打造；总规模为人民币1亿元的大健康股权投资基金于太湖湾生命健康未来大会正式发布，该项基金由无锡国际生命科学创新园与无锡产业集团、阿斯利康三方共同设立。与高新风投以无锡高创股权投资合伙企业（有限合伙）为投资主体，出资无锡海斯凯尔、尚沃医疗等，助力园区企业发展。（王谋卯）

【企业资质提升】 2021年，无锡国际生命科学创新园完成科技型中小企业评价144家；完成市雏鹰企业入库22家，市瞪羚企业入库申报6家，市准独角兽企业入库3家；国家高新技术企业数63家，净增高新技术企业数量2家；新增新型研发机构2家，新增省级研发机构1家（三联生物省级企业技术中心），累计有省级以上工程技术研究中心6家、境外研发机构2家；新增省专精特企业1家、市专精特企业1家、园区“双五”企业1家；全年新增发明专利授权90件，新增PCT专利申请书2件；完成新增技术合同成交额4.4亿元，规模以上企业有效研发投入金额增长30%，研发人员数量增幅30%；新增企业上市4家。（王谋卯）

【科技创新能力提升】 2021年，无锡国际生命科学创新园新增就业人员近1100人，研发人员数量增幅达35%，本科及以上占比达到75%。组织申报国家级重大人才工程A类人才5人；培育市“太湖人才”创新创业项目4个；培育区领军创新创业人才项目24个。海斯凯尔荣获“黄家驷生物医学工程奖”技术发明类二等奖、“江苏省发明专利奖”，并入选“江苏省2021年知识产权战略推荐计划项目”；无锡海鹰加科海技术有限责任公司获国家科技进步奖二等奖；识凌科技获批无锡市专精特新“小巨人”称号，其“5G+云医护平台及机器人示范应用”入选工信部2021年新型信息消费示范项目；数愈医疗科技成为中国首批且为肿瘤领域唯一的“国际数字疗法联盟认证会员”；中感微入围无锡市最高综合性奖项“腾飞奖”。意源科技的重点人员摸排系统、零售药店“一店一码”智慧防控项目、识凌科技基于物联网技术的医院人群智能管控的可视化解决方案、方元生物防疫智能机器人入选物联网等新一代信息技术服务常态化疫情防控重点任务；中感微、三联生物、海斯凯尔成功进入“全国硬科技企业之星100强榜单”；尚沃生物、启益医疗、海斯凯尔分别荣登“第五届未来医疗100强”之中国创新医疗器械榜TOP100、中国数字医疗榜TOP100和中国创新医疗器械榜TOP100。（王谋卯）

【品牌园区建设】 2021年，无锡国际生命科学创新园积极维护原有品牌，完成科创、留创和传感网3家国家级孵化器国家、省、市绩效评价工作。园区孵化器“无锡留学人员创业园发展有限公司”获A类(优秀)“国家级科技企业孵化器”荣誉，获“中国留学人员创业园区孵化基地”称号；获“江苏省国际合作园区”荣誉；打造I·Campus品牌特色，参加博鳌亚洲论坛、无锡市生物医药行业协会首届理事会等；举办太湖湾生命健康未来大会、“智联健康·数领未来”健康物联网高峰论坛、2021年中国特殊食品大会等重大科技创新活动；第三次亮相进博会，中央电视台《焦点访谈》聚焦园区，宣传园区抢抓机遇、搭建运营的经验；打造品牌交流社区，举办园区眼科高端闭门会、特殊食品专场高端闭门会，联合药监举办全市医疗器械生产研发企业法规及注册培训；采取线上线下相结合方式，进行园区品牌宣传推广活动，官网上线至今总点击量超过3万次，微信公众号共发布文章110余篇，阅读量19万人次。（王谋卯）

【园区服务】 2021年，无锡国际生命科学创新园助力太湖湾科创带建设，“无锡国际生命科学创新园二期”项目年底正式开工，投资10.8亿元，主要建设内容包括生物医药、医疗器械、特医食品等企业办公、研发、中试、生产的载体及园区内公共服务配套等，总建筑面积23.1万平方米；持续优化园区形象，完成南门出入口改造、健康步道及体育设施改造及主要建筑物泛光照明工程，打造共享微客厅；引入中国物业管理行业的领跑品牌——万科物业，为园区提供物业管理服务，完成企业诉求2300次，企业对物业管理服务的满意度达96%；不断完善载体配套，引入第三方品牌公寓服务商，参与公寓运营改制及商铺规划，将公寓打造为创业空间、青年集群社区；引入星巴克、全家等知名商业品牌，满足园区企业日常商务、休憩、社交需求，提升招商引资吸引力，园区综合出租率达到90.3%；加强安全生产工作，举办安全生产工作专题会议4次、安全生产公开课3次，完成各类安全检查122次，发现安全隐患562处，引入第三方安全生产咨询服务机构，提升园区防控事故水平。

（王谋卯）

综述

【空间规划】 2021年，新吴区初步划定“三区三线”，基本建立以国土空间总体规划为总纲，以综合交通、绿地布局、公共服务、市政设施、镇村布局等专项规划为支撑，以村庄规划、控制性详细规划等为实施操作依据的国土空间规划编制体系。主动把握国家区域协同发展战略，对接无锡产业园区融入上海大都市圈规划，划定产业用地61.2平方千米。积极释放优质战略发展空间，研究划定310.74公顷自然保护地及生态保护红线和生态管控区优化调整方案。编制产城融合发展规划，加快推进区域整体功能策划和重点地区城市设计，高效服务太湖湾科创带和大运河文化带建设。推进23项规划编制工作和9个管理单元控规动态更新，率先完成全区镇村布局规划2021版专家论证工作，明确全区建成区范围外129个自然村的村庄分类和布局。（宋丽君）

【最干净城市建设】 2021年，新吴区厚植“城市管理应该像绣花一样精细”理念，紧紧围绕“打造全国最干净城市”目标，以“红黑榜”为抓手，持续深化体系建设，压紧压实重点区域城市管理责任，严格落实市场化作业单位考核监督，优美环境合格区建设全面覆盖，城市管理体系日趋完善。坚持民生为先，编纂《新吴区综合停车规划（2021—2035）》，“一路一策”“一企一策”实行分区整治，累计完成58个路外公共停车场（1.3万个泊位）建设，落实167个严管抓拍路段，推进春星小学、春阳路小学等10处“错时共享停车”试点，提前超额完成无锡市下达公共停车场建设三年行动计划。深化厕所革命，全年累计新改建公厕84座，新增厕所开放联盟成员单位308家，建成全市首座智能低碳生态公厕。（宋丽君）

【城市管理】 2021年，新吴区在垃圾分类工作上自加压力，成立工作专班，落实要素保障，细化制度导则，高质量发展考核垃圾分类工作获全市第一、全省前三，年末，在全市率先实现垃圾分类全域全覆盖。原创微电影《我眼中的城市》获新时代江苏城管高质量发展主题文化活动生活垃圾分类微电影大赛一等奖。积极推进“三小三集中”“喜迎双节扮靓锡城”等专项行动，人均办案量、人均处罚金额居全市前列。拆违体量逐年跃升，连续两年突破100万平方米；查源端窝，持续保持清零无证摊贩、占道经营高压态势，市容环境秩序持续优化。坚持品质为先，全覆盖推进立体空间整体环境提标改造，道路景观、园林绿化不断提标，创新建立“新街·吴韵”街巷群众评议宣传一体化系统，深化微路长、巷长制管理，切实构建起内有物业管理、外有“城市管家”、多元协同共治的全新治理模式。城市精细化管理水平持续提升，城市管理局党总支部获全省住房和城乡建设行业先进基层党组织称号，城市精细化管理高质量发展考核连续4年保持城区第一，城市管理工作绩效考评实现“四连冠”。（宋丽君）

城市更新

【概况】 2021年度，新吴区根据市城市更新任务目标的要求，加快推动太湖湾科创城、鸿山新市镇、空港北大门片区、旺庄外下甸片区的城市更新工作。年内，启动太湖湾科创城核心区示范段的基础设施建设；完成空港经开区硕北、旺庄街道外下甸2个市级重点单元的城市设计和城市更新方案编制，并通过专家论证；推进鸿山新市镇片区新鸿路、安鸿路等市政道路建设。（陈　辰）

【太湖湾科创城道路提升】 2021年，为完善新吴区太湖湾科创城核心区示范段的基础设施建设，缓解交通拥堵，提升核心区的城市形象和片区环境，对核心区吴都路、净慧东道、净慧西道等7条道路进行整体提升，道路全长约6.3千米。实施内容主要为拓宽部分道路、优化交通组织、修缮路面、新建和优化慢行空间；提升道路沿线景观绿化；新增地景标识和艺术设施；建设海绵城市示范段；布置城市家具小品、雕塑和照明设施；更新部分道路的井盖、雨水、通信和电力管线系统；建设智慧公交站台；新建智慧路灯、交通设施；整合杆件和箱体；建设配套设施等，启动吴都路的建设。（陈　辰）

【空港北大门片区更新】 空港北大门片区北至经一路，东至走马塘—经一路，西至华友路东侧河流，南至新宅路，占地面积1平方千米；更新内容：涉及棚户区改造、房屋征收、城市道路更新、配套设施建设等。年内完成城市设计和城市更新方案编制，并通过专家论证，正申请控规动态更新，同步启动实施范围内的房屋征收和配套设施建设工作。薛典路以东、走马塘以北范围内，29户非住宅13万平方米的房屋建筑完成征收并拆除。一幅商住地块成功出让，梅村高中空港分校已开工建设。（陈　辰）

【旺庄外下甸片区更新】 旺庄外下甸片区北至无锡港务码头港池，西至京杭大运河，南至高浪嘉园，东至沪宁铁路，占地面积1.01平方千米，更新内容涉及产业园区提档升级、棚户区改造、房屋征收、工业遗迹改造、配套设施建设等。完成城市设计和城市更新方案编制，并通过专家论证；申请控规动态更新，同步启动实施范围内的房屋征收和配套设施建设工作。黄山路两侧完成签约非住宅41户19.85万平方米，拆除非住宅39户18.15万平方米，黄山路以北区域推进实施。根据《关于加快推进城市更新的实施意见（试行）》要求，委托相关设计单位编制区级层面的城市更新专项规划，完成全区城市更新资源摸底调研，合理划定区级城市更新单元，分类提出更新指引。在区级专项规划的基础上，启动街道级的城市更新专项规划，实现区级—街道—单元的规划全覆盖，先规划后建设，科学有序推进新吴区全域城市更新。（陈　辰）

【园林绿化】 2021年，新吴区围绕创建国家生态园林城市三年行动，全力打造“城市公园绿地10分钟服务圈”，新增绿地51公顷，完成新建里夫泾浜游园、江南第一撬游园、硕放法治广场等公园游园建设，完成伯渎河泰渎桥公园、中华桥社区公园提升改造。通过种植攀援月季、精选屋顶绿化苗木品种等，完成汇融广场西区、远洋宸章、波士顿国际学校等围墙及河道3个立体绿化示范项目。结合城市更新工程建设，对锡兴路、锡士路、吴都路等道路进行绿化景观及行道树、树穴提升改造。加速推进实施机场路、新泰路、新洲路等19条门户形象提升、城市道路微更新项目，对S19硕放、无锡新区、G42苏南硕放机场高速出入口及硕放枢纽通过堆坡造型、苗木清理、水系梳理、景观营造、植物配置等措施，打造四季有花、四季常绿的门户景观，立体化全面提升城市气质。（陈　辰）

【环境卫生管理】 2021年，新吴区全面实行“一路带两侧，墙到墙、边到边”的环卫保洁作业模式，对长江路、旺庄路、新光路等20条主要道路实行两洗三冲作业，延长巡回保洁作业时间，实行夜保洁，背街小巷机械化作业率达70%，环卫质效全面提升。全面实施公厕提标便民工程，完成84座公厕新（改）建任务，306家厕所开放联盟新增任务，超额完成市下达任务。将公厕管理纳入区智慧城管平台，依托百度地图构建新吴导厕平台，在全市率先推出智能低碳生态公厕，“变废为宝”实现无排放全资源化处理。大众“厕”评评价系统全面覆盖，常态化保洁维护、规范化管理考核全面落实。（陈　辰）

【市容环境管理】 2021年，新吴区持续深化“三小三集中”专项整治，累计整改店外经营713处，店外乱堆放1192处，流动摊贩440处，查处机动车违停8497辆、非机动车违停12828辆；严查各类渣土车违规运输行为，查实案件一律实行上限处罚，累计查处车辆违规运输、偷倒垃圾等违法行为247余辆，处罚153.41万元；铁腕推进违建整治。严格落实“新增违建严查严控、存量违建逐步拆除、重大安全隐患违建即见即拆”，累计拆除违法建设面积超100万平方米，拆违任务超额完成；推进户外广告和店招标牌专项整治，完成和风社区、长欣社区、太湖花园二社区、泰伯花苑第二社区、振发社区5个户外广告和店招标牌设置示范社区建设，累计拆除违法违规广告和店招标牌1280处，面积26842.5平方米，楼顶楼体广告全面拆除，超额完成市下达任务。高质量建成长江北路示范街区、坊前立标区、梅里农贸市场周边3个城市管理物业化片区，建立旺庄街道春潮园第四社区、硕放街道南星苑二社区、梅村街道梅里社区等7个立标区，打造“美丽新吴”新窗口。（陈　辰）

【停车环境优化】 2021年，新吴区对停车资源“挖底普查”，累计完成1923个建筑地块、1868条路段的停车数据梳理，建立GIS停车数据库，形成全区停车现状一张图。编纂《新吴区综合停车规划（2021—2035）》，明确新增公共停车场近期72处、远期105处的建设规划。对以全域增补、按需新建为原则，结合改造、美化等手段，扩展停车空间，平衡停车需求，全年新增停车泊位8100个，公共停车泊位数据接入3.9万个。创新管理手段，以需求导向落实停车资源错时共享，推进春星小学、春阳路小学等10处“错时停车”

试点，停车秩序明显改善。（陈　辰）

【海绵城市建设】 2021年，新吴区全域推进海绵城市建设，实施海绵城市项目38项，占地总面积约2平方千米，达到海绵城市建设要求的城市建成区面积占城市建成区总面积的26.73%，超过市下达目标。在海绵城市建设过程中，注重对河湖水系的保护，结合城市水系空间格局、城市用地空间布局及排涝需求，对城市河道按照海绵城市建设要求进行整治，使天然水域得到有效保护，并通过雨污分流、源头建设和河道治理等为主要手段，综合解决河道外源污染问题，有效改善区内城市水环境。累计完成海绵城市专项设计方案评审项目40个，项目实施阶段，区海绵办借助安质监站市政监督力量和专家库专业力量对海绵城市建设工程项目加强过程管控，并将海绵验收作为市政验收的前置条件，进一步提升海绵城市建设成效，累计10个项目通过海绵城市建设专项验收。4个不同类型的海绵城市典型项目均实施完成且效果良好，分别为XDG-2019-21号地块房地产开发项目（金融街路劲）、鸿庆路（至宾路—泰伯大道）、鸿声河水质优化工程和硕放市民广场西北片区提升改造项目。获首批中央财政海绵城市建设示范城市补助资金1213万元。《新吴区海绵城市专项规划》编制完成。为提高海绵城市技术审查质量和建设水平，区海绵办建立了“海绵城市设计审查专家库”，利用专业技术力量支撑海绵城市建设，保障海绵城市建设稳步推进。（顾晨竹）

垃圾分类宣传进社区　（区住建局　供图）

新泰路生态景观停车场　（区住建局　供图）

海泰特大停车场　（区住建局　供图）

【垃圾分类管理】 2021年，新吴区以全力打造垃圾分类工作先进示范区为目标，成立党政机关、居民小区、工业园区等9个工作专班，高效推进不同领域垃圾分类工作。出台《新吴区垃圾分类收集屋设置指导意见》，编制各类垃圾分类工作导则，规范分类设施设置。通过宣传、指导、督查三个维度共同发力，确保垃圾分类工作在时效上实现“三年任务，一年半完成”，在工作任务上实现住宅小区和其他公共场所生活垃圾分类覆盖率100%，在体系上同步建立一般垃圾、可回收物、有害垃圾、易腐垃圾、建筑（装修）垃圾、大件垃圾、园林绿化废弃物等全门类的独立收运和中转系统。截至年底，垃圾分类设施已全域覆盖，总体生活垃圾分类投放准确率80%以上，住宅小区“四分类”定时定点投放收集屋已实现全覆盖。（顾晨竹）

【街巷品质跃升】 2021年，新吴区从强化环卫保洁、修缮市政设施、刷新墙面立面、培植绿化景观等方面入手，打造“新街吴韵·靓美街巷”特色品牌。硬件上，持续高标准推进道路包装出新工作，同时对前期已出

长江路周边亮化提升改造　（区住建局　供图）

新整治的85条道路进行对标回头看。软件上，以建立一支队伍、管好一片区域、打造一批典型为出发点和落脚点，建立市容协管员、问题处置员、信息采集员、文明劝导员、安全管理员五位一体的城市管家综合性岗位，在全区158条已包装出新道路进行试点实施，同步创新建立道路街巷综合评议系统，形成道路街巷专属“身份证”和专属“电子成绩单”，将道路街巷更新治理表决器、评价权真正交到群众手中。切实构建起内有物业管理、外有“城市管家”、多元协同共治的全新治理模式。相关经验获《新华日报》宣传推广。（顾晨竹）

建筑管理

【绿色建筑】 2021年，新吴区城镇绿色建筑占新建建筑的比率为100%；竣工绿色建筑面积约119万平方米，其中居住建筑96万平方米、公共建筑23万平方米。可再生能源建筑应用中，浅层地能（奥体）11万平方米；既有建筑节能改造面积11万平方米，其中居住建筑3万平方米（春潮二期节能灯具和二次供水改造），公共建筑8万平方米（国联金融大厦配电空调系统改造）；建筑能效测评标识项目10个；高品质实践项目1个（朗诗天萃绿色建筑运行三星）；超低能耗建筑项目1个（汉江路辅助用房项目）；实施公共建筑室内空气品质监测项目1个；累计下达市级建筑节能专项引导资金579万元。（顾晨竹）

【装配式建筑】 2021年，新吴区新开工装配式建筑面积74万平方米，通过无锡市装配式技术审查的项目10个。居住用地地块出让阶段明确装配式建筑面积比例不低于地上核定建筑面积的35%，单体建筑预制率不低于30%，预制装配率不低于50%。组织装配式专项职业能力培训人次51人。SK海力士医院和文台（荆华）220千伏开关站工程（国家电网输变电工程）采用装配式钢结构，经专家评议和综合审定，入选江苏省装配式建筑示范工程名录。（顾晨竹）

交通运输

【概况】 截至2021年年底，新吴区公路总里程达299.864千米，公路密度达136.3千米/百平方千米。其中，一级公路115.631千米，二级公路102.58千米，三级公路13.628千米，四级公路68.025千米。港口码头泊位95个，码头总延长约6000米。（宋丽君）

【港口】 2021年，新吴区开展内河港口码头环保问题整改及非法码头整治工作，通过“减量化、规范化、景观化”的管理要求，完成集港口船舶污染物接收设施、粉尘在线监测设备、岸电设施、码头封闭4个100%“全覆盖”的码头建设。全年完成港口货物吞吐量900.89万吨，二类口岸集装箱吞吐量6.24万TEU（标准箱）。现已建成船舶污染物接收设施30套，岸电设施35套，15家易起尘港口企业粉尘在线监测设备32套。接收生活垃圾7.53吨，生活污水3465.3立方米，含油污水48.71立方米，累计使用岸电次数778次，使用时长2592小时，使用量2609.72千瓦时。在全市率先编纂出台区级港口码头建设导则——《新吴区京杭运河沿线混凝土（砂浆）企业港口码头建设导则》。通过系统化布局，全面完成京杭运河沿线混凝土（砂浆）企业港口码头建筑物外立面、围墙等建筑设施包装出新。码头封闭改造、整治翻新约1.5万平方米。（王　璟）

【公路】 2021年，新吴区农村公路路面性能指数和优良率达标，路面性能指数值为88.65，优良率为96.88%，保证了农村公路维持良好养护状态以及正常运行。加快推进环太湖一体化“四好农村路”全国示范路建设。在全面加强农村公路建、管、养、运的基础上，突出“四好农村路”与文化、旅游、特色产业、特色小镇、美丽乡村建设等方面有机结合，拓展“四好农村路”内涵。打造优秀农村公路品牌。飞凤路、泰伯大道被评为省级“美丽农村路”样板路；锡梅路被评为省级“平安放心路”样板路；吴韵桥获得江苏省“水韵江苏”最美乡村桥“古韵风雅桥”单项奖。推动交通与旅游、文化、产业的融合创新发展，以“古吴地新征程”中的“古”与“新”两个维度，不断丰富“农村公路+”模式。

（李跃华）

【绿色货运】 2021年，新吴区组织上报辖区企业作为无锡市城市绿色货运配送试点企业，其中被列入考核名单企业有：无锡传云物联网技术有限公司、无锡华邦世捷供应链管理有限公司、江苏佳利达国际物流股份有限公司被列为配送中心建设型试点企业，江苏佳利达国际物流股份有限公司被列为先进组织模式应用型试点企业，智得绿色城市配送（无锡）有限公司被列为新能源车辆购置营运型试点企业。

（殷克勤）

【运输管理】 2021年，新吴区结合交通运输企业的特性和交通运输行业领域分级分类监管办法，对交通运输行业领域生产经营单位进行系统梳理，更新重点监管企业清单，全区累计开展运输企业排查1238家，总计2696家次，实现了监管底数全覆盖。年度累计发现并完成隐患整改闭环213处，隐患发现率17.2%，隐患整改率100%；年度累计实施案件处罚数543起，处罚金额247.52万元；对整改不及时、落实不到位的企业，实施停业整顿12家次。为切实规范道路运输市场经营秩序，维护交通运输行业的发展环境，保障消费者的生命财产安全等合法权益，自觉落实监管责任，针对每一起投诉举报，及时了解情况，及时解决，及时回复，以提升投诉案件的满意率。客运方面，共接到客运服务质量和相关的投诉举报共272起。其中，1起公交车服务质量，49起出租车拒载，76起出租车绕路多收费，74起出租车服务质量，72起旅游大巴车违规经营。均在规定时间内进行调查、核实和处理，满意率达100%。针对投诉内容和运用信用管理手段，对被投诉对象开展约谈以及信用扣分，引导被投诉对象提升运输服务质量。维修驾培方面，共接到投诉举报194起，其中驾培行业161起、维修行业33起，全部回复完毕，回复率100%。

（宋丽君）

【交通行政执法】 2021年，新吴区积极开展系列专项集中整治行动。开展利剑行动、飓风行动、护航行动、秋风1号、秋风2号、秋风3号、打击非法网约车、长剑行动、清零行动等集中整治行动，系列行动中共计出动执法人员1060余人次、执法车辆260余辆次，检查运输车辆5100余辆次，立案查处违法违规行为70余起。开展客运车辆、危化品运输车辆、非法驾培经营活动、非法营运小客车、出租车治理等专项整治行动。持续推动超限超载治理工作长效管理，累计称重检查车辆3973辆次，联合查处超限超载货运车辆1064辆次，卸驳载吨位7811.45吨。不停车检测系统5个点位建设完成。对11家符合“一超四罚”条件的运输企业进行立案查处，新吴区“两个清单”中重点货运源头单位28家、货物装载源头单位57家。重点货运源头企业28家中，27家落实安装称重和视频监控系统，1家完成无锡市货物装载源头管理系统的接入。全年累计抄告797辆，其中本辖区226辆、本市其他地区402辆、外省市169辆。收到抄告反馈数40辆，接收抄告数76辆，落实反馈8辆。（宋丽君）

生态环境

综述

【概况】 2021年，新吴区坚持“精准治污、科学治污、依法治污”，探索降碳增效新路径，推动生态文明示范区创建。$PM_{2.5}$浓度30.3微克/米^3，同比下降13.9%，优于年度考核目标（35微克/米^3）；空气质量优良天数比率77.3%，同比下降4.8%；5个国、省考断面均达到Ⅲ类，优Ⅲ比率首次达到100%，优于年度考核目标。纳入市污染防治综合监管平台调度的277个市级深入打好污染防治攻坚战重点工程全部完成，33个指标完成市下达目标；区级重点工程完成1618个。 （惠尉、刘星辰）

【督察整改】 2021年，针对中央（省）环保督察交办反馈突出的环境问题，新吴区组织开展“回头看”及“以案促改”共计两轮次的区级专项行动，巩固新吴区突出环境问题整治成效。区攻坚办联合纪委监委、住建、生态环境执法局等部门对上级环保督察整改落实情况开展15次督查抽查，共计84个问题点位，充分发动各责任单位，对各级环保督察交办环境问题整改落实情况进行全面“回头看”核查，形成常态化督查及“回头看”模式，防止问题反弹。11月，市级启动生态环境突出问题专项督查后，会同市督查组对全区各板块开展两轮次的下沉督查，针对问题清单中的317个问题，查看台账、现场走访，并现场抽查核查50余个问题点位，通过一轮市级专项督查，做到责任及压力的进一步传导，全区上下掀起了新一轮“回头看”核查及高标准自查整改的高潮，为后续迎接第二轮中央环保督察奠定了良好的基础与氛围。 （徐君天）

【监管平台】 2021年，新吴区共转办污染防治线索4342件，办结4066件，其中来自“12345”热线3710件、“12369”热线422件，线索总数同比上升22.97%，线索办结率为93.67%，同比下降4.53个百分点。平台运行模式进一步优化，平台运行质量提高，基本实现环境污染问题线索应入尽入，在助力治污攻坚上发挥了积极作用。 （须　叶）

【资源保护】 2021年，新吴区完成永久基本农田调整补足成果上报和第三次国土调查耕地资源质量分类工作，启动耕地后备资源调查工作，开展全域综合整治可行性研究分析，出台《关于严格规范设施农业用地管理工作的通知》，促进设施农业健康有序发展。严厉打击耕地“非农化”“非粮化”行为，大力推进耕地保护督察限期整改、乱占耕地建房整治行动、违法用地综合整治三年行动等专项行动，在全市严格土地执法工作会议上获通报表扬。坚持提前谋划部署，合理规划造林区域，深挖造林绿化潜力，完成造林600亩，珍贵用材树木培育4万株，森林抚育0.05万亩。出台《无锡新吴区全面推行林长制工作实施意见》，建立健全森林资源保护发展长效机制，压紧压实保护森林资源的主体责任，对鸿山林区增设防火设施，实现森林防火“零”火情。根据林业“十四五”发展规划，积极开展湿地保护与恢复工作，构建良好的湿地环境，突出湿地宣教体系建设，发挥宣教作用，营造全民保护湿地的良好氛围。 （徐小涛）

【保障发展】 2021年，新吴区因地制宜编制成片开发方案，积极开展征地前期工作，通过专班运作、靠前服务等方式，实现省重大项目、市重大产业项目、市集中开工项目应保尽保。结合产业园区“三优化三提升”和产城融合等工作，盘活更新产业用地2734亩，处置批而未供土地1152亩，产业项目投资强度784万元/亩。探索产业用地出让审批菜单化、可选择、集成化模式，创新优化重大项目供地快速审批方案，常态推广“拿地即开工”审批模式，14个项目纳入“拿地即开工”审批服务清单，5个产业项目实现“五证联发”。 （徐小涛）

【推动绿色发展】 2021年，新吴区积极筹谋区域规划，对接高新区规划环境影响评价和园区区域环境影响评价工作，启动规划环评和区域环评编制。深入开展太湖湾科创带生态环境建设，组织2021年生态环境具体工程项目申报，建立区级联络会议制度。推进涉磷项目和“两高”项目排查，梳理形成项目清单，严格准入管理。全周期服务重点项目准入，采取“即受理即审批”的绿色审批通道，缩短项目建设进度，服务重点项目审批对接163次，完成项目审批166个，重点完成致优无纺布、三捷医疗、天芯微半导体、伊顿康明斯、深南电路等重点项目审批。探索排污许可“一证管理”，优化排污许可审批流程，建立各部门协同审核制度，完成发证108家。推进排污许可质量核查，完成排污许可执行报告提交情况和质量核查，完成全区40%持证企业的现场核查。推进“绿岛”项目建设，完成3个喷涂“绿岛”项目。

（丰　娇　杨丽婷）

【生态文明建设】 2021年，新吴区开展生态文明示范区创建，发布创建规划，完成省级创建资料审核和现场核查并递交整改报告。做好生态管控区域监管，对鸿山街道、新安街道生态管控区域4个疑似开发点位进行核实，落实“绿盾2021”行动，开展自然保护地生态环境监管。积极开展生态创建，申报生态安全缓冲区项目3个，协调推进鸿山街道“两山”实践创新基地规划编制。推动生物多样性保护，对接了解梁鸿湿地公园、大溪港湿地公园生物多样性项目，推动完成梁鸿国家湿地公园退化湿地生态恢复工程。

（周思佳　殷松江）

环境质量

【空气环境质量】 2021年，旺庄站（国控点）环境空气自动监测子站共获365天有效数据，空气质量优良天数共282天，优良天数比率为77.3%，未完成82.4%的年度考核目标；$PM_{2.5}$年均浓度为30.3微克/米^3，优于35微克/米^{3}的年度考核目标；降尘年均浓度为每月每平方千米2.8吨，优于每月每平方千米3.3吨的年度考核目标。旺庄站一级空气质量（优）天数比率21.9%，二级空气质量（良）天数比率55.4%，三级空气质量（轻度污染）天数比率19.7%，四级空气质量（中度污染）天数比率2.7%，五级空气质量（重度污染）天数比率0.3%。

2021年，环境空气质量综合指数为4.81。环境空气质量主要污染物为O_3，污染分担率为28.5%；次要污染物为NO_2，污染分担率为22.2%；其次为PM_{10}，污染分担率为20.1%；再次为$PM_{2.5}$，污染分担率为19.8%；该四种主要污染物的污染分担率为90.6%。全年有148天的首要污染物为O_3，占51.9%；有36天的首要污染物为$PM_{2.5}$，占12.6%；有71天的首要污染物为NO_2，占24.9%；有35天的首要污染物为PM_{10}，占12.3%；首要污染物为CO和SO_2的天数为0。空气质量在中度污染及以上时，主要污染物为O_3及PM_{10}分别占81.8%和18.2%。综上所述，空气质量受$PM_{2.5}$、O_3、PM_{10}以及NO_2影响为主，但在典型污染

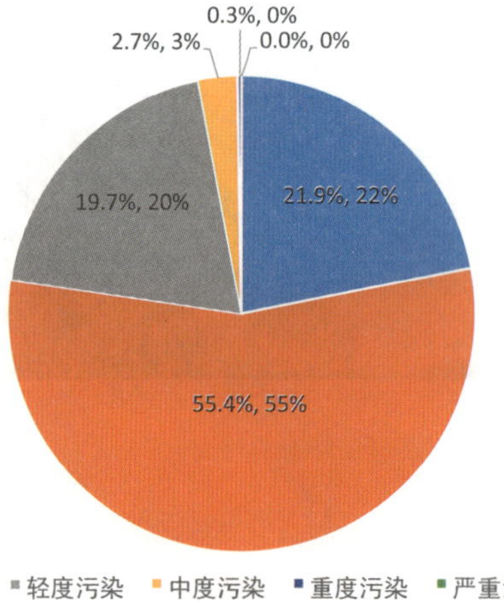

图1 2021年新吴区旺庄环境空气质量总体状况图

表5 2021年无锡市新吴区逐日空气质量统计表

空气质量级别	评价	AQI范围	天数	各级别所占比率（%）
一级	优	0~50	80	21.9
二级	良	51~100	202	55.4
三级	轻度污染	101~150	72	19.7
四级	中度污染	151~200	10	2.7
五级	重度污染	201~300	1	0.3
六级	严重污染	>300	0	0.0

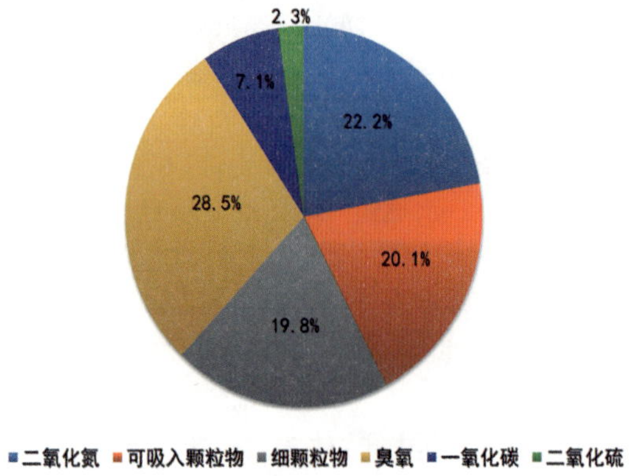

图2 2021年新吴区旺庄环境空气污染物分担率图

天的情况下，主要受 O_3 和 PM_{10} 污染影响。（顾雷霆）

【水环境质量】 2021 年，新吴区新增 1 个省考断面，为走马塘金城东路桥，同时，伯渎港承泽坎桥断面由 2020 年的省考升级为国考断面。国考、省考断面达标率为 100%，Ⅱ类比率 20%，Ⅲ类比率为 80%，各断面均达到年终考核目标；国考、省考优Ⅲ比率为 100%，优于 80% 的年度考核目标。其中 312 国道桥达到Ⅱ类考核标准，望亭上游、承泽坎桥、大溪港、金城东路桥达到Ⅲ类考核标准。5 条国考、省考断面中，望亭上游水质从Ⅳ类提升为Ⅲ类，其他断面水质类别与上年保持一致。2020—2021 年，国考、省考断面优Ⅲ比率从 75% 提升至 100%。国考、省考断面水环境质量同比提升。（朱宇星）

【声环境质量】 2021 年，新吴区昼间区域环境噪声

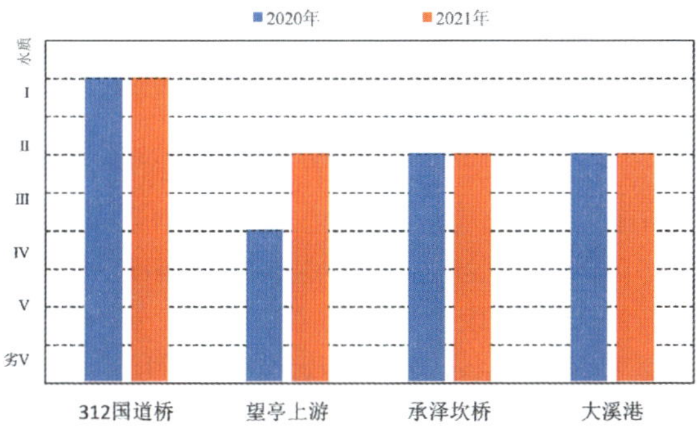

图 3 2020—2021 年无锡市新吴区国考、省考断面水质变化趋势

平均等效声级为 66.7dB（A），城市区域环境昼间噪声质量等级为五级，对应评价等级为重度污染。昼间暴露于 60dB（A）以上的测点数 64 个，占 97.0%，覆盖区域 64 平方千米。在昼间环境噪声声源结构中，影响范围最大的主要声源为交通噪声，覆盖区域面积 31 平方千米，占总面积的 47.0%，污染区域平均等效声级昼间为 67.1dB（A）；其次为生活噪声，覆盖区域面积 24 平方千米，占总面积的 36.4%，污染区域平均等效声级昼间为 66.1dB（A）；最后为工业噪声，覆盖区域面积 11 平方千米，占总面积的 16.7%，污染区域平均等效声级昼间为 67.1dB（A）。从影响范围看，声源构成的排序为交通噪声 > 生活噪声 > 工业噪声；从声强强度看，声源强度排序为交通噪声 > 工业噪声 > 生活噪声。

（顾雷霆）

表 6 2021 年无锡市新吴区昼间暴露在不同声级下的面积分布状况表

声级范围 /dB（A）	昼间		
	测点数	百分比（%）	暴露面积（平方千米）
Leq ≤ 40	0	0.0	0
40 < Leq ≤ 45	0	0.0	0
45 < Leq ≤ 50	0	0	0
50 < Leq ≤ 55	0	0	0
55 < Leq ≤ 60	2	3.0	2
60 < Leq ≤ 65	17	25.8	17
65 < Leq	47	71.2	47

表 7 2021 年度无锡市新吴区昼间区域环境噪声声源结构表

项目	昼间		
	交通噪声	生活噪声	工业噪声
测点数	31	24	11
百分比构成（%）	47.0	36.4	16.7
Leq（dB（A））	67.1	66.1	67.1
暴露面积（平方千米）	31	24	11

污染防治

【散乱污整治】 2021 年，新吴区为进一步巩固无锡新吴区“散乱污”企业（作坊）专项整治成果及解决群众身边的环境问题，促进区域环境质量改善，区污防攻坚办编制印发了《关于开展“散乱污”企业专项整治“回头看”及新一轮违法违规扰民企业专项整治工作的通知》，开展“回头看”及整治工作。完成“散乱污”整治 157 家，其中关停取缔 150 家、整改提升 7 家。（徐君天）

【大气污染防治】 2021 年，新吴区全力推进省、市目标任务，通过月度调度、季度推进、重点项目重点关注的工作模式，全面完成 VOCs 治理、餐饮油烟治理、锅炉低氮改造等重点工程项目共计 1220 个。组织全区 330 家重点涉气企业对废气产生环节开展全流程自查工作。从原辅材料、工艺水平、废气收集、末端治理、日常监管等方面为高新区 55 家电子信息集群企业制定全流程废气治理提升建议，督促指导企业高效完成各项提标升级工作。从清洁原料替代、喷涂效率提升、涂料减量化等方面推动高新区 47 家工业涂装行业企业开展源头治理工作，总计从源头减排 VOCs350 吨。积极开展夏季错峰生产豁免管控工作，通过逐一对企业申报材料进行审核后确定豁免企业 96 家、管控企业 174 家，臭氧应急管控期间共计出动检查人员 1080 人次，检查点位 1872 个，督促企业严格落实各项停限产措施。完成秋冬季重污染天气

2021 年 7 月 9 日，国考、省考断面周边排污口排查　　（宋　科　提供）

企业评级及管控豁免工作，修订新吴区重污染天气应急减排清单并修订一企一策管控措施，全区豁免企业143家，管控企业256家。联合交通、城管等部门出动2400余人次检查全区汽修企业297家。全年协调公安、交通部门开展柴油车路检路查15次，抽测车辆1300余辆，入户抽测柴油车350辆，抽测非道路移动机械200台。（王　宁）

【水污染防治】 2021年，新吴区绘好治水新蓝图，修改完善水生态“十四五”规划。市下达102项水污染防治重点工程项目，全部达到年度目标任务要求，完成率100%。细致排查强基础，完成第一、第二批1896家涉磷企业初步核实，扣除关停、搬迁企业，系统内实际填报1361家，其中涉磷企业1029家，涉磷比例75.61%。推进长江入河（湖）排污口排查整治，印发《新吴区长江入河排污口“一口一策”分类整治实施方案》，排查溯源排口221处，规范排污口标志牌设置110处，完成整改5处。推进太湖入河（湖）排污口排查整治，完成《新吴区太湖流域入河排污口“一口一策”分类整治实施方案》，排查溯源排污口317处，规范排污口标志牌设置134处，完成整改1处。设施改造防风险，推动实施工业企业废水设施提升改造，完成14家企业107项问题。完成工业企业雨水口和应急设施排放发现问题整改12个。强化医疗机构废水处理设施管理，疫情期间，每日调度隔离点及污水处理厂废水处理情况。（宋　科）

【土壤污染防治】 2021年，新吴区完善防治管理体系，落实联动管理机制，严控土壤及地下水源头污染，制订土壤污染防治年度工作计划，排定并完成年度重点项目59个。推进风险管控修复，完成丰硕化工遗留地块补充调查及风险管控技术方案，完成兴中化工、泰伯电镀等污染地块管控区域划定与围挡和警示设置，启动补充调查工作，完成在线视频安装。强化重点企业监管，新增土壤重点监管单位21家，累计完成化工企业遗留地块土壤污染状况调查38幅。严守安全利用底线。完成用途拟变更敏感用途的23幅地块调查报告进行评审，完成70幅地块土壤污染状况调查报告备案管理。配合做好土壤环境审计工作，推进土壤环境审计反馈问题整改。（殷松江）

【危废处置】 2021年，新吴区处置能力“扩容增效”，三贵资源年处置利用3.5万吨有机溶剂项目顺利投产，新广脉环保废酸等处置利用项目完成建设并获得许可证，危废处置能力新增30万吨。管理体系“提标升级”，推进江苏省危险废物全生命周期监控系统应用，纳入新系统管理企业1673家，重点单位视频接入系统409路。小微企业“化零为整”，推进小微企业危废集中收集项目建设与使用推广，能之汇小微项目与622家小微企业签订合同；鸿邦环保小微平台与全生命周期系统完成对接，并与110家小微企业完成签约。专项整治“清零闭环”，组织开展危废处置专项整治，累计完成1300余家涉危废单位排查，发现问题隐患903项，全部完成整改。（殷松江）

【废危监管】 2021年，新吴区强化责任落实，印发领导班子成员安全生产责任和工作清单，严格执行领导干部到岗带班、全年24小时应急值守制度。强化专项整治，区涉危废企业中，区和街道分级分类监管的总计1304家，全部开展排查，共计发现问题隐患903个，全部完成整改闭环。全面开展2021年全生命周期监控系统企业信息填报工作，完成基本信息填报企业1670家，37家重点单位均与省生态环境厅完成视频接入。强化核与辐射监管，检查企业84家次，完成对辖区内伴生矿开发利用企业专项检查。强化环保设施排查，全年排查重点企业194家，涉及重点环保设施项目901项，其中开展风险安全评估690项，论证评估率76.58%。加强审批联动。建立项目应急、环保联合审核制度，邀请应急部门参加项目评审会10个，发函征求应急意见项目7个，涉及六大类环保设施移交66个。（沙　腾）

环境监督

【宣传教育】 2021年，新吴区充分发挥“世界环境日”“世界水日”“生物多样性日”等重大环保纪念日的独特平台作用，以“人与自然和谐共生”为主题，积极开展环境保护宣传活动。持续做大做强品牌公益活动，聚焦“碳达峰、碳中和”，成功举办新吴区第三届EHS峰会，完成“大手拉小手”企业环保共建项目第四批签约，推动企业在新形势下落实环保主体责任。首发新吴区环保主题歌曲《新吴·绿色Style》，献礼第50个世界环境日，获省生态环境厅青少年环保歌曲征集活动三等奖。展示企业绿色发展品牌故事,3家企业获“绿色发展示范企业”“绿色发展优秀企业”称号。5家单位成功创建市生态文明教育实践基地,3家单位讲解员被评为省级“优秀讲解员”。连续第13年开展“蒲公英”环保启蒙教育活动。创新宣教培训模式,举办3期15节环境管理标准化“云课堂”直播,服务2000余家企业完成学习。采用四国语言同声传译开展“万家企业学环保法”企业法人培训班。以“绿色创建”带动环境教育推广和普及,全区中小学环保知识教育面达到100%。积极调动各类环保社会组织和志愿者参与环境保护,2名志愿者获省级“优秀环境守护者”称号。240余篇报道登上“学习强国”、人民网、央广网、中国网、《中国环境报》以及江苏生态环境微信、抖音等平台,1篇报道入选“江苏生态环境”微信号50大优质稿件。 (陈　怡)

【企业主体责任落实】 2021年,新吴区强化培训教育,组织开展环境管理标准化“云课堂”培训3期共15节课程,有效提高企业管理人员环境管理水平和风险防患意识。推进企业参加“万家企业学环保法”平台学法考试活动,完成注册企业1935家。落实依法监管,完成企业行政处罚信息信用修复。强力推进企业环责险工作,完成评估371家、投保364家。加大生态损害赔偿案件办理力度,生态环境部交办第一批生态损害评估赔偿案件完成磋商程序31件(共31件),第二批省级交办生态损害评估赔偿案件完成启动14件(共14件),生态损害赔偿金额入库财政166万元。发挥典型示范,启动新吴区“大手拉小手”企业环保共建项目第四批结对帮扶,64家企业完成结对共建。创新开展排污许可典型企业示范行动,优选第一批35家持证企业,在完成引领企业培育的基础上,组织优秀企业分享管理经验,完成第一批30家企业结对共建,动态促进整体水平提升。 (陈　怡　王羚羽)

2021年6月8日,新吴区“大手拉小手”企业环保共建项目第四批企业签约仪式 (陈　怡　摄)

【环保共建项目】 2021年,新吴区“大手拉小手”企业环保共建项目新增64家企业签约结对,为17家“大手”企业颁发“环境贡献奖”,为17家“小手”企业颁发“优秀环境共建奖”,开展环保物资集中捐赠活动1次、集中培训参观2次,帮扶工作涉及企业环保制度、现场管理、污染防治、环境监测、应急处置等多个领域,累计完成现场服务179次,提供改善建议355条,答疑解惑187次。创新项目帮扶模式,优化共建机制,由原来的“以一带多”,优化为“一对一”加“多对多”的共享形式,促进企业间共享环保管理资源,形成共建联盟。各企业在自身环保管理方面的意识进一步强化、制度进一步完善、体系进一步健全,环保现状得到大幅度的提升。 (陈　怡)

【环境监察执法】 2021年,新吴区聚焦执法主业,探索建立“局队合一”制度下的执法新模式,各职能处室全员参与一线环境执法,使用移动执法App快捷留痕,发现涉嫌环境违法行为线索及时移交执法分局。全年累计执法强度282.74,是全市平均强度的1.18倍;下达行政处罚决定191件,处罚金额2982.8万元。 (尤　隽)

教育

综述

【概况】 2021年，全区有各级各类学校115所。其中，区属义务教育学校35所，包括公办中小学31所（初中7所、小学20所、九年一贯制学校4所），民办九年一贯制学校1所（无锡高新区金桥外国语学校），民办小学1所（无锡市新吴区幸福外国语小学），国际学校2所（无锡韩国人学校、无锡波士顿国际学校）；特殊教育学校1所；学前教育幼儿园66所。驻区学校13所，包括高校2所（东南大学无锡分校、无锡科技职业学院）、高职2所（无锡机电高等职业技术学校、无锡卫生高等职业技术学校）、高中2所（江苏省梅村高级中学、无锡市第三高级中学）、技工学校3所（无锡市行知科技学校、无锡市园林技工学校、无锡市科元技工学校）、义务教育学校2所（无锡市大桥实验中学、无锡市吴风实验学校）、国际学校1所（无锡新吴区国际学校）、幼儿园1所（无锡爱儿星国际早期教育园）。区域还有少年宫1所、成人教育社区学院1所、社区教育中心6所，逐步形成体系完整、资源丰富、国际化程度高的教育发展格局。（鞠　萍）

【教育资源布局】 2021年，新吴区加大优质教育资源供给力度，推进新建改扩建中小学10所、幼儿园12所，增加学位1万余个。丽景实验学校、新华实验学校、旺庄中学扩建3个项目启用；新吴实验中学、梅里小学、高浪小学改扩建、梅荆五期幼儿园、中海第一实验园、南站中心幼儿园第一实验园6个项目基本完成建设，进入收尾阶段；新城中学、新安小学改扩

表8　　2021年教育经费投入情况一览表

单位：万元

项目	2020年	2021年	增减（%）
总计	197,980	229,271	15.40
一、国家财政性教育经费	181,155	205,482	13.43
1. 一般公共预算安排的教育经费	181,089	199,039	9.91
(1) 一般公共预算教育经费	143,703	147,004	2.30
(2) 其他一般公共预算安排的教育经费	37,387	52,035	39.18
2. 政府性基金预算安排的教育经费	66	6,444	9624.75
二、民办学校中举办者投入	3	798	26500.00
三、捐赠收入	1	31	4669.23
四、事业收入	16,020	22,615	41.17
其中　学费	14,789	21,914	48.18
五、其他教育经费	801	344	-57.04

建、江华幼儿园、泰山路幼儿园、景渎幼儿园分园、崇德幼儿园6个项目完成主体封顶；鸿山金桥学校、硕望幼儿园2个项目开始主体建设；梅村高中空港分校项目进场施工；尚有4个项目（春明幼儿园、吉祥幼儿园、工博园幼儿园、梅村实验初中）完成前期立项、可研、设计等手续。（朱春伟）

【教育经费投入】 2021年，新吴区国家财政性教育经费投入不断增长，投入经费约20.55亿元，同比增长13.43%；全社会教育投入稳步提高，投入经费约22.93亿元，同比增长15.40%。（张志宇）

【师资队伍建设】 2021年，新吴区中小学、幼儿园共有教职工7432人，其中中小学4283人、幼儿园3149人。加大教育人才引育力度，全年分批次招聘中小学及幼儿园教师504名，其中高层次教育人才10名、优秀应届毕业生341名、有经验及成熟型教师30名。新录取教师中，硕士研究生及以上学历占比达27%，“双一流”建设高校或THE世界排名前200名高校毕业生占比达16%。“三名”工程成功培育新吴区“名教师”13名、“名校长”9名、“名学科”11个；成功申报“‘四有’好教师团队”13个。年末，共有“‘四有’好教师团队”17个，其中省级团队1个、市级团队7个、区级团队9个。全面统筹规划教育系统干部队伍培养教育建设工程，建立源头培养、跟踪培养、全程培养的素质培养体系，“雏鹰计划”培训班组织100多名青年人才接受培训，“三提高”“卓越项目”培训组织200多名校园正职、副职干部参加；扩大“双培带”跟岗研修范围，组织包括校级正职及中层20人赴珠海跟岗研修一个半月，提升干部队伍整体素质。名特优教师培育更见成效，新增3名省特级教师、4名正高级职称教师，新增和总数皆位列全市同学段第一；骨干教师队伍不断壮大，11名骨干教师被评为新一批市级学科带头人；229名首批校招新教师参加岗前实践培训，176名新教师获得优秀等次，占76.8%；603名新教师参加新教师成长营暨岗前岗位培训并通过年度考核，271名青年教师通过为期三年的业务能力达标考核，合格率100%。加快推进人事制度改革，制定《关于全面深化新时代教师队伍建设改革的实施意见》《关于印发新吴区教师队伍鼓励激励实施办法的通知》《关于印发新吴区教育系统推进领导干部能上能下实施办法的通知》《关于新吴区“区管校聘”工作的实施办法的通知》《关于印发新吴区中小学（幼儿园）校（园）长任期制实施办法的通知》《新吴区优质教育共同体教师队伍能力建设行动计划（2019—2022）》等系列改革文件，促进教师队伍素质整体提升，激发教师干事创业活力。完善教师绩效考核分配机制，构建符合教育教学规律和教师职业特点的导向明确、标准科学、体系完善的绩效考核评价制度。制定《关于完善教师绩效考核分配机制的方案》，发挥年度考核、绩效考核的导向性作用，绩效总量与学校办学成果、办学成效挂钩，并逐年拉开差距。改进教师绩效性收入分配办法，加大教师工作量和业绩成果考核权重，奖励分配向教学一线倾斜，体现学段、办学质量和办学成效差异。加大教育高层次人才引育力度，深化“三名”工程建设，制定《“飞凤人才计划”教育高层次人才引育实施办法》，突出柔性引进，增加省级以上高层次人才培养对象以及省、市有突出贡献中青年专家；健全人才激励机制，加大人才扶持力度，累计发放人才奖励经费700余万元；推进完成第二批校园招聘、骨干教师公开招聘、初中成熟型教师等高层次教育人才招聘，累计组织招聘考试7场，引进教育人才303人，吸引了一批在省、市有影响力的教育领军人才。实施“区管校聘”全员聘任，制定《新吴区2021年“区管校聘”全员聘任工作方案》，在前两年完成中层干部和年级组长、学科组长

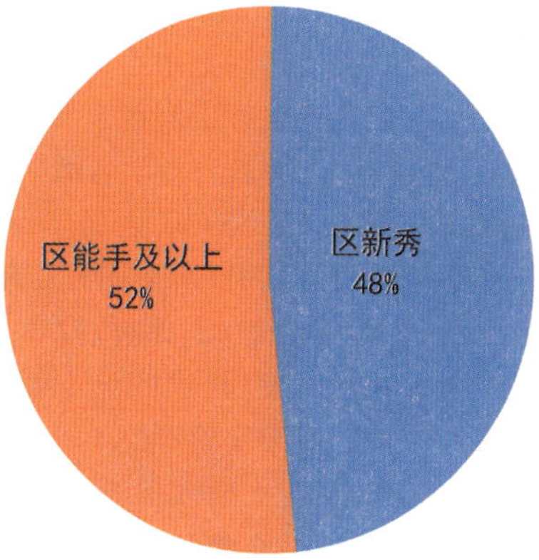

图4 骨干教师统计图

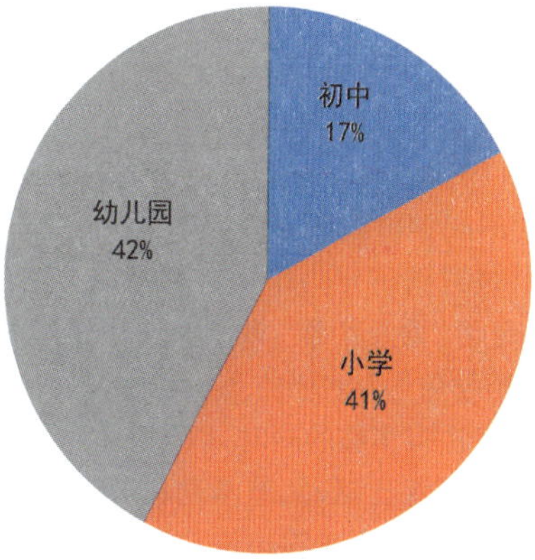

图5 教职工统计图

竞聘工作基础上，组织公办中小学全体在编在岗教职工实施第三轮“区管校聘”，促进区内教育队伍交流。全区31所公办中小学3000多名教职工完成全员竞聘教师队伍，实现由“学校人”向“系统人”的整体转变。加大青年干部选拔任用力度，三年来，提拔任用40周岁及以下校级青年干部33名，占提拔任用校级干部总数的36.78%，其中35周岁及以下校级干部3名，提拔任用校级领导干部的平均年龄由43周岁下降到40周岁，逐步实现校级干部年轻化。充分发挥爱岗敬业模范在师德师风教育工作中的引领作用，在年度教师节大会上，评选“教书育人模范人物”10名、“优秀教育工作者”67名、“优秀班主任”29名，勉励区内教师自觉增强立德树人、教书育人的荣誉感和责任感，做到学为人师、行为示范，当好学生健康成长的指导者和引路人。（龙　菲）

【教育教学研究】 2021年，新吴区教育局坚持以教育教学科研为统领，以课题、项目研究为抓手，整体推动区域课程改革，促进区域教育教学质量不断提升。全区新增“十四五”省级规划、省级教研课题16个，市级规划课题21个；新增“江苏省基础教育前瞻性教学改革重大实验项目”1个。加强骨干名师引领带动作用，成立新吴区第四批中小幼区级名师工作室29个，其中学前教育名师工作室5个、小学教育教学名师工作室17个、初中教育教学名师工作室7个。持续推进集群化办学，以“5+N”内涵项目建设为抓手，充分发挥基地校示范引领、集团校带动指导、联盟校互助共进作用，围绕教师、课程、教学，协力推进师资共育、教学共研、课程共建。新吴实小、泰山路实小、新华实验学校、春阳实验学校4所新校，分别与锡师附小、连元街小学、大桥实验学校、金桥外国语学校结成课程共建单位；全年各集群校开展学科教研活动120多次，基地校承担新教师培训活动80多次，集团校开展教学共研活动100多次，联盟校开展课程共建活动70多次。学科基地建设全面启动，全区中小学17个区级学科基地全面启动建设，组织开展区内高质量研讨活动近50场次、高质量课堂展示研究活动近20场次。在无锡市优秀学科组评选活动中，6所学校的不同学科被评为市优秀学科组，3所学校的不同学科被遴选确定为市级学科基地。加强课堂改革研究，确立“两新历学”教学新理念和新主张，逐步创构以“历学单”为表征的“一课三单”教学范式，在推动全覆盖常态实施的同时，以集群和区两个层级开展学科优质课评比活动、基本功比赛和跨校、跨区联合教研活动，在年度无锡市级优质课评比、中小学学科基本功大赛中，全区共有31位教师获得大市特等、一等奖。加强中小学生班主任专业能力培养，2名教师获市班主任基本功大赛特等奖，1名教师获省班主任基本功大赛一等奖、长三角班主任基本功大赛二等奖。加强学前教育“课程游戏化”建设，以“探索集群化教研全面推进区域学前教育质量提升”为题，申报省级课程游戏化建设项目；5所幼儿园在无锡市秋溢峰影杯“在自然中学习”案例展评中获1个一等奖、4个二等奖，中、小、幼三个学段均获江苏省教学成果奖二等奖。（浦叙德　过同俭）

【校园安全管理】 2021年，新吴区教育局紧盯校园和校车、校园实验室安全专项整治行动，统筹协调、强化落实，全区教育系统未发生严重有影响的安全责任事故，21所学校被评为无锡市“平安校园”，在市、区安全生产考核中表现突出。制定《关于调整新吴区校园安全专业委员会各成员单位工作职责及工作制度的通知》《2021年全区校园安全稳定及综合治理工作意见》等制度性文件6份，中小学幼儿园安全风险防控体系不断健全。持续深化“区街片校”四级安全管理模式和领导片区挂钩检查机制，校园安全管理责任不断压实。加强安全宣传教育培训，累计开展安全宣传“五进”活动、安全知识竞赛、“119”消防安全月活动等安全宣传教育21次，公众号发布专栏文章28篇，开展突发事件应急处置培训等安全培训5次，校园应急演练100%全覆盖，禁毒知识竞赛、消防安全作文竞赛均获全市一等奖，师生安全意识能力整体提高。深入开展校园建筑消防安全水平攻坚行动，所有学校完成初期评估。大力推进危化品使用安全专项治理，实验室危险化学品使用安全检查100%全覆盖，危化品管理人员100%接受专业教育培训并持证上岗。盯紧重点单位、重点时段和重点人员，持续加大校园安全检查力度，全年累计组织区级安全检查20余次，下发安全检查意见书60余份，清理问题保安50余人；累计发现安全隐患130条，整改130条，检查覆盖率100%，隐患整改率100%，隐患排查治理能力不断提高。（郑太银）

【教育教学管理】 2021年，新吴区教育局强化区级统筹，全面落实义务教育地方政府“以区为主”管理体制，全区中小学已全面实现人、财、物区级直属管理，校级领导由区教育主管部门统一考核、统一调配、统一任免，中小学教师由区级主管部门统一招聘、统一分配。深化教育领域综合改革，制定下发深化改革推进教育高质量发展系列文件，从管理体制、人事制度、育人方式等方面全面对标提级，从根本上破除教育发展桎梏，以改革创新驱动区域教育高质量发展。推进落实《新吴区优质教育发展共同体“高峰计划”实施意见》，以“实现区域教育既有高原又有高峰”为目标，着力构建“集群联片组团、公办民办联盟、名校高校合作”发展模式，持续打造一批“新吴系列”高品质学校。在全市范围内首次引进15名国内教育领域权威专家学者，组建无锡新吴区“教育高质量发展”专家咨询委员会，加强对新吴教育的顶层设计和专业引领，提升区域教育核心竞争力。加强项目谋划、智库建设，由专家领题基础教育“百优项目”，向专家智库借智借脑，全面提升学校课程、师资、科研、管理、文化等建设水平。进一步扩大合作办学的范围和力度，与华东师范大学、上海师范大学联合共建，在教育科研、师资培训等方面开展深度合作交流；加快打造新吴百姓家门口的好学校，实现教育资源再优化，与上海世外教育集团、梅村高级中学、无锡金桥教育集团签订合作办学协议，切实回应人民群众对优质、普惠教育的期待。深化基础教育内涵发展，围绕《新吴区基础教育“5+N”高品质创享行动实施意见》，成立区分管领导任组长、相关部门参与的领导小组，切实加强基础教育内涵质量建设；大力发展素质教育，将基础教育质量提升列入年度为民办实事项目，设立专项经费保障，明确400万元奖补资金，打造更加优质、更加多元、更具特色的教育。强化落实五项管理，成立由区到校各级五项管理工作领导小组，逐项制定工作细则，印发《无锡市新吴区教育局关于加强中小学五项管理的通知》，细化工作举措，切实减轻学生过重学业负担。出台《新吴区义务教育阶段学校作业管理指导意见》，率先在全市范围内实现个性化分层作业；成立睡眠状况监测领导小组，形成完善睡眠管理监测机制；开展手机管理自查，落实“一校一案”，全面禁止手机入课堂；实施“12条负面清单”的专项清理工作，营造良好阅读生态圈；全面推进学生体质健康促进工作，学生体质健康测试合格率达98.16%，优良率达55.22%，中小学生近视率全市最低。规范民办教育发展，强化校外培训机构治理，落实联席会议制度，加强设立审批、教学管理、收费管理、违规处理等环节监督管理；成立行业协会，加大培训机构“双随机一公开”检查力度，有效查处违规办学行为。高效落实规范民办义务教育发展各项目标任务，起草《无锡市新吴区规范民办义务教育发展专项工作方案》，分阶段、分步骤开展深入治理和集中攻坚，按照上级“严格控制增量、逐步消化存量”总体部署，不再审批设立民办义务教育阶段学校，确保全区民办义务教育在校生规模占比严格控制在5%以内。（鞠　萍）

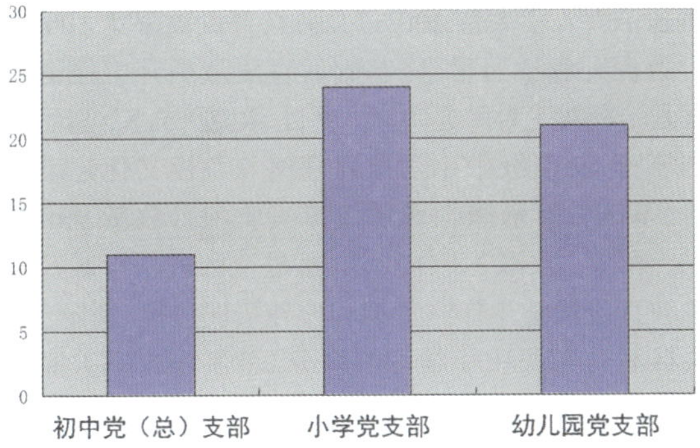

图6　无锡市新吴区学校党组织数量图

4月1日，全区教育系统2021年度党的建设工作会议（陆晓艳　供图）

【党建引领发展】 2021年，新吴区教育局扎实开展党史学习教育，组建“烛·春雨”教师宣讲团、成立“烛·青苗”青少年志愿讲解服务队，开辟“烛跃讲堂”线上专栏，组织基层党（总）支部书记、委员上专题党课123次、专题学习60余次、专题研讨50余次、专题培训40次、专题宣讲40余次；制定落实“教育资源扩容”“课后延时服务”等“我为群众办实事”6大实践行动，坚持靶向发力，切实为群众解难题、办实事。党史学习教育相关做法累计在国家级综合媒体报道50余篇，省、市级综合媒体300余篇，被省、市级官方微博转发刊载40次，“学习强国”学习平台转发刊载45篇。落实意识形态工作“一岗双责”，全年召开党委中心组（扩大）学习会22次，编制党员学习材料12册；落实“双建三带”工作要求，组织班子成员常态化挂钩学校，围绕教育热点问题，形成8篇高质量调研报告；发展预备党员30名，指导1所新建民办学校成立党支部，开展党支部标准化规范化建设全覆盖检查，推动党建带团建带队建，建强基层党建堡垒。扎实开展“三报到三服务”，争先创优的激情不断迸发，年内，1人被评为区“先进共产党员”，2名党员、2名党务工作者、2个基层党组织受到市委教育工委表彰。推进“三微+”党建联盟，结对梅村高中、三高中、区残疾人联合会，打造15个项目，依托党建指导站、17个党员名师工作室举办党建活动67场次，实现党建水平与业务能力“双提升”；牵头书记项目“‘烛跃’工程助推教育高质量发展”，擦亮“烛跃”品牌，推进党建品牌与教育中心工作同频共振。梅村实验小学党总支部的“红·梅·赞”入选省级项目，新城中学党总支部的“五心工程、为党旗增辉”被评为市级项目，鸿山实验小学等4个党总支部的项目入选区“基层党建创优实践项目”。压紧党风廉政主体责任，制定教育局党委全面从严治党问题清单、责任清单和整改清单，基层学校书记签订《2021年党风廉政建设责任书》，持续深化作风建设和党风廉政建设。开展党风廉政建设专题学习和“新风清语廉政文化宣传教育主题月”活动，坚持“三重一大”集体决策制度，完善惩治预防体系，落实书记约谈制度，开展廉政谈话35人次，常规巡查2所学校、“回头看”1所学校、驻点巡查2所学校，强化风险点监控，主动深入查找管理漏洞和廉政风险点，提高规范化管理水平。（陆晓艳）

基础教育

【概况】 2021年，新吴区基础教育事业规模稳步扩大。区属义务教育学校共35所，特殊教育学校1所。中学在校生14997人，其中非户籍学生数为7152人，占47.68%；小学在校生46483人，其中非户籍学生数为23331人，占50.19%；义务教育阶段特殊教育学校70人，义务教育阶段在校生共计61550人。全区在园幼儿数共计24101人，其中公办幼儿园在园幼儿数14293名，公办园在园幼儿占59.3%；普惠性民办园在园幼儿总数9141名，普惠性幼儿园覆盖率为97.23%；学前教育阶段特殊教育学校6人。统筹推进学前教育普及普惠、义务教育优质均衡发展，作为全市唯一参加全国学前教育普及普惠示范区、义务教育优质均衡发展区、义务教育优质均衡先行创建区“三创”的县（市、区），顺利通过省级督导评估并上报教育部。（薛依涵　李霖卉）

【学前教育】 2021年，新吴区各级各类幼儿园共计66所，其中公办幼儿园43所、普惠性民办幼儿园21所、非普惠性民办幼儿园2所。在园幼儿总数2.41万人，根据第七次人口普查3～5周岁常住人口数2.39万人来计算，新吴区学前三年毛入园率达100%。全区坚持公益普惠原则，全面落实政府主体责任，保障公办学前教育资源供给。省、市优质园覆盖率达95.74%，全年完成省优质幼儿园创建1所、省优现场考察4所、省优复审2所、市优创建4所、市级《3～6岁儿童学习与发展指南》实验园1所。积极研究制定本地区学前教育资源布局规划，先后出台《新吴区学前教育资源配置实施计划（2021—2022）》《新吴区“十四五”教育设施布局规划（2021—2025）》等文件，通过深挖资源、多方发力，不断优化拓展教育资源。进一步建立幼小协同的有效机制，形成科学衔接的教育生态，成功申报成为江苏省幼小衔接实验区，其中无锡市梅村中心幼儿园和无锡市梅村实验小学成功申报为江苏省首批结对试点园（校）。强化学前教育的经费保障，健全学前教育多渠道投入机制，单列财政预算，保持学前教育经费在财政性教育经费占比逐年上升；严格落实各级各类奖补以及普惠性民办园补助扶持政策，出台《新吴区民办教育奖补资金使用管理办法（暂行）》《关于推进普惠性民办幼儿园收费与基准办园成本间差额补贴的实施意见》。（浦晓玲）

【义务教育】 2021年，新吴区围绕“促进公平”“提升质量”提升义务教育发展水平。义务教育学校标准化建设取得新成效，区域内有39所、占比100%的义务教育学校基本达到省定建设标准。坚持阳光招生均衡分班，保障公平成长环境，全区在校外来人员随迁子女入学率达100%，义务教育巩固率达100%。大力提升教学质量，将基础教育质量提升工程纳入区政府年度“为民办实事”项目，实施“5+N”高品质创享行动；市级中小学课程基地与学校文化建设项目、基础教育前瞻性教学改革实验项目数量全市领先。落实“双减”工作要求，推进全区进一步减轻义务教育阶段学生作业负担和校外培训负担，制定《新吴区教育惠民中小学课后服务2.0实施方案》，实现课后服务覆盖全区学校、覆盖全部有需要的学生“两个全覆盖”。全区学校共有各级各类学生社团1929个，公、民办学生中小学共61295人，参与课后服务58580人，学生综合参与率95.57%，教师综合参与率97.57%。以“体教结合”“一校一品”建设为抓手，全面提高青少年身体素质，培育青少年体育特长、实现“人人有体育项目，班班有体育活动，校校有体育特色”的工作目标。无锡市梅村实验小学在江苏省青少年棒球锦标赛中荣获总冠军；坊前实验小学市队校办跆拳道荣获省锦标赛4金、3银、4铜；新城中学市队校办空手道荣获省锦标赛7金、2银、3铜。无锡市新吴区新浪大地幼儿园和无锡市新吴区大地幼儿园成功创建全国足球特色幼儿园示范园试点园。无锡市新安中学和无锡市新洲小学成功创建全国青少年校园足球特色学校。新吴区春潮幼儿园成功创建全国足球特色幼儿园。全区学生参加无锡市统一艺术测评，合格率达100%，无锡市中小学生艺术展演共获得8个一等奖，新洲小学校园短剧《我不是完美小孩》获江苏省第七届中小学生艺术展演比赛一等奖。在第十四届无锡市新市民(子女)才艺展示活动中,全区学校获2个金奖、3个银奖,区教育局获优秀组织奖。推进实施教育信息化战略,新增4所无锡市智慧校园试点学校,总数达29所,占90.63%,保持全市各版块第一。3所学校获首批无锡市智慧校园示范校称号,鸿山实验小学被推荐为江苏省智慧校园示范校。创成无锡市首个国家级"家校(园)共育"示范区,区内22所中小学、幼儿园被授予示范校(园)称号。

(薛依涵)

【特殊教育】 2021年,新吴区残疾适龄儿童零失学,享受15年免费教育的比例达到100%。特殊教育学校新增设学前班,为学前残疾儿童提供适宜的保育、教育、康复、干预服务的能力提升。强化特殊教育经费保障,义务教育阶段特殊教育生均公用经费按同级学校生均公用经费的8倍执行,对区域内残疾学生发放慈善补助金32万元。新吴区基础教育提升工程中有特殊教育发展项目5项,项目支持资金50万元。全区新增25人参加省级特教专职教师上岗培训,通过基础理论考试;全年开展融合教育巡回指导讲座9次、入班实践指导9次、集中教研指导2次。采购精准康复+特殊教育智慧平台系统,应用互联网、云计算、大数据等新技术,提高区域特殊学生信息管理、评估鉴定、教育教学和康复训练的针对性和有效性。持续推进普校融合教育资源中心建设,年末,全区共有38个市级融合教育资源中心(幼儿园15个、小学17个、初中6个)、5所市级融合教育示范校;9个区级融合教育资源中心(幼儿园8个、小学1个)、1所区级融合教育示范校。

(李春伟　李霖卉)

职业与社会教育

【概况】 2021年,新吴区域内有无锡机电高等职业技术学校、无锡卫生高等职业技术学校两所中等职业技术学校,均为驻区学校,在校学生9991人,教职工743人,专职教师660人。全区有社区学院1所,街道社区教育中心6所,各社区均建立社区居民学校,通过项目化推进、品牌化发展、全域性覆盖、课题化研究推进社区教育工作,以创促建、以评促优,社区教育工作再上新台阶。

(卞丽娟)

【社区教育】 2021年,新吴区社区学院面向新吴区全体社区居民,以"办好继续教育,加快建设学习型社会,大力提高国民素质"为目标,依托"政府+学校"双主体合作平台,充分发挥社区教育在促进人的全面发展、完善终身教育体系、建设学习型社会中的积极作用。新吴区社区学院先后被评为"省级社区学院""省级优秀成人继续教育院校(培训机构)""全国优秀成人继续教育院校(培训机构)""江苏省成人教育改革发展40周年40佳社教单位"。新吴区社区学院始终坚持创新引领、勇于开拓的工作思路,形成了符合实际、切合社区学院定位的三大体系,即指导服务体系、联动办学体系和内涵建设体系,进一步提升社区学院的办学能力,充分发挥社区学院的龙头、示范、引领及辐射作用。新吴区社区学院在中国成人教育协会课题申报评选中立项课题2项,其中1项被列为重点课题,并完成3项课题的结题工作;积极对接省社区教育指导服务中心,开展社区教育理论研究、业务指导、资源整合、政策咨询和信息服务等工作,举办江苏省成人教育协会社会教育课题开题会,在省级课题申报评选中立项资助5项,其中1项被列为重点课题,并完成2项课题的结题工作;组织开展新吴区"社区教育品牌项目"的评审、社区教育特色课程(教材、视频)评比工作。在无锡市教育局举办的"打造社区教育新样态谱写终身学习新篇章"无锡市社区教育论坛活动中,获"无锡市社区教育论坛优秀组织奖";技能名师周永清的"新吴学堂泥人工作室"被省社会教育服务指导中心授予社区教育省级"名师工作室"称号;社区学院特色课程"吴都新韵"获省年度社区老年教育优秀数字化课程二等奖、无锡市一等奖;"农产品新媒体运营"成功申报省社区教育精品课程,是无锡市首次获省级社区教育精品课程立项且是唯一项目;硕放街道吉祥社区治理创新案例作为全市唯一成功入围全国市域社会治理创新优秀案例;鸿山街道吴文化游学被评为2021年度江苏省社区教育特色品牌项目。举办宜兴紫砂、惠山泥人和留青竹刻三门非遗文化公益课,共有69名社区居民参加,聘请无锡市紫砂陶刻"技术能手"胡阿中、江苏省高级工艺美术师周永清、无锡市民间文艺家协会会员陈晓进行授课,以"弘扬吴地传统文化"为主题,通过非遗传承人手把手、面对面地教学,让更多人切实地领略非遗文化的魅力,推进吴地非遗文化的技能传承。协助开展以"庆建党百年华诞、谱终身学习新篇"为主题的新吴区全民终身学习活动周开幕式。赴扬州大学组织举办新吴区社区教育管理者第十一期培训班。构建办学网络,形成以社区学院为龙头,以6个街道102个社区为基础的学习服务圈,完成社区教育读本5本、5门微课互联网+"新老年人"学App、数字化图书22本(垃圾分类系列10本、养生新观念系列12本)。更新网上学习资源,建设数字化资源440单元,深入开展"送教进社区"活动,为市民搭建终身教育的学习平台,全年开展精品课堂20次,开展社区课堂60次,开展游学活动12场次。

(刘相孺)

民办与国际教育

【概况】 2021年，新吴教育加速推进教育现代化、努力办好人民满意的教育，走出了一条由注重规模的外延式发展转向注重质量的内涵式发展道路，呈现全面、协调、优质、健康的发展态势。区委、区政府在经济社会发展规划上优先安排，在财政资金投入上优先保障，在公共资源配置上优先满足，国际教育蓬勃发展，民办教育良性有序，为全区义务教育增添了不一样的风景，注入了多样、多元、多层次的教育样态，形成了百花齐放的教育格局。（浦毓敏　杨春峰）

【民办教育】 2021年，新吴区进一步规范民办学校审批程序。8月，审批设立无锡市新吴区幸福外国语小学，制定《无锡市新吴区规范民办义务教育发展实施方案》，加强重点领域、关键环节集中治理，开展风险评估，重点围绕学校党的建设、规范"公参民"学校治理、师资选聘、招生工作、办学行为、学校名称、财务管理、监督机制、章程建设、风险防范等方面检查，对检查发现的问题，坚决整改到位，1所学校因校名不合规被责令整改。民办学校年检考核和规范办学考核工作全覆盖，强化年检和规范办学考核结果运用，年检结果对社会公示，规范办学考核结果作为处罚和民办教育奖补资金发放的重要依据，支持和规范民办教育发展。（杨春峰）

【校外培训整治】 实现民办学校督导检查常态化，由责任督学定期对民办学校开展全方位督导。为规范校外培训良性发展，新吴区开展集中整治，组织"区街一体""部门联动"常态化检查6次，对学科类培训机构培训行为、教学环境、广告宣传、合同款式、安全管理等内容进行联合检查。开展校外培训机构领域涉稳风险"清源"行动、安全隐患排查整治，重点加大违规收费、违规办学、超标教学、提前教学等检查力度。加强政策引导，落实培训机构"双减"工作要求，签订"双减承诺书"，推进"营转非""学转非"，大力压减学科类校外培训机构数量。全区累计审批学科类培训机构87家，开展统一登记为非营利性机构工作后，保留学科培训机构零家，转非学科类36家，注销经营51家，学科类培训机构压减率达100%。强化行业监管，成立新吴区民办教育培训机构行业协会，实施校外培训"守正培优"行动，进一步强化培训机构党组织建设、行业自律和社会监督等工作。（杨春峰）

【国际教育交流】 2021年，新吴区应对疫情形势，坚持和境外友好单位开展线上文化教学交流活动，与日本丰川开展线上书画交流活动。充分利用本区资源，加强区内公办学校与国际学校的教学、文化交流。区教育局组织开启"新吴区国际教育共同体对话面对面系列活动"，首站"走进波士顿"，通过两堂各具中西方特色的体育课，展现中西方不同体系下的体育课理念，黄树生博士的文化专题讲座"国际视野中的教师专业阅读"，找到了一条通往文化圣殿、培养全球胜任力的路径。积极落实区教育局承担的省"十三五"教育科学规划重点资助课题"基于教育物联网的国际生活社区课程开发研究"的实践研究，强化课题引领作用。协助指导无锡市梅里中学参评"2021年江苏省基础教育职业教育对外合作交流重点建设项目"，学校对外合作交流项目——"'深航者'在行动"脱颖而出，获得好评。为规范外籍人员子女学校招生，制定《外籍人员子女学校学生"名片式"管理方案》，要求外籍人员子女学校每月上报学生变化情况，包含学生入校时间、个人信息、家长信息等，及时掌握学校招生状态，规范学校办学管理。认真开展中小学境外课程教材专项治理工作，逐一摸排，公（民）办学校均未使用境外教材。组织英语教研员、借助商务局韩语专业人员，对无锡波士顿外籍人员子女学校、无锡韩国外籍人员子女学校所设课程、所用教材进行现场查阅，对课程、教材内容等的规范性进一步摸排，并如实填报教育部平台信息。（浦毓敏）

高等教育

【概况】 无锡科技职业学院是江苏省首家由国家级高新技术开发区开办的公办高职院校，是江苏省示范性高职院校，成功进入江苏省中国特色高水平高职学校建设行列。学校设有物联网技术学院、人工智能学院、智能制造学院、商学院（空港物流学院）、文化旅游学院、数字艺术学院、继续教育学院（社区学院）7个二级学院；拥有移动互联应用技术、软件技术、物联网应用技术、机电一体化技术、物流管理、会展策划与管理、动漫设计七大专业群；共设置32个专业，建有校内实践基地138个、校外实训基地271个。学校建筑面积21.88万平方米，图书馆收藏69.01万册印刷型文献和100万册电子型、数字型文献信息资源。在编和人事代理人员共484人，专任教师361人（专任教师中具有硕士及以上学位272人，具有高级职称114人），具有"双师"素质198人。全日制在校生超过万人。学校把握新发展阶段、贯彻新发展理念、坚持常态化防疫，坚定不移地走区校一体化发展道路，推动高质量发展，成功进入江苏省中国特色高水平高职学校建设行列，各方面工作开展平稳有序，成效显著。在全国22个省、市录取新生3784人，在校生规模大幅提升;2021 届毕业生年终就业率为 97.96%,签约率为 94.11%,留在高新区工作的毕业生占 37%。

(田 甜)

【无锡科技职业学院】 教学科研工作取得新突破,移动互联应用技术、物流管理专业被评为江苏省高水平专业群建设项目;获得江苏省教学成果奖一等奖 1 项、二等奖 1 项,江苏省教改研究课题立项 1 项,均实现历史性的突破。学校获全国优秀教材二等奖 1 项,立项江苏省重点教材 2 部,16 门课程入选江苏高校助力乡村振兴省级在线开放课程千门优课,位列全省第 16 名;获江苏省优秀毕业设计一等奖 1 项、三等奖 2 项、优秀团队奖 3 项;在江苏省职业技能大赛中,获一等奖 1 项、二等奖 8 项、三等奖 8 项。全年立项省级以上科研项目 38 项,其中,江苏省高校自然科学基金 2 项,位列全省第 22 名;江苏省未来网络科研项目 1 项。授权专利 73 项,其中,发明专利 5 项,实现专利转化 22 件。以第一单位在核心及以上期刊发表论文 52 篇。出台《教职工在职攻读博士学历(学位)管理办法》,组织博士核心课程专题培训班,承办无锡市“1+X”证书制度试点专题培训班。江苏省“青蓝工程”项目申报实现大满贯,被评为优秀青年骨干教师培养对象 2 名、优秀学术带头人 1 名、优秀教学团队 1 个、江苏省产业教授 2 人;在江苏省职业院校教学大赛(高职组)中,获一等奖 1 项、二等奖 3 项、三等奖 5 项;在江苏省微课教学比赛中,荣获一等奖 1 项、二等奖 2 项、三等奖 5 项,位列全省第 26 名。文化校园建设获得新成果,举办第二届新吴文化校园博览会、范蠡文化进校园校会合作项目签约仪式,引进一批“传统文化、非遗文化”大师、专家进校园开设专题讲座。举办第三届校友日活动、“校长与我话成长”新生代表座谈会、第五届“校长早餐会”通过多种形式,鼓励学生、教职员工、校友为学校建言献策;设立新生报到日、毕业日、校友日,发挥重要时间节点的仪式文化育人功能;以“校园节庆”文化品牌,入选职业院校校园文化建设“一校一品”学校。产教深度融合实现新突破。积极推进“奥特维智能制造产业学院”“芯火集成电路产业学院”建设;集成电路测试中心、捷普电子实训中心投入建设。获批工信部“校企协同就业创业创新示范实践基地”首批建设单位;区校共建获批省发改委“江苏省光伏高端装备工程研究中心”。社会服务能力得到新提升,学校与新吴区 6 个街道、多家企业分别签署校地、校企合作协议,开启产学研用全方位战略合作,有效推进政策协同制订、资源协同共享、管理协同对接。全年完成各类社会培训 48453 人次、校内外考证 8057 人次,实现成人学历年度在册 5318 人。学校成立江苏省首个产业工人学院——“新吴区产业工人学院”,“服务‘产改’需求,构建‘一体化’培育模式”被评为年度全省基层工会服务职工优质项目,《基于职业心态下青年职工群体思想引导研究报告》获年度无锡市社会科学研究成果三等奖。高新区投入专项资金,高质量完成大学生活动中心和大学生健康成长中心建设,完成教学楼外立面改造工程、培训中心改造工程等,集成电路实训中心投入建设,硬件设施显著改善,基础办学条件得到进一步提升。学校通过省教育厅招留资格评估,正式获得教育部来华留学生录取备案资格,首届成功录取 16 名留学生,实现了留学生培养零的突破。在硬实力和软宣传的推动下,学校知名度、美誉度和社会影响力大力提升。全年在人民日报、中国教育报、中国青年报、新华日报、江苏教育报等媒体发布宣传报道 170 篇次,其中国家级媒体 22 篇、省级以上媒体 125 篇、市级媒体 23 篇。学校工作经验和特色创新先后 29 次在“学习强国”学习平台广泛宣传。

(田 甜)

文化设施

【概况】 2021 年，新吴区有序推进“1+3+10+N”[1 个区级文化中心，3 个片区级（伯渎、泰伯、空港）文体中心，打造 10 个“十五分钟生活圈”级文体设施以及 N 处基层社区级文体游园]文体设施布局。无锡交响乐团音乐厅项目选址新吴，新吴区文化艺术中心启动规划论证，合体打造无锡太湖湾国际文化艺术中心（含交响团音乐厅、艺术交流中心、演艺商业中心）。伯渎河文化中心、伯渎河体育中心两个片区级文化设施完成立项、场地调查、地球物理勘探、建设方案设计等开工前期工作。在鸿山旅游度假区新成立民营梁鸿美术馆，作为新吴区文化馆分馆。新建成梅村二胡文化产业园（梅村二胡文化展示中心）。

（刘保宏）

【文化服务体系建设】 2021 年，新吴区完成梅村吴歌台、硕放大墙门 2 个公益小剧场建设，江溪街道文化站、新安街道公共文化服务中心被评为江苏省最美公共文化空间。累计建成新吴区图书馆、新吴区文化馆、鸿山遗址博物馆、无锡新四军江抗东进纪念馆以及东方美术馆，共五大区级场馆;6 个街道综合文化服务中心、梅村二胡文化园、梅村二胡文化产业园、鸿山旅游度假区中华赏石园、梁鸿美术馆及 77 个村（社区）综合文化服务中心全覆盖，形成以公有公共文化服务设施为主体，民营公共文化服务设施为补充的三级公共文化设施服务体系，各文体场馆及设施实行全年无休免费开放。发布 2021 年新吴区书香地图，完善图书馆总分馆体系，包括 1 个总馆、3 个直属分馆、6 个街道分馆、77 个社区图书室（农家书屋）、10 个阅读联盟点、16 个企业服务点、6 个 24 小时图书驿站，布局总计 119 个点位。

（刘保宏）

文化产业

【概况】 2021 年，新吴区文化及相关产业增加值占 GDP 的 6.27%，新增入库规模以上文化企业 10 个，引进上海文交所沉浸式剧本交易基地、凯战新媒体电商总部基地、火星工厂青年文化娱乐综合体等文化产业项目 17 个，新设立注资 500 万元以上文化企业 199 家，连续 3 年在全市文化产业高质量发展考核中位列第一。引进 AG fox、无锡 JXG 等冠军电竞俱乐部及相关企业，建设电子竞技产业园。制定《无锡新吴区文化产业发展“十四五”规划》，发布《无锡新吴区关于支持电子竞技产业发展的若干政策》。争取上级文化产业资金 804.57 万元，开展区级文化产业资金申报，兑现扶持资金 524.2 万元。 （刘保宏）

【“锡缘”无锡剧本行业交流展举办】 7 月 5 日，“锡缘”无锡剧本行业交流展在无锡高新区举办，由上海文化产权交易所、无锡高新区管委会指导，奈可（江苏）文化科技发展有限公司、和尔萌（北京）文化传播有限公司联合主办，邀请 200 家国内剧本发行商、1500 家国内剧本店家参与，助力行业规范发展，共同构建良性生态圈。奈可（江苏）文化科技发展有限公司发布上海文化产权交易所剧本游戏登记托管运营服务平台，将全国首家剧本游戏路演中心落户无锡高新区，上海文化产权交易所发布全国首个剧本游戏版权保险产品，与中国人保上海分公司签定首个剧本标的。 （刘保宏）

【2021年智慧体育与数字娱乐产业峰会召开】 10 月23日，作为2021年世界物联网博览会13个系列活动之一，2021年智慧体育与数字娱乐产业峰会在无锡太湖国际博览中心A5馆举行。本次峰会由国家体育总局体育器材装备中心、江苏省体育局、无锡市人民政府、中国互联网上网服务行业协会主办，

无锡国家高新技术产业开发区管理委员会、无锡市体育局支持，无锡智慧体育产业园、无锡市电子竞技协会、智未来智慧体育众创空间、无锡市虚拟现实科技协会、江苏喜鹊体育文化发展有限公司承办。中国工业经济联合会原执行副会长、国务院原派驻国有重点大型企业监事会主席路耀华；中国互联网上网服务行业协会会长张鲁滨；国家体育总局体育器材装备中心产业一处处长周荣；江苏省体育局副局长王志光；无锡市人大常委会党组成员蔡叶明；江苏省文化和旅游厅原二级巡视员、文化市场综合行政执法监督局原局长张农；江苏省体育局体育产业指导中心主任孙金荣；无锡市体育局局长陈奕；高新区党工委委员、管委会副主任、新吴区委常委、副区长顾国栋；中国电竞物联网产业联盟主席、原中国文化管理协会电子竞技管理委员会常务会长、国家发展改革委“一带一路”研究院首席专家王英奎等出席活动。在智慧体育与数字娱乐产业峰会上，发布《无锡新吴区关于支持电子竞技产业发展的若干政策》。（刘保宏）

文化遗产保护

【概况】 新吴区共有各级不可移动文物35处。其中国保单位4处，分别是鸿山墓群、泰伯墓、泰伯庙、昭祠堂；省保单位1处，为彭祖墩；市保单位11处；市控单位9处；尚未公布为文保单位的不可移动文物10处。全区大部分文物资源集中在鸿山旅游度假区（鸿山街道）和梅村街道区域内，鸿山旅游度假区（鸿山街道）有各级文物保护单位及文物点24处，梅村街道有泰伯庙、梅里遗址、新四军江抗东进纪念馆等文物资源。开展鸿山遗址博物馆馆藏文物保护数字化项目，争取国家文物保护专项补助资金91万元。拨付年度鸿山遗址博物馆免费开放补助34万元及江抗东进纪念馆免费开放补助3万元。（逯俊宁）

鸿山墓群本体保护展示工程（区委宣传部 供图）

“凤飞于锡”玉飞凤特展海报（区委宣传部 供图）

“后疫情时代看吴越先民生活”江南文脉课程走进无锡市一中（区委宣传部 供图）

【文化传承工作】 2021年，鸿山遗址博物馆与无锡博物院合作主办“凤飞于锡”玉飞凤特展。实施鸿山遗址博物馆灯光改造提升工程。开展五一“草长莺飞，谁与筝风”彩绘风筝活动、“5·18”国际博物馆日博鸿君带你深度游鸿博活动、“6·12”文化遗产日青少年模拟考古体验等活动12场。与良渚博物院合作开展博物馆漫游记课程活动。组织“后疫情时代看吴越先民生活”江南文脉课程走进无锡市一中活动，开设“吴越文化”校本课程自主选修课。江抗东进纪念馆开展“华阿金的故事”红色文物故事申报，“红色家书”线上展品征集。参与《建筑是首凝固的诗》微纪录片鸿山墓群集的采访拍摄。运用微博、微信积极向外推送博物馆资讯消息，全年微信、微博推送文章51篇。鸿山遗址参观客流32682人次，各类政务、团组接待372批次，学校春游、秋游学生4800余人。（逯俊宁）

【鸿山墓群保护】 2021年，新吴区实施鸿山墓群大遗址安防工程。推进实施鸿山墓群BH3、BH4、BH5本体保护展示及相关工程，共完成52个土墩本体的保护及展示工作。同步完成3千米木栈道建设，完成BH4荷花池区环境整治工作。推进鸿山墓群九曲河内片区保护展示工程，拟实施鸿山墓群 BH2、BH7、BH8、BH9、BH10 范围内 42 座土墩的本体保护，共计 56.2 公顷。（逯俊宁）

【泰伯庙、泰伯墓等保护】 2021 年，新吴区实施国保单位泰伯庙抢险加固工程并通过验收；完成市控单位大坊桥民居建筑群建控范围内防洪整治工程并通过市级验收；市保单位张中丞庙戏台修缮工程申请市级补助 62 万元；开展泰伯庙围墙粉刷、泰伯墓连廊维修、泰伯庙安防工程、集义桥抢救性修缮工程、312 国道改扩建工程金娥墩保护并报区级备案。（逯俊宁）

【土地储备考古前置及文物保护区域评估】 2021 年，新吴区根据无锡市人民政府办公室《关于开展土地储备考古前置工作的实施意见》精神，与各街道对接，明确考古前置相关要求。与市、区规划部门和文物部门对接，开展梅里遗址两线和尤家弄、顾更上文物埋藏区划定工作。开展地铁 5 号线工程地块站点的考古调查、勘探工作，面积约 50 万平方米；完成城市停车场二期工程（缇香路南侧地上停车场工程）、鸿泰苑七区南侧地块、至贤路地块、新市镇中小学地块等的考古调查勘探，共计 18 项，面积 2413470.15 平方米。（逯俊宁）

【吴家浜遗址考古】 2021 年，新吴区吴家浜遗址 3 个遗址点发掘工作有序推进，召开吴家浜遗址专家咨询会，确认其为一处东周时期的大型聚落遗址。申请鸿山吴家浜考古遗址保护项目，对考古遗址现场保护和原状展示，采取加固、覆盖等现场保护措施，建设遗址保护大棚，防止土层龟裂和雨水冲刷。创新野外考古转为室内公众考古的新方式，该项目申请无锡市文化遗产保护基金会资助 30 万元。（逯俊宁）

吴家浜遗址考古发掘　　（区委宣传部　供图）

大运河文化带建设

【运河文化名片】 2021 年，鸿山遗址、梅里古镇、泰伯庙和泰伯墓、江南运河第一撬广场被列为无锡市大运河国家文化公园"三带十五点"建设并完成标识导入工作。鸿山国家考古遗址公园、伯渎河文化公园、梁鸿国家湿地公园入选江苏"运河百景"文旅产品。伯渎河文化公园项目被列为省大运河国家文化公园重点项目，伯渎河文化中心、伯渎河体育中心被列为市大运河文化大建设重点项目，完成立项、物探、设计方案招标等工作。（逯俊宁）

【运河环境整治】 2021 年，新吴区大运河主河沿线共取缔 20 多家非法码头，拆除违章建筑 3.2 万平方米，清理垃圾堆放 2.6 万平方米，完成复土覆绿 2.8 万平方米。开展沿线 28 条支河的全面排查与整治，完成沿线 478 个地块 1064 家排水户的控源截污工作，实施 20 条支浜的清淤工作。对高浪大桥至望虞河之间的运河西岸 9.7 千米、4.3 万平方米的带状绿地进行改造提升。完成太科园片区河道水生态修复工程中的翡翠河等 7 条河道的修复工程，开展城南路南延工程（吴都路—雪梅路）立项、选址、方案设计等前期工作，开展运群路提升改造工程的方案研究。开展拆迁评估工作，共涉及企业 114 家、拆迁面积 122.6 万平方米。完成外下甸城市更新地块 1.1 平方千米内 45 家企业中 42 家的拆迁评估工作。（逯俊宁）

【京杭运河（新吴段）规划布局】 2021 年，新吴区摸排分析运河沿线用地的土地权属、工业遗址、产出效益等基本情况，形成从北至南创意时尚休闲段、工业创新展示段、生态文明修复段的规划。完成大运河沿岸生态空间的划定和管控工作，形成生态管控区优化调整方案，合理引导大运河沿线地区的保护和建设。（逯俊宁）

文化市场管理

【市场监管】 2021 年，新吴区加强对网吧、歌舞娱乐、印刷、出版物等单位监督检查，区、街两级出动检查 320 人次，发现整改问题 20 余起。全年对网吧、书店、歌舞娱乐场所、印刷企业进行行政处罚立案 9 起，处理个人向境外网购非法出版物行为 1 起，破获"全能神"邪教案件 1 起、网络卖淫案 1 起、网络赌博案 1 起，取缔 3 处非法宗教聚会点，依法查处、收缴非法宗教出版物 36 类 200 册，没收非法所得 5247 元。举办两期印刷企业和出版物经营业主法规培训班，进一步强化印刷承印五项制度执行以及出版物的规范管理。（刘保宏）

档案史志

【概况】 2021 年，新吴区档案史志馆围绕中心工作，加强档案资源体系、档案利用体系建设，提升服务能力。编纂的《新吴年鉴（2021）》获全国县级综合年鉴二等年鉴，在江苏省年鉴质量评审中获地方综合年鉴二等年鉴。《新吴年鉴(2021)》被评为市、县(区)级综合年鉴2021年度"江苏精品年鉴",新吴区成为全市入围创建省级精品年鉴的唯一县区。 (尤维娜)

【档案收集整理】 2021年,新吴区档案史志馆做好全区2015年前文书档案和2021年前专业、科技、专题档案的接收进馆工作。全年共接收进馆档案27833件、17735卷,其中接收五类专题档案(人代会、脱贫攻坚、疫情防控、建党百年、文明创建)3320件。对库存科技基建档案进行排架调整和目录标识更换,整理科技基建档案64733卷,接收基建档案11530卷,移交光盘388张。完成时间跨度30年的地情书籍、报刊、资料、实物的分类整理和入库上架,整理图书735件,汇编317件,实物564件,音视频111件,照片572张。 (尤维娜)

【档案业务指导】 2021年,新吴区档案史志馆加强档案业务监督指导,确保国家档案资源完整保存、规范处置。完成全区17家机关事业单位的进馆工作。完成档案安全专项执法检查,抽查到的单位均达到相关执法工作要求。完成近40家单位的档案年度评估工作,并对优秀单位在区内网予以通报。完成中国电子系统工程第二建设有限公司等50家单位档案室星级复查、测评工作。完成无锡华润上华科技有限公司重点建设项目档案验收工作。新吴区档案史志馆被评为"档案安全体系建设优秀单位""档案法制优秀单位"。 (尤维娜)

【档案规范管理】 2021年,新吴区档案史志馆加大设施设备投入,完成档案消毒室、修复室和设施设备升级改造,配备档案消毒仓、修复工具、机房入侵检测及各类存储设施设备。完善档案管理台账及全宗卷。更新库房楼层总索引、各库房分索引及库房列索引等管理标识,保证库房档案实体与指引信息一致。补充完善档案出入库登记、档案日常消毒记录、库房温湿度记录等70项台账工作。完善馆藏档案检索、管理工具。按照国家行业标准要求,重新修订、增补、编辑《档案馆指南》,对47个全宗卷内容进行补充规范,做到馆藏全宗全覆盖。所有档案数字化副本均与目录准确挂接。编制婚姻、收养、工商、出生证明、环评、审计、司法等专业机读目录。完成196卷长期文书档案的升级工作。 (尤维娜)

【档案利用服务】 2021年,新吴区档案史志馆全面实现馆藏扫描档案数字化,对2021年前所有未扫描文书档案进行补扫补录工作,扫描档案17582件、213673页。完善档案查询系统平台结构和数据资源,提升档案开放利用服务质量。全年共接待查档2304人次,调阅案卷453卷、10120件,复印有效材料8432页,查实率为100%,多次向利用者开具异地查档出证材料。 (尤维娜)

【档案法治宣传】 2021年,新吴区档案史志馆围绕建党百年主题教育,参与区委组织部、区委宣传部、区委党校以及市档案馆围绕精品党课的课题开发工作。做好"建党百年 初心如磐——长三角红色档案珍品展"和"红色档案见证百年辉煌"现场咨询服务活动及巡展工作,将无锡革命发展史宣传展板在新吴区政府一楼大厅作巡展。开展档案法治宣传,发放民生档案、疫情防控知识手册百余件。组织开展"档案话百年"论文征集活动,征集论文9篇。通过举办档案法知识竞赛等活动,增强全社会的档案法治意识。 (尤维娜)

6月9日,"红色档案见证百年辉煌"现场咨询服务活动及巡展 (尤维娜 摄)

【党史学习工作】 2021年,新吴区档案史志馆印发《"庆祝中国共产党成立100周年"新吴区档案史志馆公开征集档案资料启事》。征集红色珍档100多件,党史论文8篇,名人事迹20件,其中钱伟长、陈佩三、惠峻山、陶菊根4位名人事迹被列入"江苏百名重要人物名单"。"建党百年"档案史料陈列展被无锡市评为2021年度创新创优项目。深入学校以"红色资源"为主题,开展"诵红色经典做时代新人""访红色基地传红色基因""唱红色歌曲续红色血脉""观红色电影扬红色精神""讲红色故事做红色传人"等活动。新吴区档案史志馆获"无锡市校园红色故事情景剧、绘本展示比赛优秀组织奖"。 (尤维娜)

【年鉴及地方志工作】 2021年,《新吴年鉴》编纂在创新框架设计、条目编写和版式设计等方面,打破"编纂模式化、价值简单化"的常规思维定式,使文字能够反映特点、聚焦亮点、突破难点。同时做好《新吴区志(1992—2021)》地方志编纂工作的前期准备工作。通过调研考察,对合作模式、服务内容以及服务经费等方面做了深入了解,为后期工作的开展奠定了基础。 (尤维娜)

吴文化博览园

【生活配套设施建设】 2021年，新吴区吴文化博览园建设发展有限公司加快区域功能配套项目建设进度，丽笙酒店二期全面完工且通过验收，5月成功试运营，成为区域内客容量最大的宴会场地。吴越水街一期加速项目有效收尾。无锡鸿山实验学校项目正式开工建设，基本完成土建结构部分的主体封顶工程，已完成投资1.8亿元，并获得区质监站“红榜”提名2次。（刘　叶）

丽笙酒店二期项目　（刘　叶　摄）

吴越水街一期项目　（刘　叶　摄）

【区域路网体系建设】 2021年，新吴区吴文化博览园建设发展有限公司启动新鸿路（泰伯大道—彭祖路）、安鸿路（飞凤路—鸿山路）和锡义路（锡东大道—美伯路）3个市政道路项目建设工程。锡义路通车、新鸿路和安鸿路基本完成粗沥青铺设。其中，新鸿路大修工程连续2次登上新吴区建设领域文明施工“红榜”。建设马渎浜（ew2河）和至礼河（ew3河）2个河道项目，完成验收和移交工作。（刘　叶）

【景区配套设施建设】 2021年，梁鸿湿地公园实施栖鸟湾及芙蕖园建设、巡护栈道维修保养、智能监控、生态监测巡护项目，新增马鞭草花海网红打卡

新鸿路（泰伯大道—彭祖路）　（刘　叶　摄）

马渎浜　（刘　叶　摄）

梁鸿湿地公园栖鸟湾　（刘　叶　摄）

梁鸿湿地公园马鞭草花海　（刘　叶　摄）

点，完善烧烤区游乐设施，引进同骑电动车，完成水坊区桥梁及观景平台建设。鸿山遗址博物馆全面实施网格管理，建立完善保安、物业、网格员联动和定人定岗等巡查机制；实行旅游景区厕所“一厕一码”智慧化管理体系。鸿山大遗址完成52个本体保护工程，遗址博物馆安防工程启动建设。（刘 叶）

【旅游服务水平提升】 2021年，吴文化博览园景区结合党史学习教育和建党100周年，加强“红 + 绿”旅游资源推广宣传。中华赏石园举办“重温百年峥嵘 传承红色基因”剪纸艺术、端午赏石国粹等9次主题活动，被评为新吴区中小学生“行走课堂”优秀基地。鸿山遗址博物馆策划开展“行走的课堂——走进鸿山遗址博物馆”等12次线上线下宣教活动。梁鸿湿地公园开展“学习老红军 重走长征路”等主题教育活动、新建栖鸟湾科普长廊和水文化长廊水环境科普展厅，组织康桥热气球飞行体验、威孚千人拓展、鸿山街道工会“千名职工心向党”徒步等活动。（刘 叶）

【生态景观优化】 2021年，新吴区吴文化博览园建设发展有限公司着力做好大场景种植工作，启动大遗址公园东上浜区域景观提升项目，结合鸿山遗址本体保护工程种植90亩荷花、500亩油菜花；完成博物馆东侧复耕地块及马铁桥港复耕地块面积约220亩土地发包及农作物种植。（刘 叶）

“重温百年峥嵘 传承红色基因”剪纸艺术活动（刘 叶 摄）

“学习老红军 重走长征路”活动（刘 叶 摄）

东上浜大场景油菜花种植（刘 叶 摄）

东上浜大场景荷花种植（刘 叶 摄）

医疗卫生

综述

【概况】 2021年，新吴区拥有卫生医疗机构248家，实有床位3633张。卫生技术人员4494人，执业(助理)医师1864人，注册护士1834人。全年完成门(急)诊量297.5万人次，出院1033人次。人均基本公共卫生服务经费114.48元。新吴区公共卫生大楼正式启用；江南大学无锡医学院公共卫生实践教学基地、江苏省血吸虫病防治研究所传染病防控技术国际培训现场教学基地挂牌；通过国家优质服务基层行推荐标准社区中心2家，新增社区医院1家，3家单位申报省级基层特色科室，完成社区卫生服务站升级改造3个；新吴区民政卫健局被评为江苏省“安康关爱活动”先进单位，观湖社区成功被评为首批全国示范性老年友好型社区。（吴锡东　王绞呈）

【医卫人才队伍建设】 2021年，新吴区启动5次招聘，共招录184名卫技人员。其中，硕士研究生22人，占11.96%；双一流高校毕业生59人，占32.07%。继续开展农村订单定向医学生免费培养招录工作，全年录取本科考生21人。落实全科医师与住院医师规范化培训制度，选送42名医生参加进修、全科转岗或住院医师规范化培训。旺庄、新安社区卫生服务中心2家全科医学示范社区实践基地在无锡市年度考评中均获得优秀等次。继续落实卫生人才专项基金奖励政策，奖励金额共计214万余元。科研能力进一步增强，全年获批立项市级卫生科研项目5项，获批各类继续医学教育项目13项。（王绞呈）

【公共卫生大楼】 12月31日，新吴区公共卫生大楼启用仪式举行。新吴区公共卫生大楼总建筑面积近2万平方米，整合了疾病预防控制、妇幼保健、卫生监督管理、健康宣教、健康体检等功能，区疾病预防控制中心、区卫生监督所、区妇幼保健计划生育服务中心等公共卫生服务机构纳入大楼办公，实现一体化管理。公共卫生大楼作为新吴区健全公共卫生服务体系一项重要举措，将会进一步提升新吴区公共卫生服务科学化、智能化、精准化水平，助力全区公共卫生服务体系的不断加强和完善，促进公共卫生服务提优提质。（王绞呈）

疾病预防与控制

【疾病筛查管理】 2021年，新吴区人均期望寿命83.47岁，重大慢性病过早死亡率8.38%，甲、乙类传染病发病率117.22/10万，控制良好。开展消化道肿瘤、脑卒中等重大慢性病早诊早治工作，共完成消化道肿瘤筛查10362人、脑卒中筛查2400余人。累计管理高血压54416例、糖尿病16560例，随访肿瘤5913例，新发“慢五病”4035例。艾滋病符合治疗条件的患者及感染者接受抗病毒治疗率达95.76%，随访管理率达98.3%。规范重性精神病患者管理，在管患者2105人，检出患者管理率95.81%，规范管理率95.81%，服药率88.2%。（吴锡东）

【疫苗接种】 2021年，新吴区分阶段顺利完成省定阶段性疫苗接种目标任务；创新辖区接种模式，建成全省首辆疫苗接种移动车，通过“定点接种＋上门接种、集中接种＋续种补种、临时接种＋常规接种”等形式为产业人口、社区居民及特殊工种的群体提供便捷安全的接种服务；全年接种免疫规划疫苗和非免疫规划疫苗146.73万剂次，免疫规划内适龄儿童的疫苗接种率为99.86%；推进地方性水痘和23价肺炎疫苗接种工作，全年完成水痘疫苗接种16872剂次，地方性水痘第一剂接种率为96.70%，第二剂接种率为99.37%，65岁以上老年人23价肺炎疫苗累计接种12288剂次，累计接种率达35.46%，顺利完成该民生项目年度目标。（吴锡东）

【健康科普宣传】 2021年，新吴区按照公共卫生机构设备配置标准，完成区公共卫生中心建设，开展各类重大疾病宣传日活动 26 次，区级健康巡讲团累计完成巡讲 39 场，各类宣传活动累计受益 2.2 万余人次。全年累计上传符合规范要求的健康教育科普原创宣传材料 16 件（含视频、折页、科普文章等），共推送各类健康知识宣传科普文章 46 篇。（吴锡东）

基层卫生与妇幼保健

【基层卫生】 2021 年，新吴区梅村、鸿山中心异地新建工程基本完工，硕放中心、区中医院异地新建工作有序推进。建成省级特色科室 4 个、省级特色科室建设单位 1 个、市级特色科室 6 个，社区卫生服务中心省级中医馆覆盖率 100%，硕放中心创建成省级社区医院。扎实推进国家优质服务基层行，新安、硕放中心经省级评审通过推荐标准，后宅、鸿声、江溪、梅村、江溪二中心通过基本标准评审。全区共组建家庭医生服务团队 194 个，服务签约居民 54969 人，签约率 7.63%，续签率 85.11%，聚焦群众需求，制定个性化签约服务包 12 个。推进药品带量采购，坚持基本药物制度，全年社区卫生服务机构共采购基本药物 15848.63 万元，药品网采率 99.68%。（吴锡东）

【妇幼保健】 2021 年，旺庄街道社区卫生服务中心通过省级示范基层医疗卫生机构妇幼健康规范化门诊现场验收，新增瑞金医院无锡分院、无锡凯宜医院 2 家助产机构，创建托幼机构卫生站 4 家，引入无锡市妇幼保健院"baby-class"团队，推进儿童早期发展服务进基层、进社区。搭建婚姻登记、婚前医学检查、孕前优生健康检查"一站式"服务平台，全区婚检率 92.59%，目标人群孕前优生健康检查覆盖率 117.56%。完成妇女宫颈癌检查 21247 人，乳腺癌检查 21323 人，补服叶酸 3556 人，孕产妇死亡率为 0，婴儿死亡率 2.44‰。产前筛查 5477 人，产前筛查率 98.08%；新生儿遗传代谢性疾病筛查 5627 人，筛查率 99.8%；新生儿听力筛查 5616 人，筛查率 99.61%。计划生育服务总数 4565 例，无手术并发症和不良反应。在园儿童视力筛查 24101 人，建档率为 100%。乙肝、梅毒、艾滋病检测和随访率、孕产妇保健和儿童保健管理率均达标。推进女职工生殖健康关爱项目，深入企事业单位开展线上线下健康讲座 20 余场，受益女职工近 4000 人次。（吴锡东）

健康促进

【健康工作】 2021 年，新吴区完善"健康新吴"工作机制，区政府出台《2021 年"健康新吴"建设工作方案》，制定 27 个专项行动、4 项保障措施和 15 个特色项目。推进"健康新吴"健康知识普及行动，完成 10 期"健康新吴"大讲堂，实施多元矩阵健康科普工程，提质扩面"健康细胞"工程。创省级健康镇（街道）1 个、健康村（社区）6 个、市级健康单位 3 个、区级示范健康家庭 20 户（健康家庭 650 余户），新建健康教育基地 1 个、健康主题公园 1 个、健康步道 2 条、健康小屋 1 个、健康食堂 2 个。（吴锡东）

【职业健康】 2021 年，新吴区推进职业病防治工作，完成 3616 家企业职业危害因素普查工作，开展了国家"双随机一公开"、粉尘危害、职业健康领域风险隐患排查化解工作、疑似职业病未诊断、职业病危害申报、非医疗机构放射工作人员用人单位、职业健康技术服务机构、放射诊疗机构放射防护管理等多项专项监督检查，全年累计立案查处 27 家，罚款 108.75 万元。开展粉尘危害专项整治三年行动，对 39 家企业开展职业病危害防治技术指导、工作现场调查和粉尘浓度检测。审核全区 5 家职业健康体检机构体检数据共计 85066 人次，完成 24 家用人单位工作场所职业病危害因素监测，开展 30 家重点行业小微企业粉尘、噪声危害专项调查及监测工作。广泛开展"健康企业"创建，15 家申报企业全部通过省级"健康企业"验收评估；评选"职业健康达人"217 人。完成职业健康宣传培训 3 次，印发宣传材料 3000 余份，宣传受众人数达到 1000 人。（吴锡东）

【老龄健康】 2021 年，新吴区深化"安康关爱行动"，全区参保人数 109393 人次，老年人意外伤害保险覆盖率达 100%。辖区 11 家医疗机构被评为省级老年友善医疗机构，硕放街道社区卫生服务中心、无锡耘林康复医院 2 家单位被评为省级老年友善医疗机构优秀单位。开展形式多样、内容丰富的"老年健康宣传周""敬老月"等各类老龄健康宣教、慰问活动。全年走访慰问百岁老人、困难老人 700 余人次。为老年人提供常态化疫情防控、健康咨询以及血压、血糖、心肺听诊等义诊服务，受益老人 3000 余人次。开展老年人心理关爱项目，完成 2000 余例老年人心理评估和干预。（王绞呈）

中医中药

【中医服务能力建设】 2021 年，新吴区持续推进区中医院医疗服务能力建设，指导开设治未病科。推进中医医联体建设，在区中医院新建冯骅、金春晖两个基层工作站；在鸿声社区卫生服务中心新建戴高中基层工作站。2021 年，各基层医疗机构开展中医药适宜技术培训 15 场，培训 410 人次。区中医院开展针刀技术培训班，培训医务人员 30 名。（吴锡东）

【中医惠民活动】 2021年，新吴区家庭医生中医药健康服务包签约人数897人，开设中医家庭病床15张。开展中医药健康巡讲19场，覆盖1496人次。开展中医药进校园活动5场，覆盖师生206人次。开展中医药义诊5次，服务居民537人次。开展冬病夏治三伏贴服务，服务居民1622人次。进一步提升中医药应急救治能力，累计发放中药预防汤剂1707份、中药防疫香囊2276份，中医药干预率达100%。（吴锡东）

卫生执法与监督

【卫生执法】 2021年，新吴区民政卫健局全面落实“三项”制度（行政执法全过程记录制度、重大执法决定法制审核制度、行政执法公示制度），全区所有行政检查均按照执法全过程记录制度开展实施。完成“双随机一公开”任务，全面完成国家“双随机”任务139件、省“双随机”任务122件，单独下放职业卫生用人单位“双随机”任务160件，完结率100%。（吴锡东）

【卫生监督】 2021年，新吴区强化卫生综合监管，区政府出台《新吴区改革完善医疗卫生行业综合监管制度实施方案》，落实制度保障。以加强事中、事后监管为重点，开展各类监督检查4000户次，医疗机构监督检查覆盖率达到100%。结合新冠肺炎疫情防控，聚焦医疗机构、公共场所、学校卫生等重点领域开展专项监督，同步推进39个专项检查。强化智慧监管，加强信息化在卫生监督工作中的运用，试点非现场监督执法，设计制作“学校传染病防控”“公共场所卫生监督”小程序，在线监督学校和公共场所基本信息和问题整改，2021年已通过线上监督整改203个。（吴锡东）

综述

【概况】 2021 年，新吴区文体旅游局认真贯彻落实区委、区政府的决策部署，狠抓落实，充分发挥体育在惠民生、提升区域美誉度和服务经济社会发展等方面的积极作用，体育产业蓬勃发展，体育改革不断深化，全民健身高潮迭起，竞技体育稳中有进，全区体育发展呈现向好发展态势。（张君华）

【体育协会与社会组织建设】 2021 年，新吴区文体旅游局把文体惠民工作纳入重点民生领域计划，以气功推广为落脚点，重点推广健身气功“五进”项目，1000 余人参与八段锦、马王堆、六字诀、五禽戏、易筋经、养生功十二法、养生杖等培训。基层体育组织、社区体育健身俱乐部、基层体育协会、社区健身团队等健身组织覆盖到村(社区)。有各级社会体育指导员 4000 余人，新增三级社会体育指导员 900 余人。群众体育特色团队达 160 多支 8000 多人，广泛开展各类特色体育健身活动。各街道都有 4 个以上的特色体育健身项目。建有各类体育单项协会 30 多个。通过培育体育骨干、体育团队、体育协会等方式，进一步加大体育工作的组织保障和支持力度。（张君华）

【体育健身工程建设】 2021 年，新吴区文体旅游局推进构建“1+3+10+N”文体设施布局体系建设，进一步优化“10 分钟体育健身圈”，充分利用“金角银边”地块新建、改扩建各类公共体育设施，不断增强人民群众的获得感和幸福感。伯渎河体育中心完成规划设计方案。新改建健身路径 660 余件，新建室外乒乓球桌 17 套、智能健身驿站 1 套、负重健身路径 2 套、一代健身路径 32 套、二代健身路径 1 套；更新一代健身路径 26 套、乒乓球桌 11 套、篮球架 12 个、体育公园 11 个。新增公共体育场地面积 50.2 万平方米；辖区人均体育场地面积达到 2.39 平方米。行政村公共体育设施达标率 100%，公共场馆体育场地向社会开放。（张君华）

【国民体质测试】 2021 年，新吴区文体旅游局进一步推进“健康新吴”建设，倡导全民健康生活方式，多渠道广泛传授健康技能，提升个人健康意识和行动能力。开展国民体质样本测试工作，了解掌握新吴区居民群众的身体素质状况和变化规律，通过建立科学有效的健身数据体系，更好地为全区健身指导工作提供服务，为全民健身计划的实施提供科学依据，推动全民健身活动扎实开展。将国民体质测定纳入健康体检项目，测试内容包括身高、体重、安静脉搏、台阶试验、坐位体前屈、握力、纵跳、闭眼单脚站立等身体素质指标，共计 16 个小项。综合评定受试者的身体形态、机能、素质状况，填写数据登录书，宣扬科普健身理念，号召居民采取正确的健身锻炼方法，达到增强体质的目的。年内，完成国民体质测试人数达 1 万余人，达标率 96% 以上，建立体质测试档案，提供测试报告，开具针对性的运动处方。组织开展“国家体育锻炼标准”达标竞赛活动，参赛人数 800 余人。

（张君华）

【体育产业融合发展】 2021 年，新吴区大力支持涵盖赛事运营、科技产品开发、智慧 AR/VR 体验等领域的产业建设。全年新增企业 3 家，开票额 2 亿元。积极对上争取，获 2 项国家、省、市荣誉。国体智体检测认证中心完成场地装修、设备采购和人员招募，完成国家 CMA 资质认证。举办智体园三期开园仪式，电子竞技世界冠军俱乐部、全球知名电竞直播公司等新兴企业同步入驻。智体园收集国内体育产业与智慧体育产业发展的创新举措，形成《智慧体育助力太湖湾科创带建设》《新吴区发展电竞产业的可行性报告》。联合芬生生命科技开设运动健康、康复管理中心，进军体育医疗融合领域。

（张君华）

群众体育

【全民健身活动】 2021年，新吴区举办“奋斗百年路 启航新征程”2021年第八届“乐动新吴”全民健身系列活动，持续8个月，举办比赛420余场次，机关园区组赛事11项、街道组赛事12项，电子竞技、足球、篮球等22个项目吸引近万人参加。为老年人提供健身平台，开展太极拳（剑）、广场舞、健身气功、钓鱼、中国象棋等活动，满足老年人多层次、多样化的健康服务需求。利用智慧体育，增强体育活动体验感，推进“体育+”文化、旅游等融合发展，举办全国智慧体育创业大赛、电竞大赛等一系列创新趣味科技体育项目，提高人民群众投身体育活动的热情指数。

5月30日，“奋斗百年路 启航新征程”2021年第八届“乐动新吴”全民健身系列活动暨“伯渎河上赛红舟”活动举行。比赛设置皮划艇200米静水直道竞速团体积分赛、龙舟200米直道竞速表演赛两个项目，新吴区机关、学校、园区企业，以及部分体育协会、俱乐部等6支龙舟队伍、23支皮划艇队伍，约300名运动员参加角逐。石锁表演、智慧体育体验区的智慧骑行、footbike、智能划船机更是吸引众多群众。

6月26—27日，“奋斗百年路 启航新征程”2021年第八届“乐动新吴”全民健身系列活动之乒乓球比赛（机关园区、街道组）在无锡科技职业学院举行。

7月3—4日，在无锡市第十三届运动会群众体育部掼蛋和广场舞比赛中，新吴区代表队获得两块金牌、一块银牌，在全市名列前茅。

10月10日，由无锡高新区党工委（新吴区委）宣传部、无锡新吴区文化体育和旅游局主办，无锡空港经济开发区（硕放街道）、无锡高新文体发展有限公司、无锡智慧体育产业园承办，硕放中学、智未来智慧体育众创空间协办的新吴区《国家体育锻炼标准》达标赛在硕放中学举行。达标赛按年龄分为壮年一组和壮年二组两个组别，壮年一组设30秒跳绳、男子1000米跑、女子800米跑、立定跳远、十字象限跳和坐位体前屈5个竞赛项目，壮年二组设30秒跳绳、3000米快走、掷实心球、绕杆跑和坐位体前屈5个竞赛项目，来自各街道300多名选手报名参加。达标赛创新使用选手信息手环、运动计时芯片记录选手径赛项目成绩，将科技与达标赛有机融合，树立比赛公平标准的同时，大幅度提升办赛效率，优化群众参赛体验。经过紧张激烈的比拼，旺庄街道夺得冠军，新安街道夺得亚军，梅村街道夺得季军。（张君华）

【无锡市第十三届运动会新吴区创佳绩】 12月31日，无锡市第十三届运动会闭幕，新吴区代表队共计3000人参加了36个比赛项目。群众体育部在10个项目的比赛中，囊获12金、10银、8铜，获得群众体育部第二名。（张君华）

竞技体育

【“勇敢者游戏”新吴区皮划艇大赛成功举办】 6月20日上午，由新吴区委宣传部（区文体旅游局）、区科技局主办，智慧体育产业园、高新文体发展公司承办的“勇敢者游戏”无锡新吴区皮划艇大赛正式举行。高新区党工委委员、新吴区委常委、宣传部部长刘霞，无锡市体育局副局长吴一骁，区委宣传部、区科技局、科创中心分管负责人和市皮划艇协会主要负责人出席。经前期广泛宣传和精心组织，吸引了来自SK海力士半导体（中国）有限公司、中电海康无锡科技有限公司、微软（中国）有限公司、无锡软件产业发展有限公司等17家新吴区知名企事业单位150多名运动员踊跃报名参赛，进行男单、男双、女单、混双四项200米静水直道竞速比拼。（张君华）

【江苏省健身教练职业技能大赛】 10月27—29日，由省体育局和省总工会联合主办，省体育人才流动服务中心、无锡市体育局、新吴区文体旅游局、无锡市健身健美（操）协会联合承办的“德成电力杯”2021年江苏省健身教练职业技能大赛在新吴区海韵体育馆开幕。省体育局党组书记、局长陈少军，省体育局二级巡视员范金华，市体育局局长陈奕、党组书记杨宇华，高新区党工委委员、新吴区委常委、宣传部部长刘霞等出席开幕式并宣布大赛开幕，省、市、区体育部门相关负责人出席活动。大赛设10个团体奖项及16个个人奖项，来自全省的选手们进行了健身教练理论知识、健身教练体能挑战赛以及场景化运用专业能力等全方位、多角度的考核。（张君华）

综述

【概况】2021年,新吴区全年城镇新增就业2.33万人。其中,城镇失业人员实现再就业1.50万人,援助就业困难人员再就业0.23万人。全区城镇登记失业率为2.5%。企业职工基本养老保险人数50.7万人,净增缴费人数26673人。全区城乡最低生活保障覆盖面100%。全区拥有敬老院7家,年末床位数3410张,在院人数1058人。城乡居民最低生活保障对象126户、194人,全年社会困难户临时救助、特困救助、低保救助、医疗救助、慈善救助7149人。保障性安居工程建设有序推进,全区新开工保障性住房7377套,建成5848套。（徐伟恩）

【居民收入】2021年,新吴区城镇居民人均可支配收入6.91万元,同比增长9.2%。新吴区城乡居民人均消费支出3.72万元,同比增长19.4%。（徐伟恩）

【居民消费】按照无锡市关于建立健全“大消费”工作格局的部署,策应无锡市打造国际消费中心城市,创新消费场景,促进线上线下互动、商旅文体协同、“互联网+”消费生态体系建设,扩大消费增长底盘。抓牢节庆促销,谋划消费促进季活动,联合宣传媒体,形成浓厚的活动氛围。配合相关部门优化收入分配结构,扩大中等收入群体,扎实推进共同富裕。居民收入增长平稳,消费支出呈两位数快速增长,全体居民人均消费支出37211.3元,同比增长19.4%。（王　鹏）

【住房保障】2021年,新吴区共受理住房保障55户。其中经济适用房货币补贴37户,已办理结算32户,共计补贴1551万元,公租房13户,廉租房2户。在保家庭共年审35户,共发放租金补贴7.35万元,累计发放13户。（徐伟恩）

创业就业

【就业服务】2021年,新吴区全年线上线下累计开展“春风行动”、“金秋招聘月”、退役军人招聘会、对口帮扶劳务协作专场招聘会等招聘活动250余场,累计服务企业5000余家次,提供职位2.75万个,服务求职者超2.36万人次,全年城镇新增就业2.33万人。强化就业援助服务,开发公益性岗位266个,16户“零就业家庭”动态清零,城乡就业困难人员再就业2272人,城镇失业人员再就业1.5万人。（王谢超）

【创业扶持】2021年,新吴区新增1家省级创业示范基地,5个项目被评为省级大学生优秀创业项目,4个项目获第三届“创响无锡”全民创业大赛奖项,扶持自主创业3824人。累计发放创业补贴559.06万元、富民创业担保贷款401万元,创业带动就业1.48万人。创业培训人数2374人,共申报省、市大学生无偿资助项目5个,无锡市创业无偿资助项目17个。（王谢超）

【就业培训】2021年,新吴区深入实施职业技能提升行动,以促进就业、服务产业转型升级为重点,加强岗位技能提升培训及就业重点群体职业技能培训。全年职业技能鉴定取证人数7122人,开展城乡劳动者就业技能培训6278人次。（王谢超）

【稳岗留工】2021年春节期间,新吴区积极做好疫情防控、假期安全、企业稳岗留工工作,春节前夕出台了《关于支持企业稳留岗保供应促增长的若干政策》,指导近900家企业申报“稳岗留工补贴”“抢抓生产一次性奖励”超1.31亿元,重点用工企业自有员工留存率达95.2%,同比增长15%。（王谢超）

【政策宣讲】2021年,新吴区人社局将党史学习教育、“我为群众办实事”、“人社党员说”等与人社业务紧密结合,在区人社系统内部择优选取业务骨干组成人社党员宣讲团，赴重点企业、街道社区、功能园区开展人社政策宣讲活动，累计宣讲20余次，服务企业百余家，服务劳动者2000余人。（王谢超）

社会保险

【社保政策落实】 2021年，新吴区及时足额发放居民养老保险待遇6.13亿元，惠及57.85万人次，确保辖区居民的基本生活保障。落实市城乡居民基本养老保险基础养老金和被征地农民政府保养金标准调整机制，稳步提高居民保障待遇水平，城乡居民基本养老保险基础养老金增幅达8.33%。发放失业保险金、失业补助金等各类补贴1.74亿元，保障失业人员基本生活。社保补贴和公益性岗位补贴4950.26万元；企业技能提升补贴928.46万元；生活困难下岗人员一次性临时生活补贴8.79万元；企业退休人员健康体检1.07万人。（王谢超）

【参保群体扩面】 2021年，新吴区落实贴息续保政策，通过梳理人员信息，“一对一”上门动员，申请办理64人，办结46人，保障困难群众享受政策扶持，应享尽享。实施全民参保计划，对辖区6511人开展登记核查，完成率100%，有效采集5931人，采集率达91.1%。针对断保人员加强参保益处宣传，提升其参保意愿，266人完成断保接续。全年完成企业职工基本养老保险净增缴费26673人，目标完成数全市第一。职工基本医疗保险和生育保险参保率100%。（王谢超）

【居民养老参保】 2021年，新吴区进一步强化政策宣传，开展“社会保障政策宣传进社区”活动，赴各街道、社区发放社会保障政策宣传材料，开展现场咨询服务，不断提高居民对政策的知晓度和参保意愿，鼓励应保尽保。全区居民养老保险参保952人，完成率158.7%，位居全市第一。（王谢超）

【退捕渔民社保管理】 2021年，新吴区建立精准帮扶机制，动态跟踪退捕渔民的就业去向和就业需求，确保就业安置和社会保障全覆盖。对有就业需求的退捕渔民，加强就业指导和职业介绍，实现应帮尽帮，对有培训需求的退捕渔民开展针对性技能培训，落实退捕渔民免费职业技能培训政策，确保“应培尽培，应补尽补”。全区190名退捕渔民中，劳动年龄段84人全部参保就业。（王谢超）

保供稳价

【概况】 2021年，新吴区主、副食品价格走势呈现粮食价格稳中有升、食用油价格普遍上扬、猪肉价格持

6月24日，第三届“创响无锡”全民创业大赛新吴选拔赛在无锡科技职业学院举行

（区人力资源和社会保障局　供图）

5月28日，无锡高新区（新吴区）优质人力资源服务机构发布会暨人力资源服务业发展论坛举行

（区人力资源和社会保障局　供图）

续下跌、鸡蛋价格高位震荡、淡水鱼价格重心上移、蔬菜价格前抑后扬的特点，市场工业生产资料价格总体呈冲高震荡回落运行态势。具体来看，年初国内外市场供需稳步回暖，进入二季度国际大宗商品价格快速上涨。5月，国务院常务会多次部署大宗商品保供稳价工作，钢材、有色金属等价格高位回落。9月，“能耗双控”政策频频出台，纺织、化工、水泥、钢铁等重点工业行业均承受了限电限产压力，在供应收紧影响下，市场价格总体保持震荡向上运行态势。四季度随着供应趋稳需求放缓，市场价格向下趋稳运行。（李　赟）

【稳定生猪、蔬菜产供储销体系】 2021年，新吴区加强蔬菜基地建设，全区蔬菜种植面积达650亩。提高蔬菜生产能力，力争日均蔬菜产量四五吨。制定区“菜篮子”市场供求应急调控预案，在发生极端天气和突发公共事件时，确保重要“菜篮子”商品不断

档、不脱销。加快恢复生猪产能，完成域外供应自给率20%的考核目标，全年生猪存量达3.79万头。新吴区发改委与区农业农村局拓展域外生猪直供基地建设，通过跨地区合作建立“菜篮子”基地，或与省内外生猪主产区、大型生猪养殖企业签订战略保供协议，实现常态化供应。加大重要民生商品的储备、调运力度，根据市场供需和价格情况，及时投放粮油、猪肉等重要民生储备物资，春节期间组织加推投放平价储备猪肉7850千克，国庆期间组织加推投放平价鸡蛋2.95万千克，保障群众生活，稳定市场价格。（李　赟）

【强化价格监测预警】 2021年，新吴区启用省级价格监测平台，适时对新吴区价格监测队伍进行培训，按进度要求采集价格数据。密切关注粮油肉蛋菜等基本民生商品市场供应和价格变化情况，多视角、深层次分析研判价格变化趋势，及时发现苗头性、倾向性、潜在性问题，面对国内外影响价格的不确定因素、复杂多变的形势，时刻紧盯价格异常品种和异常现象，避免个别产品涨价沿产业链传导，防止局部矛盾演化为系统风险。完善价格预警应急机制，确保价格异动在第一时间发现，在第一时间上报，在第一时间处置，防止事态扩大与传导，切实维护社会稳定。做好对钢铁、有色金属、化工等大宗商品价格走势及对下游产品价格影响的监测、预测。按进度要求采集价格数据，编印《无锡市新吴区价格简报》，编辑生产资料要素价格《新吴区价格简报增刊》为招商部门服务。（李　赟）

社会救助

【救助政策】 2021年，新吴区深化温情救助改革，启用新吴区综合救助平台，有效整合基层分散的工作力量和各部门政策，形成各项制度合力，为申请救助对象提供“一站式”服务；全面推动基层整合审批服务改革，做到“快”响应、“简”程序、“暖”服务。着力构建多元化社会救助格局。建立完善主动发现机制，通过“大数据＋网格化＋铁脚板”，着力解决群众“急难愁盼”问题。探索建立分层分类救助体系，推动低收入人口认定工作，将低保边缘家庭及支出型困难家庭纳入动态监测范围。实施社会救助信用承诺制度，进一步简化社会救助申办程序，强化服务对象责任意识，培育社会救助诚实守信氛围。（顾　青）

【救助服务】 2021年，新吴区整合资源实施温情救助“两站三台”项目，服务群众1万余人次。累计发放低保、特困、临时救助、残疾人两项补贴等救助补助资金1563.19万元，惠及困难群众4.23万余人次。做好医疗救助、医疗自费保险、住房保障等对象认定工作。落实“阳光扶贫”结对走访工作要求，动态调整困难对象名单，全年累计走访453户。（顾　青）

【困境儿童救助】 2021年，新吴区落实“民政牵头、部门配合、属地参与、结对陪伴、常态长效”的困境儿童关爱保护工作机制，按照自然增长机制提高补贴标准，以精细排查、精确认定和精准保障为原则，落实好困境儿童各项救助政策。年末，在册困境儿童共319人，累计发放生活补贴1985人次、1836034元，实现了应保尽保下的动态管理。新安街道成功创建省级儿童关爱之家，启动新一轮困境儿童关爱保护项目政府购买服务，联合儿童类专业机构共同组织儿童关爱保护活动，提升基层儿童关爱保护工作整体水平。（顾　青）

社会事业

人口服务

【概况】 2021年，新吴区户籍人口39.65万人，比上年增长2.3%。全年出生人口3166人，出生率8.0‰；死亡人口2366人，死亡率6.0‰；当年度人口自然增长率为2.0‰。年末全区常住人口72.41万人，比上年增长0.53%，常住人口城镇化率89.3%。共受理一孩生育登记服务3291例，二孩生育登记服务2080例，三孩生育登记服务106例，再生育审批47例，出生人数5326人，出生数据人口监测准确率达90%以上。出生人口性别比107.82。全年共计发放计划生育农村奖扶资金1025.528万余元，受益人数10872人；发放特别扶助资金675.25万余元，受益人数868人。 （王绞呈）

【失独家庭关爱】 2021年，新吴区优化服务，努力提升特殊家庭帮扶实效。做优“连心家园”帮扶阵地，融合多方力量，深入开展计生特殊家庭帮扶活动，畅通沟通平台，了解计划生育特殊家庭诉求，纾困解难，切实提升帮扶实效，年内江溪街道“连心家园”被评为市级优秀项目点，以点扩面构建“一街一品”家庭发展新格局；广泛推进“暖心行动”，联合计生协，为失独家庭提供多方位帮扶，秉持“失独不孤独、失独不失爱”的初心，组织100多名志愿者对全区465位失独老人进行精神慰藉、走访慰问、志愿服务，为819名特殊人员购买“护工险”，切实提高特殊家庭抵御风险的能力；深入实施“三个全覆盖”，巩固计划生育特殊家庭联系人制度、家庭医生签约、就医绿色通道“三个全覆盖”专项行动成果，为830名计生特殊人员建立帮扶电子档案，精准掌握特殊家庭情况，针对性地落实帮扶举措。 （王绞呈）

【托育机构管理】 2021年，新吴区加强托育机构备案管理，4家机构被列入市级普惠托育项目库，其中1家被评为省级普惠托育机构。现有托育机构29家（11家完成备案），可提供托位数2180个。按机构类别分，29家机构中幼儿园托班6家，托育机构23家；按举办类别分，纯民办机构26家，公建民营1家，民办公助2家；按机构规模分，小型托育机构（1~3个班）15家，中型以上托育机构（4~8个班）14家；按地区分，各街道均有托育机构，江溪、旺庄、梅村、鸿山4个街道托育机构均达5家及以上，其他街道2~3家。 （王绞呈）

【严重精神障碍患者全程综合服务管理】 规范重性精神病患者管理，在管患者2105人，检出患者管理率95.81%，规范管理率95.81%，服药率88.2%。 （王绞呈）

婚姻家庭

【婚姻登记服务】 2021年，新吴区共办理婚姻登记4882对。其中，结婚登记2530对、补发结婚登记458对；离婚申请1132对、离婚登记675对；补发离婚登记证76件。 （施凯利）

【婚俗改革】 2021年，新吴区推进机构婚俗改革，加强婚姻登记机关婚姻文化建设，发挥好婚俗文化廊的作用，宣传优秀传统婚俗文化，弘扬“风雨同舟、相濡以沫、责任共担、互敬互爱”的婚姻理念，提倡婚事简办、文明节约，抵制铺张浪费、婚礼攀比，构建健康文明的婚姻价值观。民政卫健局继续深化与市、区妇联的合作，大力发展婚姻家庭指导工作，积极探索婚前谈话、婚姻家庭课程等，聘请公益律师和心理咨询师对家庭婚姻辅导员进行专业培训，不断提高婚姻家庭指导服务能力。 （施凯利）

【婚姻登记“跨省通办”】 2021年，根据民政部、省、市要求，新吴区自5月起开始实行婚姻登记全市内跨区通办，自6月1日起实行结婚登记“跨省通办”试点。积极推行预约制度，全力打造特色服务，年内全区共办理跨区域业务预约568对，居全市第二位。

（施凯利）

退役军人事务

【概况】 2021年，新吴区退役军人事务局（以下简称区退役军人事务局）基础建设逐步厚实，街道退役军人服务站建设全部通过验收，旺庄街道退役军人服务站荣获全省“百家红色精品退役军人服务站”称号；就业创业亮点频出，在省、市创业创新大赛中，包揽市赛全部二等奖，其中“人工智能雷达视觉融合系统”获全国退役军人创新创业大赛江苏选拔赛新兴产业赛道第二名；双拥优抚品牌凸显，新吴区双拥公园获批江苏省“双拥示范基地”、无锡奥特维股份有限公司荣获江苏省优秀“戎耀之家”称号；权益维护成效显著，信访来访事项办结率100%，没有出现越级信访问题。（王　炎）

【关爱活动】 2021年，区退役军人事务局举办退役士兵返乡欢迎大会，为立功受奖官兵上门送喜报，组织全区60岁以上退役老兵开展“喜迎重阳·致敬老兵”活动，组织重点优抚对象短期疗养、安排优抚对象进行体检和医疗巡诊。组织全区退役军人系统广泛开展关爱慰问活动，春节、“八一”节前，会同社会各界走访慰问重点优抚对象，发放慰问经费、物资近70万元。（王　炎）

【品牌建设】 2021年，区退役军人事务局以首创“双拥示范区”为目标，组织区街两级党委、政府、退役军人企业走访慰问驻区部队和现役军人家庭，持续推进为驻区部队办实事工程，持续开展新兵回访和“情系边海防”活动；部队家属区社区服务工作站，积极为军属提供培训就业服务。全面推进“双拥主题公园”、锡东革命烈士陵园、新四军江抗东进纪念馆双拥主题场馆建设，“双拥主题公园”获批江苏省“双拥示范基地”，新四军江抗东进纪念馆列入全省首批100个红色地名目录。（王　炎）

【宣传工作】 2021年，区退役军人事务局微信公众号“无锡市新吴区退役军人事务局”累计发布各类信息300余篇，开设“退役军人政策法规微动漫”“新吴英烈”“戎耀战‘疫’”等专栏，解读《中华人民共和国退役军人保障法》相关政策，弘扬英烈崇高精神，宣扬退役军人志愿防疫、社会公益、帮扶解困、创新创业、抗洪救灾先进事迹，被省退役军人事务厅、市退役军人事务局公众号和“无锡观察”转发数十篇，宣传退役军人“离军不离党、退役不褪色”的优秀素质和崭新风貌。（王　炎）

【培训就业】 2021年，区退役军人事务局在新吴区退役军人就业创业学院的基础上，整合区内高职院校和优质社会培训资源，建立完善退役军人教育培训体系，协同区属人力资源公司，积极为退役军人提供精准就业服务。鼓励引导退役军人报考街道、社区工作岗位，协调落实退役军人优先录用政策和岗位。年内，退役士兵就业率达100%。（王　炎）

【创业创新】 2021年，区退役军人事务局建立退役军人创办企业走访联系机制，全面掌握创业现状和矛盾困难，协调落实退役军人创业优惠政策，积极引导优秀创业退役军人申报“太湖人才”和“飞凤人才”项目，引导优秀创业团队参加“唱响无锡”和退役军人创业创新大赛。年内，创业退役军人中1人被评为省级“双创人才”，2人成为区级科技领军人才，5人先后成为“太湖人才”和“飞凤人才”，3家退役军人创办企业申请高新技术企业。（王　炎）

【帮困解难】 2021年，区退役军人事务局设立30万元困难退役军人及优抚对象应急援助资金，投入20万元用于困难残疾军人家庭宜居工程暨适老化改造。推动社会化帮扶，成立尚戎拥军协会，设立尚戎百万拥军基金，联合残联、红十字会等慈善部门开展“情暖老兵·关爱帮扶”等公益活动，让困难退役军人深切感受到社会各界的温暖和关爱。（王　炎）

【安置落实】 2021年，区退役军人事务局利用短信、微信公众号等媒介广发“英雄帖”，抢占人才高地，吸引更多优秀转业军官到新吴区建功立业。（王　炎）

【弘扬英烈精神】 2021年，区退役军人事务局组织开展清明祭扫、烈士纪念日向烈士敬献花篮仪式，对全区烈属家庭开展走访慰问，落实优待政策，开展关心关爱帮扶；启动编撰新吴区烈士英名录工作，充分挖掘红色资源，大力宣扬革命精神，在全社会营造崇尚英雄、关爱烈属的氛围。（王　炎）

【维护退役军人合法权益】 2021年，区退役军人事务局积极回应广大退役军人合理诉求，对历史遗留问题追根溯源，查找问题症结和政策历史依据，主动对接人社、信访等部门，加强研究协调，切实维护退役军人合法权益，全区历史遗留问题基本得到化解。年内共受理信访事项99项，办结率100%。（王　炎）

老龄事业

【概况】 2021年，新吴区出台《新吴区实施老年人运用智能技术专项普及培训工程方案》，推进老年人学习运用智能设备，全年完成培训5970人次。新安街道观湖社区建成首批全国示范性老年友好型社区。

新打造为老服务品牌2个。8家为老服务单位被评为新吴区“敬老文明号”。辖区8支老年艺术团队被评为市“老年文体特色团队”。区老年大学完成招生700人次，共开设8个专业、16项课程。（王绞呈）

【养老体系建设】 2021年，新吴区民政卫健局加快养老服务设施建设，全区规模最大公建民营养老机构鸿山九鸿颐养院正式投入运营，新增946张护理型床位。旺庄养老院、硕放颐养院（二期）、梅村养老院、江溪街道老年养护院等区域性养老项目完成主体竣工。全区有养老机构7家，其中公建民营6家、纯民营1家；机构养老总床位3410张，其中护理型床位3210张，占94.13%。打造“15分钟优质养老服务圈”，建成具有日托、全托、培训、评估、上门服务、助餐等功能的综合性养老服务中心3家（江溪、鸿山、新安）；街道级日间照料中心6家，区域内实现全覆盖；居家养老服务中心（站）72家，区域性助餐中心9家。

（王绞呈）

【养老工作创新】 2021年，新吴区成功申报省第三批居家和社区养老服务创新示范区，出台《新吴区创建省级“居家和社区养老服务创新示范区”工作实施方案（2021—2023）》，着力构建与新吴区经济社会发展水平相适应的高质量养老服务体系。大力推广“1+3+N”家庭养老照护床位项目，累计建床215张，提升失能失智老年人居家养老的生活和生命质量，项目获“第三届长三角卫生健康治理最佳实践案例评选”优秀奖。积极推进智慧养老体系建设，旺庄街道、新安街道分别荣获国家、江苏省智慧健康养老示范街道荣誉称号。（王绞呈）

【养老服务发展】 2021年，新吴区出台《新吴区基本养老服务指导性目录》，切实为老年人提供兜底性、基础性、普惠性养老服务。全力推广居家上门服务，为2.8万余名老年人提供居家养老援助服务、助餐、站点延伸服务等服务，占户籍老年人总数的30.45%。规范做好老年人福利工作，按月向全区约1.3万名80周岁以上老人发放尊老金，全年共发放778.16万元。为211户困难老年人实施家庭适老化改造，提升老年人生活自理能力和居家生活品质。在全市范围内率先开展老年人能力需求“双评估”工作，同时率先将评估范围扩面到75周岁，评估摸底100%全覆盖，实现“应评尽评”“愿评尽评”，为实现精准化养老服务提供有力支撑。加强人才队伍建设，举办新吴区养老护理职业技能大赛，68名机构工作人员参加比赛，47名工作人员获得养老护理员高级工证书，同时遴选出7名优秀选手参加无锡市养老护理职业技能竞赛，2人荣获二等奖，1人荣获三等奖。（王绞呈）

【综合监管】 2021年，新吴区组织养老机构和居家养老服务机构申报等级评定，推动机构标准化建设，指导整改并完善内部管理制度。开展防范化解养老服务领域诈骗专项行动，切实维护广大老年人的合法权益。加强《养老机构服务安全基本规范》《养老机构服务质量基本规范》等标准规范的宣传贯彻，《养老机构服务安全基本规范》达标率100%。抓实抓细养老机构安全整治，排查出的隐患均100%完成整改，组织安全应急演练14场，参与人数700余人次，全系统安全意识显著提高，全年未发生安全事故。抓好疫情防控工作，守住全区民政服务机构“零感染”底线。规范养老服务项目补贴资金管理，出台《新吴区养老服务项目补贴资金管理办法》，增强养老服务项目资金分配使用的科学性和规范性。（王绞呈）

社区建设

【社区组织建设】 2021年，新吴区共有105个村（社区），其中社区98个、村7个。圆满完成村（居）委会换届选举工作，组织各类培训73次，累计培训1941人次。选举产生新一届村（居）委会成员553人，其中主任105人、副主任195人、委员253人。新一届村（居）委会成员平均年龄40岁，大专及以上学历占93.3%。一次性选举成功率100%，参选率达99.47%。村（居）务监督委员会100%完成推选。先后组织7期新一届村（社区）“两委”班子成员集中轮训，实现全覆盖。（殷　婷）

【社区治理】 2021年，新吴区举办全区“十三五”社区治理成果展示暨2021年国际社工日系列活动，展现新吴区城乡社区治理成效，规范完善民主议事协商平台，挖掘推广基层社区治理典型，多个项目获无锡市社区治理创新项目大赛二等奖和三等奖。基层治理模式不断创新，旺庄街道新光社区成立全市首个公募资质社区专项基金——融享社区基金，形成“益聚议治江溪”“微爱旺庄”“新安街道品牌战略计划”“创智益航”“梅好家园”“鸿福治愿”等社区治理项目“品牌群”。（殷　婷）

【社工队伍建设】 2021年，新吴区共有社区工作者1149人，面向社会公开统一招录社区工作者66名。根据《关于构建新吴区社区工作者职业体系的实施方案》，实施“星级＋双证”评定管理，评定一星社工189人、二星社工584人、三星社工118人、四星社工131人、五星社工1人。全面推广“全科社工”服务模式，全年评定全科社工537人，加强社会工作专业化程度，新增持证社会工作者145人，其中1人通过高级社会工作师笔试。在全市率先发布新吴社区工作者标识，定制印有社工标识的制服。《创新“四类”培育，“指数化”构建社区工作者成长体系》获2019—2021年度江苏基层社会治理创新成果奖，实施“益+伙伴支持计划”青年社会工作者培育项目，被评为2019年度江苏省优秀社会工作项目一等奖。被评为省级“最美社工”1人，省级社会工作领军人才1人。（殷 婷）

社会组织管理

【概况】 2021年，新吴区共有注册登记的社会组织505家，其中民办非企业单位398家、社会团体107家；社区社会组织1473家，城市社区平均拥有社区社会组织14.53个，农村社区平均拥有社区社会组织7个。全区AAAAA等级社会组织1家，AAAA等级社会组织5家，AAA等级社会组织16家。社会组织年检参检率81.5%，创历年最高水平。强化社会组织监管力度，开展全区行业协会商会脱钩及清理乱收费、打击非法社会组织、“僵尸型”社会组织整治、安全生产等专项工作。共有7家行业协会商会减少或免收会费，共减免收费约87.7万元，惠及企业数约321家。汇总第一批87家“僵尸型”社会组织名单，4家“僵尸型”社会组织完成注销。安全生产累计检查社会组织33家次，累计出动检查人员70人次。（殷 婷）

【社会组织规范管理】 2021年，新吴区出台《无锡市新吴区社会组织管理工作联席会议成员单位工作职责》，协调指导全区社会组织管理工作。设立社会组织发展资金，出台《新吴区民政卫健局购买社会组织服务实施办法（试行）》《新吴区民政卫健局购买社会组织资金管理办法（试行）》，统筹规范政府购买服务行为。成立新吴区社会组织综合党委，统领社会组织党建。区公益发展园新锋益家——社会组织党建服务平台成为全市首个社会组织党员教育实境课堂，并获“2021年度全省社会组织党建工作示范点”称号，成为全市首个区级社会组织孵化培育基地。（殷 婷）

就业服务

【人力资源服务】 2021年，新吴区以省级人力资源服务产业园为载体指导人力资源服务机构开展评星评级，举办人力资源服务业发展论坛等活动，助推人力资源服务业快速发展。全区持证人力资源服务机构近600家，4家机构新入选省人力资源服务业领军人才培养计划，服务企业20万家次，服务人才300万人次，人力资源服务业营收、纳税总额均同比增长超30%，产值近180亿元，超过无锡全市二分之一。（王谢超）

【就业转型升级】 2021年，新吴区全面贯彻落实中央和省关于新就业形态的决策部署，5月，指导区内新就业头部企业成立国内首个新就业产业园区，推动灵活就业扩量提质、转型升级和创新发展，受到省人社厅和市人社局领导的支持与关注，数十家省、市媒体报道。（王谢超）

民族宗教事务

【宗教工作】 2021年，新吴区有佛教、天主教、基督教等宗教活动场所16处，其中佛教10处、基督教5处、天主教1处，宗教团体1个（新吴区佛教协会）；省级、市级认定备案宗教教职人员43名。新吴区在全市率先探索宗教领域全流程规范化执法，在无锡市开展第一起宗教全流程行政执法，对张某某擅自组织开展宗教活动进行处罚，并形成影像资料和规范文书，相关做法被省、市民族宗教部门推广。坚持打击非法和教育引导相结合，有序引导基督教活动规范化开展。2月和5月，严厉打击两起非法传教活动。针对辖区外籍人士众多的现状，创新工作方式，探索将外国人集体宗教活动纳入合法堂点管理，为无锡市外国人宗教活动依法纳入管理提供了有益的经验参考。牵头协调公安等部门答复宗教活动场所办理门牌号提案，帮助6处场所办理门牌地址。对全区宗教场所“两证”情况进行全面摸排，并与自然资源和规划分局、住建局、行政审批局等单位积极对接，积极推进解决部分宗教场所“两证”不全的历史遗留问题。积极推进梅村街道太平禅寺、硕放街道基督教堂等异地重建工作。持续完善宗教工作信息平台，全面摸清宗教领域工作底数。严把安全关，筑牢宗教领域安全防线，持续深化宗教工作“三级网络，两级责任制”建设，确保宗教事务管理到位。实现全区16处宗教活动场所和全区社区工作网格全覆盖，实现网格员培训全覆盖。创新开展安全标准化检查和标准化台账工作，制定10个方面内容和79条规范标准化内容，指导场所全面开展隐患自查自纠。持续深化宗教活动场所安全“三化”建设，聚焦场所消防、建筑安全源头治理，全年未发生安全事故。联合第三方公司、各街道和宗教团体开展安全全覆盖监督检查，指导五星级场所国际礼拜堂开展“1234+N”消防安全标准化创建工作并通过验收；加强既有建筑安全管理，推动全区6个街道聘请第三方全面开展宗教场所房屋安全鉴定和评估工作。（龙维维）

【民族工作】 2021年，新吴区有序推进民族团结进步“六进”工作，深入推进红石榴家园建设工作，全年新建红石榴家园8个，6个街道实现红石榴家园创建全覆盖，3家红石榴家园通过省级验收。承办“石榴花开心向党　民族团结一家亲”庆祝建党100周年全市民族团结进步文艺晚会，网上点击量达到19万人次，在全社会营造了民族团结的良好氛围。在科技职业技术学院探索建立高校红石榴家园，在隆玛科技创建企业红石榴家园。举办“中华民族一家亲　同心共筑中国梦”新吴区铸牢中华民族共同体意识进校园主题活动，对全区7所铸牢中华民族共同体意识进校园试点学校进行授牌，深入开展推动中华民族共同体意识进校园、进教材、进课堂、进师生头脑课堂的实践，擦亮新吴区民族团结进步的工作品牌，相关工作被中央统战部网站报道。加强少数民族流动人口服务管理，开展政策法规宣讲、法律援助活动10余场次。积极开展少数民族地区对口帮扶，区民促会副会长杨朝辉为青海玉树麻秀村小学捐赠价值30万元的太阳能发电及储能系统。　（龙维维）

应急管理

【应急管理能力提升】 2021年，新吴区应急管理局加强应急救援力量建设。各部门加强联动，组建应急救援力量，全区共有32支队伍、1237人。与红十字会、中铁十九局等9家单位签订协议，一旦发生重大灾害、事故时，可紧急调用相关设施、设备、人员进行抢险救援工作。与中铁十九局、红十字会等9家单位召开联席会议，探讨发挥应急救援力量作用的经验。加强应急救援队伍教育培训工作，完善应急救援装备和物资建设，不断提升救援队伍的应急救援能力。建立和完善应急救援力量发展机制，以国家综合性应急救援队伍为依托，加强同人武部、公安分局巡特警大队等单位的沟通协作，通过优势互补、机制互补、资源互补，发挥各方应急救援力量作用，优化新吴区应急救援力量结构，共同构建“全灾种、大应急”的应急管理体系。加强应急管理人员培训。为适应新时代应急管理事业改革发展要求，进一步完善全区应急管理干部队伍知识结构，全面提高政治理论素质和专业精神、专业素养、专业能力，举办应急管理系统干部综合能力提升培训班。通过实用、操作性强、内容丰富、要点突出的培训课程，进一步强化各级依法执法、严格执法、廉洁执法意识，有效提升应急管理人员的业务能力，提升基层应急响应能力。（陈履才）

【应急管理体系建设】 2021年，新吴区应急管理局调整区应急管理委员会，充分发挥新吴区应急管理委员会对应急管理工作的统筹指导和综合协调作用，发挥相关部门在监测预警、能力建设、应急保障、抢险救援、医疗防疫、恢复重建、社会动员等方面的职能作用，强化新吴区应急管理委员会的能力建设。建立新吴区应急管理委员会与防汛抗旱指挥部、抗震救灾指挥部、森林防火指挥部等机构之间，以及与人武部、公安等部门之间的工作协同制度，健全工作规程，牢固树立灾害风险管理理念，转变重救灾、轻减灾思想。设立区、街道、社区各级各类灾情联络员、灾害信息员142人，能够及时将各类风险预警等相关信息及时传达到街道，及时通过系统上报受灾情况，收集基层灾情和处置情况。（陈履才）

防灾减灾

【完善防灾减灾救灾机制】 2021年，新吴区应急管理局依托新吴区减灾委员会，加强防灾减灾救灾联动工作机制，围绕应急管理机制体系建设在畅通信息共享渠道、深化应急合作联动、提升应急能力等方面开展深度务实工作，不断提升防灾减灾救灾的能力和水平。建立数据共享共用机制和信息通报机制，相互通报各自掌握的突发事件信息、灾情信息、应急处置与救援等重要信息，畅通信息传输渠道，确保信息互通及时、高效。建立统一指挥调度机制和资源协同保障机制，在应对重特大突发事件时，各成员单位成立指挥部、联合工作组，各司其职、发挥优势，共同做好应对工作。着重提升备灾协同储备能力、应急救援能力、基层防灾减灾能力和引导社会应急力量发展，将各单位应急救援队伍纳入区应急救援体系，发挥各救援队伍专业能力，协助完善应急救援体系建设，积极开展防灾减灾、自救知识普及培训和逃生避险演练等，共同采取积极措施促进社会应急力量建设。（司文达）

【完善防灾减灾救灾预案】 2021年，新吴区建立1个总体预案和40个涵盖自然灾害、事故灾难、公共卫生、社会安全的专项预案，区应急管理委员会严格落实《无锡市突发事件应急预案管理办法》，督促各部门开展专项应急预案的应急演练，通过实际的预案演练，增强了相关负责人对预案的熟悉程度，同时梳理修订预案中的不合理处，进一步提高应急预案的可操作性。要求街道、企业结合自己实际制订防灾减灾救灾预案，制订演练计划和方案，并召开演练动员部署会议，到企业一线扎实开展应急演练指导，统计企业演练情况，分析演练工作取得的成效和存在的不足，撰写应急演练工作总结，全区应急预案体系逐渐向规范化迈进。（司文达）

【普及防灾减灾救灾知识】 2021年，新吴区应急管理局加强防灾减灾宣传工作。利用第13个防灾减灾宣传周、国际减灾日活动等向公众普及防灾减灾、安全生产、应急救援等有关应急知识及相关法律法规的宣传教育，提高公众的风险防范、自救互救意识和自救互救能力，加强公众个人的应急责任意识。丰富宣教形式，防灾知识全面覆盖。深入开展以“防灾减灾法律法规（《中华人民共和国防震减灾法》《自然灾害救助条例》）、自救互救、应急救援、居民防灾、科普知识”等为主要内容的“五进”（进街道、进企业、进学校、进社区、进辖区）宣教活动。利用举办知识讲座、电子屏播放、设立展板、张贴宣传海报、参观综合减灾室等方式普及防灾减灾知识，充分发挥微博、微信等新媒体作用，发布防灾减灾科普知识和各类动态资讯，多渠道、多角度向居民传递防灾减灾知识。宣传周期间，新吴区累计开展各类宣传活动40余场，累计发放各类宣传材料2.5万余份。（司文达）

【自然灾害风险普查】 2021年，新吴区第一次全国自然灾害综合风险普查领导小组办公室严格按照“统一领导、部门分工协作、地方分级负责、各方共同参与”的原则组织实施开展普查工作。编制印发《无锡市新吴区第一次全国自然灾害综合风险普查工作方案（试行）》《无锡市新吴区第一次全国自然灾害综合风险普查实施方案（试行）》等方案。普查应急系统自然灾害承灾体调查269条，综合减灾资源能力1389条，住建房屋调查59689条，森林火灾调查99.5平方千米，市政道路22.37千米，市政桥梁285座。通过开展普查，摸清新吴区自然灾害风险隐患底数，查明重点地区抗灾能力，客观认识新吴区自然灾害综合风险水平，为区政府有效开展自然灾害防治工作、切实保障经济社会可持续发展提供权威的灾害风险信息和科学决策依据。（司文达）

安全生产监督管理

【安全生产风险报告制度】 2021年，新吴区应急管理局全面实施工业企业安全生产风险报告制度。严格执行《江苏省工业企业安全生产风险报告规定》，摸清工业企业安全风险分布状况，健全较大以上风险档案。通过线上、线下培训答疑、远程辅助、划片审核等形式，对企业风险报告逐家审核、逐项过关，做到成熟一家、报告一家、完成一家。按时完成企业填报100%、无生产核销100%的“双百”任务目标。（司文达）

【安全生产网格化管理】 2021年，新吴区继续推进安全生产网格化管理，将基层应急管理工作纳入全区网格化“一张网”管理之中，形成“条块结合，以块为主”的网格化管理新模式。区本级根据直属企业分布特点及安全生产监管要求，在22个综治单元网格基础上划分成8个安全生产网格，做好排查摸底和分级管控工作。各街道探索出兼具“适应性、实用性、专业性”的街域模式，各自明确网格事项处理机制、网格员职责分工。4月，《中国应急管理报》专题报道鸿山街道创新网格化管理、筑牢安全防线的经验做法。（司文达）

【安全生产培训】 2021年，新吴区加大安全教育培训力度。推进安全生产“造血计划”13期，培训人数1551人。举办企业主要负责人和安全管理员培训班38期，培训11108人；持续开展公益巡讲11场，受众人数1100余人；开展“百团进百万企业千万员工”宣讲活动48场，区安委会主任、副主任等9人主动参与宣讲，全年累计参加企业4128家，参与人员9191人次。348家企业开展“企业主要负责人说安全”活动，8300余人参加活动。广泛宣传普及安全和应急知识常识，发布安全短信12次，受众人数600万人次，设计制作5000份宣传资料、3000份安全生产法新旧对照读本分发企业。创新开展“安全生产月”系列活动，举办安全专题文艺演出6次，发放宣传资料20000余份，通报《新吴区企业安全生产行政处罚案例警示》6期，制作安全警示教育片和安全生产动漫短片，全年在各级主流媒体发布安全宣传通讯190余篇。

（司文达）

【突出重点领域监管】 2021年，新吴区应急管理局加强重点领域安全监管，开展危险化学品和烟花爆竹安全专项整治。开展重大危险源交叉执法检查3轮次，发现并整改一般生产安全事故隐患78处；组织对5家企业开展深度执法检查，发现并整改一般隐患130处；涉及重点监管危险化工工艺的2家企业完成本质安全诊断市级验收。办理危险化学品经营许可80个、危险化学品建设项目安全条件审查2个、危险化学品建设项目安全设施设计审查7个、烟花爆竹零售经营许可2个，从严把控“危险化学品经营许可证”和“烟花爆竹经营（零售）许可证”换领证工作的现场核查。扎实推进涉爆粉尘、高温熔融等重点领域整治。涉爆粉尘企业检查82家次，发现隐患数296

条，处罚9家，处罚金额51万元；高温熔融金属企业检查88家次，发现隐患数371条，处罚18家，处罚金额68.4万元；有限空间企业检查59家次，发现隐患数266条，处罚12家，处罚金额50.2万元。4家深井铸造企业均通过省、市两级专家核查。

（司文达）

【危化品专项整治】 2021年，新吴区应急管理局扎实开展危化品使用安全专项治理，对4264家在省、市系统中填报使用危化品基本信息的企业（单位），组织检查6242家次，发现一般隐患和问题4115项，完成整改4095项，到期整改率100%。立案查处95家，行政处罚407.75万元。全区2212家使用危化品的工业企业将使用情况上报至无锡市智慧安监平台，形成分级清单。

（司文达）

【安全执法检查】 2021年，新吴区应急管理局按照“有法必依、执法必严、违法必究”的执法原则，严肃查处执法检查中发现的各类生产安全违法行为。全区年度执法检查各类生产经营单位1133家次，检查企业数同比增长77.86%。9月起，以新《安全生产法》为指导从严开展执法检查，加大对个人的处罚力度，全年共计事前处罚立案468件，立案率达41.31%；立案数同比增长75.93%，处罚个人数同比增长392.86%。

（司文达）

【“厂中厂、小园区”专项整治】 2021年，新吴区扎实开展“厂中厂、小园区”专项整治，印发《新吴区“厂中厂、小园区”整治达标标准》，明确整治达标要求。定期通过收集上报和实地走访了解园区整治进展情况，分析汇总园区内存在的突出问题和共性问题，并约谈相关责任人。检查“厂中厂、小园区”企业329家，查出隐患1375处，整改隐患1201处。对203家“厂中厂、小园区”企业的违法行为进行立案查处，做出处罚决定167家，处罚金额535.955万元。开发区“小园区、厂中厂”专项整治全部达标，各街道80%园区整治达标，关闭取缔企业121家。

（司文达）

【安全生产三年专项整治行动】 2021年，新吴区推进全区安全生产三年专项整治行动，出台《关于进一步深化安全生产三年专项整治工作实施方案》，明确130项重点工作任务，定期调度并通报工作进展，重点工作任务推进有力有序。持续推进各级督导交办问题隐患整改，强化对突出问题、重大隐患的闭环，坚决啃下招商城重大消防隐患等一批“硬骨头”。全年省级交办9项问题已全部整改完成，市级交办144项问题，专项整治排查出38家单位70项重大隐患，整改率100%。

（司文达）

【创新安全监管模式】 2021年，新吴区应急管理局升级“精细化”安全监管模式。开创“安全伙伴”监管模式，通过企业供应链上下游缔结形成安全伙伴，激发企业重视安全的内在动力。全区525家企业纳入安全伙伴中，其中90家上游企业已针对435家响应企业建立供应商安全监管体系。该项工作引起国家、省、市级多家媒体的广泛关注，并进行跟踪报道。推进企业班组管理制度建设与完善，督促企业在生产班组一线建立班前会、“红袖章”安全管理制度，要求安全值班员或班组长佩戴红袖章亮明身份，开展现场管理。全区有542家企业建立红袖章制度，441家企业建立班前会制度。持续强化源头管控力度，与区行政审批局建立企业新、改、扩建设项目信息共享机制，督促481个新、改、扩建设项目推进“安全三同时”建设；建立问题隐患“回头看”制度；制订联合督查检查计划，建立由区工信局、区住建局、区城管局、区应急管理局、区市场监管局、区生态环境局、消防大队等部门执法人员组成的检查组，聘请专家定期对各级督办反馈问题及专项整治发现的部分隐患开展“回头看”，同时将检查结果纳入考核，定期开展通报。区安委办“回头看”和暗访累计下发交办单20单，发现问题隐患322处，整改322处，整改率100%。探索行业监管新思路、新举措，在落实“1+2+10”专项整治工作的基础上，区安委办结合实际，深入分析辖区内风险薄弱环节和易发高发事故行业领域，将安全整治工作扩面延伸，开展劳务中介行业包车通勤超载安全联合整治，督促行业牵头部门切实履行监管责任，制定政府投资建设项目建设单位和代建单位施工安全首要责任措施，加强建筑施工小微工程备案监管，开展工业企业简易升降设备专项整治、“马路叉车”百日攻坚行动，印发《居民用户安全使用燃气指导意见》，及时堵住行业监管盲区和漏洞，夯实行业领域监管水平。

（司文达）

消防安全

【概况】 2021年，新吴区消防救援大队共检查单位2817起，发现隐患4198处，督改隐患4184处，下发责令通知书、行政处罚决定书、临时查封决定书分别为1387份、397份、48份，责令“三停”46家，累计罚款303.51万元。全区共发生火灾708起，2人受伤，直接财产损失约371.2万元，火灾起数同比下降11.83%，直接财产损失数同比上升22.5%，伤人数净增1人。居住场所发生火灾272起，造成直接财产损失68.6万元，分别占总数的34.34%和18.45%；交通工具类77起、露天农副业场所76起、露天堆垛40起、厂房26起、商业场所21起、纯餐饮场所9起、宾馆饭店5起等。火灾原因以吸烟（包括遗留火种）为主共计发生361起，占火灾总数的45.58%，同比上升12.11%；电气线路故障和电器设备故障引发火灾224起，占总数的28.28%。（曹丽洁）

【落实责任】 2021年，新吴区消防救援大队推动全区各级将火灾防控作为防范化解重大风险的重要工作，并作为全区安全生产考核的重要内容，推动各街道消防安全委员会办公室成立并挂牌，落实工作人员，规范化开展日常工作。召开街道消防安全委员会实体化运行暨沿街店面消防安全整治工作推进会，指导开展阶段性工作。消防救援大队牵头对接商务、教育、民政卫健等行业部门，推进“1234+N”消防安全标准化管理工作；联合生态环境局下发《关于对环保设施和除油烟设备进行维护的通知》，积极化解风险隐患；召开全区公安派出所消防安全监管工作推进会，与治安大队负责人座谈交流，细化完善六联机制。定期召开全区消防安全重点单位工作例会，组织观看典型案例，进行消防工作培训，落实企业主体责任。召开辖区二级重点单位安全服务云培训会议，督促521家单位提升使用率、完善各类基本信息、开展日常巡查检查；组织全区50余家重点单位召开城市联网监测双向沟通会，畅通信息传输渠道，提升火灾预警及防控能力。指导社会单位完善消防安全管理体系，按照标准化管理要求明确岗位责任，鼓励有条件的单位配备注册消防安全工程师。（曹丽洁）

【优化治理效能】 2021年，新吴区消防救援大队紧盯消防安全突出问题和薄弱环节，深入推进消防安全专项整治三年行动。开展重点专项治理，联合商务部门开展大型城市商业综合体和医疗建筑消防安全治理工作，列入整治的单位累计整改隐患1502处，隐患整改率90%。与安委办联合发文，推进沿街门店消防安全专项治理工作，各街道累计整改隐患4676处，852处违规“三合一”商铺得到有效整改，搬离住宿人员1217人。推进各类隐患整改，相关部门和属地街道共同努力，省级挂牌重大火灾隐患单位无锡招商城顺利销案，无锡研通塑料电器有限公司、新吴区云艺艺术培训中心重大火灾隐患整改销案。辖区4家重大危险源企业检查发现的24处，寄宿制学校14家发现隐患42处，均整改完毕。按照《高层民用建筑消防安全管理规定》，结合街道实际分类开展联动执法。突出防控重点，在后宅林龙家电火灾现场组织召开沿街门店典型火灾现场警示会，督促各街道压实消防主体责任。空港开发区和旺庄街道针对园区消防安全整治，累计拆除违章搭建81806平方米，畅通消防通道。根据属地典型火灾，江溪街道开展燃气安全大排查大整治，梅村街道对15家宿舍楼、打工楼开展专项整治，鸿山街道开展社区“三清三关”大排查，新安街道开展废品收购站联合执法行动，全力压降火灾风险。（曹丽洁）

【提升服务质量】 2021年，新吴区消防救援大队每月4次持续开展重点单位消防责任人、管理人、消控室操作员，公安派出所专兼职消防民警、网格员等重点人员消防业务培训以及演练。消防宣传车定期出动宣传消防知识，开展年后复工消防安全宣传，“三查三清四关”自查自纠活动，防震减灾月和安全生产月灭火逃生演练，暑期消防宣传教育活动，“九小”场所、“三合一”、高层建筑宣传。全民消防学习平台累计注册34376人、志愿者19001人。对各类交办督办问题及时核查反馈，主动开展隐患单位“回头看”，通过现场指导、责任人约谈、监督执法确保整治取得实效。结合文明城市创建和省级安全发展示范城市创建工作，对各类小区内机动车、电动车违规停放和堵塞消防通道等问题及时督促整改，完成全部社区“四有”创建。优化服务举措，从群众呼声最高的行政审批办理、信访举报等问题出发，将消防行政审批办结时限由10个工作日提速到8个工作日，走访答复区人大代表、政协委员有关消防安全的提案和建议，消防执法服务水平不断提升。（曹丽洁）

【职能拓展】 2021年，新吴区消防救援大队织密救援队，按照在“十四五”规划期间重建城市消防站14座的计划，全面填补消防救援队站的空白点。年内开工建设特勤消防站1座，完成施工设计消防站2座。开展高层、地下、石油化工、城市综合体等特殊火灾处置难题攻关，突出初战灭火、攻坚救人、增援供水、协同救灾、训练安全等重点作战任务训练，队伍24小时保持应急状态。把规范政府专职队伍管理作为队伍正规化建设的重要一环，全面提高政府专职消防员薪酬待遇，进一步明确政府专职消防队员征招、培训、管理标准，完善队伍训练、教育、管理、保障4个模式。（曹丽洁）

【实训实战】 2021年，新吴区消防救援大队针对地区火灾特点，扎实抓好全员岗位大练兵和比武竞赛，下辖吴都路消防站10名指战员取得专业资质认证，覆盖体能、水域、绳索、地震等多个专业，在支队组织的条令纲要知识竞赛、队列会操竞赛、体能对抗赛中均取得优异的成绩，代表支队参加省级比武竞赛的指战员一次斩获多项荣誉，队伍专业处置能力不断提升。6号台风“烟花”7月25日在华东沿海登陆，新吴区消防救援大队抽调20余名消防精干力量组成4个防汛抢险突击小组分别前往京沪高速、锡张高速、孙安路、旺庄立交等低洼、易积水处备勤待命，连续5个昼夜奋战在防汛抗台风第一线，还抽调了消防车、橡皮艇、手抬泵等装备，向江苏淮安洪泽、清江浦、盱眙等防汛形势严峻地区进行增援。其间，辖区各消防救援站共出警34起，出动人员184人次，疏散人员20人，营救人员36人，得到受灾群众的一致好评。

（曹丽洁）

社会治安防控

【概况】 2021年，新吴区委政法委全面落实中央和省委、市委各项决策部署，紧紧围绕打好“六项攻坚战”有力推进重大安保维稳任务、平安法治示范建设、市域社会治理试点、政法队伍教育整顿，在重大节点有力维护社会稳定，在全市率先实现综合网格员专职化，大力推进平安新吴建设，深入开展常态化扫黑除恶斗争，各项重点工作进展顺利、成效明显，有效服务保障全区发展大局。（蒋 平）

【安保维稳】 2021年，新吴区着力化解存量风险，防范增量风险，有序推进社会稳定矛盾化解工作，防范化解重大社会稳定风险的能力水平不断提升。扎实开展建党100周年大庆、各级两会、中共十九届六中全会等多个重要时间节点的安保维稳工作，推进重点领域涉稳风险防范化解“清源”行动，依托社会及信访稳定工作联动平台，定期对全区各重点领域矛盾风险进行排查汇总，对存在的涉稳风险矛盾通过专题研判会等形式逐案分析研判，商讨对策措施，确保化解工作按期推进；推进社会及信访稳定工作联动机制向基层延伸，指导各街道制订出台相关方案，整合各方面力量，从矛盾排查、情况研判、分类化解、协同处置等方面不断完善联动机制在基层的有效运行；做好重大项目稳定风险评估工作，狠抓风险评估源头管理，以“硬核、协作、全面、服务”的工作方针切实提高源头风险防控水平。（王金秋 吴音月 杨瑾丰）

【专项整治】 2021年，新吴区以排隐患、抓整改、保安全为目标，结合“清源”行动和“百日攻坚”活动，组织开展群租房、铁路沿线、治安重点地区和突出治安问题专项整治。开展2个区级、9个街道挂牌重点地区和突出治安问提排查整治，每月集中分析研判社会治安形势，研究制定针对性措施。全面落实群租房安全管理，开展群租房安全整治“543”攻坚行动，查处违规出租群租165户；启动为期6个月的群租房“去存量、控增量”攻坚行动，通过减人、去床位、停租房间等措施，认真抓好本地群租房控量工作。去存群租房4435户，降幅达82.4%。（韩留锋 吴音月 杨瑾丰）

3月16日，无锡高新区（新吴区）政法队伍教育整顿第一次新闻发布会（区委政法委 供图）

4月2日，“弘扬英模精神 锻造政法铁军”新吴区政法系统先进事迹报告会（区委政法委 供图）

网络安全

【电子政务安全】 2021年，根据《中华人民共和国数据安全法》《无锡市公共数据管理办法》要求启用加密传输、访问控制、数据脱敏等安全技术手段，建设高新区电子政务外网信息安全项目，通过政务网络等级保护2.0二级测评，有效提升公共数据安全防御能力，做好提前防范和有效应对数据泄露等安全问题的预防措施，为新吴区筑牢数据安全“防火墙”。强化信息化系统等保测评工作，累计通过二级等保测评项目21个、三级等保1个。

（吴音月 杨瑾丰）

【网络巡查】 2021年，新吴公安分局实地检查网吧3300余家次，巡查网吧视频监控、控制台抓拍26000余次。实地检查存在网络安全隐患的互联网企业131家次，责令限期整改131家，行政处罚46家，完成互联网站备案140家、“具有舆论属性或社会动员能力”的互联网应用安全评估及核实反馈6家，二级网络安全等级保护单位定级、备案9家。网上巡查网吧4000余家次，实地检查网吧2600余家次，处罚违规吸烟人员36名，处罚“发现不予吸烟制止”网吧31家，处罚数居全市首位。其中，单处警告的网吧19家，警告并处罚款5000元以上的网吧12家。

（吴音月 杨瑾丰）

【网络信息安全】 2021 年，新吴公安分局以“严密防范、严格管控、及时处置、依法打击”为指导思想，严格按照“三个事关”要求，紧盯网上出现的各类不稳定因素，确保网上政治安全和社会环境平稳。年内上报市局各类互联网情报信息 600 余条，落地查证扬言采取极端行为、散布谣言网民 50 余名，其中行政拘留 2 名。（吴音月　杨瑾丰）

农产品和食品药品安全

【农产品质量安全】 2021 年，新吴区进一步提升对农产品质量安全监管的要求，完成 1.5 批次 / 千人的食用农产品抽检指标，配合市农业农村局完成 148 个风险监测和 10 批次监督抽检，农产品检测合格率达到 98% 以上。监督抽检农药 10 个批次，合格率 100%。开展“治违禁、控药残、促提升”三年专项整治行动，检查范围覆盖全区重点品种及对象。强化网格化监管和禁限用农药的监督，共发放农产品质量安全法规、禁限用农药目录、农产品质量安全宣传册等宣传用品 2000 份，区级培训农产品质量安全 40 人次。不断完善农产品质量追溯制度，辖区内追溯主体完成 70 户纳入省追溯平台管理，其中农产品生产企业、合作社和家庭农场 100% 进行追溯管理。10 个示范点现场安装数据采集与病虫监控设备，详细记录农事活动和投入品的使用情况。同时采用对码技术，降低追溯码的操作难度，提高农业主体使用的积极性，全年生成农产品追溯码 8 万余个，实现大米、葡萄和蔬菜全程可追溯，并关联电商实现在线销售，进一步提高种植户的经济效益。（华　嘉）

【食品药品监管】 2021 年，新吴区高度重视食品药品安全，扎实做好新冠肺炎疫情常态化防控工作，紧盯进口冷链食品监管，疫情防控期间，组织检查各类食堂 2400 余家、食品生产经营单位 1500 余家次；检查冷链食品相关经营单位 1200 余家，排查冷库 793 家次。开展小餐饮专项整治及学校食品安全风险隐患排查，累计检查小餐饮单位 6427 家次，发现和整改问题 2200 余个。持续推进“互联网 + 明厨亮灶”建设，完成“互联网 + 明厨亮灶”硬件设施安装餐饮服务单位 2686 家；保障网络送餐安全，举办“食安封签”投放启动仪式，共投放“食安封签”220 万份。加大抽检监测力度，食品抽检达 11.27 批次 / 千人，超额完成年度目标任务。加强对药品、医疗器械、化妆品市场监管，累计检查生产、销售单位 1060 家次，集中销毁不合格药品和有毒有害保健食品 3.5 吨。（周　倩）

旺庄街道

【概况】 旺庄街道区域面积43平方千米，位于新吴区核心地带。街道下辖16个社区，户籍人口6.9万人，常住人口22万人。2021年，旺庄街道完成一般预算收入首破20亿元，同比增长21%。全年完成规模以上工业产值343.8亿元，同比增长26.4%；完成全社会固定资产投资70.22亿元，同比增长82.2%，其中工业投资8.57亿元；完成重点服务业收入73.89亿元，同比增长23.4%；完成限额以上社会消费品零售总额35.86亿元，同比增长3.2%；完成限额以上批发业销售额693.15亿元，同比增长57.7%。实际使用外资6661万美元，完成率111%。 （顾玉华）

【党建工作】 2021年，旺庄街道有基层党组织104个，其中党委6个、党总支11个、党支部87个，党员总数3771人。街道党工委把政治建设摆在首位，落实管党治党政治责任，确保全面从严治党责任履行到位、工作推进到位。以"队伍+阵地"双线方式推进意识形态工作，以"五个纳入"把意识形态工作同街道各项任务同部署、同考核，推动意识形态工作责任制具体化、全覆盖，全年召开专题会议2次、专题培训2次；加强对各类意识形态阵地的管理，从严抓好讲坛备案制度落实，受理讲坛备案63场；紧盯重点行业、重点区域，加大线上线下"扫黄打非"宣传打击力度，联动开展集中清查51次，检查网吧等场所640余次，顺利完成"扫黄打非"基层站点规范化标准化建设；新洲小学被授予首批"护苗"工作站称号。以"品牌+特色"双线方式守好基层党建主阵地，制定党的建设工作领导小组工作要点、签订党组织书记责任清单，推动基层党建工作。落实省委"两在两同"建新功行动、市委"三强三促"开新局主题活动，启动上报"融智V+"项目39个，党建引领社区"微自治"项目5个入选区党建创优实践项目，长欣社区荣获市党建引领社区治理"品牌社区"称号。深入落实基层党建"五聚焦五落实""五大行动"和"四引工程"，推动成立"两新"党支部8家，圆满完成社区两委换届选举工作；长江社区被评为市级"雁阵计划"5A级达标单位，旺庄幼教党支部被评为市级示范点；《"2+3+N"数字经济党建工作新模式》为全市唯一入围全国创

1月15日，旺庄街道2020—2021年度党员冬训工作动员部署会暨"第一堂"专题党课（旺庄街道 供图）

3月11日，省妇联副主席沈梅率队到旺庄街道调研指导"三全"社区家庭教育试点工作

（旺庄街道 供图）

表 9　　旺庄街道社区基本情况表

序号	社区名称	负责人	户籍人口数（人）	常驻人口数（人）	户籍户数（户）	居民小组数（个）
1	新光社区	马　晶	6735	12629	2340	22
2	春雷社区	陆智坚	4507	12000	1537	7
3	红旗社区	邵　雷	4887	8784	1625	8
4	春丰社区	周志坚	3525	10028	1147	9
5	群星社区	朱　翔	3550	11500	1026	11
6	高浪社区	王　健	2309	9216	850	15
7	联心社区	尤亚军	1836	19500	678	9
8	长欣公寓社区	朱丽娜	4709	8315	2317	22
9	春潮园一社区	张　立	5541	9021	2013	24
10	春潮园二社区	黄晓国	5571	8356	1935	21
11	春潮园三社区	华　彦	4323	9680	1494	18
12	春潮园四社区	邹　振	5375	13047	2010	22
13	长江社区	王　俊	3069	6935	1636	20
14	新洲社区	朱慧娜	4266	12747	1613	25
15	尚泽社区	谢　瑶	4610	11900	1460	17
16	嘉城社区	周　乾	890	3000	750	8

新案例;《“五景工作法”打造“七里薪传”红色风景线》案例为全市街道板块唯一入选年度百个“两新”党建优秀案例。举办中国共产党成立100周年主题汇报会,集中表彰优秀共产党员60人、优秀党务工作者15人、先进基层党组织5个;原创红歌MV获全市党员教育全媒体作品创作大赛三等奖,切实将学习成果转化为“为民服务”的生动实践。　（顾玉华）

【队伍建设】 2021年,旺庄街道以“改革+赋能”方式抓好干部队伍。加强基层整合审批服务执法力量,选派骨干充实行政审批局、综合执法局等一线部门,街道被评为新吴区唯一省级基层“三整合”先进单位。落实“五突出五强化”选人用人机制,健全干部担当作为激励保护机制及考核评价机制,组织党务干部素质能力提升班、“笔尖课堂”信息员培训班等20余次,完成两批干部人事调整22人次;街道3名社区书记被评为年度全市“五有五强”书记;全年发展党员55名;严三媛被评为省优秀共产党员。坚持党管人才方针,及时调整人才工作领导小组、班子挂钩服务清单,构建完善企业人才动态数据库,发布旺庄街道“融智英才计划”,实施人才最大化扶持。（顾玉华）

【作风建设】 2021年,旺庄街道以“督查+警示”方式守牢廉政建设主战场,以党的建设责任制考核、责任制检查、述责述廉、履责记实等为抓手,从严加强班子自身建设。严格落实中央八项规定精神,紧盯疫情防控、文明城市建设、换届选举等重点工作、重要领域,组织专项督查25次,发现并督促立行立改问题32个;用好监督执纪“四种形态”,开展提醒、诫勉谈话及函询等第一种形态25人次,办理信访举报12件,立案9件。全面整合党风廉政宣传教育线上线下资源,制订出台活动实施方案,依托户外7处廉政阵地群,征集申报并组织实施廉政项目16个,开展各类互动课堂80余次,覆盖超2000人次,加快“月月生廉”“清风旺庄”“送廉”品牌工程建设。开发“清风旺庄初心倡廉”小程序,开辟“旺小廉说”公众号版

4 月 13 日，国家卫生健康委领导到旺庄街道新光社区调研老年关爱中心 （旺庄街道 供图）

4 月 25 日街道举办 2021 年度全民阅读主题活动 （旺庄街道 供图）

6 月 7 日，旺庄街道举行“弘扬千年文化 赓续百年初心”2021 年红色薪火体验启动仪式 （旺庄街道 供图）

块推送警示教育漫画和视频累计 39 期，构建多层次、宽领域、广覆盖的廉政教育体系。 （顾玉华）

【城市管理】 2021 年，旺庄街道整体推进城市精细化管理工作与“双城创建”，累计完成拆违 16.2 万平方米，整治车辆 9000 余辆、违规广告 3352 平方米，完成 133 个垃圾收集房建设并全域启动定时定点投放，完成 1050 个机动车泊位、3 个游园、2 个健康主题公园、13 座公厕新改建，2 条背街小巷、2 个老村、4 条道路包装出新，街道上榜无锡年度精细化管理红榜 2 个、全市 40 个街道排名第 18 位。“微自治”项目以 62 个“美丽楼道”打造，推动社区“微环境”改善；对接上海华山医院、无锡人民医院建立区域医疗保健联合体，公共卫生意识与社会文明新风得到提升。顺利通过国家卫生镇复检，被评为 2021 年度“省级健康街道”。 （顾玉华）

【城市建设】 2021 年，旺庄街道坚持生产、生活与生态深度融合，强化规划引领，注重建管结合，完善基础设施，做美生态环境。系统推进新光、外下甸、站前片区、城中村及大运河沿线城市更新设计，完成拆迁签约 38.64 万平方米，完成率 129%；拆除 39.88 万平方米，完成率 133%。完成市级攻坚拔点项目 6 个，清点拆平项目 6 个，签约项目 2 个，成片推进项目 1 个。全年对上争取棚改资金 8106 万元，在建安置房 102.8 万平方米。新地假日广场改造提升工程稳步推进，并积极推进二期规划。 （顾玉华）

【城市安全】 2021 年，旺庄街道将“一年小灶”与“三年大灶”安全生产专项整治有机对接，25 个行业领域累计出动检查 14977 余人次，排查企业 7883 家次，发现隐患 3395 处，完成整改 3257 处，其余限期整改完毕；推动安全生产宣教走深走实，依托“融智安全 E 学堂”平台，创新启动安全云直播课堂，辐射公众近 2 万人次；疫情防控常态化不放松，落实“卡口门、社区门、单位门、宿舍门、隔离门”五门联防，完成扬州到无锡隔离、全人群核酸检测压力测试等任务，结合疫苗接种工作，守牢疫情防控安全防线。 （顾玉华）

【环境整治】 2021 年，旺庄街道推进美丽河湖建设，聚焦“消劣奔Ⅲ（消除劣质地表水，提升优Ⅲ地表水比例）”行动，以控源截污和排水户整改、水利基础建设与生态修复工程为重要抓手，启动实施凤凰浜等 10 条样板河道整治提升工程；完成 FID 在线监测等市大气污染防治工程项目 105 个，启动实施新地假日广场油烟、燃气、雨污管网整体改造，重点区域餐饮店油烟净化装置安装率 100%，清理餐饮店煤炉灶具 30 余家，排查关闭“散乱污”企业 37 家，组织开展 VOCs 走航监测 33 次、排查整改问题点位 60 处，国控站点多项指标总体排位靠前，其中 $PM_{2.5}$ 浓度为 30.6 微克 / 米^3，同比下降 12.6%，改善情况在全市排名第二。 （顾玉华）

【招商引资】 2021 年，旺庄街道主动融入“长三角一体化”“太湖湾科创带”建设，聚集融智引航、集成电路等多支基金，结合街道“双国字牌”科技创新园“一核多空间”布局建设，加速科技金融赋能创新发展。举办旺庄金秋双创周活动，芯朋集成电路设计产业园开园并招引企业 10 家。年内，新增科技企业 153 家，完成高新技术企业申报 131 家；新增省级以上研发机构 4 家；新入库市雏鹰企业 18 家、瞪羚企业 13 家、准独角兽企业 2 家；新增国家级专精特新小巨人企业 3

家；入选国家海外引才计划项目 1 个，省“双创个人”项目 3 个、科技副总 2 个，市“太湖人才”团队 1 个、创新创业人才 5 个、乡土人才 1 个，人才工作位列全区街道板块第一。（顾玉华）

【园区建设】 2021 年，旺庄街道产业转型升级有力，以项目带动深化实施班子“一挂五”机制、企业专员服务机制，全年完成总投资超亿元重大项目 21 个，完成率 233%，其中 5 亿～10 亿元项目 1 个、超 10 亿元项目 2 个。完成新增注册资本超 3000 万美元项目 1 个，完成率 100%。10 个区级以上重点项目投资 26.2 亿元。街道被评为区 2021 年度“双招双引”优秀单位。结合园区“三优化三提升”工作深度挖潜，全年完成拆迁腾退面积 28.61 公顷，完成率 114%，是全区唯一完成的街道板块，排名第一；开发建设 13.34 公顷，完成率 103%；政府包租 6.34 公顷，完成率 100%；新开建高标准厂房 21.8 万平方米，完成率 109%；“6+2+X”主导产业项目招引完成 90 个，完成率 150%。（顾玉华）

【社会事业】 2021 年，旺庄街道坚持以实际举措切实兑现为民承诺，投入 11.2 亿元，完成八大类 20 项民生实事项目，实现新增就业 4576 人，支持自主创业 456 人，实现带动就业 2012 人，城镇登记失业率 3%。2 所学校投入使用，4 所幼儿园建设稳步推进；养老院新建项目土建基本结束；社区卫生服务中心分中心启动装修；完成家庭医生签约 8812 户，居家养老援助服务签约 3721 户，育龄妇女“两癌”筛查 4279 人。街道荣获“全省助残先进集体”“全省智慧养老领域示范街道”称号。充分发挥党建领航优势，探索推行“一核四微”治理机制，梳理形成“微自治”“微治理”“微幸福”“微资源”等各类民生项目清单近 80 个，以“微方式”推动民生“大实事”逐一落地。

（过敏洁　陈波毅　朱　明　朱国清）

3 月 2 日，旺庄街道举行纪念“三八”国际妇女节 111 周年大会暨“融享·家”成长计划启动仪式（旺庄街道　供图）

国家退役军人服务中心领导到旺庄街道调研退役军人服务体系建设工作（旺庄街道　供图）

【社会治理】 2021 年，旺庄街道依托“大数据＋网格化＋铁脚板”治理优势，全力巩固群租房安全专项整治成果，街道人房动态管理系统被列为“2021 年市政法创新项目”。以依法治街为目标，立足“八五”普法开局之年，增强全民法治意识，组织开展集中学法 3 次、各类法治宣传活动 100 余场次，发放宣传材料 10000 余份。坚持民主集中制，严格落实“三重一大”重大事项决策制度，严格规范性文件的制定审查。深化“一社区一法律顾问”全覆盖工作，组织开展法律咨询 700 余人次，街道、社区两级调委会调处各类纠纷 158 件，调解成功率达 100%。街道被评为全省“七五”普法先进集体，10 个社区成功创建“省级民主法治示范社区”。（顾玉华）

【群团组织工作】 2021 年，旺庄街道以服务发展大局为工作主线，充分发挥群团组织桥梁纽带作用。“青年之家”组织“青年讲师团”宣讲 30 场，覆盖 3.5 万余人；发布活动 58 场次，联系青年 1325 人次。扎实推动女性成为参政议政重要“她”力量，以省“三全”社区家庭教育支持行动试点为抓手，构建“执委＋女性社会组织＋阵地＋项目”新模式，建立家庭教育档案 522 户，收集诉求 182 个，征集“微家”项目 15 个。街道关工委被评为“全省关心下一代工作优秀集体”；街道工会被评为“无锡市工会劳动法律监督工作先进单位”。（顾玉华）

【文化惠民服务】 2021 年，旺庄街道深入开展“我为群众办实事”实践活动，以“我们的节日”为抓手，打造“智·旺庄”文体品牌，推动文化惠民服务升级。群众体育方面，改建体育公园 2 个、新增维修健身路径 7 套和更新健身器材 132 件；发动组建“球、棋、拳、牌”等队伍 12 支、200 余人次；承办第四届全民健身运动会等比赛 8 场，参与人数近 1000 人。引入“阿福进社区”“非遗精品进社区”等市区优质文化品牌资源，累计组织“文艺进社区”109 场、送戏下乡 8 场以及展览30场，承接区级巡演8场，观众超60万人。联合共建单位启动全民阅读项目，开展主题朗诵阅读活动80余场。通过政府购买并引入区社工协会，推动公共文化资源便捷化和优质化，实现15个活动场室全年无休免费开放；精准对接居民需求，优化完善公益项目体系，举办瑜伽、广场舞、器乐和书法等20类培训班31场；承接区绘画、"非遗"撕纸等课程，辐射服务2万余人次。（顾玉华）

硕放街道

【概况】 硕放街道以苏南硕放国际机场为中心，北至锡梅路，东侧以环太湖高速、沪宁高速公路为界，南至京杭大运河和望虞河，西抵新梅路、新韵路，规划面积55.88平方千米，实际面积为26.21平方千米，下辖18个社区居委会、1个筹建组，常住人口约14万人。2021年，硕放街道以争创国家级临空经济示范区为奋斗目标，以建设"枢纽经济"和"美丽空港"为重要抓手，顶住疫情冲击、能耗"双控"等因素带来的不利影响，破除发展瓶颈，全年规模以上工业总产值完成485.08亿元，同比增长20.6%，74.87%的规模以上企业实现正增长；重点服务业完成78.52亿元，同比增长37%；固定资产投资完成60.4亿元；实现财政总收入30.5亿元，其中一般预算收入完成18.45亿

表10　　硕放街道社区基本情况表

序号	社区名称	地址	居民户数（户）	居民小组数（个）	常住人口数（人）	户籍人口数（人）
1	新硕社区	硕放街道政通路16号	1250	13	3864	2522
2	振发社区	硕放街道振发路116号	1024	17	3413	2255
3	润硕苑社区	硕放街道润硕苑44号	1584	22	4679	2952
4	咏硕苑社区	硕放街道咏硕苑156号	2530	25	7571	4640
5	新锦园社区	硕放街道新锦园20-1	1227	19	3996	2726
6	南星苑第一社区	硕放街道南星苑180号	2652	25	8200	3393
7	南星苑第二社区	硕放街道南星苑二路101号	2528	20	6214	2252
8	丽景佳苑第一社区	薛典路丽景佳苑一期31号	1434	14	3300	2071
9	香楠佳苑社区	硕放街道裕丰路香楠佳苑7号	3774	18	10620	3856
10	锦硕苑社区	硕放街道锦硕苑37号	1008	11	2975	370
11	吉祥社区	硕放街道通祥北路77-1	2310	19	7497	2141
12	丽新社区	硕放街道丽景佳苑172-1号	3191	25	8924	3631
13	丽富社区	硕放街道丽景佳苑390号	3367	21	7750	2658
14	西典社区	硕放街道云港佳园52-2301	2597	21	7311	1512
15	南星苑第三社区	硕放街道南星苑289号	2596	23	6831	3948
16	大墙门社区	硕放街道经发七路17号	219	15	2194	2150
17	墙联社区	硕放街道唐南路79号	240	33	2585	2352
18	墙裕社区	硕放街道墙裕村1号	223	5	844	587
19	硕望社区筹建组	硕放街道中南君悦府60栋旁	1186	/	2299	424

9月24—29日，硕放街道举办3场“先锋引航”书记论坛暨“小巷总理”大讲堂活动　（硕放街道　供图）

5月11日，“征程硕百年　时代放光芒”系列活动暨空港经济开发区“四季四色　常学常新”活动揭幕　（硕放街道　供图）

元,同比增长11.8%;实际使用外资1.62亿美元,同比增长803%。（徐玲颖）

【党的建设】 2021年,硕放街道以党史教育为契机,全面落实从严治党的政治责任,着力在抓班子、带队伍、夯根基上下足功夫,厚植风清气正的政治生态,为推进高质量发展提供澎湃“红色动力”。依托新媒体平台以及“青力启航”党史宣讲团、“理响空港”红色宣讲团、“同心·润硕大讲堂”,“线上+线下”齐发力,形成覆盖全体党员的宣讲网络,开展学习教育专题宣讲183次,大型主题类活动36场。原创微党课“吴道元:以头颅为灯塔以骨血沃革命”获无锡市“十佳思政微课”称号。选优配强干部队伍,全年共调整干部98人次,顺利完成18个社区“两委”换届工作,选举产生118名新一届“两委”成员,努力建设一支高素质专业化干部队伍。围绕辖区快递物流特色,打造全省首家快递物流业党群服务中心,纵深推进先锋引航“党建联盟”,开展“先锋引航”书记论坛暨“小巷总理”大讲堂活动。全面深化作风建设,驰而不息正风肃纪,确保干部作风建设取得实效。（徐玲颖）

【双招双引】 2021年,硕放街道以枢纽经济为重点,聚焦“6+2+X”现代产业,加大集成电路、生命科技、临空智能装备、新能源、高端商贸服务等优质产业项目的招引力度,13个超亿元重点产业项目落户,计划总投资43.5亿元,全年到位注册外资超1亿美元。紧盯项目建设,从在谈、落地、开工到投产,为企业提供“一揽子、全链条”周到服务。16个市、区重大项目开工建设,竣工4个。“三优化三提升”拆迁腾退479.53亩,11家企业完成提升改造。认定“飞凤人才计划”创业人才4人、创新人才2人;“太湖人才”创业团队和个人项目4个;完成专利授权数410余件。（徐玲颖）

【科技创新】 2021年,硕放街道以科技创新赋能高质量发展,强化科技创新和人才对高质量经济发展的支撑引领作用。全年新引进科技企业122家,新增省级以上研发机构2个。国家高新技术企业第一批认定14家,雏鹰企业培育入库认定24家,瞪羚企业培育入库认定15家。启动格林美新能源循环经济低碳产业示范园、江松科技光伏自动化设备等绿色低碳项目建设,加快绿色低碳技术产业化发展。（徐玲颖）

【现代服务业】 2021年,硕放街道破除重工业、轻服务业的招商思维,加大服务业的招商引资力度,加快现代服务业集聚,不断提升服务业发展层次。园区重点物流快递企业顺丰速运、中通快递、极兔供应链、领速物流等均保持高速增长,30家已经投运的物流企业实现营业收入超41亿元,同比增长15%以上。推进传统服务业技术改造和升级,硕放农贸市场完成提升改造并投入运营,持续优化瑞港商业街、百联奥特莱斯商业广场购物环境,招引品牌商贸企业和老字号、连锁品牌店铺入驻。（徐玲颖）

【城市建设】 2021年,硕放街道聚焦城乡发展新定位、新格局,落实长三角一体化、太湖湾科创带等战略部署,积极推进《空港经开区产城融合规划及重点片区城市设计》规划编制工作、市级重点城市更新项目硕北片区规划工作,将与适时启动改造的老镇区连片打造未来空港新城的重要“核心区”。完成征收拆迁面积47.38万平方米,8个市级攻坚拔点项目、13个区级清点拆平项目全部完成。完成南星片区、新宅路、新农路等16条道路以及里夫泾浜生态河道、市民广场东北角景观提升改造、墙宅路停车场新建等重点民生项目。完成香楠佳苑、新锦园、润硕苑3个老旧小区,市民广场西北片区、香楠邻里生鲜市场提升改造以及颐养园二期工程扩建工程。启动锦硕苑续建、丽景佳苑二期南、丽景佳苑三期东以及丽景佳苑五期4个地块约6000套安居房建设。加快推进空港(硕放)社区卫生服务中心、梅村高中空港分校以及吉祥社区

3 所幼儿园新建。（徐玲颖）

【社会事业】 2021 年，硕放街道被评为第二批“江苏省双拥示范基地”、2021 年无锡市社区社会组织培育工作领先街道、2017—2020 年平安无锡建设工作集体。硕放卫生服务中心被国家卫健委评为服务优质机构。顺利完成合作社土地结算和 2020 年度合作社股金分红工作，实发股金 4907.2 万元。以“进一扇门，办更多事”为服务目标，建设硕放为民服务中心“舒心办、放心办”便民服务精品品牌，群众满意率保持在 100%。构建多方位、立体化的救助体系，全年发放各类补助资金合计 1436.5 万元。努力稳定就业形势，上半年新增就业人数 3200 人，城镇失业人员再就业人数 1250 人，城镇登记失业率控制在 3% 以内。毫不松懈抓好疫情防控，完善多部门联防联控工作机制，加强重点场所、重点人群的疫情防控工作，坚决不留死角、不出纰漏，数据专班共排查公安下发数据超 2.5 万人。全力推进新冠疫苗全民接种统筹工作，不断提高疫情接种覆盖范围，总接种 270921 针次。其中，第一针次 110367 人，第二针次 111923 人，第三针次 4784 人，加强第三针次 43847 人。（徐玲颖）

【基层治理】 2021 年，硕放街道深化“一张网”融合建设，全力推进优美合格区建设。推进“综合执法立标区”建设，建成南星苑第三社区立标区城管工作站，打通城管执法服务“最后一米”；试点环卫保洁一体化作业，推行“一把扫帚扫到边”作业模式；科学合理推进垃圾分类工作，安装垃圾分类收集亭棚 260 余个。新建、改建公厕 12 座，新增厕所开放联盟单位 50 余家。拆除违章 24 万平方米，清理乱种植 25.26 万平方米，对 57 条背街小巷落实常态化管理。“南星三路停车管理”获全市城市精细化管理“年度红榜”。扎实推进“厂中厂、小园区”安全生产专项整治。全年检查企业单位 2601 家，整改一般隐患 2219 处，完成 24 家沿街餐饮用户的“瓶改管”施工，完成南星苑、瑞港商业广场 2 个片区的燃气改造工程。持续深入打好污染防治攻坚战，$PM_{2.5}$ 浓度值、优良天数比率综合指标，9 月排名无锡市第一，在全市大气污染防治上走在前列；完成里夫泾浜、川桥头等 6 条河道清淤工程，基本完成镇区企业污水管网改造、验收工作，全力改善和提升人居生态环境。（徐玲颖）

【“一张网”融合管理】 2 月 20 日，空港经开区（硕放街道）召开“一张网”融合管理誓师大会。会上，向辖区 38 个网格长集中授旗、下发责任书，部署“一张网”融合管理具体工作，全体网格长对照责任清单庄严宣誓。空港经开区（硕放街道）将城市管理、综合治理、安监环保等管理部门涉及的网格、职能、资源、力量全部纳入多网合一的“一张网”体系，集中管理、统一指挥，意在破解管理部门各自为政、条块分割、效率不足的弊病，解决人力、物力、精力不足的问题，打通影响基层治理效率的痛点、堵点，推动城市治理体系和治理能力现代化，为群众提供精准有效的服务和管理。“一张网”融合管理成效显著，城市精细化管理成绩从全区第六提升至全区第三，企业安全生产、环保检查频率较之前上升 4 倍。（徐玲颖）

【“先锋引航”书记论坛】 9 月 24—29 日，空港经开区（硕放街道）举办三场“先锋引航”书记论坛暨“小巷总理”大讲堂活动，19 位社区书记上台主讲。围绕探索社区自治、法治、德治“三治”融合，打造“人人参与式”社区、党建引领红色幸福社区、“共情式”社区、“15 分钟智慧便民社区”、环境优美服务型社区，如何啃下老旧小区治理改造“硬骨头”，创新“网格 +”多级联动，搭建多平台社区工作法，创建特色社区品牌等开展论述，并结合实际提出提升改造方案和时间计划。（徐玲颖）

江溪街道

【概况】 江溪街道位于无锡市东南、新吴区北端，东接梅村街道，南与旺庄街道相邻，西隔古运河与梁溪区相望，北与锡山区东亭街道、梁溪区广益街道和江海街道交接。沪宁铁路、京沪高速公路、312 国道以及本市的太湖大道、金城东路均穿越江溪街道。无锡市的广南立交桥、景云立交桥、景渎立交桥和金城路公铁立交桥亦在江溪街道境内。街道总面积 25.37 平方千米，辖区常住人口 23.99 万人，下辖社区居委会 26 个、筹建组 3 个、社区股份经济合作社 20 个。面对复杂严峻外部形势和各类风险挑战，江溪街道坚持统筹推进疫情防控和经济社会发展工作，较好地完成了全年各项目标任务。全年完成一般公共预算收入 24.34 亿元，同比增幅 19.4%，创历史新高；规模以上工业总产值 221.74 亿元，增幅 23.1%；固定资产投资 73.9 亿元，其中工业投入 2.74 亿元；限额以上社会消费品零售额 95.23 亿元，增幅 7.5%；限额以上批发业销售额 517.73 亿元，增幅 51.6%，超额完成年度化债目标，主要指标保持高位较快稳定增长。20 个社区股份经济合作社全年收入 1.2 亿元，收回各类欠款 3100 万元。资产经营公司年内租金收入 4600 万元，增幅 7.39%。青年公寓地块完成出让，大东方汽车城 359 亩土地顺利收储，为街道未来发展拓出广阔空间。（杨旻昊）

【基层党建】 2021 年，江溪街道有基层党组织 117 个，党员 6385 人。街道党工委持续深化“五大行动（“强基提质”行动、“赋能提优”行动、“融合提效”行

表 11　　江溪街道社区基本情况表

序号	社区名称	辖区人口数						
		小区住宅总套数（套）	已入住套数（套）	常住总户数（户）	常住总人数（人）	户籍数（户）	户籍人口（人）	居民小组数（个）
1	太湖花园第一社区	4322	4123	4256	9250	2695	5941	36
2	太湖花园第二社区	3924	3924	3523	8367	2563	6896	24
3	叙康里社区	5050	4995	4574	11717	2793	6199	47
4	奕淳社区	5281	4185	4580	12321	2128	5473	53
5	叙丰里社区	3776	3366	3366	8056	2394	5755	74
6	缇香社区	5052	3697	3697	8715	1131	3428	24
7	卫星社区	4756	4263	3850	10856	1813	4440	35
8	春暖社区	7172	5893	6771	19002	2553	7658	33
9	鼎城社区	4975	4792	4522	12390	2070	5420	32
10	春阳社区	7240	5390	4498	12965	1846	4552	33
11	华丰社区	7587	5300	5811	14102	2092	5442	29
12	景渎社区	5390	4376	4916	12894	2489	6326	31
13	前进花园	4208	4158	4045	10087	1250	3751	37
14	叙丰家园	6743	6032	4853	13580	2588	5316	34
15	春城家园	4540	4507	4538	13719	1320	4063	31
16	东风家园	4282	4193	3924	7102	1358	2930	31
17	万裕苑第一社区	3683	3204	3213	9929	2137	5838	29
18	万裕苑第二社区	3941	3828	3828	11746	1716	4561	26
19	新丰苑第一社区	3840	3440	2823	10387	917	2291	24
20	新丰苑第二社区	3104	2920	2920	11325	1620	4313	35
21	坊前社区	4459	4360	4150	11694	1435	5427	24
22	风雷社区	275	495	402	1183	582	582	8
23	东风社区	2461	——	2000	5514	725	2743	8
24	兴竹社区	4689	3875	2162	5665	1030	3010	26
25	曙光社区	67	84	67	331	58	1061	8
26	塘南社区	1022	652	1431	2834	435	1687	6

续表 11

序号	社区名称	辖区人口数						
		小区住宅总套数（套）	已入住套数（套）	常住总户数（户）	常住总人数（人）	户籍数（户）	户籍人口（人）	居民小组数（个）
27	江陂社区	4400	3887	3143	9273	1559	3644	——
28	中海社区	3659	2025	1845	5486	597	1343	——
29	工博园社区筹建组	6414	——	——	——	0	0	0

动、“阵地提标”行动和“创新提升”行动)”和“三项工程(“民意畅通”工程、“民生幸福”工程、“民主议事”工程)”，稳步推进“双百双千(无锡全市百个基层党建工作指导站、百个党员教育实境课堂，引领带动广大基层党组织和党员干部上好千堂专题党课、办好千件为民实事)”行动，完成“为民办实事”项目43个，入围并立项区级基层党建创优实践项目7个。以庆祝建党100周年为主题，组织实施“十个一百”系列活动301场，举办“江”心筑梦“溪”迎百年彩虹工程发布会和“三微”项目成果展，推动党史学习教育和“两在两同”“三强三促”活动落实见效。完成新一轮“两委”换届和人大换届选举，基层党组织队伍力量进一步夯实。推进《“擎炬江溪”组织力跃变计划》，获“雁阵计划”AAAAA级党组织等市级荣誉6个，连续4年举办“金牌党务”擂台赛。画好统战“同心圆”，鼎城社区获省级“红石榴家园”授牌，街道获“市侨联工作先进单位”称号。持续深化正风肃纪反腐，顺利完成二届区委第一轮巡察，中央八项规定精神得到有效落实，“四风”问题全面纠治。（吴莹）

【双招双引】 2021年，江溪街道深入实施“百渠工程”，全年招引超亿元重大项目9个，其中超5亿项目1个，引进“6+2+X”企业139家。一季度沃达基金成功在街道办理退出手续，纳税贡献达1.4亿元；举办红五月科技金融项目签约仪式，签约金融项目32个，总投资143亿元。全区首支QFLP基金顺利落户江溪，总规模5000万美元。5个市、区重大项目完成投资35.65亿元，完成年度目标的105%。迪哲生物医药省级重点项目落地开工，是全市唯一尚未实现利润就在科创板成功上市的企业。迪渊特、鑫巨宏等优质企业成功落地，为未来产业发展和产业链提升注入新的活力。（杨旻昊）

【科技创新赋能】 2021年，江溪街道引进科技企业172家，净增高新技术企业数5家，完成雏鹰企业培育入库27家、瞪羚企业培育入库21家，科技型中小企业评价入库总计197家。成功入选“太湖人才”2人，入选区“飞凤人才计划”7个，认定区领军人才创业项目7个。探索多平台创新新路径，“江苏省医疗器械转化创新基地(无锡)”揭牌，新增省级工程技术研究中心1家，全年技术合同成交额达3.54亿元。与中核集团合作开发智慧光伏项目，为绿色低碳转型打下良好基础。推进产业园区“三优化三提升”工作，全年完成土地腾退158.73亩，新开建标准化厂房2万平方米，完成坊前80亩先行示范区整体方案设计，前进、叙丰、卫星、春勤4个村级园区总体规划确定，联东U谷“三审联审”制度顺利实施，推动亩均税收超100万元，经济效益好、综合环境优、亩均税收高的新一代园区建设进入实质性阶段。（杨旻昊）

【现代服务业升级】 2021年，江溪街道深化企业服务专员制度，推进企业各项普惠性政策落实落地，引导纽迪希亚、和晶科技、ITT等骨干企业加大研发投入。做好审批对接、开工建设、投产达效全流程跟踪服务，推动亿元级项目建设投产速度，全力破除项目招引落地各环节瓶颈。零售消费业新增热点，大润发2.0重构店全国首店隆重开业。发挥专业运营团队的先进管理模式，溪悦邻里中心、永乐路TOD地铁上盖项目进展顺利。聚焦街道审批服务高频事项，通过优化办事流程、向窗口充分授权、加强岗位人员业务培训，“全科窗口”办事科学性不断提高，全年按时办结率100%，赋权街道的事项办结整体提速30%以上。（杨旻昊）

12月9日，江溪街道与中核集团中原新华智慧光伏项目签约仪式（汪吉舟 摄）

改造后的春城农贸市场　　（汪吉舟　摄）

【城市建设推进】 2021年，江溪街道着力优化城市格局，提升功能品质，实施征收“百日攻坚战”“扫尾灭点战”，完成拆迁任务总量30.33万平方米，其中住宅183户、非住宅49家，完成312国道改扩建地块、F4-8地块、锡钢东北侧D地块、南站花园一期地块、东风三期（小王巷）地块等清点拆平项目11个，完成签约项目5个。围绕“最干净城市”总体目标，打造品质城市新样板，前进路、新芳路等8条道路包装出新，纺城大道、永乐东路等区界门户更加靓丽。全年新增机动车泊位4000余个、新改建公共厕所14座、新增绿地10公顷、整治裸土43万平方米、整治拆除违建23万平方米、居住小区垃圾分类覆盖率100%，品质城市建设实现全方位提升。“城市管家”“城管女子分队”“新街吴韵”等一批具有江溪特色的品牌更加闪亮，优美环境合格区建设走在全区前列。深入推进“蓝天、碧水、净土”保卫战，对23个重点行业VOCs综合治理、10个企业FID在线监测项目、95个重点行业完成深度减排，结合油烟监管、扬尘管控、移动源防治，深化“抢夺优良天”专项行动，全区首家工业“绿岛”项目投入使用。持续推进“美丽河湖”三年行动，编制“一河一策”整治方案，界泾浜、虹桥浜水质达三类，小流域整治、改造易涝点整改全面完成，27家“散乱污”企业完成整治，186家危废污染企业排查整改形成闭环。《江秀溪美，青山绿水》微电影获省优秀奖、市一等奖。　（吴莹）

【民生实事落实】 2021年，江溪街道利民服务持续提标，完成叙丰里幼儿园加固，叙丰家园E区竣工交付，叙康里等5个老旧小区改造完成综合验收，新芳路等8条道路提升工程顺利完工。基础保障持续加强，风雷嘉园安置房、新吴区中医医院、景渎幼儿园分园、新世界幼儿园等项目建设稳步推进。与金桥教育集团深度合作，江溪金桥幼儿园开园。多管齐下稳就业，全年累计发放稳岗留工补贴近600万元，落实就业创业优惠政策，新增就业4853人，下岗失业人员再就业4147人。强化常态化疫情防控，坚持动态监测与日常防护结合，开展全员核酸检测压力测试和东风公寓封控应急演练，应急能力有效提升。“一办

苏巷路改造前　　（汪吉舟　摄）

苏巷路改造后　　（汪吉舟　摄）

前进路改造前 （汪吉舟 摄）

前进路改造后 （汪吉舟 摄）

十二组”扎实推动疫苗接种工作，3 ~ 11 岁人群疫苗接种列全区首位。精准扶贫持续开展，低保对象、困难残疾人应保尽保率、精准救助率达 100%，透明规范发放各类民政保障及救助金 1136 万元。深化东西部扶贫协作，在春城农贸市场和招商城设立东西部农产品直销窗口，为宜川县集义镇硬化工程、互助县林川乡优质饲草加工项目，分别拨付项目资金 49.25 万元和 50 万元。 （杨旻昊）

【基层治理优化】 2021 年，江溪街道坚持“安全第一、预防为主、综合治理”方针，纵深推进安全生产“三年大灶”专项整治行动，整治各类安全隐患 2479 项，完成危化企业安全信息填报 315 家、安装燃气报警仪 1106 套、整治“三合一”场所 615 户。在全区率先建立小微工程专项管理制度，采用“承诺 + 备案”双结合方式，有效压降事故发生率，本质安全责任链条更加紧固。落实党政领导公开接访制度，妥善办理“阳光”信访件 259 件、人民网转办件 42 件、“作风面对面”投诉 9 件，接待来访 351 批 786 人、“12345”政府公共服务热线 1.7 万件，受理率及办结率均为 100%。按照“全域性、差异性、稳定性”原则，科学划分 28 个综合网格、8 个专属网格，全面建成专职网格员队伍。持续推进平安建设、扫黑除恶工作，多元解决纠纷体系日渐成熟。

（杨旻昊）

【春城农贸市场搬迁】 2021 年，江溪街道顺利完成春城农贸市场搬迁项目。春城农贸市场前身为春勤农贸市场，总占地面积 60 亩，拥有经营户 600 多户，是一家批零兼营的大型市场。为实现新旧市场平稳搬迁切换，街道成立了“春勤农贸市场整治搬迁工作领导小组”，坚持“稳字当头，有序推进”原则，连夜开展工作，其间共出动区和街道两级公安、交警、城管等职能部门人员 1000 多人，车辆 100 多辆，整个搬迁过程平稳顺利、安全可控。11 月 16 日，春城农贸市场开业。新市场拥有蔬菜、鲜肉、水产、粮油、冷冻、南北干货、豆制品以及其他生鲜农副产品等 400 多个摊位，平常日客流量约 3 万人次、周末日客流量约 4 万人次，年交易额可达 15 亿元，为保障市民“菜篮子”做出积极贡献。 （吴 莹）

【招商城安全整改】 2021 年，江溪街道完成招商城安全整改。招商城是无锡市主要综合性市场之一，是锡城百姓生产生活购物消费的重要场所。但市场管理因各种原因存在难题，涉及临建违建面积约 4.4 万平方米，涉及安全隐患九大类 87 项。街道会同市场管理公司制订“三大市场”腾挪搬迁安置方案，成立工作专班现场驻点办公，推进市场消防安全隐患整改，历时一年完成三大临建市场 4.4 万平方米、1001 户商户搬迁拆除工作，87 项省级挂牌督办消防安全隐患全部整改到位，形成安全闭环。 （吴 莹）

【“红五月”科技金融项目签约】 2021 年 5 月 31 日，江溪街道举行“溪”引力、“融”未来—— “红五月”科技金融项目签约仪式。江溪街道与无锡产业发展集团有限公司、无锡市金融创业投资集团、启迪集群科技集团、无锡地铁生态置业投资有限公司、无锡商业大厦大东方集团代表集中签署框架合作协议；与无锡梧桐树半导体装备材料专项基金、启迪专项定投基金等 14 家科技金融项目，鑫巨宏无人驾驶激光雷达、科铭新汽车零部件智能制造等 11 家科技产业项目企

5 月 11 日，江溪街道办事处与无锡金桥教育发展有限公司教育合作签约，并举行“无锡市新吴区江溪金桥幼儿园”揭牌仪式 （汪吉舟 摄）

业代表签署合作协议。签约项目总投资额143亿元，预计三年累计销售达158亿元，三年累计税收将超20亿元，优质科技项目为街道“十四五”规划实现良好开局奠定了坚实基础。（杨旻昊）

梅村街道

【概况】 梅村，古称梅里，是吴文化的发源地，史誉“至德名邦”，享有“江南第一古镇”之美誉。南临苏南硕放国际机场，北枕京沪高速铁路，沪宁高速公路、312国道、锡太路穿境而过，江南第一条运河——伯渎河贯穿全境。梅村街道区域规划面积25.5平方千米，共有14个社区、3个村、15个股份合作社。辖区内户籍人口4.7万人，外来新市民25万人，人口总计近30万人。梅村街道经济多年来始终保持又好又快发展，2021年，完成财政总收入26.49亿元，完成公共财政预算收入16.17亿元，同比增长7.4%；完成规模以上工业总产值430.64亿元，同比增长9.7%；完成固定资产投资55.87亿元，其中工业投资11.8亿元；完成限额以上零售总额15.11亿元，同比增长47.8%；完成限额以上批发总额69.63亿元，同比增长36.2%；完成服务业营业额24.49亿元，同比增幅29.6%。经济运行总体态势质优步稳。（邹　超　陆晔琪）

【党建工作】 2021年，梅村街道紧扣“学党史、悟思想、办实事、开新局”要求，全面推进基层党建工作。党建持续创新，实施“党建＋文旅”工程，申报“党建＋文旅，推动梅里文化小镇建设”基层党建书记项目。讲好红色故事，拍摄党建微电影《一颗红星》，启用无锡市第一个党建红色影厅，成功举办首映式。街道红色会客厅招募来自机关、党建联盟、“两新”党组织200多名党员志愿者，接待参访活动237场，服务游客2.3万余人。党建联盟持续深化，14个社区与党建联盟单位组建28个党建微联盟项目，联合开展40余场各类活动。创优项目持续加强，结合2021年度基层党建创优实践项目认领及“一社一品”培育要求，走访调研14个社区党组织，指导32个基层党组织积极申报基层党建创优实践项目，择优推荐向区上报18个，录用6个，以党建创优实践项目助推党组织品牌建设。党史教育持续推动，推进党史学习教育活动，个性化定制路线3条，开展红“梅”万枝庆华诞红色文旅系列活动、“五一”打卡周活动，红色微公交串联起红色资源点，56位党员志愿者服务8000余人次，梅里红色护照发放2530本，打卡人次超5000人，兑换文创奖品541份。（张　莉　陆晔琪）

【双招双引】 梅村街道树立“人才为先，项目为王”理念，以招商引资为载体引才引智，以招才引智为渠道招商引资，实现双向发力、双向带动，聚焦“6+2+X”先进产业领域探索高质量发展新路径。5月，举办街道“红五月”重大项目集中开竣工活动，共11个项目开竣工，达产后预计年销售137亿元，税收9.45亿元。无锡金帆钻凿、无锡挪亚方舟、鑫驱机械、美峰橡胶4家公司的科技人才成功入选2021年江苏省科技副总项目。持续深化“放管服”改革，大力优化营商环境，让企业只进一扇门、最多跑一次，帮助企业排忧解难，当好服务企业的“店小二”，营造良好的创业氛围，加快形成高端项目不断开工、主导产业集聚发展的良好态势。（华　艳　陆晔琪）

【科技创新】 2021年，围绕科技创新、人才建设、平

表12　梅村街道社区基本情况表

序号	社区（村）名称	户籍人口数（人）	常住人口数（人）	常住户数（户）	居民小组数（个）
1	梅村村	1022	422	43	7
2	梅新村	570	6	3	2
3	永新村	1004	210	33	8
4	梅荆花苑第一社区	5776	6773	1747	17
5	梅荆花苑第二社区	3244	8000	2676	21
6	梅荆花苑第三社区	1324	8623	300	19
7	泰伯花苑第一社区	5410	9950	3164	19
8	泰伯花苑第二社区	2985	8552	1950	15

续表 12

序号	社区（村）名称	户籍人口数（人）	常住人口数（人）	常住户数（户）	居民小组数（个）
9	泰伯花苑第三社区	3181	11000	3748	18
10	香梅第一社区	4824	11258	4738	33
11	香梅第二社区	2710	8412	2629	18
12	香梅第三社区	700	3200	1040	17
13	梅里社区	4489	5728	1850	28
14	西蠡社区	1275	6000	2585	19
15	吴韵社区	5316	12000	4134	29
16	尚品社区	2500	7000	2574	20
17	吴泰社区	3600	11000	2800	17

台建设、科技服务、科技惠民等细化指标和重点任务，全年新增科技型中小企业评价 160 家，新招引科技企业 148 家，其中符合科技人才项目数 13 家、符合高新技术企业培育项目数 7 家；发动 106 家企业申报国家高新技术企业，申报数创历年新高，通过认定 51 家，位列全区第一；省高新技术企业培育入库企业 48 家，无锡市雏鹰企业培育入库企业 24 家，无锡市瞪羚企业培育入库企业 12 家。新增新型研发机构 1 家——宝通智能输送产业绿色发展研究院，省级工程技术研究中心 2 家——无锡安邦电气股份有限公司、无锡格林司通自动化设备股份有限公司，省级科技企业孵化器 1 家——东南科技创新中心。街道累计有规模以上工业企业 139 家，有效研发企业 75 家，有效研发金额同比增长超 50%，增速位列全区街道板块第一。（王晓钰 陆晔琪）

4 月 2 日，由新吴区国防教育委员会主办，梅村街道协办的光荣新吴国防教育宣讲团成立仪式暨“百场国防教育宣讲 致敬百年大党”启动仪式

（微视传媒 供图）

5 月 15—17 日，2021 年“梅里古镇杯”江苏省健美健身锦标赛在梅村街道举行（梅村街道 供图）

【服务业发展】 2021 年，梅村街道加强商业“三合一”场所新常态整治，累计排查沿街店面总数 2651 家，其中商业“三合一”场所达到标准 344 家，整改到位 301 家；开展物流企业专项检查，重点检查治理、应急管理、消防安全设施配备、车辆超限超载管理以及货架的安全等情况，共计排查 22 家物流企业，存在安全隐患企业 10 家，隐患数 19 处，全部整改到位；开展商超、酒店安全生产检查 125 家次，整改安全隐患 85 处，切实提高辖区商超、酒店的消防安全意识；启动餐饮燃气用户基本情况录入省使用危险化学品系统工作，按照上级下发餐饮单位名单开展摸排录入，实际排查录入用户 426 家，完成率达 100%，实现监管全覆盖；日常检查餐饮单位 231 家，整改安全隐患 40 处，强化了餐饮店负责人燃气使用的安全意识。

（陈敏辉 陆晔琪）

【城市建设】 2021 年，梅村街道紧盯新华路“二改

5月31日，梅村街道举办“红五月”重大项目集中开竣工仪式　　（梅村街道　供图）

6月2日，梅村二胡文化园“教育至德奖”评选启动仪式暨教育成果展示活动　　（梅村街道　供图）

7月1日，在梅里古镇城墙广场举行的庆祝“建党100周年”主题花灯秀　　（梅村街道　供图）

三”地块、伯渎港、棚户区等重要部位节点，优化城市功能布局，推动低效用地盘活。完成清点拆平项目8个，其中市级攻坚拔点项目5个；完成签约项目6个；完成住宅签约57户，非住宅签约44户；完成签约面积36.6万平方米，签约完成率105%；完成拆除面积35.44万平方米，拆除完成率101%，为街道产城融合发展进一步整合优质资源腾挪出宝贵空间。加快推进梅村街道安居房项目及政府工程建设，街道社区卫生服务中心工程顺利完工，总建筑面积51276平方米左右，共可设置病床250张左右、养老院床位360张；梅村中心幼儿园崇德分园项目完成主体验收，投入使用后将大大缓解学前教育难问题，加强梅村幼儿教学综合实力及教育力量；老镇区提升改造项目道路及停车场改造完成，改善老街整体环境，提升了区域竞争力。　　（王金霞　吴庆凡　陆晔琪）

【社会事业】 2021年，梅村街道实现城镇新增就业4730人，城镇登记失业率继续保持在2.8%低位运行。实现城镇失业人员再就业、城乡就业困难人员再就业、自主创业、带动就业总计4204人；依托党建联盟搭建校企就业平台，链接17家企业，开展就业需求对接会3次，有效解决辖区内第三产业、新兴企业等紧缺技能人才和管理人才需求。累计为低保、特困人员、残疾人、困难家庭等发放各类补助、救助和物资共计242.9万余元。不断完善社会救助工作机制，将日常走访慰问活动与“阳光扶贫”结对帮扶活动有机结合，协助完成“阳光扶贫”走访慰问63户。做好残疾人服务工作，全年累计完成57人评残工作，完成白内障复明手术29例，涉及金额2.9万元，发放老年重残生活补贴累计19万余元。养老服务发展成效显著，街道养老服务阵地建设不断完善，新建养老院于12月完成内部装修和物资采购，护理型床位为100%，总占比进一步提升。积极配合区教育局，对超出街道实际可提供公办学位的需求，通过政府购买民办服务，缓解入学压力。秋季接收符合条件的一年级新生1441名、幼儿园新生1108名，顺利完成秋季招生工作。中小学和幼儿园施教区公布后，街道召开入学矛盾预测协调会议和招生工作协调会制定相应对策，与社区、学校做好应急预案和沟通对接，对特殊群体的特殊要求，做好说服、引导工作。

（朱忆嘉　顾　恋　陆晔琪）

【基层治理】 2021年，梅村街道在城市治理方面，引

8月31日，梅里古镇亮化效果

（梅村街道　供图）

10月14—16日，在深圳“无锡文化旅游周”活动上，无锡市委书记杜小刚盛赞梅村二胡制作工艺

（梅村街道　供图）

进第三方管理和“城市管家”，通过政府购买服务等方式落实长效管理机制，辖区20个A类单元网格创优单元1个、良好14个、合格5个，合格率100%，案件数较同期实现持续压降。靶向推进污染防治攻坚行动，针对工业企业危险废物处置开展专项排查整治，累计排查120余家重点企业，完成204个环境安全隐患整改；聚焦河道“消劣奔Ⅲ”行动，伯渎港主要支河涉及的5条河道及市级重点考核涉及的5条河道水质优Ⅲ比例均已达到80%。深入开展大气污染防治，2021年全年$PM_{2.5}$平均浓度、优良天数比率、改善幅度等指标均列全市83个乡镇（街道）前列。高度关注社会治理工作，全力维护社会和谐稳定，积极推进网格化社会治理模式，将辖区115个综治网格与国家安全、禁毒、群租房治理和平安创建等工作有机结合，把社会治理的触角直抵基层末梢，妥善处置行业纠纷、商品房物业、非法办学等社会热点、热议事件，不断提高群众安全感、满意度。群租房安全整治“543”攻坚行动完成整治1860户。接待来信来访264批545人次，受理阳光信访系统信访件147件，切实做到件件有落实，事事有回音。

（张竹隐　陆晔琪）

【文旅发展】2021年，梅村街道积极贯彻“引进来”+“走出去”方针，通过承办、协办吴文化发展大会、少儿模特大赛、“红梅万枝”红色文旅月等活动，配合知名新闻媒体进行宣传报道，扩大活动影响范围。与广电深入合作，配合拍摄《花漾镜》《扯扯老空》等栏目内容，推动梅村“文旅强镇”品牌建设。参加省、市、区组织的东林市集、深圳市“无锡文化旅游周”、无锡文博会等会展10余次，以此讲好梅村故事，传播梅里文化。紧扣“精神新家园”和“文化新传承”两大关键词，平稳推进梅里文化小镇项目，不断整合泰伯庙、二胡文化园、二胡产业园、梅里遗址博物馆、梅里古镇等多个特色点位，接待游客超过6000人次、大小型团队200多批次，进一步丰富梅村文旅的内涵，保护、传承、宣传梅里文化特色。

（陈玲芳　陆晔琪）

【安全监管】2021年，梅村街道坚持网格推进、专家指导双管齐下，完成企业危化品使用排查填报和现场核查332家，完成“瓶改管”通气商户51户，排查“九小”场所2065家，发放《无锡市开展防高处坠落安全生产集中整治告知书》1292份，组织检查企业和单位等301家；推进“厂中厂、小园区”专项整治，累计出动执法车辆20余辆、执法人员200余人，完成整治“小园区”40个，查封违法违规企业、责令搬离“散乱污”企业67家，清理存在较大消防隐患打工楼居住人员300余人，拆除存在安全隐患违章建筑2000余平方米；落实工业企业安全风险报告制度，设立专班，全面推进工业企业安全风险报告制度落地见效，完成首次省级系统安全风险报告填报856家，涉及较大以上风险837家共2049处，做到工业企业较大以上安全风险“应报尽报”；全年各级交办督办问题16件、省巡查反馈问题1件，整改率100%，着力解决了油气输送管道占压、公寓楼消防安全隐患等一批隐患顽疾。同时，积极开展隐患问题“回头看”，及时跟踪掌握整改进度，形成工作闭环，确保各级各类督办交办隐患整改到位。

（陈　旦　陆晔琪）

鸿山街道

【概况】鸿山街道位于无锡市新吴区东南部，地处长江三角洲腹地，东起漕湖西底，南接苏州高新技术开发区，西靠无锡机场，北依锡东新城，312国道、沪宁高速公路、锡张高速、望虞河穿境而过，水陆空立体交通便捷。鸿山街道占地面积58.46平方千米，其中陆地面积52.69平方千米。鸿山街道下辖鸿声社区、后宅社区、南塘社区、建新社区、大新社区、梁鸿社区、鸿山社区、鸿西社区、马桥社区、鸿新社区、鸿声第二社区、鸿运苑第一社区、鸿运苑第二社区、鸿泰苑第一社区、鸿泰苑第二社区15个社区，大坊桥村、七房桥村、后中村、东塘街村4个村，常住人口近12万人。鸿山街道辖区生态环境优渥，境内有各类河道142条，北倚鸿山，南眺太湖，怀拥梁鸿湿地，绿地覆盖面积接近辖区总面积的一半。鸿山有深厚的历史人文底蕴，素有“吴越古地、泰伯故里、文化名镇、院士之乡”的美誉。全域共有国家AAAA级旅游景区3家，国家AAA级景区1家，全国重点文保单位2处，省级文保单位1处，市级文保单位7处。2021年，鸿山街道紧抓发展主业，大力推进产业高质量发展、产城融合、乡村振兴和文农旅融合发展4个示范区建设。全年规模以上工业总产值完成214.78亿元,同比增长31.59%;固定资产投资完成65.5亿元,同比增长18.79%,社会消费品零售额完成5.29亿元,同比增长41.83%;限额以上批发业销售额15.12亿元,同比增长35.63%;限额以上服务业营收完成3.9亿元,同比增长12.60%。 (谢夏冰)

【党建工作】 2021年,鸿山街道有基层党组织177个,其中党委6个、党总支17个、党支部154个,组织覆盖面进一步扩大。鸿山街道开展"鸿心向党百年路,砥砺奋进映山红"庆祝建党100周年主题活动,在街道各级党组织和党员中深入推进"映山红"党史学习项目。党史学习教育获中央及省级媒体宣传报道895篇,"学习强国"学习平台录用44篇。树立鲜明的选人用人导向,规范推进"两委"换届选举,选优配强村、社区"两委"班子,积极落实党的"三会一课"、民主生活会等党内制度规范,发布《组织生活提优套餐》,完成培育全市党组织"雁阵计划"AAAAA级达标单位任务。建强"两新"党组织堡垒,指导和推动"两新"党组织标准化规范化建设,升级鸿山民营企业党建联盟2.0版,推动"党建+服务""党建+公益""党建+安全生产"等特色党建活动100余次,积极为辖区企业讲政策、破瓶颈、疏卡口、解难题,打造区域化"党建共同体",选派33名兼职指导员联系指导民营企业党组织开展党建工作,充实"两新"组织党建工作力量,开展党史研学主题活动200余次,沉浸式、体验式行走党课10余次。推动中共中央决策部署在"两新"组织落地生根。持续推进"百年初心 梨享鸿山"千名党员认千树项目,来自省、市、区、街道的139个党组织和群团组织参与认领了1236棵梨树,鸿心梨享园成为党员教育实践课堂的网红打卡地,共吸引60余批2500余人次参访体验。实施"三沉三心"党员实践项目,组织党员进网格、进楼栋、进车间开展政策宣传、乡村治理、便民服务、疫情防控等实践活动2000余次,使党员群体在服务全街重点工作中践行初心。 (谢夏冰)

表13　　鸿山街道社区(村)基本情况表

序号	社区(村)名称	户籍人口数(人)	常住人口数(人)	常住户数(户)	居民小组数(个)
1	大坊桥村	4562	2835	758	41
2	七房桥村	4124	3974	692	25
3	东塘街村	2127	1608	256	19
4	后中村	3374	3900	1400	42
5	大新社区	3966	7814	2633	20
6	鸿山社区	838	1250	331	17
7	鸿声第二社区	4559	6902	2563	24
8	鸿西社区	1383	3176	1368	18
9	鸿新社区	2514	5173	1623	43
10	建新社区	1443	10653	2219	30
11	梁鸿社区	3074	5400	1912	24
12	南塘社区	3516	8796	2216	22
13	后宅社区	4274	15310	4270	25
14	鸿声社区	2378	5010	2030	11
15	马桥社区	1165	2780	1070	21
16	鸿运苑第一社区	5142	7951	2750	22
17	鸿运苑第二社区	5545	10988	4116	20
18	鸿泰苑第一社区	4887	8234	2889	27
19	鸿泰苑第二社区	2245	5829	2385	25

5 月 13 日，鸿山街道举办 2021 年乡村振兴项目签约活动暨美丽乡村建设项目集中开工仪式

（鸿山街道　供图）

12 月 22 日，在无锡市农业农村局主办的首届"金穗杯"暨第五届"无锡好米"品鉴活动中，鸿山街道选送的生态米获"无锡好米"金奖　（鸿山街道　供图）

【双招双引】 2021 年，鸿山街道在新吴区率先举办重大项目开竣工、投产和签约仪式，签约科笛生物等总投资超 50 亿元的重大产业项目 12 个、"6+2+X"产业项目 76 个。以"三优化三提升"为抓手，加快引育"6+2+X"优质产业项目和创新科技项目，重点围绕高端装备制造、新材料、物联网、生命科技、大交通产业、现代农业等产业，大力招引、培育带动能力强、科技含量高、发展势头足的高新产业新集群，不断改善和优化传统产业结构，提升产业层次，助推产业转型升级。引育"链主"型企业，导入航天中认人工智能与物联网安全产业化基地等行业龙头项目，为集聚、孵化和培育优质科技项目打下坚实基础。扶持辖区企业实现"延链"式发展，引导威唐工业拓展变速箱部件生产领域，帮助万里实业抢占融入无锡轨道交通发展的重大契机。全年完成新招引科技企业 132 家，推荐申报省高新技术企业培育库企业 51 家、高新技术企业 78 家，市雏鹰企业入库 19 家、瞪羚企业入库 12 家、准独角兽企业入库 1 家。与中科院沈阳自动化研究所等科研院所成立研发中心和工程院两家。申报国家重大工程 A 类 5 个，入选省科技副总 2 人，省"333"工程申报了 1 个第二层次、9 个第三层次，入围市"太湖人才计划"创业人才 2 人，入选市"太湖人才计划"医学专家团队 1 个，入选区"飞凤人才"领军人才创业创新项目 8 个。（谢夏冰）

【"三优化三提升"重大项目】 3 月 27 日，鸿山街道举办"百亿迎百年 '犇'赴新征程"鸿山街道产业园区"三优化三提升"重大项目开（竣）工、投产及签约仪式。确定"打造高质量发展、产城融合、乡村振兴、文农旅融合示范区"的目标定位，引育重大产业项目，落实产业园区"三优化三提升"重大决策部署。围绕"6+2+X"主导产业全力构建产业集群，形成大交通、高端精密制造和新材料、物联网科技、生物医药四大主导产业并驾齐驱的发展态势，为辖区企业找到强强联合、优势互补的发展平台。活动现场，科笛生物等总投资超 101.18 亿元、达产税收 10.11 亿元的 22 个重大项目集中开工、竣工、投产和签约，涉及高端精密制造、大交通产业链、新材料、生物医药等领域，其中总投资超 5 亿元项目有 3 个、总投资超 10 亿元项目有 2 个。（谢夏冰）

【科技创新】 2021 年，鸿山街道把高新技术企业的培育作为科技工作的重中之重，强化"一企一策"精准服务，确保提前介入及时指导，为培育创新型企业主体，实现数量和质量双提升打好坚实基础；推进"我为群众办实事"实践活动，利用网络开展线上政策宣传及项目申报培训，录制各类视频指导企业做好火炬报表、高新技术企业发展年报、高新技术企业季报。发挥政府作用，进一步梳理街道企业发展需求，加强有效引导，实现产学研深度融合。积极推动林泰克斯与东南大学，日立泵与江苏大学、河海大学，申康机械与江苏大学等大院大所的合作对接工作，突出企业创新主体地位，延伸学院科研成果产业化基地，有效促进科研成果转移转化。利用"企业周走访"，宣传加计扣除等政策，鼓励企业转变经营理念，加大研发活动经费及人才投入和研发机构建设。11 月 30 日，鸿山旅游度假区（鸿山街道）举办"专精特新"科技项目集中签约仪式暨科笛生物无锡工厂开工典礼，签约和开工的 7 个项目总投资超 10 亿元，均为生物医药、物联网大数据、新材料等现代科技产业项目，包含了中国科学院沈阳自动化研究所无锡研发中心和鸿山智能制造产业工程院两个现代科研院所，项目达产后预计年新增销售收入超 20 亿元，新增利税 2 亿元。（谢夏冰）

【乡村振兴】 2021 年，鸿山街道围绕鸿山乡村特色，建成启用新鸿山乡村振兴大讲堂（新鸿山党员干部讲

习堂)，以大讲堂为依托，将理论与实践相结合，推出党建教育“四季套餐”项目，走出“党员教育+乡村振兴”的新路径。聚焦乡村振兴“主战场”，以直播方式推介果梨、葡萄、大米等鸿山特色农产品，拓宽销售渠道。新建500亩高标准农田，鸿山葡萄成功摘得第二届“无锡市十大农产品品牌”荣誉。推进“百企建百园”项目，引导社会资本参与乡村产业发展，完成从心绿色水稻发展园、梁鸿生态休闲园、果怡现代农业休闲园3个“百企建百园”项目建设任务，为鸿山现代农业产业发展提供样板和示范。打造“一村一品”美丽乡村游线，推进南黄家湾美丽农居示范先行区建设，按时序完成寒儒桥美丽乡村建设任务，七房桥村荣获“江苏省特色田园乡村”和“江苏省乡村旅游重点村”称号。 （谢夏冰）

【城市建设】 2021年，鸿山街道启动运营在华东地区软硬件设施领先的九如城鸿山颐养中心，推进二甲

6月10日，鸿山街道举办“薪火计划”启动仪式暨“一站到底 谁与争锋”百年党史知识竞赛（决赛）

（鸿山街道 供图）

4月9日，中共无锡市委讲师团、无锡广播电视集团、新吴区委宣传部、“学习强国”无锡学习平台编辑部、鸿山街道联合举办“铭记光辉历史 书写奋进篇章”系列活动暨“映山红 鸿山应”走学党史“重走初心路”活动启动仪式 （鸿山街道 供图）

医院标准的鸿山社区卫生服务中心和金桥学校等民生配套建设，新交付鸿泰苑F区1613套安置房。完成鸿泰苑一区老旧小区、鸿声老镇区停车场和振兴路人行道、管线及外立面改造。推进锡义路延伸工程和大坊桥桥梁新建，疏堵结合治理城市停车难题，完成新增公共停车泊位共计300余个、公共停车场2处，新开设公交“微循环”线路2条，构建功能更完备、生活更便捷的人居环境。 （谢夏冰）

【基层治理】 2021年，鸿山街道开展“星级+双证”社工团队和专职网格员队伍培育，联合新吴区社工协会实施“鸿福治愿”社区微治理项目，引导社会各方参与治理，通过推进小区物业外包进程提升居民小区治理水平。推进“百名社工助力乡村振兴”系列活动，组织辖区百名全科社工挂钩各自然村，通过走村入户征集需求，围绕环境整治、配套提升、独居老人服务等主题，精准开展“百项微幸福工程”解决群众“急难愁盼”问题。开展“百场入村巷”活动，以社工为桥梁，广泛开展党史宣讲、健康讲座、法律服务、文艺演出、各类义诊等活动，实现惠民服务“送货上门”。依托网格员网格管理，建立城管、安监、环保等执法部门联动机制，引入市场化第三方专业服务方式，有效构建“网格员+部门联动”“网格员+第三方整治”的乡村网格化治理模式，持续提升村庄治理效率。乡村网格化治理系统上报和联动整治安全隐患、杂物堆放、河道清理等各类治理问题1382处。鸿山街道被认定为无锡市第三批农村人居环境整治典型镇(街道)。鸿山大坊桥村成功创建全国乡村治理示范村，大坊桥村和东塘街村被评为无锡市“乡村治理工作先进村”。

（谢夏冰）

【文物遗产保护】 鸿山区域文物遗产资源丰富，有不可移动文物点20余处。2021年，街道高度重视文物遗产保护工作，通过实地勘查和现场访谈，摸清鸿山管辖文物底数(国保1处、省保1处、市保7处、市控8处、一般不可移动文物点6处)。同时，对文物档案进行完善，对“四有”档案进行更新。推进西仓老街、毓秀桥等一般不可移动文物的本体、保护范围划定。积极申报市级文物1处、碑刻文物1处；完成管辖范围市控以上17处文物点的文物安全直接责任人、文物管理员的信息公示，并分别与3个主体、9个村(社区)签订年度文物保护目标责任书。重点推进集义桥修缮工程，按照文物保护工程规范全流程施工，10月开工。协调推进泰伯墓文物本体及建控区建筑修缮、大坊桥民居建筑群维修及形象提升，钱氏素书堂、怀海义庄活化利用工程等项目，满足文化旅游、乡村振兴的发展需求。做好考古前置工作，彭祖墩遗址完成北侧、南侧、东侧调查勘探；

吴家浜遗址、至贤路B地块考古发掘接近尾声；鸿山墓群高标准农田建设项目完成考古调查勘探、文评；完成吴越文化数字科创谷一期地块考古勘探，推进区域评估及考古勘探；配合推进振发路与鸿新路交叉口西南地块考古调查勘探等。（周　洁）

【生态环保】 2021年，鸿山街道环境空气质量持续改善，$PM_{2.5}$浓度达35微克/米^{3}以下、优良天数比率达到83.9%以上；PM_{10}、NO_2、O_3年平均浓度同比下降，区域空气质量市级排名稳步提升，生态空间管控区域得到刚性管控。水环境质量持续优化，地表水国考、省考断面优Ⅲ比率达100%，市级重点考核河道水质优Ⅲ比率达70%以上，主要入湖河道支浜水质优Ⅲ比率达70%以上，片区内河道水质全面消除劣Ⅴ类。（周　洁）

【度假区发展】 2021年，鸿山街道抓住鸿山省级度假区规划落地契机，会同区资规、国土和住建等部门谋划度假区建设发展格局，确定度假区建设三年行动计划。系统布局涵盖水系路网优化、田容田貌提升、品质空间打造等精品建设工程，共有六大战略、十九项行动。会同灵山“拈文投”成立项目推进专班，推进总投资近70亿元的“吴越春秋 鸿山奇境”重大文旅项目的整体计划和首开区详细计划编制并启动前期相关工作，为加快建设新鸿山全域融合提升的文农旅融合发展新格局奠定基础。（谢夏冰）

【美丽乡村建设获无锡市“民心工程奖”银奖】 2021年1月22日，鸿山片区美丽乡村建设工程获2020年无锡市首届“民心工程奖”银奖，也是新吴区唯一入围并获奖的民心工程。2021年，鸿山街道以“一推三治五化”专项行动为重要抓手，聚焦东部农业板块的4个规划保留村，按照“一村一大师”模式高标准、高定位规划美丽乡村，投入超1.1亿元启动建设大坊桥寒儒桥、姚更上等4个美丽乡村建设项目和亮化提升、路网提升、水系提优等重点工程。七房桥乡村田园文化旅游特色村、大坊桥姚更上、金家里美丽乡村、东塘街徐塘桥景观农业项目和七房桥翻建农房建设完成，呈现出“新江南人家”风貌，成为新晋网红景点。经过系统建设提升，鸿山片区形成美丽乡村集群，构建起一条乡村特色游线路。（谢夏冰）

【新鸿山乡村振兴大讲堂开馆】 6月21日，鸿山街道举行新鸿山乡村振兴大讲堂开馆仪式。大讲堂位于鸿山街道大坊桥村美丽乡村姚更上，集服务、展示、交流、活动于一体，围绕鸿山乡村特色，理论与实践相结合，党员教育和乡村振兴双向接轨，推出春夏秋冬不同的“四季套餐”课程，打造丰富多彩的“实境”课堂。同时，结合鸿山街道党群服务中心、鸿山遗址博物馆、梁鸿国家湿地公园、泰伯景区、中华赏石园等多个党员教育实践交流点，在全域范围内织就“鸿色之旅”党建学习带，全方位展示鸿山深厚的党建文化，形成创新党员教育管理方式、强化党员素质教育的生动样本，不断延伸党员学习触角。（谢夏冰）

新安街道

【概况】 新安街道南濒太湖，运河穿境而过，是无锡南大门，也是太湖新城东部产业区、新吴区行政中心所在地。新安街道经历多次区划调整，2006年正式划归新区，开发建设无锡太湖国际科技园（简称太科园），并成立太科园党工委、管委会，同时组建新安街道党工委、办事处。2016年撤销太科园党工委、管委会，片区发展由全区统筹、区级主抓。新安街道主要承担太科园片区的拆迁安置、环境保护、民生发展、社会稳定等社会治理和公共服务职能，弱化经济发展、城市建设职能。2019年12月，《无锡太湖国际科技园管理办公室职能配置、内设机构和人员编制规定》出台，明确无锡太湖国际科技园管理办公室是无锡国家高新技术产业开发区管理委员会（无锡市新吴区人民政府）派出机构。无锡太湖国际科技园与新安街道实行“园街合一”的管理体制，无锡太湖国际科技园管理办公室与新安街道党工委、办事处设置一套职能机构。新安街道主要承担公共服务、民生保障、社会稳定、综合执法等社会事务职能。街道

6月6日，太科园（新安街道）千人徒步活动

（新安街道　供图）

6月30日，摄于新安文化广场“七一”晚会

（新安街道　供图）

表 14　　新安街道社区基本情况表

序号	社区名称	地址	居民户数(户)	居民小组数(个)	常住人口(人)	户籍人口(人)
1	新安花苑第一社区	无锡市新吴区新安花苑一区 160 号	4408	55	11940	8894
2	新安花苑第二社区	新安街道清源路 288 号	4098	47	10178	7145
3	新安花苑第三社区	新安街道清源路 6 号	4471	67	10798	6230
4	新安社区	新安街道振新路 33 号	780	19	1200	1613
5	新安花苑第五社区	新安花苑第五社区 30 号	3257	24	7000	1158
6	和风社区	和风家园 5 号(华清大道与和风路交界处)	2022	27	4770	2133
7	净湖社区	朗诗绿色家园二期(浪新路 22 号)	2551	18	8498	1930
8	菱湖社区	无锡市新吴区菱湖大道 8 号	2093	18	5425	2624
9	观湖社区	无锡市新吴区新安街道耘林苑 2 号	2543	17	3484	1539
10	慧湖社区筹建组	新安街道琥珀澜湾 15 号门一楼	1200	/	1099	2780
11	新湖社区筹建组	新安街道龙湖滟澜山 478 号一楼	1874	/	2600	1339
12	新安佳苑社区筹建组	新安佳苑 21 号 3 楼	115	/	311	51

辖区面积 24.27 平方千米，有 7.8 千米长的太湖湖岸线，是太湖水源地一级保护区。截至 2021 年年底，辖区户籍人口 3.8 万人，总人口 7.9 万人。下辖新安花苑第一社区、新安花苑第二社区、新安花苑第三社区、新安社区、新安花苑第五社区、和风社区、净湖社区、菱湖社区、观湖社区 9 个社区，慧湖社区、新湖社区、新安佳苑社区 3 个社区筹建组。2021 年，新安街道（太科园）企业应税销售额超千亿元，同比增长 30%；纳税总额 38.3 亿元，同比增长 28%；一般公共预算收入完成 20.1 亿元，同比增长 23.2%，其中税收占比 94.8%；高新技术产业产值占规模以上工业总产值比重 91.9%，规模以上工业总产值、规模以上服务业、固定资产投资、限额以上批发业、限额以上社会零售额等主要经济指标分别完成 75.53 亿元、312.8 亿元、70.15 亿元、274.7 亿元、18.25 亿元，同比增长均超 20% 以上。街道获江苏省生态文明建设示范街道、省智慧健康养老示范街道、省基层党员冬训工作示范乡街道、政务工作先进单位、市科普示范街道、市信访工作示范镇（街道）、市法治镇（街道）建设工作示范单位、市扫黑除恶专项斗争成绩突出集体、市三季度"真抓实干"等荣誉。　　（郑周岚　唐传钊）

【党建工作】 2021 年，新安街道有基层党组织 168 个，其中党委 8 个、党总支 6 个、党支部 154 个，党员 2891 人。街道党工委以党建工作全面引领街道建设，实践"'三融三合'构筑'党建 + 科创'新路径"街道党工委书记项目及 9 个社区书记项目。申报基层党建创优实践项目 13 个，其中 4 个入选全区基层党建创优实践项目立项建议名单。和风社区第一党支部、无锡

11 月 7 日，全国政协委员考察团到新安街道参观调研"有事好商量"协商议事工作（新安街道　供图）

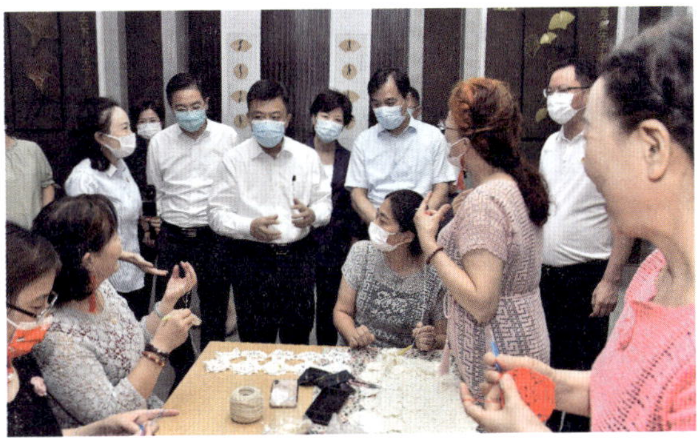

9月7日，市委书记杜小刚在新安街道净湖社区调研基层党建与治理工作　　（新安街道　供图）

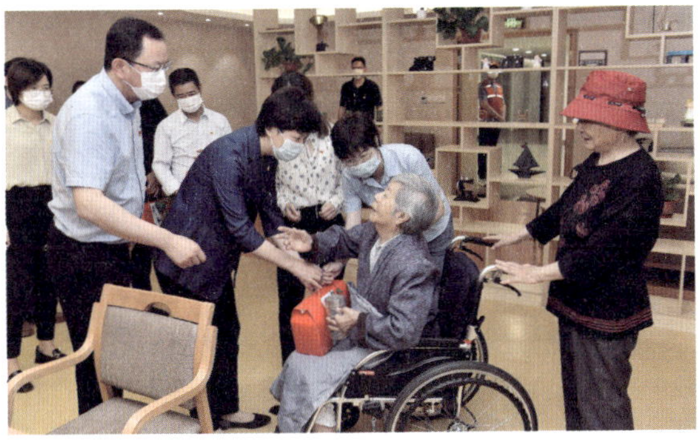

5月25日，市委常委、新吴区委书记蒋敏到新安街道新安养老服务中心开展党史学习教育“三联三解”活动　　（新安街道　供图）

物联网产业研究院第一党支部入选2020年度无锡市党支部标准化规范化建设示范点；净湖社区党总支、尚沃医疗党支部被评为“无锡市先进基层党组织”。推进党建创优实践项目，强化党组织带头人队伍建设，培育村（社区）书记“百千万”工程人选1名，入选“五有五强”型社区党组织书记人选1名；建立发展党员数据库，把好发展党员的程序关、政治关、纪律关，55名预备党员充实到党员队伍。高质量完成社区“两委”换届选举，选优配强62名“两委”班子成员；开展“办好开门一件事　绘好开局一张图”活动，9个社区通过项目化管理推进“开门一件事”落地，净湖社区“幸福餐厅”、菱湖社区“非机动车安心停”项目成功入选全市党组织100个重点项目。23名太科园（新安街道）党工委出席新吴区第二次党代会代表选举工作。做好18名市、区级“两优一先”对象的推荐报送工作，表彰街道“两优一先”对象85名。发放“光荣在党50年”纪念勋章130枚。落实党内关爱制度，为4名困难党员申报省、市级党内关爱资金。　　（王文婷）

【党史学习】 2021年，新安街道组织“学党史、强信念、跟党走”主题党日·团日活动、庆祝中国共产党成立100周年主题晚会、“永远跟党走　奋进新征程”千人徒步等形式多样的党史学习活动40余场次。邀请无锡市委讲师团成员、区委宣讲团成员、江南大学等专家教授围绕党史学习教育、中共十九届六中全会等热点进行专题解读，辐射党（团）员200余人次；邀请党史学习教育无锡市委宣讲团成员、市委宣传部一级调研员商波涛现场指导党史学习教育工作，为做优党史学习教育工作提供意见、建议。微信公众号开设“心和微讲堂学史励行”专区、“行远计划频道”微信版，涵盖政治理论宣讲、党史学习教育、精神文明建设等多个方面，为广大党员群众打造“掌上加油站”。结合党史学习教育创新推出“百年风华·正青春”文艺宣讲进社区、进园区、进学校、进机关、进家庭“五进”活动。5月18日，太科园（新安街道）举行“学党史、强信念、跟党走”主题党日·团日活动暨“百年风华·正青春”红色宣讲“五进”活动启动仪式，现场发布太科园（新安街道）为民办实事“十百千”行动，公布首批10个民生微项目及志愿服务认领情况，启动“百年风华·正青春”红色宣讲“五进”活动。12月29日，“学党史守初心　办实事暖民心”——新安街道“我为群众办实事”项目集中验收暨成果展示活动在新安街道新时代文明实践所成功举办。新安街道涵盖街区改造、生态环境、交通出行等8大类55个为民办实事项目已全部落地见效。　　（巫以筠）

【城市建设】 2021年，新安街道全力推进安置房、老镇区提升改造。包含区本级政府投资项目以及街道各部门零星工程项目的街道建设工程，涉及总金额约0.8亿元。根据老镇区三年建设目标，完成南湖园路、规划二路、新湖南路道路提升改造，启动建设新湖路道路改造工程，基本完成南湖园路、新湖南路沿街店铺风貌提升，老镇区整体风貌提升改造成果初步呈现。配合完成街道卫生服务中心发热门诊改造，完成发热门诊改扩建、专业设备采购等，配合和风社区小区改造，完成楼道门厅装修出新、地下车库整改、增加电动车停车棚及小区绿化改造等工程，配合街道公墓改造、二社区综合服务中心装修改造等民生工程。慧湖路人行道改造与增设项目获无锡市第二届“民心工程奖”金牌。以城市风貌环境提升为重点，完成老镇区整体改造方案，提升品质、改造道路，完成清源路路口、太湖沿线两个海绵项目，完成干城路—太湖沿线整体提升改造方案设计并启动建设；完成干城路1号、2号停车场，以及万达广场停车场、宁和路停车场的建设工作，停车位数量560余个。　　（吴敏倩　邹　峰　唐伟德）

【环境整治】 2021年，新安街道开展垃圾分类、市容环境卫生责任区制度等宣传工作，营造良好的共建共治氛围。对所有养护单位开展月度、季度作业质量检查工作，处理绿化养护问题500余起，整治毁绿占绿近

60处，地块环境整治（波士顿国际学校北侧地块、华谊路沿线及其周边区域、S19锡通高速出入口及高速沿线的水域和边沟区域等），排查整治裸土地块近20处，裸土覆绿面积30万余平方米。配合上级相关部门做好“散乱污”企业整改、黑臭水体治理等环境保护工作，全面推行生活垃圾分类一体化管理，实现生活垃圾分类覆盖率、无害化处理率双100%，深入推进“厕所革命”，完成新建公厕1座、改建公厕11座。圆满完成清明祭扫保障以及省、市、区领导的视察等市容保障工作，确保各项保障活动有序、安全、顺利开展。开展清理各类沿街“三乱”整治450余次，户外违规广告专项整治55次，拆除违规广告近121处，拆除面积约2749平方米，重点整治市容难点热点问题40余次，整治占道经营400余起。辖区15条道路45个点位的路面违停抓拍系统建设投入启用，张贴移车告知单和违停处罚单1368张次，拖车1453辆，绿地锁车442辆，拖移非机动车1107辆，清理占道、占绿共享单车3495辆次，强化渣土运输扬尘治理，组织设点检查40次，立案查处24起。依托数字城管监督指挥平台，处置案件10549件，处置率、按期结案率双100%，居全区街道板块第一。“12345”接处警平台投诉案件处理1333件，无积案，群众满意度99%以上。拆除新增违建、历史违建、重要道路两侧违建等各类违法建设81处，拆除面积2.16万余平方米。创新问题收集方式方法，以城管进社区、进商户店铺“面对面”座谈等方式收集各类问题200余个，探索形成“沟通引导＋一商一策”机制，推动问题第一时间反馈、第一时间落实。处理“12345”工单投诉240余起，涵盖物业服务投诉、邻里物业矛盾、房屋及设备质量问题、业主房屋违建等问题，工单答复回访率100%，按时办结率100%。新安花苑一、二、五区，和风社区服务外包招标完成，市场化运营率超70%，新安花苑五区成功创建新吴区“优秀小区”。新安花苑新增电瓶车充电桩920个，新增汽车停车位65个，安装便民晾衣架1000余根，增设休闲椅1500张，铺设便道30余条，解决居民停车难、晾晒难、休闲难的现状。全年提供用水维修服务2158次，用电维修服务2875次，土建维修965次，门窗维修1250次，电梯维修1685次。（吴敏倩 邹 峰 唐伟德）

【社区建设】 2021年，新安街道顺利完成9个社区居民委员会换届（首届）选举工作，夯实基层自治基础。在社区治理探索方面延续“双导师”服务项目，邀请专家导师通过“面谈指导”“云服务”帮助各社区进一步梳理规划思路、提供治理经验、优化项目内涵。5个社区微治理服务项目（社区工作法）经层层选拔获得区级荣誉奖项，充分展现“新安之治”的智慧力量。其中，观湖社区“老年友好型社区”营造项目、“观湖合伙人”社区融合共治参与实践项目、菱湖社区“菱”里合乘——学生拼车接送互助服务3个项目获新吴区2020—2021年“善治新吴·共建家园”城乡社区治理创优实践项目三等奖，新安花苑第三社区“一路童行”儿童友好型社区营造计划、净湖社区“以编织之名”匠心互助项目获新吴区2020—2021年“善治新吴·共建家园”城乡社区治理创优实践项目优秀奖，有效提升了全域基层社区创新治理水平。新安街道成为新吴区唯一获2021年度全市创新网格化社会治理优秀街道，2个社区获全市创新网格化治理优秀社区，3个社区获全区创新网格治理优秀社区，2人被评为市最美网格员，3人被评为区最美网格员，1人被评为区网格化先进工作者。（冯雅洁）

【社会事业】 2021年，新安街道推进学前教育普及普惠，与无锡外国语学校签约合作办学，完成隽溪幼儿园内部装修工程，观湖幼儿园通过市优质幼儿园验收；打造社区教育特色品牌，“烘焙课程”“旧物改造”获得新吴区社区教育特色课程一等奖；规范培训机构管理，开展校园安全检查10次，排查隐患11条，整改率100%；开展校外培训机构专项督查，积极落实“双减”政策要求，引导学科类培训机构整改与转型。助力企业人才招聘工作，全年累计对接100多家企业、线上提供500多个岗位，城镇新增就业完成3942人，城镇失业人员再就业人数3819人，城镇就业困难人员就业再就业完成124人。全年自主创业456人，创业带动就业1987人，完成审核大学生租房补贴1877人、创业担保贷款80万元，发放各类创业补贴共计1729442元。将退役军人工作纳入网格化管理模式，以街道服务站为中心，辖区9个社区退役军人服务站和3个筹建组为服务网点，更加精准高效为退役军人服务保障。认真落实优抚政策，组织辖区优抚对象一年一次体检，对部分身体情况不佳的优抚对象进行短期内的疗养。全年发放优抚对象和其他对象生活补助102.2万余元，退役士兵优待金和一次性补偿金87.8万余元，春节、“八一”发放各类慰问品折合6.1万余元、慰问金31.3万余元，慰问共建部队7.8万余元。全面开展“光荣之家”挂牌工作，上门悬挂率达100%。发放失地农民、失水渔民政府保养金7564.91万元、物价补贴230.38万元；发放镇级统筹养老金489人，合计177.98万元。每月做好街道1100多名公益性岗位员工的工资发放管理工作。重点帮扶残疾人员及重症丧失劳动能力人员，扶持56名残疾及重症丧失劳动能力人员参保（重症患者12人，残疾44人），补贴总金额78.47万元。全面掌握辖区各类人员的参保情况，全年办理社会保障卡1470张。街道共有低保户20户，保障人数38人，累计发放低保

5月18日，太科院（新安街道）举行“学党史、强信念、跟党走”主题党日·团日活动（新安街道　供图）

11月18日，在新安街道举行新吴区广场舞大赛（新安街道　供图）

金及低保家庭物价补贴46.92万元；全年清退低保户4户11人，无新增低保户；医疗救助对象9户9人。发放春节一次性慰问金54.61万元、677人；慈善救助33.3万元、108人。享受困难残疾人生活补贴53人、护理补贴129人，全年累计发放残疾人两项补贴91.95万元、186人。全街道现有特困人员（“三无”老人）共11人，其中分散供养1人、集中供养10人，以不低于每人每月1600元的供养标准，共支付特困人员供养经费6.71万元。新增居家床位118张，居家站点累计床位206张，养老机构累计床位258张，合计床位464张，每千名老人床位数达50张。新安养老服务中心护理型床位100%。街道接受居家上门援助服务老年人数2155人，占23.56%，在新吴区名列第一；累计接受上门服务的居家老人比例32.06%，“安康通”援助服务老人次数上万人次；高质量指标高龄、经济困难失能老人养老服务覆盖率123.49%，在新吴区覆盖率第一；老人能力需求双评估4196人，完成率100%；助餐人数1360人，占15%，老年食堂的菜品和口味得到老人们广泛喜爱。完成25户适老化改造，养老护理员岗位培训率100%；全年累计发放尊老金92.67万元、老年人助养金384.14万元，累计为辖区内199位高龄老人发放祝寿蛋糕。

（陆宇峰　朱小君　陆志军）

【公共文化服务】 2021年，新安街道积极构建具有新安特色的文化服务体系，以“15分钟公共服务圈”建设为理念，形成“一个站点+N个分服务点”的文化服务新格局，新安街道公共文化服务中心入围江苏省“最美公共文化空间”打造对象，成为新吴区入围的两个项目之一。大溪港亲水跑道被评为无锡十佳跑步路线，中华桥游园被评为无锡市“家门口的好去处”。“湖韵小剧场”成为“家门口”的演艺集聚地，受到居民好评。紧扣“建党百年”主题主线，“白玉兰文化巡演”等群众性文化活动374场次，展览9场，培训330场、讲座25场次。举办“新安奇妙夜”文化市集，集文化阅读、阅读旅游、阅读与生活互动交流于一体的“阅响·新安”文化品牌应运而生，假期阅读训练营、图书馆奇妙夜、草坪阅读节、阅读新安电台等特色子项目带动阅读文化的良性发展。“永远跟党走　奋进新时代”千人徒步活动、“家门口的公益课堂”、开设全民艺术普及课程等大型活动，构建新安的特色文化生态圈。“玉飞凤”精品原创作品大赛选送的群文作品小戏《请客》、故事小品《钟点工小雨》、声乐《画》，分获戏剧小品曲艺类银奖和音乐类作品铜奖。（张雯斌）

【基层治理】 2021年，新安街道全年共受理各类为民服务事项29394件，办结29345件，办结率99.83%。其中，即办件28820件，即办率98.21%，按时办结率100%。接待各类咨询5740人次，发放各类宣传资料5000多份。窗口办理无错办、漏办、延办、误办等现象。推进“有事好商量”协商议事室、委员工作室、信息直报点、政协书房、履职党支部“五位一体”建设，引导政协委员参加“同心”党建联盟活动，积极推动党建与政协履职相结合。开展协商议事活动61次，推动解决涉及打造最干净城市、美丽河湖建议、新安老镇区改造等社会治理难题80余个。全年新建16个非公企业团支部。推动9个符合条件的社区团支部完成换届选举，选举产生新一届委员会成员33人。推进“网上妇联”建设，拓展融合宣传路径。策划拍摄原创微视频《湖韵听“澜”》，多角度多职业展现湖韵女性建功平凡岗位的奋斗之音，获第二届无锡女性融媒体创意大赛优秀作品奖。

（吴雪峰　华美红　蒋洁燕　盛凤敏）

【健康城市建设】 2021年，新安街道全力推进健康新吴建设工作进程，新安花苑第五社区创成省级健康社区、病媒生物防制规范化建设居民小区；和风幼儿园创成省级健康单位；为民服务中心创成无烟党政机关；居家养老服务中心六色餐厅创成健康食堂；观湖社区获“全国示范性老年友好型社区”称号；耘林康复医院、新安医院建成“江苏省老年友善型医疗机构”，其中耘林康复医院被评为“江苏省优秀老年友善型医疗机构”；选出区级健康示范家庭3户，评选健康家庭64户。开展爱国卫生运动，与第三方东科科技有限公司签署病媒生物防治服务协议，为街道的病媒生物防治提供保障。完成街道和11个社区（筹建组）的红十字会换届工作（三社区、社区卫生服务中心2020年已换届），社区及卫生服务中心红十字会换届选举率100%；完成会员入会登记90人，新增注册志愿者8人；完成普及性救护培训21场884人次，初级救护员培训1场50人次；开展红十字送医送药送健康服务5次；红十字"帮你回家"易走失人员定位手环使用人员新增3人；完成献全血187人、成分血19人、造血干细胞采血入库12人。街道红十字会被市红十字会评为无锡市新冠肺炎疫情防控工作先进集体。在常态化推进疫情防控工作基础上，先后启动"连心家园""老年人心理关爱""心理疏导，让失独家庭不再感到孤单"等项目，针对精神障碍患者和失独老人提供精准帮扶服务；完成65周岁以上老人体检4820人次，精神患者体检78人次。医疗机构安全专业委员会累计检查医疗机构86家次，出动检查人员175人次，街道管辖内的医疗机构未发现重大隐患，发现一般隐患19处，均已整改到位。（邹丹华）

【生态建设】 2021年，新安街道推进美丽河湖建设。农业水利条线重点完成干城路清水河（大溪港—近湖路段）综合整治工程、大溪港（大溪港闸—干城路段）清淤工程和部分驳岸修复、六步港（清水河—六步港套闸）清淤工程，加强水体流通，促进水质提升达标；完成锡东水厂近岸清淤工程，确保饮用水源地水质安全；完成太湖沿线大溪港湿地公园游客中心至廊桥段北侧河道两岸河坡整治、三叶草复绿；完成新吴区藻水分离中心西侧河塘清淤、两岸河坡整治；完成高墩港廊桥周边复绿，完成锡东水厂围栏沿岸整坡复绿；完成京杭运河望亭上游监测站挡墙维修及周边复绿、三河港调水拦河坝工程、六步港驳岸维修工程等，全面提升新安河道沿线整体环境，确保行洪通道畅通。全方位提升蓝藻打捞处置能力及运转效率，确保高峰期打捞工作顺利有序进行。累计打捞蓝藻118060吨、水草等漂浮物801吨，出动人员14582人次，打捞船1956船次、运输船1173船次。以河长App信息平台为抓手，动态更新河长名单，加强河长制管理。镇级河长每月每河至少2次、村级河长每月每河至少4次巡河，第一时间发现问题，及时上报处置，确保源头治理，达成三河港河、新开港河、亲水河3条河道上榜"美丽河湖红榜"的佳绩。建空气质量在线监测站"新安站"并成功验收启用，增强街道辖区在线监测能力，助力精准治污，空气质量显著提升。街道空气质量跃居全市前列，$PM_{2.5}$全年平均浓度27.4微克/米^3，同比下降27.9%，下降幅度全区各街道最高；京杭运河断面首次"增Ⅲ"成功，街道3个国考、省考断面全部实现Ⅲ类水质标准。强化大气污染预警管控，重点企业预警期间加密检查确保企业管控落实到位。强化工地扬尘、重污染期间预警管控措施。常态化开展重点河道自测和辖区危废排查整治，发现问题及隐患共16处，均完成整改闭环。（惠新建）

【安全监管】 2021年，新安街道坚持防范在先，深入推进风险辨识管控和隐患排查治理，全面覆盖监管1187家分级分类管理对象，全年排查隐患829处，到期整改率100%。积极落实工业企业安全生产风险报告制度，实现规模以上和规模以下企业填报、无生产核销双100%，完成较大以上安全风险"应报尽报"。扎实开展危险化学品使用安全专项治理，完成190家单位信息填报。加强重点领域排查整治，行政处罚冶金工贸企业3家，罚款8.9万元；完成餐饮单位"瓶改管"21家，打击查处2起"黑气点"，159家商户完成"智慧燃气"报警装置安装，覆盖率达100%；排查"九小"场所860余家，现场整改180条，到期整改率100%。、区督办交办问题清单全部清零。充分发挥"园街一体"机制优势，制定出台《太科园管理办直管国有企业年度经营业绩考核方案》，将安全生产纳入考核体系，倒逼园区企业压实主体责任。深入推进"百团进百万企业"安全宣讲活动，班子成员深入一线宣讲4次。将安全生产培训纳入党课学习，创新设立"党员安全责任区""党员示范岗"等，充分发挥党组织和党员典型示范和引领作用。全方位、多元化做好安全发展示范城市创建宣传，组织开展"安全宣传咨询日"活动15场，组织开展安全生产专题培训、考试、应急救助演练28次，覆盖群众1300余人。新安街道综合行政执法局被市应急管理局评为"2021年度全市工贸安全监管和工业企业安全生产风险报告工作先进集体"和"2021年度全市防灾减灾抗灾救灾工作先进集体"。新安街道被评为全市安全生产专项整治行动先进集体。（韩旭亮）

【感知农贸市场改造】 2021年，新安街道启动市场智能化管理及整体氛围提升工作，对出入口大厅、店牌店招、市场氛围等进行优化提升，同时利用物联网、大数据、云计算等技术建立智能农贸管理平台，使用技术手段提升管理水平。截至12月底，市场内42家商铺、240个摊位全面实现智能水电、智能收租。为丰富市场业态，满足新安居民日益增长的物质文化需要，市场引进大型综合性超市，打造集购物、休闲、生活服务于一体的综合性商业平台，与一楼的农贸市场形成错位竞争，相互弥补不足，2021年11月底正式营业。推动市场外围停车秩序管理，启动市场停车场建设项目，增加机动车车位80个、非机动车位200余个。（许　勇）

新任区级领导

顾国栋 男,汉族,1985年3月出生,江苏东台人,2006年8月参加工作,2005年6月加入中国共产党,研究生学历,硕士学位。2021年7月,任无锡高新区党工委委员、管委会副主任,新吴区委常委、区政府副区长、党组成员,三级调研员。

罗功新 男,汉族,1985年8月出生,湖南新化人,2008年8月参加工作,2006年6月加入中国共产党,研究生学历,硕士学位。2021年10月,无锡市纪委常委,无锡高新区党工委委员、纪工委书记,新吴区委常委、纪委书记、监委代主任。

孙磊 男,汉族,1970年5月出生,江苏无锡人,1995年8月参加工作,1994年6月加入中国共产党,中央党校大学学历。2021年8月,任无锡高新区管委会副主任,新吴区政府副区长、党组成员,区红十字会会长。

华艳红 女,汉族,1975年7月出生,江苏无锡人,1998年7月参加工作,1998年5月加入中国共产党,大学学历,硕士学位。2021年7月,任无锡高新区管委会副主任,新吴区政府副区长、党组成员,无锡高新区(新吴区)商务局党组书记、新吴区商务局局长。

冼薇 女,汉族,1972年6月出生,广东佛山人,1998年9月参加工作,中国民主建国会会员,研究生学历,博士学位。2021年12月,任无锡高新区管委会副主任、新吴区政府副区长、新吴区人力资源和社会保障局局长。

吴珂 男,汉族,1974年1月出生,江苏靖江人,1996年8月参加工作,1994年7月加入中国共产党,研究生学历,硕士学位。2021年11月,任无锡高新区管委会副主任、新吴区政府副区长。

薛晗男 汉族,1974年7月出生,福建福清人,1997年8月参加工作,1996年6月加入中国共产党,研究生学历,硕士学位。2021年3月,任上海市漕河泾新兴技术开发区发展总公司副总经理,无锡高新区管委会副主任、新吴区副区长(挂职,时间自2021年3月到2022年3月)。

钱怡男 汉族,1979年3月出生,江苏无锡人,2000年8月参加工作,2000年1月加入中国共产党,大学学历。2021年8月,任新吴区政府副区长、党组成员,无锡市公安局新吴分局党组书记、局长、督察长(兼)、四级高级警长。

叶志浩 男,汉族,1966年9月出生,江苏江阴人,1985年11月参加工作,2000年9月加入中国共产党,大学学历。2021年9月,任新吴区人大常委会副主任候选人、无锡高新区(新吴区)人民法院党组书记、三级调研员。

先进模范人物

全国维护妇女儿童合法权益先进个人顾玫 新吴区人民法院旺庄人民法庭法官。2020年11月,区妇联携手新吴法院在旺庄法庭设立"大玫法官工作室"暨"妇女儿童维权工作站",是全市首家家事纠纷多元化解平台。成立以来,接受当事人咨询及组织解纷工作300余次,化解矛盾解纷数百起。为深化诉源治理和多元解纷工作,工作室累计在辖区各家事调解点投放

"大玫解忧信箱"8个，让群众找到"讲贴心话、解烦心事"的途径；为疏导"诉讼冷静期"内当事人的情绪、规范其权利义务，工作室出具《给诉讼冷静期内您的一封信》，为第一次判决不准离婚后的当事人提供三次免费咨询及帮助服务；为及时、有效保护家庭暴力受害者的合法权益，工作室联合无锡中院制作《人身安全保护令的问答与操作手册》，在全市范围推广使用。为探索更多普法形式，区妇联与旺庄法庭共同推出"大玫法官说家事"项目，在"新吴法院""新吴巾帼"微信公众号推出后，广受群众及媒体好评，在全省甚至全国都获得不俗的影响力。人民网、中央电视台《今日说法》、《人民法院报》、"学习强国"等主流官方媒体多次转发，江苏广播电视台、《法治日报》、《江苏法治报》、《扬子晚报》等陆续推出人物专访。"大玫法官说家事"项目从线上走向线下，积极开展落实尝试，通过社区普法、民法典宣讲、志愿服务等方式，与老百姓近距离交流，更贴民心，获无锡市首届新媒体创新作品奖、无锡市法治惠民实事工程一等奖。在反家暴法实施4周年时，顾玫受省妇联特邀，创作反家暴系列漫画，作品获省高院、省妇联及全国多家法院、妇联转载。顾玫获得区十大法治人物、无锡市三八红旗手、省政法先进典型、全国维护妇女儿童权益先进个人等称号。

（区妇联）

全国"最美书香家庭"蔡文花 新吴区江溪街道奕淳社区的蔡文花2009年成为无锡新市民，是一名朝鲜族教育导师。她创办的"奕家人同成长"项目受到社区居民的一致好评，获得"益聚江溪"社区参与式治理项目"十佳项目"。蔡文花家庭通过阅读传递家庭美德，涵养家国情怀，成为传承中华传统家庭美德的践行者。蔡文花夫妻经常带着两个孩子，听家中长辈讲年轻时的故事，她和家人一起学党史、颂党恩、探访红色教育基地，廉洁自律，恪尽职守，将个人的修养、家庭的幸福与家国的命运紧紧相连。在孕育孩子时，蔡文花开始学习育儿与心理知识，并考取多项资质证书：国家二级心理咨询师、国家一级家庭教育指导师、正面管教导师等。从2014年起，蔡文花组织线上、线下读书会，带动更多的家长们一起研读育儿、婚姻、女性自我成长相关书籍，目前为止已组织300余场次。她引导大家把书本的理论付诸到实际生活中，跟随她读书的很多妈妈，不仅养成阅读的习惯，还获得了提升与改变。2019年，她被邀请到常州大剧院"书音"活动现场，分享《孩子：挑战》一书的阅读心得，让现场400多位观众深受感动。对传统文化的热爱和家中浓厚的学习氛围，也影响着蔡文花的一对儿女。近两年受疫情影响，她开展线上诗词会，带领妈妈和孩子们在线上读诗颂词，并在微信群里分享阅读心得。蔡文花家庭积极探索精神文化追求，并坚持学以致用，影响和带动家人、邻里、社区及周围群众，使更多的人喜欢上读书、爱上阅读，让书香家庭成为一种生活方式和社会时尚。

（区委宣传部）

江苏省"最美书香家庭"顾万春家庭 顾万春一家是书香之家、教师之家。顾万春是无锡市新吴区旺庄实验小学校长、新吴区教师发展中心负责人，是全国首批十名"科研型"教师、江苏省特级教师、江苏省优秀共产党员、无锡市有突出贡献专家、无锡市名校长。近年来，他陆续承担的"十一五""十二五""十三五"省级规划课题，被评为无锡市精品课题一等奖。他领衔的"发现数学"名师工作室被正式授牌。十多年来由其主持的"小学互动生成课堂教学"获2013年江苏省教学成果二等奖，编写多部论著，撰写论文近百篇。2019年，被聘任为江苏省教育学会理事、无锡市教育学会常务理事。顾万春作为小学校长，将"读书节"设定为学校每年的六大节庆活动之一。通过"读书节"活动，激发师生阅读的兴趣，引导师生从"阅读"走向"悦读"，使校园充满浓郁的书香氛围，促进学生健康快乐地成长。学校先后有近百位学生在省、市级作文竞赛中获奖。他领衔成立的区级"顾万春数学名师工作室"，每学期举行3次以上的集体教研和讲座。在他的影响下，工作室内的老师们多篇论文获国家、省、市级奖。顾万春的妻子蒋志艳是一位有着近30年教龄的优秀美术教师，她辅导的学生，经常在全国和省、市级比赛中获一等奖。在家庭熏陶之下，儿子顾铮峥从小就喜爱读书，读大学时，顾铮峥凭借着多年博览群书积累的知识，多次代表法学院参加全校的知识竞赛，并获得佳绩。2017年，作为复旦大学代表队3名成员之一，参加由联合国人权事务高级专员办事处主办的第九届纳尔逊·曼德拉世界人权模拟法庭，取得好成绩。2019年，顾铮峥复旦大学法学院硕士研究生毕业，被评选为"上海市优秀毕业生"。（区委宣传部）

江苏省"最美社工"胡雯 胡雯是新吴区江溪街道太湖花园第二社区党委书记。这位年轻的"小巷总理"，在疫情防控的战斗中，紧紧依靠广大党员和居民群众，带领一批奋勇报名的"逆行者"，共同筑牢社区安全防线。她迅速组建以党员为先锋主力的"防疫六员"突击队，100多名信息摸排员、流动宣传员、楼道消杀员、服务配送员、门岗巡查员、防疫监察员上岗，各司其职、分片包干。她与社工、志愿者们并肩作战，24小时随时待命。对外地到锡人员全面摸排，6000余条小喇叭播放，30余条防疫工作线上推送，6场工作直播让居民对社区防疫总动员做到底数清、情况明、信心增。她率先垂范，与志愿者们共同创造了一个个惊人的数值：人均喷洒消毒液50000毫升，人均巡逻执勤360小时，累计配送居家观察人员物资2150份。在面对一些不配合的观察对象和"恐疫"过度的居民时，胡雯把社区里专业的社会组织和社会工作者聚集起来组成"心理辅导小组"，帮助大家解决后顾之忧，缓解焦虑和压力。超市运营时间缩短，小区封闭后去菜场的路又远，胡雯急居民所急，组织人员为居民代购蔬菜肉蛋等，"家门口的菜篮子"社区援手便民点应运而生。作为两个孩子的妈妈，为了工作胡雯只能在短暂休息时通过手机来指导下孩子的学习，她笑着说居民最近给他们送了一个特别的外号——"007"，从白天干到黑夜，每周无休。（区民政卫健局）

江苏省"最美家庭"靖永起家庭 丈夫靖永起是一名现役飞行人员，常年转战各地，用航迹丈量了祖国的大疆南北。妻子宋乃玲是无锡硕放机场的退休职工，为了家庭国家，她无怨无悔，默默守护。生活中他们总是聚少离多，但是彼此之间充满了信任理解，夫妻恩爱，孝敬老人，邻里和睦，他们用自己小家的稳定构筑了国家的安全。靖永起一年大半时间都在各地保障，往往几个月回一次家，第二天又匆匆奔赴远方。工作让靖永起把家当成了"旅馆"，儿子的成长、家庭的事务基本由宋乃玲一人操持，但每当靖永起回家时总有一桌可口的饭菜和那张熟悉的笑脸。宋乃玲一人挑起了家庭的重担。双方父母都年事已高，她细心体贴，逢年过节给父母打钱。2020年，临近退休的靖永起在外300多天，宋乃玲一人照料小孙女。只要提起宋乃玲，小区、单位没有人不钦佩她。2017年，靖永起、宋乃玲夫妇被评为"和谐家庭"。（区委宣传部）

江苏省"最美家庭"林晓家庭 张启森、林晓夫妻同为教师，林晓先后被评为无锡市行知式青年教师、学陶先进个人、知识型职工标兵，新吴区教育系统优秀党员、学科带头人、教学研究先进个人，有20多篇文章发表或获奖，多次在市、区赛课中获一等奖。丈夫张启森先后被评为江苏省高校青蓝工程培养对象、江苏省专业带头人、江苏省教科研先进个人、无锡市教学名师、无锡市学科带头人、无锡市优秀教育工作者、无锡市优秀班主任，荣获江苏省技能大赛金奖、江苏省信息化大赛金奖。主持参与国家、省、市级课题项目10多项，获国家授权专利6项，出版、主编著作10余本，发表论文60余篇，2017年被评为所在学校最年轻的副教授；负责学校科研工作，多次被评为先进集体。作为学校教师发展的负责人，林晓带领"旺小书苑"青年读书会的教师们读经典、品教育、树典型。近几年，一大批青年教师成长起来，先后30多位教师被评为市区教学骨干，在学科教学领域，林晓起好带头作用，参与的发现数学教学成果获无锡市教学成果奖，研究项目先后被立项为无锡市基础教育改革前瞻性实验项目、无锡市小学特色文化建设项目。2013年和2014年，丈夫张启森响应号召，先后两次赴新疆克孜勒苏柯尔克孜州和伊犁州支教，林晓担负起照顾家庭的责任，让张启森安心支援祖国西部建设。在培养孩子方面，他们也非常注重孩子品德的养成、学识的积累，努力让孩子成为一个德智体全面发展的"诚智好少年"，让孩子成为一个有孝心的人。爷爷奶奶远在外地，每逢节日他们总是带上礼物，到爷爷奶奶身边陪伴他们过节。让孩子成为一个有素养的人，注重孩子习惯的培养、知识的积累。孩子在学校是乐于助人的好学生，是勤学上进的好学生，每学期都被评为"三好学生"，先后被评为"江苏省好少年""新吴区优秀少先队员"，在各级各类比赛中取得好成绩。（区委宣传部）

全国劳动模范袁彩凤 女，1984年生，中共党员，电装天电子（无锡）有限公司党支部书记、课长助理。曾先后被评为无锡市五一巾帼标兵、江苏省五一巾帼标兵、无锡市劳动模范、无锡市优秀新市民、全国五一巾帼标兵、无锡市三八红旗手标兵、江苏省三八红旗手、江苏省劳动模范、江苏好人、无锡市最美巾帼人物等。2020年荣获全国劳动模范称号。袁彩凤始终坚持求知、求进、求实原则，爱岗敬业，锐意进取，在平凡岗位上演绎出了不平凡的精彩人生。"踏踏实实工作，干一行爱一行，把更多的时间花在钻研上，不给青春留遗憾。"通过刻苦钻研，她从一名普通作业员成长为行家里手。她带领团队攻克技术难关，探索的"手指、眼观、口念、心想"检查口诀在全公司推广使用，有效防止了漏检和误判断，极大地提高了公司产品的合格率，公司日产量提高一倍。她创新生产管理方法，在不增加人员和设备的情况下，为公司节约成本293.8万元。国内Easter机种成功取消出荷前检查工程，这在无锡公司尚属首例。她所在的团队因此获得无锡市"工人先锋号"称号和QC成果一等奖。由袁彩凤担任队长的电装天电子（无锡）有限公司志愿服务队成立于2008年6月，自成立以来秉承"奉献爱心、服务他人、回馈社会"的宗旨，志愿者从成立之日的6人增加到了如今的50人，年度人均服务时数超50小时。在企业内部设置职工书屋、母婴室、公司食堂、安全检查点等7处志愿服务点。积极开展与爱满园儿童手拉手、与好轻松盲人心连心、与托养中心残障人肩并肩、庆祝助残日等15场关爱活动，凸显了新时代文明实践中的奉献精神。（区总工会）

全国优秀共青团员周华鑫 男，26岁，新吴区鸿山街道后中村村民委员会主任助理。曾获2017年度无锡市优秀共青团员、2018年度无锡市优秀团支部书记、2019年度江苏省优秀共青团员。2021年4月，被共青团中央授予"全国优秀共青团员"称号。在开展共青团的工作过程中，紧紧围绕上级工作部署，开展“新时代新思想，新目标新征程”主题团课等活动。平时坚持以身作则，充分发挥表率作用。坚定信仰、凝心聚力，组织辖区团员开展青年大学习、知识竞赛、关爱留守儿童、赴锡东烈士陵园等红色教育基地参观学习等思想教育活动，进一步提高辖区青年的整体素质。积极投身于志愿服务活动，设立“敬老爱老”先锋队，服务辖区空巢老人，多次带队赴吴文化广场鸿山景区清理垃圾。防疫期间，第一时间组织辖区青年志愿者，成立青年志愿防疫小队，第一个报名参加辖区卡口执勤，组织青年志愿者通过张贴通告、走村入户等方式，向村民科普防疫知识，做好法律宣传。根据辖区“红色网格”的划分，“点对点”组织青年团员探望和慰问老党员 20 余人，送出“学习礼包”20 余份。（团区委）

省优秀共青团员陈玥 女，1993 年 12 月出生，中共党员，硕士研究生学历，无锡太湖国际科技园管理办公室（新吴区新安街道）一级科员。先后荣获“江苏省最美网格员”“无锡市最美网格员”、街道“优秀党务工作者”称号。2021 年，被共青团江苏省委授予“优秀共青团员”称号。她牢记责任与使命，认真完成团组织交办的任务，发挥先锋模范作用，勤恳工作，创新方法，带领身边的共青团员在平凡的岗位上发光发热。她以社区新时代文明实践站为依托，以社区校外辅导站为载体，带领青少年开展传承中华优秀传统文化和爱国主义教育的活动。她积极参加宣读活动，获新吴区“点赞中国之治”演讲比赛十佳选手等称号。她建立“红色网格”志愿服务队伍，形成网格党建微信圈，利用“网格 E 通”规范巡查，有效化解安全隐患和纠纷，为群众及时办理事务的受理率、办结反馈率均为 100%。她带头并鼓励青年党员投身于社区疫情防控工作，带领支部的党员开展家风家训、廉政文化等主题活动，地方媒体多次报道。她主动放弃节日休假，大年初一投身于疫情防控。在文明城市建设中，她积极参与交通文明劝导、楼道整治等志愿活动，组建 68 人的“彩虹”志愿服务队，在疫情防控、文明城市建设中发挥了积极作用，“彩虹”志愿服务队获新吴区“最佳志愿服务组织”。（团区委）

表 15　　获省条线以上表彰的先进集体一览表

序号	荣誉名称	获奖单位	颁发单位	级别	获奖时间
1	全国“家校（园）共育”数字化项目“家园共育”示范幼儿园	无锡市后宅中心幼儿园	国家教育行政学院家庭教育研究中心、全国家校（园）社区共育先进经验推广指导办公室、中华志愿者协会教育委员会	国家级	2021 年 9 月
2	第二批全国乡村治理示范村	大坊桥村	农业农村部农村合作经济指导司	国家级	2021 年 5 月
3	第四批江苏省传统村落	大坊桥村金家里	江苏省住房和城乡建设厅	省级	2021 年 9 月
4	江苏省美丽家园省级示范点	大坊桥村	江苏省妇女联合会、江苏省妇女“双学双比”竞赛活动领导小组	省级	2021 年 10 月
5	江苏省乡村旅游重点村	七房桥村	江苏省文化和旅游厅	省级	2021 年 6 月
6	第七批次江苏省特色田园乡村	七房桥村	江苏省特色田园乡村建设工作联席会议	省级	2021 年 7 月
7	全省计生协工作成绩突出单位	后宅社区计划生育协会	江苏省计划生育协会	省级	2021 年 7 月
8	2019—2020 年度江苏省省级宜居示范居住区	吴月雅境	江苏省住房和城乡建设厅	省级	2021 年 7 月
9	2020 年度江苏省省级示范物业管理项目	吴月雅境	江苏省住房和城乡建设厅	省级	2021 年 8 月
10	2020 年度江苏省省级示范物业管理项目	鸿泰苑三区	江苏省住房和城乡建设厅	省级	2021 年 8 月
11	2020 年度全省基层党员冬训工作示范街道	鸿山街道	中共江苏省委宣传部、中共江苏省委组织部	省级	2021 年 9 月
12	2021 年度全省最美工会户外劳动者服务站点	鸿山街道后宅工会户外劳动者服务站点	江苏省总工会	省级	2021 年 12 月
13	省级巾帼示范专业合作组织	无锡鸿山葡萄专业合作社	江苏省妇女“双学双比”竞赛活动领导小组	省级	2021 年 11 月

续表 15

序号	荣誉名称	获奖单位	颁发单位	级别	获奖时间
14	2021 年度江苏省社区教育特色品牌项目（吴文化游学）	鸿山街道社区教育中心	江苏省教育厅	省级	2021 年 11 月
15	“童心向党，筑梦成长”红色故事演讲项目，获奖励资金 1 万元	钱穆钱伟长故居（怀海义庄）	江苏省哲学社会科学界联合会	省级	2021 年 10 月
16	《好家长·幼教新天地》美术教育实验基地	无锡市后宅中心幼儿园	《好家长·幼教新天地》编辑部	省级	2021 年 06 月
17	第二十二届江苏省“幼芽杯”幼儿绘画比赛优秀组织奖	无锡市后宅中心幼儿园	《好家长·幼教新天地》编辑部	省级	2021 年 06 月
18	第五届“友城绘”青少年国际绘画展优秀组织奖	无锡市新吴区鸿山理想湾幼儿园	江苏省教育厅	省级	2021 年 12 月
19	第五届“友城绘”青少年国际绘画展优秀组织奖	无锡市泰伯实验幼儿园	江苏省教育厅	省级	2021 年 12 月
20	荣获 2020—2021 学年第二十七届省青少年科技模型大赛“ENJOYAI 积木机器人普及赛”幼儿组团体三等奖	无锡市泰伯实验幼儿园	江苏省教育厅	省级	2021 年 12 月
21	“幼芽杯”组织奖	无锡市新吴区鸿山紫兰幼儿园	《好家长·幼教新天地》编辑部、“幼芽杯”绘画大赛组委会	省级	2021 年 6 月
22	江苏省乡村振兴先进集体	鸿山街道党工委	中共江苏省委、江苏省人民政府	省级	2021 年 1 月
23	2019—2021 年度江苏省文明村	东塘街村	江苏省精神文明建设指导委员会	省级	2021 年 1 月
24	2019—2021 年度江苏省文明村	后中村	江苏省精神文明建设指导委员会	省级	2021 年 1 月
25	2019—2021 年度江苏省文明社区	鸿运苑第一社区	江苏省精神文明建设指导委员会	省级	2021 年 1 月
26	江苏省健康村	大坊桥村	江苏省爱国卫生运动委员会办公室	省级	2021 年 12 月
27	江苏省“红石榴家园”	新安花苑第二社区	江苏省民族宗教事务委员会	省级	2021 年 12 月
28	江苏省五四红旗团委（团工委）	新安街道团工委	共青团江苏省委	省级	2021 年 5 月
29	江苏省第三批智慧健康养老领域示范街道	新安街道	江苏省工业和信息化厅	省级	2021 年 9 月
30	《新安妇联：以“三微”路径拥抱融媒体时代》获 2021 年全省妇联优秀融媒体工作案例	新安街道	江苏省妇女联合会	省级	2021 年 12 月
31	新安街道公共文化服务中心入选江苏省“最美公共文化空间”打造对象	新安街道	江苏省文化和旅游厅	省级	2021 年 8 月
32	2020 年度省级节水型小区（社区）	新安花苑第五社区	江苏省水利厅、省发改委	省级	2021 年 8 月
33	江苏省健康社区	净湖社区	江苏省爱国卫生运动委员会办公室	省级	2021 年 12 月
34	2021 年全国示范性老年友好型社区	观湖社区	国家卫生健康委员会	国家级	国卫老龄函〔2021〕208 号
35	江苏省“民主法治示范社区”	和风社区	中共江苏省委依法治省委员会办公室、江苏省司法厅、江苏省民政厅	省级	2021 年 12 月
36	全国“家校（园）共育”数字化示范幼儿园	无锡市新安中心幼儿园	国家教育行政学院家庭教育研究中心、全国家校（园）社区共育先进推广指导办公室、中华志愿者协会教育委员会	国家级	2021 年 5 月

续表 15

序号	荣誉名称	获奖单位	颁发单位	级别	获奖时间
37	童画之星·第二十四届全国幼儿创意美术大赛集体优胜奖	无锡市新安中心幼儿园	中国教育基金会学前教育研究会	国家级	2021 年 11 月
38	2021 年度江苏省体育特色快乐体操培育基地	无锡市新安中心幼儿园	江苏省体育局青少年训练与反兴奋剂管理中心	省级	2021 年 5 月
39	全国第二十届经略资源杯幼儿园主题绘画优秀组织奖	无锡市新安中心幼儿园	《早期教育》编辑部	国家级	2021 年 5 月
40	全国“家校（园）共育”“数字化项目家园共育”示范学校	无锡市新吴区和风幼儿园	国家教育行政学院家庭教育研究中心、全国家校（园）社区共育先进推广指导办公室、中华志愿者协会教育委员会	国家级	2021 年 5 月
41	江苏省优质幼儿园	无锡市新吴区和风幼儿园	江苏省教育厅	省级	2021 年 6 月

表 16　　获省条线以上表彰的先进个人一览表

姓名	单位	荣誉（全称）	授予单位（全称）	授予时间	备　注
周华鑫	鸿山街道经济发展局	全国优秀共青团员	共青团中央	2021 年 5 月	国家级
唐颖华	鸿山街道工会	2021 年度江苏省职工志愿服务先进个人	江苏省总工会	2021 年 12 月	省级
周红琴	鸿山街道社会事业局	江苏省红十字会系统抗击新冠肺炎疫情优秀会员	江苏省红十字会	2021 年 1 月	省级
邹晓萍	鸿山街道社会事业局	江苏省计生协工作成绩突出个人	江苏省计划生育协会	2021 年 7 月	省级
王英、叶力等 16 人	东塘街村	江苏省第七次全国人口普查工作成绩显著个人	江苏省第七次全国人口普查领导小组办公室	2021 年 12 月	省级
金　帆 周　婷 查玲玲	无锡市泰伯实验幼儿园	“ENJOYAI 积木机器人普及赛”优秀科技辅导员	江苏省教育厅	2021 年 1 月	省级
周红、王荣华等 17 人	无锡市新吴区鸿山理想湾幼儿园	第五届“友城绘”青少年国际绘画展最佳指导老师奖	江苏省教育厅	2021 年 12 月	省级
王文进	无锡市新吴区社会工作协会	第六批江苏省社会工作领军人才	江苏省民政厅	2021 年 2 月	省级
胡　雯	无锡市新吴区太湖花园第二社区党委书记、居委会主任	第二届江苏省“最美社工”	江苏省民政厅	2021 年 2 月	省级
刘增超	新吴区民政卫健局	第四届江苏省预防医学会科技奖三等奖	江苏省预防医学会	2021 年 3 月	省级
陈勤龙	新吴区民政卫健局	江苏省尘肺病项目先进个人	江苏省疾病预防控制中心	2021 年 6 月	省级
宋　琦	新吴区民政卫健局	2021 年江苏省血寄防健康科普短视频评比获二等奖	江苏省血吸虫病防治研究所	2021 年 10 月	省级
盛　晟	新吴区民政卫健局	2021 年江苏省血寄防健康科普短视频评比获二等奖	江苏省血吸虫病防治研究所	2021 年 10 月	省级
邵心妍	无锡市社会福利中心	江苏省民政行业养老护理职业技能竞赛三等奖	江苏省民政厅	2021 年 10 月	省级
成　浩	新吴区民政卫健局	江苏省艾滋病防治技能竞赛个人三等奖	江苏省卫生健康委员会	2021 年 12 月	省级
过恒升 黄彬鋆 成　浩	新吴区民政卫健局	2021 年性病防治主题健康科普视频类获奖作品	中国疾病预防控制中心性病艾滋病预防控制中心	2021 年 12 月	省级

续表 16

姓名	单位	荣誉（全称）	授予单位（全称）	授予时间	备　注
胡春燕	无锡市泰伯实验幼儿园	全国第二十届“经略资源”杯幼儿主题绘画比赛大班组指导奖一等奖	《早期教育》编辑部	2021 年 5 月	国家级
丁莉莉	无锡市泰伯实验幼儿园	全国第二十届“经略资源”杯幼儿主题绘画比赛大班组指导奖一等奖	《早期教育》编辑部	2021 年 5 月	国家级
周慧萍	无锡市泰伯实验幼儿园	《基于儿童本位，提高自然教育有效性》荣获第十一届全国幼儿园“优秀论文和优秀活动案例”征文比赛一等奖	《学前教育研究》杂志社	2021 年 9 月	国家级
胡春燕	无锡市泰伯实验幼儿园	《玩转户外下的自然童趣》荣获 2021 年度第十九届“当代杯”全国幼儿教师职业技能大赛论文组一等奖	当代学前教育网	2021 年 12 月	国家级
吴颖佳	无锡市泰伯实验幼儿园	《小小的环境创设，大大的收获》荣获 2021 年度第十九届“当代杯”全国幼儿教师职业技能大赛论文组一等奖	当代学前教育网	2021 年 12 月	国家级

组织机构和负责人名单

1. 区四套班子

无锡高新技术产业开发区党工委

书　记　蒋　敏（女）
副书记　崔荣国
　　　　吴胜荣（2021.09 止）
　　　　洪延炜
　　　　刘　霞（女）（2021.09 起）
委　员　匡　辉（2021.09 止）
　　　　顾国栋（2021.06 起）
　　　　余银龙（2021.07 止）
　　　　章晓明
　　　　焦夕莲（女）（2021.06 止）
　　　　罗功新（2021.06 起）
　　　　刘　霞（女）（2021.09 止）
　　　　祝君乔（2021.07 止）
　　　　韩　杨
　　　　李伟敏（女）（2021.07 起）
　　　　丁洪军（2021.07 起）

中共新吴区委员会

书　记　蒋　敏（女）
副书记　崔荣国
　　　　洪延炜
常　委　匡　辉（2021.07 止）
　　　　余银龙（2021.07 止）
　　　　焦夕莲（女）（2021.06 止）
　　　　刘　霞（女）
　　　　顾国栋（2021.06 起）
　　　　祝君乔（2021.07 止）
　　　　章晓明
　　　　罗功新（2021.06 起）
　　　　韩　杨
　　　　周君荣
　　　　李伟敏（女）（2021.07 起）
　　　　丁洪军（2021.07 起）

无锡高新技术产业开发区管委会

主　任　崔荣国
副主任　洪延炜
　　　　丁洪军
　　　　祝君乔（2021.12 止）
　　　　顾国栋（2021.06 起）
　　　　朱晓红（2021.12 止）
　　　　李伟敏（女）（2021.07 止）
　　　　孙　磊（2021.07 起）
　　　　华艳红（女）（2021.07 起）
　　　　冼　薇（女）（2021.12 起）
　　　　吴　珂（2021.11 起）
　　　　钱　前（2021.06 止）
　　　　薛　晗（挂职，2021.03 起）

新吴区人民政府

区　长　崔荣国（2021.01 起）
代区长　崔荣国（2021.01 止）
副区长　丁洪军
　　　　祝君乔（2021.12 止）
　　　　顾国栋（2021.06 起）
　　　　孙　磊（2021.07 起）
　　　　朱晓红（2021.12 止）
　　　　李伟敏（女）（2021.07 止）
　　　　华艳红（女）（2021.07 起）
　　　　钱　怡（2021.07 起）
　　　　冼　薇（女）（2021.12 起）
　　　　吴　珂（2021.11 起）
　　　　钱　前（2021.06 止）

丁旭东（2021.07 止）
尹震源（挂职，2021.04 止）
王丹丹（女）（挂职）
薛 晗（挂职，2021.03 起）
徐军团（挂职，2021.08 止）
新吴区人大常委会
主 任 张明烈
主任候选人 余银龙（2021.12 起）
副主任 刘 骁
何雪清
黄家传（兼）
张文荣
副主任候选人 祝君乔（2021.12 起）
叶志浩（2021.09 起）
政协新吴区委员会
主 席 吴胜荣
主席候选人 焦夕莲（女）（2021.12 起）
副主席 李伟敏（女）（兼，2021.08 起）
沈雪芳
肖伟民（兼）
平 江
金 燕（女）
曹建兴
副主席候选人 朱晓红（2021.12 起）

2. 区纪律检查委员会

无锡高新区纪工委
书 记 焦夕莲（女）（2021.06 止）
罗功新（2021.06 起）
副书记 殷 璐（女）
沈 健（2020.12 起）
中共新吴区纪委
书 记 焦夕莲（女）（2021.06 止）
罗功新（2021.06 起）
副书记 殷 璐（女）
沈 健
常 委 王 佳（女）（2021.07 起）
周 辰
朱 鼎（2021.07 止）
张汝洋（2021.07 止）
殷 翔
钱振宇（2021.07 起）
新吴区监察委员会
主 任 焦夕莲（女）（2021.06 止）
代主任 罗功新（2021.06 起）
主任候选人 罗功新（2021.06 止）
副主任 殷 璐（女）
沈 健
委 员 周 辰
朱 鼎（2021.07 止）
钱振宇（2021.07 起）
王国柱
钱 旸

3. 区委工作机构及直属单位

区党政办公室
主 任 匡 辉（2021.03 止）
吴俊芬（女）（2021.03 起）
副主任 王 佳（女）（2021.07 止）
邵登云
郜学爱
束国军（2021.08 起）
周 栋（挂职，2021.03 起，2021.08 止）
孙志敏（兼）
区委组织部
部 长 韩 杨
常务副部长 吴俊芬（女）
副部长 孙 昊
王志军（兼）（2021.04 止）
阮 杰（2021.04 起）
区委宣传部
部 长 刘 霞（女）
常务副部长 钱 韵（女）（2021.12 止）
副部长 万 江
鲍宇红（女）（2021.04 起）
区委统一战线工作部
部长 匡 辉（2021.07 止）
李伟敏（女）（2021.07 起）
常务副部长 范忠良
副部长 陈伟文（2021.08 止）
赵文斌（2021.08 起）
沈 琦（女）
区委政法委
书 记 余银龙（2021.07 止）
章晓明（2021.07 起）
副书记 任 璐（女）（2021.07 止）
王 松
平文杰
区委机构编制委员会办公室
主 任 李桂林（赴新疆挂职）
孙 昊（负责区委编办工作）
副主任 王 珏（女）

秦向军

4. 区人大常委会工作机构

区人大办公室(挂研究室牌子)

副主任　钱　洁(女)

区人大人事代表联络工作委员会

主　任　周卫明

区人大监察和司法工作委员会

主　任　郭雪强

区人大财政经济工作委员会(挂农业农村工作委员会牌子)

主　任　陆　侃

区人大环境资源城乡建设工作委员会

主　任　周群威

区人大教育科学文化卫生工作委员会

主　任　朱中群

5. 区人民政府工作机构及直属单位

区发展和改革委员会

主　任　孙　磊(2021.07 止)

陆　军(2021.09 起)

副主任　陆　军(2021.07 起,2021.09 止)

汪雄飞

王黎明(2021.08 止)

邵　丹(女)

邹　峰(2021.08 起)

区教育局

局　长　张　英(女)

副局长　罗生根

邹　萍(女)

彭　雷

区科学技术局

局　长　吴建华

副局长　李敏芸(女)

王　波

区工业和信息化局

局　长　韩建中

副局长　金晓忠

吴宝龙

区民政和卫生健康局

局　长　卢军英(女)

副局长　吴　琪

陆　云(女)(2021.07 止)

杨坚波

肖雅平(女)

钱敏峰(女)(2021.08 起)

区司法局

局　长　杜　斌

副局长　毛　卫

黄　娅(女)

唐　鹏

区财政局

局　长　丁洪军(2021.07 止)

吴宏达(2021.07 起)

副局长　吴宏达(2021.07 止)

雷老闲

周旭红(女)

区人力资源和社会保障局

局　长　冼　薇(女)

党组书记　张晓松

副局长　郭会文

荣福年(2021.07 止)

张　轶

沈　爽(女)(2021.08 起)

区住房和城乡建设局

局　长　黄海清

副局长　邵志忠

张国强

黄　嵩

邓　峰

区城市管理局

局　长　洪　斌

副局长　倪　震

周　晖

邹如春

覃春芳(女)

区农业农村局

局　长　吴治军

副局长　张国芬(女)

王黎明(2021.08 起)

李　钧(2021.03 起)

费　贤(2021.08 起)

区商务局

局　长　华艳红(女)

副局长　王光远

陆鸿燕(女)

蔡佶靓

王里成

区退役军人事务局

局　长　封　雷

副局长　王夜明

俞　群(女)

区应急管理局
局　长　王立新
副局长　顾东方
　　　　钱国锋
区审计局
局　长　丁少春
副局长　朱志宏
区行政审批局
局　长　张继鸿
副局长　庞建新
　　　　王晓彦
　　　　罗　艳（女）
　　　　严　垒
区市场监管局
局　长　包旭东
副局长　许　杰
　　　　周建忠
　　　　孙志立
　　　　许　璪（2021.03 起）
区统计局
局　长　丁　伟
副局长　黄　芳（女）（2021.07 止）
综合保税区管理局
局　长　郁　江
副局长　徐勇坚
　　　　邱瑞华

6. 区政协工作机构

秘书长　曹泉源（2021.07 止）
区政协办公室
副主任　周学芳（女）
区政协提案委员会
副主任　朱宏军
区政协经济科技和农业农村委员会
副主任　沈　菲（女）
区政协人口资源环境城乡建设委员会
主　任　诸国强
区政协文教卫体委员会
主　任　杜　旎（女）
区政协学习文史和社会法制委员会（挂港澳台侨和民族宗教委员会牌子）
主　任　曹泉源（2021.07 止）

7. 区纪委监委工作机构

办公室
主　任　刘绪中（2021.04 止）
　　　　杨春亮（2021.08 起）
干部管理监督室
主　任　刘晴奇（2021.07 止）
党风政风监督室
主　任　郭宏图
信访室
主　任　李敏杰
案件监督管理室
主　任　马　骏
第一监督检查室（区监委第一派出监察员办公室）
主　任　史银坤
第二监督检查室（区监委第二派出监察员办公室）
主　任　徐　胜
第三监督检查室
（空缺）
第四审查调查室
主　任　侯　敏（2021.03 起）
第五审查调查室（监督审查技术室）
主　任　陈　鹏
第六审查调查室
主　任　王　玺（2021.04 起）
案件审理室
主　任　王　斌
区纪委派驻第一纪检监察组
组　长　庞建国
副组长　孙浩轩（2021.04 止）
区纪委派驻第二纪检监察组
组　长　史文群
副组长　马宇红（女）
区纪委派驻第三纪检监察组
组　长　袁乃佳（女）（2021.08 止）
副组长　邱凯凯
区纪委派驻第四纪检监察组
组　长　朱臣海（2021.08 止）
副组长　田碇君（2021.03 起）
区纪委派驻第五纪检监察组
组　长　王　挺
区纪委派驻纪检监察组
副组长　刘　鹏（2021.07 起）
区委巡察工作办公室
主　任　殷　璐（女）（2021.06 止）
　　　　王　佳（女）（2021.06 起）
副主任　周　芳（女）
区委巡察组
组　长　沈　芳（女）（2021.03 起）
　　　　袁秋明（女）（2021.06 起）

谢振胜（2021.12 起）
副组长　刘绪中（2021.03 起）
区委巡察一组
副组长　窦兴龙
区委巡察二组
副组长　任　云
邹小英（女）
区委巡察三组
副组长　王智明
蔡唯一（女）

8. 区人民法院

无锡高新区（新吴区）人民法院
院　长　叶志浩（2021.09 止）
刘一勤（2021.09 起）
副院长　蒋少文
陈津波
雷海亮

9. 区人民检察院

无锡高新区（新吴区）人民检察院
检察长　丁宏伟
副院长　徐子良
华　军
杨　峰

10. 群众团体机构及工商联

区总工会
主　席　韩　杨
党组书记　夏同军
副主席　夏同军
共青团新吴区委员会
书　记　刘　璐（女）（2021.03 起）
副书记　李晓峰（主持日常工作）（2021.03 止）
区妇女联合会
主　席　袁秋明（女）（2021.08 止）
袁乃佳（女）（2021.08 起）
副主席　刘　天（女）
区归国华侨联合会
主　席　赵文斌（2021.08 止）
吴立新（2021.08 起）
副主席　荚厚成
区科学技术协会
主　席　郭中华
副主席　张小波
区文学艺术界联合会
主　席　万　江（挂职）
副主席　罗生根（挂职）
孟玉琼（女）（挂职）
黄秀梅（女）（挂职）
区红十字联合会
理事长　肖伟民
副理事长　陈锡财
区残疾人联合会
会　长　李伟敏（女）（2021.08 止）
孙　磊（2021.08 起）
常务副会长　季　茗（女）
区法学会
区工商业联合会
主　席　黄家传
党组书记　沈　琦（女）（兼）
副主席　肖　品

11. 各街道（园区）党工委、人大工委、办事处、纪工委

（1）空港经济开发区
中共江苏无锡空港经济开发区工作委员会
书　记　章晓明（2021.07 止）
副书记　陈伟良
邹　峰（2021.08 止）
朱春华（2021.08 起）
委　员　陆　斌
焦柯寒
钱佳彬
周　丰
纪工委书记　钱振宇（2021.07 止）
刘晴奇（2021.07 起）
江苏无锡空港经济开发区管理委员会
主　任　章晓明（2021.07 止）
副主任　陈伟良
朱春华（2021.08 起）
陆　斌
焦柯寒（2021.08 止）
钱佳彬
周　丰
（2）硕放街道
党工委
书　记　章晓明（2021.07 止）
陈伟良（2021.07 起）
副书记　陈伟良
邹　峰（2021.08 止）

朱春华（2021.08 起）
委　员　陆　斌
焦柯寒（2021.08 止）
周　丰
宣传委员　刘　义（2021.08 起）
统战委员　余一帆（女）（2021.03 起）
政法委员　徐　敏（2021.03 起）
纪工委书记　钱振宇（2021.07 止）
刘晴奇（2021.07 起）
人武部长　钱佳彬（2021.07 止）
丁秉毅（2021.07 起）
人大工委
主　任　陈　琼（2021.07 止）
殷晓军（2021.08 起）
办事处
主　任　陈伟良（2021.08 止）
副主任　朱春华（2021.08 起）
陆　斌
焦柯寒（2021.08 止）
钱佳彬
周　丰
（3）太湖国际科技园
中共无锡太湖国际科技园工作委员会
党工委
书　记　尤　伟
副书记　钱月霜（女）
委　员　刘家祺（挂职）
谢勇军（挂职）
无锡太湖国际科技园管理办公室
主　任　朱晓红
副主任　尤　伟
阙尧尧（挂职）
钱月霜（女）
刘家祺（挂职）
谢勇军（挂职）
（4）新安街道
党工委
书　记　尤　伟
副书记　钱月霜（女）
朱　杰
委　员　邹文伟
刘家祺
王晓伟
谢勇军
组织委员　郑江伟（2021.04 止）
朱品君（女）（2021.07 起）
宣传委员　王　颖（女）
统战委员　徐　增（2021.04 起）
政法委员　陈光银
纪工委书记　蔡乾宇
人武部部长　蔡国新
人大工委
主　任　殷晓军
办事处
主　任　钱月霜（女）
副主任　邹文伟
冷　晔（2021.03 起）
刘家祺
王晓伟
谢勇军
（5）鸿山旅游度假区
中共无锡鸿山旅游度假区管理办公室党组
书　记　张文荣（2021.07 止）
成　员　陈　松（2021.07 止）
姚　远（2021.07 止）
吴喜明（2021.07 止）
中共无锡鸿山旅游度假区管理办公室工作委员会
书　记　宋志明（2021.08 起）
副书记　宋志明（2021.07 起，2021.08 止）
方　军（2021.08 起）
委　员　方　军（2021.07 起，2021.08 止）
蔡立海（2021.07 起）
朱春华（2021.07 起）
无锡鸿山旅游度假区管理办公室
主　任　张文荣
副主任　宋志明（2021.07 起，2021.08 止）
方　军（2021.07 起）
朱春华（2021.07 起，2021.08 止）
蔡立海（2021.03 起）
陈　松（2021.07 止）
夏晓伟（2021.07 止）
姚　远（2021.07 止）
（6）鸿山街道
党工委
书　记　张文荣（2021.07 止）
宋志明（2021.07 起）
副书记　宋志明（2021.07 止）
贾敏东
方　军（2021.08 起）
委　员　惠　明
蔡立海（2021.03 起）
朱春华（2021.08 止）

潘　明
张　艳(女)(2021.07止)
张　群(女)
组织委员　吴　俊
宣传委员　吴喜明
统战委员　张　群(女)(2021.07止)
刘桐佑(2021.07起)
政法委员　贾敏东
纪工委书记　孙浩轩(2021.04起)
人武部部长　张金玉(2021.08止)
杨晓彬(2021.08起)
人大工委
主　任　李　铭
办事处
主　任　宋志明(2021.08止)
方　军(2021.08起)
副主任　惠　明
蔡立海(2021.03起)
张　群(2021.07起)
朱春华(2021.08止)
潘　明
张　艳(女)(2021.07止)
张金玉
王立涛
(7)旺庄街道
党工委
书　记　陆　军(2021.07止)
黄锡渭(2021.07起)
副书记　黄锡渭(2021.07止)
焦柯寒(2021.08起)
许　瀛
束国军(2021.08止)
高前锋(2021.03起)
委　员　周晓斌(2021.07止)
浦咏贤(女)
朱　威
李晓峰(2021.03起)
单义忠
组织委员　何勇洲
宣传委员　季要芳(女)
统战委员　刘宏伟
政法委员　张　军
纪工委书记　李孟洁(女)
人武部部长　鲍　波
人大工委
主　任　何兴南(2021.07止)
张汝洋(2021.07起)
办事处
主　任　黄锡渭(2021.08止)
焦柯寒(2021.08起)
副主任　周晓斌(2021.07止)
浦咏贤(女)
朱　威
李晓峰(2021.03起)
单义忠
(8)江溪街道
党工委
书　记　陈卫红
副书记　吴立新(2021.08止)
周　栋(2021.08起)
徐福伟
阮　杰(2021.04止)
张凡明
陈　松(2021.07起)
委　员　鲍燕敏(女)
杜冬生
朱跃新
郑江伟(2021.04起)
华怡钧
汤华联
组织委员　徐荣伟
宣传委员　刘　璐(女)(2021.03止)
王艳霞(女)(2021.07起)
统战委员　辛圣旦
政法委员　徐之武
纪工委书记　王明蔚
人武部部长　徐之武
人大工委
主　任　杨小栋
办事处
主　任　吴立新(2021.08止)
周　栋(2021.08起)
副主任　鲍燕敏(女)
杜冬生
朱跃新
郑江伟(2021.04起)
华怡钧
汤华联
(9)梅村街道
党工委
书　记　朱冬青
副书记　吴　炜

张业生（2021.07 止）
韩 理（女）
委 员 浦立军
马伟华
王 岳（2021.07 止）
陈加佐
郭 健
过云锋
组织委员 董 青
宣传委员 黄铭石（女）
统战委员 王小兰（女）
政法委员 胡 健
纪工委书记 张 锋
人武部部长 王 岳（2021.07 止）
人大工委
主 任 俞小菲（女）（2021.07 止）
张业生（2021.07 起）
办事处
主 任 吴 炜
副主任 浦立军
马伟华
王 岳（2021.07 止）
陈加佐
郭 健
过云锋

11. 区直属单位

无锡高新区科技创新促进中心
主 任 阙尧尧（2021.11 止）
副主任 王建清
王曙东
无锡高新区招商发展中心
副主任 孙 妍（女）（主持日常工作）
中共无锡市新吴区委员会党校
校 长 韩 杨
常务副校长 卞惠忠
副校长 汪 英
新吴区土地储备中心
主 任 王里成
副主任 谢 艳（女）

重要文献选编

在构建新发展格局中做出“新吴贡献”勇当全市高质量发展“全能冠军”争做社会主义现代化建设排头兵

——在高新区工委（扩大）会议暨区委一届十一次全会上的讲话

市委常委、无锡高新区党工委书记、中共新吴区委书记 蒋 敏

（2021 年 1 月 4 日）

这次大会的主要任务是，以习近平新时代中国特色社会主义思想为指导，学习贯彻中共十九届五中全会精神和习近平总书记视察江苏重要讲话指示精神，认真落实中央经济工作会议、省委十三届九次全会和市委十三届十一次全会精神，审议区委关于制定国民经济和社会发展第十四个五年规划和二〇三五年远景目标的《建议》，总结 2020 年工作，全面部署“十四五”和 2021 年工作，对太湖湾科创城建设、全面从严治党进行专题部署，动员全区上下承前启后、继往开来，为全面开启社会主义现代化建设新征程提供强力支撑。

现在，我根据党工委、区委常委会讨论精神，向大会报告工作，并讲几个方面的意见。

一、全区上下克难奋进，在大战大考中交出了一份“双胜利”的过硬答卷

2020 年是外部环境严峻复杂、困难挑战集中显现、运行风险显著加大的一年。尤其是面对突如其来的新冠疫情，全区上下坚决落实中央、省市委重要部署，坚定贯彻落实新发展理念不动摇、坚定“双胜利”目标不动摇、坚定“全能冠军”追求不动摇，积极应对、奋力攻坚，取得抗疫“大战”和发展“大考”的阶段性胜利，高水平全面建成小康社会胜利在望。

过去一年，最感动人心的大事，是我们以非常之举应对非常之事，疫情防控精准高效。坚决贯彻习近平总书记重要讲话指示精神和省市委部署，成立区疫情防控

应急指挥部，全区上下迅速形成统一指挥、全面部署、立体防控的战略布局，较好地处置了全市报告输入性第一例确诊病例、第一起家庭聚集性疫情、第一例重症肺炎病例、第一例无症状感染者病例。广泛发动全区党员干部群众，积极构建“大数据＋网格化＋铁脚板”防控机制，社会各界齐心协力，区内企业积极奋战抗疫一线，以最短时间研发“锡康码”，加速生产医用口罩、核酸快速检测试剂、核酸提取仪等抗疫物资；向16个国家53家外资企业总部捐赠大量防疫物资，国际友城积极互助，10倍反向捐赠成为抗疫的国际佳话；我区成为全市第一批低风险地区，为全市疫情防控做出重大贡献。快速建立企业复工复产帮扶机制，在全市率先派驻驻厂专员、率先开展国际快捷通道包机业务，积极协助外籍企业员工办理商务签证，统筹落实减税降费、减租降息、金融惠企等政策，全面畅通人流、物流、资金流和产业链供应链，精准解决企业经营、百姓生活就业等难题，以最快速度恢复了正常生产生活秩序，工业指标全市率先实现正增长，上级充分肯定，社会普遍认可。

过去一年，最鼓舞人心的成绩，是我们把“双招双引”作为第一抓手，经济运行稳健有力。紧紧扭住项目这个发展的牛鼻子，召开“双招双引”大会，建立半月招商通报制度，掀起了项目招引建设热潮，新批超亿元重大项目全市第一，签约先导智能装备产业园、闻泰无锡超级智慧产业园2个投资超百亿元旗舰项目，省、市、区重点项目和政府项目投资完成率连续4年全市第一，积蓄了强大发展后劲。坚持从顶层设计出发谋划未来发展，以“三大经济”行动计划为纲靶向用力，华进半导体成为全国首个集成电路封装测试制造业创新中心，中国国际物联网创新园荣获全国传感器十大园区，高新区成功获批省级大数据产业园，数字经济营收全市占比达到47%；总部经济聚势成峰，省级总部全市占比超40%，SK海力士、阿斯利康等企业总部化发展态势强劲；枢纽经济以空港经开区为引领全面发力，优质航空物流企业区域总部、临空智能制造项目、航空核心产业项目落地开花。获批集成电路国家外贸转型升级基地，旺庄科创中心创成国家电子商务示范基地，全省首票“1210”保税出口海外仓业务在综保区正式运行，进出口总额全市占比持续提升，为全市外贸稳健增长发挥主力军作用。把营商环境作为重要软实力和核心竞争力，在全省率先创新“1+1”政银合作、率先实现AI审批，在全市率先完成工业及科研类项目“拿地即开工”试点、率先完成6个街道为民服务中心标准化规范化建设，着力打响“无难事、悉心办”营商环境品牌。始终坚持稳中求进工作总基调，全力落实“六稳”“六保”工作，逐月分析调度，主要经济指标全市率先逐月逐季向好，经济运行稳健有力，一般公共预算收入、规上工业增加值等指标全市占比加速提升，有力支持了全市经济发展，让我们倍增底气、更加自信。

过去一年，最振奋人心的实践，是我们以创新驱动引领动能转换，发展质效不断提高。着眼长远、把握全局，突出科技创新的核心和关键，启动谋划建设太湖湾科创城，在全区创新驱动发展布局中落下“最重一子”。强化企业创新主体地位，一批科技企业成长为拥有自主知识产权、具有核心竞争力的高新技术企业，有效期内高企数超预期目标94家、总量创历史新高，新增科创板上市企业全市第一、首发融资全市第一，诞生了全国科创板红筹第一股、全省科创板集成电路第一股、全市科创板“两机”第一股，华润上华获得国家科技进步二等奖和省科学技术一等奖，华进半导体获“中国专利奖”银奖，3家企业获“中国芯”优秀产品称号，3家企业包揽“市长质量奖”，大批科技企业在高新区这块沃土上加速成长，正在各个领域积极抢占更多制高点。坚持系统谋划创新发展，制定出台“创新12条”，

入选科技部首批“企业创新积分制”试点，积极构建“众创空间—孵化器—加速器—产业园区”全链条科技企业孵化育成体系，软件园连续4年被评为国家A类科技企业孵化器，新增省级以上众创空间数量全市第一，中小科技企业、创新创业人才对高新区的依赖感、归属感更加强烈，全年新增科技企业1480家、全市第一，新增国家重大人才工程B类专家、科技部创新人才位居全省各高新区第一，新增省“双创计划”、市“太湖人才计划”项目全市第一，创新发展的大旗在高新区高高飘扬。

过去一年，最温暖人心的收获，是我们把群众利益放在最高位置，幸福指数持续攀升。面对经济运行困难、社会矛盾凸显、维稳压力加大等因素的多重叠加，我们坚持以人民为中心，一手抓发展、一手抓民生，聚焦“八个更”深入排查解决突出民生问题，统筹推进底线民生、基本民生、品质民生“大民生”格局，顺利完成教育、医疗、文体等10大类50项重点民生工程。长江路、伯渎河等沿线景观面貌焕然一新，老旧小区综合改造有序开展，建成3个市级美丽乡村示范村，获批1个全国文明村，打通了一批断头路、卡脖子路，增加了一大批机动车固定泊位、临时泊位，攻坚了一批生态保护难点堵点问题，征收安置和低效用地盘活工作高位运行，城市精细化管理力度更大、效果更好，整个城区的功能品位、形象面貌取得新提升。各项社会事业蓬勃发展，就业保障水平始终处于全市前列，一批学校、幼儿园、医院、卫生服务中心

建设项目加速推进，引进国际化养老服务项目、创新居家养老新模式，“老有所养”正转向“老有优养”，被评为“全国残疾人就业服务示范基地”，创成省级食品安全示范区，梅里古镇开街走红，成立区文联，文体活动更加品质化、惠民化，吴韵文化焕发出时代风采，社会大局平安和谐稳定，群众的获得感、幸福感、安全感得到新的提升。

过去一年，最深入人心的体会，是我们把全面从严治党作为根本保障，基层活力充分激发。始终以党的政治建设为统领，认真学习贯彻习近平新时代中国特色社会主义思想，广大党员干部“四个意识”更加牢固，“四个自信”更加坚定，“两个维护”更加坚决。以高站位、实举措全面落实意识形态工作责任制，牢牢把握党对意识形态工作的领导权。制定党的建设三年行动计划，党建联盟队伍日益壮大，在全市率先建立社区工作者“1+8”职业体系，“两新”组织党务工作者专业化建设入选全省试点，牵头成立长三角国家高新区党建联盟，党建品牌影响力持续增强。基层“三整合”改革初见成效，探索构建基层治理“新吴机制”，区域治理现代化水平得到有效提升。“三项机制”作用得到充分发挥，实现区委巡察全覆盖，巡察整改质效评估方案被列为省级特色制度，派出监察员办公室与村务监督委员会协同监督试点被录用为省级典型案例，“四风”问题纠治保持高压态势，反腐败斗争压倒性胜利成果巩固。进一步加强和改进新时代人大、政协工作，巩固和发展最广泛的爱国统一战线，社会各方面活力竞相迸发。

成绩来之不易，经验尤为珍贵。这一年的工作实践，深深启示我们：党的坚强领导是战胜一切艰难险阻的制胜法宝。我们只要更加紧密地团结在以习近平同志为核心的党中央周围，在省、市委的坚强领导下，以党的建设统领各项工作，充分发挥党把方向、谋大局、定政策、促改革的作用，心往一处想、劲往一处使，就一定能把我区的现代化建设更加有力地推向前进。人民群众是推动社会发展进步的力量源泉。我们只要始终坚持一切为了群众、一切依靠群众，始终坚持生命至上，全力以赴保障人民群众生命安全和身体健康，就一定能在疫情防控等各项工作上真正得到群众的拥护和支持，就一定能真正依靠群众取得经济社会发展的更大成就。新发展理念是解决突出问题和挑战的战略指引。我们只要坚定不移贯彻新发展理念，就一定能在推动经济社会高质量发展的进程中率先实现质量变革、效率变革、动力变革，取得更多领跑优势，巩固好“全能冠军”的地位。争创一流、比学赶超是取得领跑优势的“有力武器”。我们只要始终保持“争第一、创唯一”的昂扬斗志，争创一流、比学赶超、久久为功，就一定能持续保持强劲发展势头，不断贡献更多“新吴智慧”“新吴经验”。

同时，也要清醒看到问题和不足，突出表现在：“国家级”的发展能级还没有充分显现，产业层次还要不断攀升，战略性新兴产业的支撑作用不够凸显，龙头项目的引领效应仍需加快释放；自主创新能力需加力提升，科技企业、高端人才、重大平台的引育还需更大力度；城市建设欠账还不少，教育、医疗、养老、文体等社会事业的高位均衡发展与人民群众的期盼还有差距，生态环境、安全生产等领域风险隐患不容忽视。党的建设仍有薄弱环节，“四风”特别是形式主义、官僚主义新表现还不同程度存在。对此，我们必须高度重视、切实解决。

二、科学把握立足新发展阶段、贯彻新发展理念、构建新发展格局这一核心要义，争做社会主义现代化建设排头兵

中共十九届五中全会系统谋划部署“十四五”时期经济社会发展，擘画了我国未来五年以及十五年的发展新蓝图。习近平总书记深刻阐述了事关现代化建设的一系列方向性、根本性、战略性问题，特别是对立足新发展阶段、贯彻新发展理念、构建新发展格局，作出了一系列新论断新部署新要求。总书记视察江苏，殷切期望江苏“在改革创新、推动高质量发展上争当表率，在服务全国构建新发展格局上争做示范，在率先实现社会主义现代化上走在前列”。总书记的重要讲话指示，是高新区（新吴区）现代化建设的总纲领、总命题、总要求，是我们谋划未来发展的重大战略指引和根本行动遵循。立足新发展阶段、贯彻新发展理念、构建新发展格局，我们要牢牢把握总书记赋予江苏的新使命，坚定不移用总书记重要讲话指示精神领航新征程、建设现代化，坚定不移用五中全会精神统一思想、统领发展，在构建新发展格局中作出“新吴贡献”，勇当全市高质量发展“全能冠军”，争做社会主义现代化建设排头兵。

第一，立足两个“五年”的交接点，我们要把已经取得的成就当作事业新的起跑线，全面把握新发展阶段的新任务新要求，层峰之上再攀高峰。正确理解把握我们过去的工作，是担负好新的使命任务的重要前提。从发展基础看，发展能级逐步跨越。GDP持续保持较高增速，人均GDP相当于世界经济体排名前20名水平，区域经济密度与上海相当，一般公共预算收入突破210亿元，经济综合实力显著增强。从发展效益看，产业发展质效齐升。我们在不断提升经济总量的同时，立足大局、抓住根本，遵循经济规律，主动适应把握引领经济发展新常态，更加注重发展质量，"三大经济"高质量发展走在全市前列，产业链现代化水平显著提升，高新技术产业产值占规上工业总产值比重始终保持在60%以上。从发展水平看，内生动力不断加速。项目招引全市领先，重大产业项目连年保持300亿元以上投资量。深入实施创新驱动核心战略，聚焦苏南国家自主创新示范区建设，重大平台、科技企业、科技人才等引育工作取得显著成效，科技创新重要指标走在全市前列。

成绩的取得，并不代表面上的工作都已经做得很好，发展不平衡不充分的问题仍然比较突出，放到全省全国一盘棋中来审视，我们的发展能级还有提升空间，发展优势尚未固化。进入"十四五"，进入全面建设社会主义现代化的新阶段，我区的经济社会发展也面临新的机遇与挑战，进入了国家战略的融入期、产业升级的窗口期、城市形态的成熟期、社会民生的提质期。对此，我们要始终保持清醒头脑和归零心态，站在新的起跑线上，不自满、再出发、攀高峰。要把领先率先的工作做得更多，决不能满足于发展指标好于以往、高于全市平均，要积极推进探索性发展、创新性发展、引领性发展，使高新区有更多的指标排"第一"，有更多的事情创"唯一"，处处体现一流、体现最好最优，层峰之上再攀高峰，夺取新的更大胜利。

第二，面对国内外环境深刻复杂变化，我们要做好应对挑战、用好机遇的充分准备，牢牢掌握发展主动权，在构建新发展格局中做出"新吴贡献"。当前，外部形势错综复杂，世界百年未有之大变局加速演变，不稳定不确定因素明显增多，特别是中美战略博弈具有长期性，新冠肺炎疫情对全球的深度影响仍在发展。今后一个时期，挑战前所未有。但是经过多年发展，我们也积累了几个优势：产业门类全。规上行业中，全部34个工业大类我区涵盖了29个，全部32个服务业大类我区涵盖了24个，我区产业链供应链与全国、全球产业发展深度融合。创新基础好。科技创新创业基地、众创空间大量集聚，Park园区业界闻名，高新技术企业、雏鹰、瞪羚、准独角兽企业比邻发展。制造能力强。集聚各类企业近5万家，规上工业产值突破4500亿元。产业韧性足。物联网、智能装备产业形成了完整产业链，集成电路全市占比近七成，生物医药呈现集群式、精深化发展态势，汽车零部件产业龙头企业密集布局、长三角地区领先。开放步伐大。利用外资连续4年全省县(市、区)和开发区第一，64家世界500强企业投资115个项目，进出口总额全市占比近60%，综保区成为全市对外开放政策改革的桥头堡。营商环境好。"尊商、爱商、亲商、安商"理念深入人心，营商环境不断迭代更新，为企业投资发展营造了最优"生态"、提供了充足"养分"。基于这样的发展基础和固有优势，我们完全有条件抓住这关键的几年，完全能够在有效承接国家战略中展现更大作为，完全应该在服务构建新发展格局中形成更加突出的比较优势。要在产业自主可控上先行。坚定实施产业强区主导战略，推进"6+2+X"地标性产业集群建设，打好产业基础高级化和产业链现代化攻坚战，培育世界级先进制造业集群，在率先实现经济体系现代化上走在前列。要在科技自立自强上先行。深化实施创新驱动核心战略，把太湖湾科创城作为"一号工程"，加快打造创新型企业集群，鼓励企业加大研发力度，在突破"卡脖子"关键核心技术、引育高层次创新人才团队等方面取得显著进步，打造具有国际影响力的科创中心。要在深化开放合作上先行。随着我国加快构建新发展格局，内需体系、市场体系、生产体系、流通体系、消费体系等各方面都将重塑，要鼓励引导企业主动参与国内大循环，坚持创新发展，培育更多"拳头产品"，以高水平供给抢占内需大市场。要抓住RCEP签署、中欧投资协定即将签署等重大机遇，切实融入东亚小循环，积极抢占中欧投资贸易密切合作红利，更高水平利用国际市场，不断提升全球配置资源能力，在构建新发展格局中打造具有国际影响力的国家高新区。

第三，肩负为全市高质量发展做样板示范的重任，我们要牢记高新区特殊使命、特别责任，把握发展规律、坚持系统观念，志存高远，勇争一流，充分展现"全能冠军"特殊风采。市委黄书记对我区提出了勇当"全能冠军"的要求，是考虑我区在全市中的重要地位，赋予的使命责任。我们要充分认识到高新区是稳住全市经济基本盘的一块重要压舱石，是推动高质量发展的一个重要标杆，是国家发展大坐标中展现无锡形象的一扇重要窗口。

站在承前启后的关键历史节点，担负起"全能冠军"的重大使命，我们要坚定不移贯彻新发展理念，率先推动质量变革、效率变革、动力变革，加强系统谋划，锻长板补短板，总体上就是要实现"两个提高"，提高对全市经济社会发展的贡献度，提高在全国、全省的位次。要在创新发展上提升冠军品质。坚定创新驱动核心战略，在积极融入国家战略中巩固相对优势，弥补短板弱项，推动频出科技创新成果，转化为现实生产力，成为太湖湾科创带最璀璨耀眼的科技新城。要在产城协调上打造冠军形象。坚持以产促城、以城兴产、产城融合的发展思路，围绕城市功能配套短板，在创新突破中寻求出路、完善规划、优化布局，把城区打造成"闻者愿来、来者愿留、留者能成"的江南宜居地。要在绿色发展上锤炼冠军底色。

坚持绿色发展不动摇，加快构建科技含量高、资源消耗低、环境污染少的生态经济体系，积极推动传统产业智能化改造和数字化转型，推进“千企技改”“千企上云”，促进生态环境质量持续改善。要在对外开放上彰显冠军姿态。坚定不移加快扩大开放的步伐，加快集聚全球高端要素，提高对外开放的质量和发展的内外联动性，巩固全市对外开放“特战队”地位。要在民生改善上共享冠军成果。坚持以人民为中心，突出精准性、普惠性、先导性，聚焦民生领域的难点堵点、短板弱项，精准制定实施民生实事工程，让改革发展成果更多更公平惠及全区人民。

三、以“三聚三提升”为主要发力点，确保“十四五”开好局、全面建设社会主义现代化起好步

今年是我国现代化建设进程中具有特殊重要性的一年，做好今年的工作意义重大。全区上下要以习近平新时代中国特色社会主义思想为指导，认真贯彻党的十九大和十九届二中、三中、四中、五中全会和习近平总书记视察江苏重要讲话指示精神，全面落实中央经济工作会议、省委十三届九次全会和市委十三届十一次全会部署要求，坚持稳中求进工作总基调，立足新发展阶段，贯彻新发展理念，构建新发展格局，以推动高质量发展为主题，以深化供给侧结构性改革为主线，以改革创新为根本动力，以满足人民日益增长的美好生活需要为根本目的，坚持系统观念，巩固拓展疫情防控和经济社会发展成果，更好统筹发展和安全，扎实做好“六稳”工作、全面落实“六保”任务，努力保持经济运行在合理区间，推进全面从严治党，确保“十四五”开好局、全面建设社会主义现代化起好步，在构建新发展格局中做出“新吴贡献”，勇当全市高质量发展“全能冠军”，争做社会主义现代化建设排头兵，以优异成绩庆祝建党 100 周年。

综合考虑各方面因素，2021 年全区经济社会发展的主要预期目标是：地区生产总值增长 7.5%，规上工业增加值增长 8% 以上，一般公共预算收入增长 6% 以上，社会消费品零售总额增长 8%，进出口稳中提质，到位注册外资 13 亿美元，城乡居民收入增长与经济增长同步。确定这些目标，既统筹考虑了开启现代化建设新征程的必要性，又考虑到我区经济潜在增长的可能性和引导市场预期、提振发展信心的主动性，同时兼顾考虑到发展中可能会面临的困难。

做好今年工作，要重点做到“三聚三提升”：

一是聚智创新，增强内生动力。坚持创新在现代化建设全局中的核心地位，以创新驱动产业链供应链优化升级，全力打造长三角最具活力的科创高地，牢牢把握未来发展主动权。要造好一座新城。抢抓苏锡常共建太湖湾科创带的宝贵机遇，高点定位、精心画好核心区建设蓝图，落实好各项发展规划、行动计划，加速打造太湖湾科创新城。要建好一批园区。以太科园管理体制优化为契机，完善科技园区运营模式，加快建设新型科技园区，研究制定鼓励龙头企业建设特色创新园区的政策意见，加快推进国际生命科学创新园、中电海康、海尔等特色科技园区建设，切实擦亮科技园区“金字招牌”。要育好一批企业。大力实施创新型企业培育计划，培育更多高新技术企业以及雏鹰、瞪羚、准独角兽企业，打造好科创板“新吴板块”。要引进一批平台。主动融入苏南国家自主创新示范区建设，加快对接 G60 科创走廊、G42 产业创新带，瞄准我区优势产业，引建一批“国字号”“省字号”重大创新平台，倾力支持中科院、省产研院等大院大所设立市场化新型研发机构，使共建科技创新平台数量更多、质量更优，成为承接科创带创新溢出的“第一岛链”。要集聚一批人才。牢固树立“人才是第一资源”的理念，把人才优先发展落实到经济社会发展规划、重要政策和工作部署中，探索构建更加符合创新规律的人才政策体系，持续提升海内外高层次人才和技能型人才保有量，力争全区人才总量突破 28.7 万人。

二是聚焦产业，夯实发展基础。深入实施产业强区主导战略，努力打造自主可控、安全高效的现代产业体系，统筹推进产业基础高级化、产业链现代化。要绘好两张图谱。一张是产业链规划图。充分发挥我区产业发展基础和优势，围绕“6+2+X”重点产业集群，科学精准梳理重点产业链条发展规划图谱，建立健全产业链链长制，建立优质项目库，加快形成“链主式企业 + 骨干型企业 + 高成长企业”的雁阵梯队，实现全区重点产业链脉络清晰、链条完整、竞争力强，让优势主导产业链环环相扣、一通到底、强而有力。一张是产业布局规划图。综合国土空间、土地使用、环境优化、产业现状、城市更新等因素，注重结构调整、优化布局、产业协同，科学确定分区战略、空间结构，进一步明确各功能区的主导产业方向，引导产业高质量集聚化发展。要实施两个行动。一是“双招双引”行动。构建“项目招商矩阵推进体系”，以产业链创新链招商为抓手，围绕“产业招商地图”展开全链条、跨链条整合招商，精心组织好重大经贸招商和投资促进活动，发起重大项目、科技项目招引“攻坚战”，努力在引进超 100 亿元、超 10 亿美元的重特大项目上取得新突破，全年新增科技企业突破 2000 家。二是产业园区“三优化三提升”行动。强化“以亩产论英雄”导向，坚持区街联动、统筹协调、创新发展，探索混合产业用地供给，加快产业创新综合体建

设步伐，力争到2023年疏退企业1500家，提升低效工业用地15000亩，街道产业园区总产值突破800亿元，亩均税收年增长10%以上，进一步优化产业结构、综合环境、载体建设运营模式，进一步提升产出效益、创新能力、管理能力。要突出两个建设。一要加强招商体制机制建设。深入推进“百渠工程”，织密招商信息渠道网络，形成项目招引共推合力。加快海外驻点招商步伐，把招商阵地进一步向前推移，强化“内外联动协同”。深耕日韩、拓展欧美，打好协同推进组合拳。建立更为开放灵活的用人机制，强化招商人员培训提升，构筑更有比较优势的激励机制。二要加强营商环境建设。深化“放管服”改革，实行区级“一窗服务”，街道、村（社区）“全科政务”，让政务服务更加高效；强化项目用地、企业用工保障，搭建好政银企沟通对接平台，让各类政策更加精准；强化市场监管，加强企业信用建设，让市场环境更加规范；持续优化民营经济发展环境，让“无难事、悉心办”营商环境品牌响彻国内外。

三是聚力开放，激荡发展活力。坚持全球视野，统筹利用国际国内两个市场、两种资源，不断提升我区开放型经济首位度。要提升利用外资水平。全力打造外商投资最满意城区，健全外资项目协调服务机制，发挥好星洲工业园等园区载体在国际交流合作中的积极作用，加强对日韩等重点国别和地区的产业链招商，不断提升现代服务业利用外资占比，促进外资投资向高技术产业、高新技术领域、科技前沿聚集，确保全年实际利用外资继续走在全省前列。要全力实现外贸稳中提质。积极开展自由贸易试验区联动创新发展区建设，促进跨境贸易便利化和管理体制高效化，积极创建中日韩（江苏）产业合作示范区，高质量推进国家跨境电商综合试验区、集成电路国家外贸转型发展基地建设，强力推进综保区“五个中心”建设，积极发展外贸新业态新模式，加快外贸转型升级。要大力推进高水平外经合作。加快优势企业和优势产能“走出去”，在全球范围内配置资源，推进资本和创新资源的跨境合作，在融入国际大循环中发挥积极作用。

四是提升城市品质，建设美丽新吴。科学统筹好规划、建设、管理三大环节，加快打造更具国际化、现代化的城市主城区。要绘好一张蓝图。以“多规融合”为方向，开展国土空间总体规划编制，高品位谋划科创城中心、站前中心、临空中心等串联组合中心，推动鸿山旅游度假区详细规划与精细化设计，加快构建“一心三轴五板块”战略性空间结构体系。要建好一批工程。秉承作品意识、工匠精神，加快推进科创城、鸿山新市镇、伯渎河、站前等重点片区建设，系统推进棚户区改造、老旧小区更新，开工建设安置房70万平方米。加快实施一批“两新一重”交通基础设施、生态环境治理、民生公共服务等基础设施项目建设，优化城市发展的“大通道”和“微循环”，持续用力解决停车难等城市顽疾。深入开展房屋征收清点清障，确保完成征收拆迁170万平方米，为城市发展拓展更多空间。要完善一个机制。建立健全精细化城市管理长效机制，用“绣花功夫”做好城市管理，对市政设施维护、环境卫生、市容秩序等实施规范化管理，做优景观绿化、道路杆件、管线标识等“城市细节”，确保精细化管理工作继续领跑全市。

五是提升民生福祉，增强幸福质感。坚持以人民为中心，围绕“民生七有”要求和“八个更”目标，加快实施民生实事工程，不断增强多层次多样化供给能力。要让民生保障更加给力。突出抓好重点群体就业，确保全年新增就业1.3万人以上。持续扩大社会救助政策覆盖面，完善更加公平、更可持续的分级分类社会保障体系。要让服务供给更加优质。突出培育名校，加大与“双一流”大学、知名中小学合作办学，持续深化教育体制改革，探索特色教育资源分片布局，深入推进教育优质均衡发展，力争培育更多在全市叫得响的品牌名校。加大“名医”引育力度，深入开展“双百”人才启航工程、百名领军人才计划，全力打造“名医”人才队伍。积极探索以上海瑞金医院无锡分院为龙头的区域医联体建设，推进基层医疗机构提档升级，全面提升医疗卫生水平。扎实做好养老服务，在居家养老、提升养老服务水平等方面开展更多探索。优化区域交通体系，加强公交地铁线路循环对接，让人民群众出行更便捷。深入探索食品安全共治模式，保障群众“舌尖上的安全”。做好拥军优属工作，加强退役军人服务保障体系建设。要让乡村生活更加美好。深入实施乡村振兴战略，全力推进美丽乡村建设和农村人居环境整治，积极打造“醉美鸿山乡村振兴示范带”；因地制宜加快发展特色农业，扎实推进智慧农业；有序开展宅基地“三权分置”改革，积极探索集体经营性建设用地入市改革，持续完善农村“三资”监管。要让文化事业更加繁荣。充分利用丰富的历史文化资源，打造展现吴文化特色的文化地标。聚焦人的文明素养这个根本，深入推进精神文明建设，强化文明城市建设长效机制。有序推进“1+3+10+N”文体设施布局，推进伯渎河文化中心、鸿山墓群本体保护展示工程建设，大力推进大运河文化带新吴段建设，持续提升文体事业发展水平，不断提升吴地文化的影响力和美誉度。

六是提升安全水平，营造良好环境。坚持问题导向，彻底整治安全、环保突出问题，坚决维护社会大局平安和谐稳定。要打好疫情防控持久仗。坚持“守住一线、放开全域”，继续用好“大数据 + 网格化 + 铁脚板”经验，严格落实疫情防控措施，加强进口冷链集中监管，确保入境人员无缝对接、闭环管理，确保入境货物有序安全、双向可溯。要打好安全发展纵深仗。统筹推进“一年小灶”和“三年大灶”有机衔接，强势推进安全生产专项整治，确保不发生重大安全事故，全面提升安全生产治理体系和治理能力现代化水平。要打好生态环保攻坚仗。坚持生态优先、绿色发展，坚定不移推进产业结构和能源结构调整，实现减污降碳协同效应，持续打好“蓝天、碧水、净土”保卫战。要打好金融风险歼灭仗。突出债务风险防控，持续压降政府性债务规模，深化开展非法集资专项整治和打击恶意逃废金融债务行动，管好平台企业，确保不良贷款率稳定下降、不发生系统性金融风险。要打好社会稳定主动仗。打造网格化社会治理新格局，推进“一战五行动”和积案化解，健全矛盾纠纷有效预防和多元化解机制，常态化开展扫黑除恶，加快打造共建共治共享社会治理新格局。

四、牢牢把握创新核心地位和科技自立自强的重大要求，加快建设太湖湾科创城

规划建设太湖湾科创城，是党工委、区委面向“十四五”发展、面向长三角区域一体化、面向世界科技创新前沿，积极抢抓太湖湾科创带核心示范区建设宝贵机遇，作出的一项重大战略决策，目的就是在社会主义现代化建设新征程中，坚持创新驱动发展、科技自立自强，着力做优科创城产业科技创新体系，增强创新策源力，实现产业高端化，打造具有国内竞争力的科创新城，真正在新时代发展中构筑新优势、创造新辉煌。今天上午，无锡高新区太湖湾科创城建设指挥部、无锡太湖国际科技园管理办公室正式挂牌，《太湖湾科技创新带无锡高新区（新吴区）发展规划（2021—2025）》《无锡高新区（新吴区）太湖湾科创城高质量发展三年行动计划（2021—2023）》正式发布，标志着太湖湾科创城正式启动建设，必将为全区科技创新和产业发展注入“最强动能”，开启全区创新发展的崭新篇章。

在规划建设过程中，我们要抢抓机遇、高点定位。准确把握新一轮科技革命和产业变革趋势，主动融入长三角一体化、苏南国家自主创新示范区等国家战略，紧紧围绕成为太湖湾科创带“创新大脑”的目标定位，以湖湾为纽带、科创为支撑、科产城人融合为动力，全力以赴打造新兴产业策源地、科教资源集聚地、科创生态样板地，成为全区科技和产业创新的“动力核”。要自立自强、开放创新。一方面要坚持以我为主，主动融入国家科技战略布局，立足集成电路、物联网、生物医药等优势产业，自主布局重大科创平台载体建设，牵头开展重大关键核心技术攻关、重大科技成果应用转化，抢占自主创新制高点；另一方面，更加积极地在全球范围内配置科技创新资源，坚持以开放促创新、促合作、促发展，打造全区对接全球科创资源的“前哨阵地”。要敢于探索、打造样板。科创城既是科创高地，也是改革样板，要顺应科技创新规律、科技产业发展规律、科技园区建设规律推进科创城建设，解放思想、敢于突破，加大政策创新力度，有效激发科创城建设的动力活力，率先开展具有探索性、创新性、引领性的科创体制机制改革，形成更多可借鉴、可复制、可推广的创新经验，真正承担起打造科创生态样板的重任。要加强协调、积极争取。太湖湾科创城建设事关全局、事关长远，必须举全区之力、汇全区之智推进。全区上下要强化“一盘棋”思想，相关领导要带头解决推进过程中遇到的实际困难和具体问题，积极对上沟通汇报，争取国家和省市有更多优惠政策、创新平台、重大项目落地科创城。

重点要做好以下三个方面工作：

一要瞄准“最前沿”，全力打造新兴产业策源地。新兴产业是优化产业结构的“助推器”，是决定未来发展的“胜负手”。要坚定不移走“科创 + 产业”道路，实施产业基础再造和产业链提升工程，努力成为新兴产业的重要策源地。突出高科技园区带动。聚焦全区新兴产业发展方向，统筹所辖科技园区的空间布局和产业规划，坚持错位发展、重点突破，引导软件园、物联网国际创新园等优势园区向专业化方向发展，推动龙头企业加快建成一批产业高度集聚、行业特色鲜明、专业创新能力强的科技园区，力争每个园区都能形成 1 ~ 2 个技术全球领先、带动能力十足、能够抢占高端环节的优势链条，带动提升全区新兴产业竞争力。突出高精尖项目拉动。坚持“科”字为先，把科技水平作为科创城招引项目的首要标准，以科技水平论英雄、以科技效应给要素。要围绕全区新兴产业发展需要，加快落地一批补链、强链、延链的高科技产业类项目，引进一批原始创新、基础创新、迭代创新的高科技研发类项目，建设一批支撑创新、服务创新、促进创新的高科技基础类项目，推动科创城建设保持高科技品质。突出创新型企业推动。在全球科技创新最为活跃的地区，大量的研发机构、研发人员、发明专利、研发资金主要集聚在企业，企业是创新最重要的“源泉”。企业对产业发展趋势最敏感，对科技创新需求最迫切。我们要切实把握创新规律，大力引导和支持企业尤其是龙头企业深度融入产学研体系建设，在优势新兴产业领域加大关键核心技术联合攻关、未来技术前瞻研究、科研成果示范运用转化力度，让企业在推动实现“从0到1”的原始创新、“从1到100”的应用创新中发挥更重要作用。

二要追求“硬科技”，全力打造科教资源集聚地。建设太湖湾科创城立足点在科技、突破口也在科技，要立足园区多年的积累，切实把发展优势转化成发展胜势。要建强科技园区平台。要针对科技园区的发展特点，完善园区配套设施，优化园区管理体制，让科技企业创新有服务、转化有渠道、发展有空间，切实增强园区对科技企业、科技人才的吸引力。要鼓励支持高校、企业、风投等多元主体投资建设众创空间和孵化器，支持国有孵化器引进专业管理团队，拓展技术支撑、投资融资、信息服务、创业辅导等增值服务功能，提升众创空间和孵化器的建设、管理、运营水平。要建强重大创新平台。一个重量级创新平台，就是一个高效的创新“发动机”。要主动融入太湖国家实验室建设，积极推进国家集成电路特色工艺及封装测试创新中心、江苏物联网研究发展中心等重大创新平台建设，支持建设新型研发机构，推动一批省产业技术研究院专业研究所落户和建设，通过多种形式建设一批国家和省重点实验室、工程技术研究中心、企业技术中心、公共服务平台，推动科技研发能力再上新台阶。要建强人才引育平台。创新驱动本质是人才驱动，科技竞争最终是人才竞争。要把引才聚才作为太湖湾科创城建设的重中之重，深化人才发展体制机制改革，制定更加开放、更具温度、更为精准的人才政策。在“引才”上要舍得花本钱，面向世界汇聚一流人才、一流团队，加快引进一批具有国际水平的战略科技人才、科技领军人才、创新团队，让科创城成为“高精尖”人才的蓄水池。

三要建设“好环境”，全力打造科创生态样板地。创新生态对于吸引人才、集聚资源、提升能级、增创优势都至关重要。太湖湾科创城要拉高标杆、对标一流打造最好科创环境，以突破性创新机制搅动科创城发展的“一池活水”。要在优化科研机制上展现新思路。在研发组织模式上，加强产学研深度融合，试点企业出题、院所出智、协同破题的“揭榜挂帅”立项方式，从源头提升资源配置的合理性。在科研管理模式上，探索创新创业失败包容等举措，保障科研人员的预算调剂权、经费使用自主权、技术路线决策权，激发创新的积极性主动性。在成果转化模式上，加快建设技术交易市场、云上技术交易平台、国际技术转移服务机构，让需求与成果精准对接。要在提升科技服务上展现新作为。要加快建设“高新金融谷”，通过基金引导、风险补偿、财政奖励等方式，吸引境内外天使投资、创业投资、风险投资等投资机构在科创城开展创投业务，用好知识产权质押等信贷产品，积极构建覆盖企业全生命周期的投融资服务体系。要高度重视科技服务业发展，加快推进苏南国家自主创新示范区一站式服务中心建设，培育引进一批专业规范高效的科技服务机构和龙头企业，不断提升自主研发、产品设计、创业孵化、技术交易、评估咨询等科技服务能力，加快形成覆盖产业链全链条的科技服务体系。要在推动产城融合上展现新面貌。太湖湾科创城肩负着太科园片区从园区向城区转型的发展重任，不仅要有内在“研值”，也要有外在“颜值”，切实打造成为全区产城融合的样板。要结合“十四五”规划编制，科学划定产业园区、科创载体、生态保护、城市功能、居住区域等边界红线，按照现代化、国际化标准，构建数字化服务设施体系，建设一批绿色低碳、数字赋能的未来社区，打造一批邻里中心、口袋公园等城市公共空间，建好一批国际学校、国际社区、高端医疗、商业综合体，构建覆盖教育、医疗、文体、养老、商业等领域的高标准服务体系，让科创城真正成为各类人才的生活向往之地、创业首选之地。

五、精心谋划庆祝建党100周年，全面推动党的建设取得更大成效

事业兴衰，关键在党。全区各级党组织要以庆祝建党100周年为契机，全面贯彻新时代党的建设总要求，牢记初心使命、推进自我革命，纵深推进全面从严治党，以党建“最大政绩”引领保障发展“第一要务”。

一要把稳思想之舵，强化政治引领。以党的政治建设为统领，引导党员干部增强“四个意识”、坚定“四个自信”、做到“两个维护”，不断提高政治判断力、政治领悟力、政治执行力，确保习近平总书记重要讲话精神和党中央决策部署落地见效。深入学习贯彻习近平新时代中国特色社会主义思想，切实提高广大党员干部特别是领导干部贯彻新发展理念、构建新发展格局的能力和水平。按照中央和省市委的统一部署，精心组织开展中国共产党成立100周年庆祝活动。严格落实民主集中制、新形势下党内政治生活若干准则、党的组织生活等制度，常态化开展政治体检，增强政治免疫力。牢牢把握意识形态工作领导权，强化正面发声，壮大主流舆论，加强网络文化建设，为高质量发展汇聚强大正能量。

二要涵养固本之源，夯实战斗堡垒。巩固深化“不忘初心、牢记使命”主题教育成果，认真贯彻“五聚焦五落实”要求，以组织体系建设为重点，全面筑牢党建“压舱石”。构建党建品牌体系，丰富和提升党建品牌内涵，将品牌影响力辐射到更大范围、更广领域。强化制度刚性执行，健全完善书记、队伍、项目、联盟等各要素制度机制，释放基层党建强劲动能。注重基层班子建设，抓实软弱涣散党组织整顿提升，高质量完成村（社区）“两委”换届，使基层党组织真正成为攻坚克难的“堡垒”、凝聚群众的“磁场”。

三要昂扬奋斗之志，锻造过硬作风。过硬的工作作风是事业成功的重要保证。目标定位要高。以更高视野审视“十四五”发展，以更高站位谋划“十四五”发展，带着样板意识提高工作标准和品质，在各项工作中争取更多“单项冠军”。举措支撑要实。大力倡导“工作项目化、项目目标化、目标节点化、节点责任化”的工作方法，聚焦科技创新、产业布局、城市建设、人才引进等事关未来发展的方向性、关键性、根本性问题，提高政策研发能力、落实执行能力，靶向发力、精准施策，真正把制度、政策红利转化为蓬勃发展活力。精神状态要争。各部门各板块要敢向高处攀、敢和强者比，善于争资源、敢于争位次、勇于争机遇，为勇当“全能冠军”、争做排头兵汇聚精神力量。工作方法要创。全体党员干部要以“思想破冰”引领“行动突围”，砸碎头脑中禁锢思想的“枷锁”，积极探索创新发展的新模式新方法，激发工作活力，敢于做第一个“吃螃蟹”的人。

四要绷紧纪律之弦，营造清朗生态。要严管与厚爱相结合，坚持实干导向用干部，以实绩论英雄，树牢干事创业“风向标”。全力打造过硬领导班子，引领推进干部队伍建设，畅通干部交流渠道，进一步完善干部跨条线部门跨领域交流机制，切实做好年轻干部选育。压实政治责任，牵牢全面从严治党主体责任“牛鼻子”，把责任层层传导、压紧压实。锲而不舍贯彻落实中央八项规定及其实施细则精神，更深层次整治形式主义、官僚主义突出问题，持续为基层减负。深化体制改革，贯通衔接纪律、监察、派驻、巡察四个全覆盖监督体系。一体推进“不敢腐、不能腐、不想腐”，深化运用监督执纪“四种形态”，持续整治农村“三资”、教育医疗、养老社保、涉黑涉恶腐败等群众身边腐败和不正之风，坚决查处金融、国企、重大工程建设等行业领域的腐败问题，严查“影子股东”“雅贿”等隐性腐败，突出重点削减存量，零容忍遏制增量，深化以案促改、标本兼治，切实打造山清水秀的政治生态。

同志们！新的蓝图已经绘就。让我们更加紧密地团结在以习近平同志为核心的党中央周围，高举习近平新时代中国特色社会主义思想伟大旗帜，满怀创新创业的激情，激扬奋进跨越的豪情，拉满弓、绷紧弦，团结拼搏、攻坚克难，做出“新吴贡献”，勇当“全能冠军”，争做排头兵，以优异成绩迎接党的百年华诞！

政府工作报告

——在新吴区第二届人民代表大会第一次会议上

新吴区人民政府代区长 章金伟

（2022年1月25日）

各位代表：

现在，我代表新吴区人民政府，向大会作工作报告，请予审议，并请各位政协委员和其他列席人员提出意见。

2021年和本届政府工作回顾

过去一年，区政府以习近平新时代中国特色社会主义思想为指导，全面贯彻党的十九大和十九届历次全会精神，深入贯彻习近平总书记对江苏工作重要指示精神，在市委、市政府和区委的正确领导下，在区人大、政协的监督支持下，紧紧依靠全区广大人民，迎难而上、开拓进取，顺利实现“十四五”开门红，开启了全面建设社会主义现代化新征程。

一是聚焦产业谋发展，综合实力不断壮大。经济发展稳健有力。地区生产总值突破2000亿元大关，达到2271.06亿元，增长11%、增速全市第一，一般公共预算收入达到243.3亿元，增长12.5%；规上工业增加值达到1629.87亿元，位居全市第一，规上工业总产值达到5554.58亿元；固定资产投资增长5.3%；进出口总额568.7亿美元，增长13.3%，服务贸易进出口总额超过190亿元，服贸基地综评全省第一；实际使用外资13.3亿美元；社会消费品零售总额达到414.66亿元、增长9.6%；规上服务业营业收入约568亿元，增长22.1%左右，总量全市第一。项目招引成效显著。紧抓“双招双引”这个牛鼻子，精准绘制“6+2+X”产业（注释1）链发展图谱，成立产业链招商工作领导小组和7个专班，深入实施“百渠工程”、海外及国内一线城市驻点、会展定向等招商措施，新批超亿元产业项目145个，总投资超650亿元，其中10亿元以上项目14个、100亿元以上项目1个；狠抓项目全周期管理，46个省、市级重点项目投资总量连续5年全市第一，125个区级重大项目投资完成率122%，32个重大产业项目竣工投产。产业质效持续提升。物联网、集成电路、生物医药、大数据和云计算等战略性新兴产业分别增长15%、20%、15%、15%，全市占比均位居第一，入选省区块链发展集聚区、省工业大数据应用示范区；新增市级以上专精特新“小巨人”企业69家、省级绿色工厂5家、省级工业互联网平台2家、省首台套重大装备2个、市级智能车间（工厂）53家，入选全省制造业创新转型升级成效明显地区。3家企业分别荣获“中国质量奖提名奖”“省长质量奖”“省长质量奖提名奖”。产业园区“三优化三提升”（注释2）行动深入推进，组建155亿元融资银团，亿元GDP使用建设用地面积下降11.3%，完成拆迁腾换、开发建设、企业自改、政府包租共计3380亩。

二是一着不让抓创新，发展动能持续增强。创新主体更加活跃。新招引科技企业2450家，增长65.5%；新认定高企351家，全市第一；科技型中小企业评价累计入库达到1540家，全市第一。荣获国家科学技术奖企业5家，入选全国硬科技企业之星100强企业8家，入选苏南自创区独角兽企业2家、潜在独角兽企业6家、瞪羚企业36家，入库市“三类企业”（注释3）331家，均位居全市第一。“龙头企业+人才团队+创新项目”引才模式深入推进，申报国家级重大人才工程项目60个，入选省“双创计划”人才10人、市“太湖人才计划”项目55个，新增高层次人才1500余人、高技能人才4000余人；李克强总理在“全国双创周”启动仪式上与我区领军人才企业海斯凯尔连线。创新动能加速释放。全面融入太湖湾科创带建设，聚力打造科创城“智核”，中电海康无锡物联网产业基地、朗新科技产业园、无锡国际生命科学创新园太湖湾创新基地、海尔物联生态网示范基地等一批龙头科技园区加快建设，微纳园四期“开园即满租”。新增国家市场监管技术创新中心（特殊食品）等新型研发机构5家、省级众创空间4家、省级孵化载体8家、市级以上工程技术研究中心54家，入选省关键核心技术攻关项目5个，全市占比71%，技术合同收入达141.9亿元，研发投入占GDP比重达4.6%。创新环境日趋完善。构建“1+X”优势人才政策体系（注释4），实现人才项目落地即支持，拨付“飞凤人才”基金

2.39亿元；启动“高新金融谷”建设，引进设立股权投资企业66家，规模达164亿元，落户百亿级“碳中和”产业投资基金2支，全区基金规模达到569亿元。启动企业创新积分制试点，建立企业创新指标评价体系。全市率先推进“一园一基金”体系建设，通过“拨改投”推动园区角色向“房东+股东”新模式转型，拨付科技发展专项资金5.41亿元，惠及企业1070家，425个科技项目获得省、市、区三级风险补偿贷款15亿元。举办第六届中国特殊食品大会、“十四五”集成电路产业高质量发展（无锡）闭门研讨会、“太湖杯”国际精英创新创业大赛等科创活动，区域创新氛围更加浓厚。

三是精准施策促改革，开放水平更加趋优。供给侧结构性改革深入推进。严格贯彻落实减税降费政策，办理增值税留抵退税、出口退（免）税、研发费用加计扣除等减免税额213.5亿元；拨付产业升级资金38亿元，惠及企业6679家次。积极抢抓“碳达峰、碳中和”发展机遇，成立全省首个零碳科技产业园，成功创建国家绿色园区、国家绿色低碳示范园区。认真落实能耗双控任务，有效落实“双线告知”（注释5）等稳预期举措，电力供应保持平稳。新设内资企业7708户、增长22.5%。重点领域改革成效明显。打响“无难事、悉心办”营商环境品牌，开展全省唯一县（区）审批服务便民化试点，实现区级“一窗服务”，街道、村（社区）“全科政务”，推动“一件事一次办”改革，灵活就业“一件事”（注释6）改革成效获国办肯定；深化“办照即营业”改革，发出全省首张“跨省通办”营业执照；创新工程建设项目“分段审批、分段发证”新模式和个性化定制“多证联发”套餐（注释7），实现不同类型项目“拿地即开工”；推动公共资源交易“不见面”，跨区域投标成为常态。企业服务一体化平台“锡新通”建成投用，惠及企业1.2万余家。巩固提升基层“三整合”改革（注释8），综合行政执法改革进一步深化。出台国企改革“1+N+M”政策体系（注释9），国企市场化经营水平持续提升。对外开放水平不断提高。深入推进服务型综保区建设，打造苏南国际贸易港，成功试点机场—综保区“区港联动”，区港货物实现快速流转分拨。启动长三角电子元器件国际分拨中心建设，获批国家外贸转型升级基地（生物医药），创成江苏自由贸易试验区联动创新发展区、中日韩（江苏）产业合作示范园区、省级跨境电商产业园，开展综保区集成电路全产业链保税模式改革试点，完成无锡跨境电商三大中心建设。规划布局中欧低碳产业园、国际集成电路创新集聚区、中新合作创新示范园等6大国际合作新载体，为更高水平对外开放注入新动能。新设立外资企业104家，新增省级认定跨国公司地区总部和功能性机构2家，新批药明合联、亚新半导体等协议外资超3000万美元重大外资项目16个、世界500强企业投资项目3个。

四是多措并举提品质，城乡面貌明显改善。城市建设亮点纷呈。精心编制新一轮国土空间总体规划，统筹划定生态保护红线、永久基本农田、城镇开发边界控制线，积极谋划大运河沿线和空港机场片区功能布局，强化路网体系规划布局。深入推进太湖湾科创城、鸿山旅游度假区等重点板块建设，全力推进新风路、叙康路、安鸿路等路网建设，长江路美丽宜居街区塑造等4个项目被列为省级试点，实施大运河新吴段整治提升、伯渎河二期工程，安置房开工7377套、建成5848套，完成长欣公寓等9个老旧小区改造，完成房屋征收拆迁180万平方米、攻坚拔点项目36个。春城农贸市场等一批商业配套建成投运。区域环境明显改善。深化城市精细化管理，深入开展市容环境、街景出新、城市亮化、道路绿化等专项行动，加快城市数字化管理，试点“城市管家”全新治理模式。积极创建生态园林城市，新增绿地51公顷，新改建公园游园5个，完成72条道路形象提升。全力优化停车秩序，新增学志路等停车位8100个，新建改建公厕86座。在全市首创物业“红黑榜”，老旧小区实现物业进驻全覆盖。在全市率先实现垃圾分类全域全覆盖。安全形势稳定向好。坚持“人民至上、生命至上”，推进疫情防控公共能力建设，疫苗接种率全市领先，开展全区全员核酸检测压力测试，应急处置能力得到有力提升。纵深推进安全生产“三年大灶”专项整治行动，研究划分75个安全生产专属网格，建立问题隐患“回头看”制度，组织开展“小园区、厂中厂”专项整治，对危化品、城镇燃气、群租房等重点领域开展“拉网式”排查整治，消除了一大批安全隐患，本质安全水平得到有效提升。生态环境不断提升。启动生态文明示范区创建工作，深入打好污染防治攻坚战，纵深实施蓝天、碧水、净土重点工程1618个，新建江苏电科等危废处置工厂，新增处置能力30万吨，全力开展“1+7+60”（注释10）条河道整治，全区5个国考、省考断面首次全部达到优III水平，连续14年实现太湖安全度夏；$PM_{2.5}$平均浓度29.9微克/米^3，下降15.1%，降幅位居全市前列。

五是千方百计优供给，民生福祉日益增进。民生保障扎实有力。突出抓好高校毕业生、退役军人等重点群体就业，建成全省首家新就业产业园，开展“春风行动”等招聘活动250余场，发放稳岗留工相关补贴1.3亿元，新增城镇就业人数2.3万余人、大学生2.4万余人。全面开展特困家庭深度救助，发放低保金、残疾人两项补贴1557.66万元。全区储备粮充足，物价水平总体稳定。社会事业全面发展。围绕共同富裕阶段性目标，完成10大类73项民生实事工程，扎实开展“我为群众办实事”实践活动和“微幸福”民生工程，“12345”热线接诉即办、未诉先办，有效解决群众身边的烦心事、操心事、揪心事。圆满完成国家卫生城市复审，SK医院启动建设，公卫大楼建成启用。加快推进教育现代化，作为全市唯一参加全国学前教育普及普惠示范区、义务教育优质均衡发展区、义务教育优质均衡先行创建区创建的县（市、区），顺利通过省级评估。深化与上海世外、无锡金桥、梅村高级中学合作办学，新建改扩建中小学8所、幼儿园12所。有力落实“双减”政策，课后服务工作走在全市前列。建成综合性养老服务中心3家、区域性助餐中心9家、街道级日间照料中心6个、省级儿童关爱之家1家，入选省智慧健康养老示范街道2个。文明城市创建各项工作扎实有力，新时代文明实践活动让文明之风落地生根。伯渎河文化中心、伯渎河体育中心启动建设，鸿山墓群入选国家大遗址保护利用专项规划，梅里古镇获批中国华侨国际文化交流基地，文体事业繁荣发展。社会治理精细入微。“一感两率”（注释11）提升工程深入开展，建成“平安前哨”78个，6个街道全面建成专职网格员队伍，全面建成“最多跑一地、服务零距离”多元解纷体系。落实村（社区）书记“六突出六加强”工作机制（注释12），全面完成村（居）委会换届选举。积极防范化解各类重大风险，认真开展金融、房地产、政府债务、能源、社会稳定等领域风险隐患大排查，社会大局始终和谐稳定。严格开展食品药品执法检查，顺利通过“省级食品安全示范区”复评。乡村振兴富有成效。聚力打造“醉美鸿山”乡村振兴示范区，引进“吴越春秋”重大文旅项目，建成全市首个智慧农业云平台和无人农场，3个农业科技项目获得国家级荣誉；农村集体产权制度改革稳妥完成，集体经济组织成员户均增收3000元。

各位代表，随着2021年发展任务如期实现，新吴区第一届政府圆满完成承担的历史使命。过去五年，是新吴发展史上变革深刻、影响深远的五年，是应对严峻挑战、实现跨越发展的五年，也是克难奋进、砥砺前行取得新的重大成就的五年。这五年，我们有效应对新冠疫情冲击、经济下行压力持续加大、社会转型不断加快等多重因素考验，全区经济健康发展、改革深入推进、社会和谐稳定、政府作风持续转变，各项事业蒸蒸日上，高水平全面建成小康社会。

五年来，我们聚力打造产业高地，经济实力在应对挑战中跃上了新台阶。坚定不移实施产业强区主导战略，积极打造实力更强、质量更高的现代产业高地。GDP年均增长7.7%，全市占比由15.5%提高到16.2%；一般公共预算收入五年累计实现1039.3亿元、年均增长8.7%、全市占比由18.35%提高到20.27%；规上工业总产值年均增长11.8%、全市占比由21.1%提高到26.0%；规上工业增加值年均增长15.8%、全市占比由25.5%提高到33.1%。坚持项目为王，年均招引超亿元重大产业项目100余个，华虹、SK海力士二工厂等一批百亿元旗舰项目建成投产，阿斯利康、先导、闻泰等龙头企业实现园区化发展，重大项目招引建设均创历史最好水平。3个产业集群规模超千亿元，物联网产值占全国的十分之一，集成电路产值占全国的八分之一，生物医药、大数据和云计算等产业呈现爆发增长态势，服务业增加值占GDP比重年均提升1个百分点，产业质态显著提升。发展“三大经济”，数字经济核心产业营业收入达3100亿元，成为全国唯一同时拥有2家灯塔工厂和3家国家级智能制造标杆企业的国家级园区；完成重点企业“工厂总部化”168个，省级认定跨国公司地区总部和功能性机构全市占比达到40%以上；发挥苏南硕放国际机场区域性枢纽作用，跨境电商产业园、航空物流产业园等一批园区规划落地。

五年来，我们聚力推进科技创新，产业质效在动能转换中迈出了新步伐。深入实施创新驱动核心战略，推进苏南国家自主创新示范区和国家传感网创新示范区建设，积极抢抓太湖湾科创带建设机遇，高新区排名大幅提升，有力将科技创新的最强活力转化成产业转型的最强动能。出台“创新12条”（注释13）激活创新活力，全社会研发投入占GDP比重达到世界先进水平，万人发明专利拥有量129.7件，是全市平均的2.6倍，战略性新兴产业、高新技术产业产值占规上工业总产值比重分别达到57%、70%。建有“芯火”双创平台等国家级创新平台10家，省产研院半导体封装技术研究所等新型研发机构31家，市级以上企业工程技术研究中心224家。建有省级以上科技企业孵化器17家、省级以上众创空间15家，软件园连续4年获国家A类科技企业孵化器，微纳园被评为全省首个“亚洲最佳孵化器奖”。新增上市企业14家，有效期内高新技术企业从378家增加到1000家，增长2.75倍，获认市级以上专精特新“小巨人”企业146家，全市第一。

集聚各类人才29.4万人，其中国家级高层次人才126人，国、省、市三级人才项目申报入选总数连续多年位列全市第一。

五年来，我们聚力深化改革开放，发展活力在思想解放中实现了新跃升。始终把深化改革开放作为推动发展的关键一招，以改革应对变局、用开放开拓新局。以“区政合一”为主抓手，深入推进新一轮党政机构改革、“放管服”改革、基层整合审批服务执法力量改革，保持了高新区精简、统一、高效的运行模式，进一步打响了“小政府、大社会，小机构、大服务”品牌。全力构建富有区域特色的“6+2+X”产业体系，科技园区运营体制、国资运营管理体制、双招双引工作机制、综保区转型升级机制等各项改革全面推进，财税、教育、医疗等领域改革成效显著，增值税一般纳税人资格试点、地方政府性债务综合监管、企业安全环保共治等创新性工作走在全省前列。综保区“五个中心”建设深入推进，无锡国际邮件互换局、药品口岸、冰鲜口岸等顺利获批，增值税一般纳税人资格试点企业达到11家，在全省率先开展全球检测维修业务，达到8家，综保区整体实力位居全省第二、全国第五。获批跨境电商综合试验区、集成电路及生物医药国家外贸转型升级基地，打出了无锡中韩集成电路产业园、无锡国际生命科学创新园等合作品牌，进出口总额累计达到2517.3亿美元、全市占比由49.6%提高到53.8%，实际使用外资连续多年保持13亿美元左右的高位态势，带动开放合作由制造向研发、销售拓展，服务贸易、服务外包总量均位居全市第一，全面增强“日资高地”“韩资板块”“欧美组团”的影响力，区域开放度和国际化水平不断提高。

五年来，我们聚力建设美丽城市，城乡品质在攻坚克难中展现了新面貌。全面优化城乡布局规划，基本形成了“一心三轴五板块”的空间结构，勾画出了现代化、国际化主城区的雏形。狠抓重点工程建设，投资87.34亿元实施重点基础设施项目172个，飞凤南路、长江路等一批道路工程顺利完工，万达广场、梅里古镇等一批商业配套建成投运，城市面貌大幅提升、功能日趋完善。地铁3号线一期工程建成运行，公交线路持续优化，市民出行更加便捷。全域全覆盖推进垃圾分类，完成110条道路包装出新、58条背街小巷改造提升、2.1万个停车位建设，推进公园游园和绿道规划建设，打造“城在林中、路在绿中、房在园中、人在景中”的大生态、大绿化，建成区园林绿地面积净增192公顷，绿化覆盖率达到33.6%，人均公园绿地面积达到12.5平方米，新建安置房34184套、493万平方米，完成棚户区改造170万平方米、老旧小区整治66.7万平方米、安置房小区改造234万平方米，征收拆迁692万平方米，城市精细化管理水平始终走在全市前列。坚决打好污染防治攻坚仗，实施治水、治气、治土等重点工程5200余项，$PM_{2.5}$浓度较2016年下降42.3个百分点，主要污染物排放量持续削减，生态环境持续向好。深入实施乡村振兴战略，建成全省首个高标准农田3.0版、全市首个智慧农业云平台，农村人居环境整治成效显著，全面构建“三资”管理“1+6”组织体系（注释14），集体经济组织成员充分享受农村改革红利，获批建设鸿山省级旅游度假区，七房桥、大坊桥被评为全国乡村治理示范村，大坊桥荣膺全国文明村。

五年来，我们聚力办好民生实事，人民生活在共建共享中交出了新答卷。始终坚持以人民为中心的发展思想，全力补短板、强弱项、激活力，逐步从“补齐短板”向“打造样板”转变，书写了民生社会事业高质量发展的精彩答卷。民生支出五年累计509.8亿元，占一般公共预算支出提高到70%以上，完成民生实事项目256个，城镇居民人均可支配收入年均增长7.8%，从4.74万元增长到6.91万元，城镇登记失业率始终保持在较低水平。社会保障标准逐年提高，临时救助标准、孤残儿童养育标准均位居全省第一，区残工委被评为全国残疾人工作先进单位。建立义务教育“以区为主”管理体制，实施教育集群化办学，投资约35.6亿元新建改扩建中小学幼儿园39所，新增国家级特色学校18所、省优质幼儿园20所，引进高层次教育人才104人，全市第一，同学段正高级、特级教师数全市第一，区域教育现代化发展水平、政府履行教育职责评价、义务教育学校标准化监测水平均跃升至全市第一。建成二级以上医疗机构7家，引进国际医院2家，上海瑞金医院无锡分院、凯宜医院等建成运营，创成国家慢性病综合防控示范区、省卫生应急规范化建设示范区。积极探索养老服务新模式，首创“1+3+N”复合型居家养老模式（注释15），创新开展医养融合“家庭养老照护床位项目”。实施“白玉兰”文化惠民工程，成功举办中国高新区马拉松赛首站赛、第三届中俄网络媒体论坛、高新区第七届运动会，构建了“1+3+10+N”文体设施布局（注释16），各项社会事业取得积极进展。着力守护城市安全，以超常规力度推进安全生产工作，扎实巩固专项整治“一年小灶”成果，安全生产治理体系和治理能力现代化水平得到有效提升。深入开展扫黑除恶专项斗争，创新“党建+网格+警格”综合治理机制，平安法治建设水平明显提高。此外，科普、史志、档案、文保、侨务、对台、外事、民族宗教、国防动员、人防、双拥、应急管理、对口协作、南北共建等工作取得新成绩。

五年来，我们聚力作风效能建设，政府建设在实干担当中走向了新阶段。全面落实新时代党的建设总要求，坚持把党的全面领导贯穿依法行政、从严治政、廉洁勤政全过程，精心组织庆祝建党百年系列活动，扎实开展“两学一做”学习教育、“不忘初心、牢记使命”主题教育、党史学习教育，以高站位、实举措全面落实意识形态工作责任制，扎实做好中央和省委巡视、市委巡察反馈意见整改工作，认真执行中央八项规定精神及其实施细则和省、市、区委具体办法，始终保持“四风”问题纠治高压态势，推进审计监督全覆盖，“三公”经费支出下降35%，严格规范行政执法，扎实推进普法活动，政府系统作风效能全面优化提升。自觉接受区人大法律监督、工作监督和区政协民主监督，累计办结区人大代表建议385件、区政协委员提案454件。

过去五年，我们在应对挑战中取得了可喜成绩，也在发展实践中积累了宝贵经验。我们深刻体会到：必须持续强化“争第一、创唯一”的共识，找准目标定位，抢抓发展机遇，增创核心优势，才能巩固提升在区域竞争中的领先地位；必须始终坚持高质量发展的导向，转变发展方式，深化改革创新，持续产业强区，才能释放经济发展的深层次动能；必须牢固树立以民为本、造福群众的理念，回应社会期盼，解决现实问题，维护和谐稳定，才能充分调动各个方面的积极性和创造力；必须大力弘扬“高新区精神”，保持战略定力，敢于迎难而上，强化责任担当，才能破解前进道路上遇到的各种困难。

各位代表，过去五年取得的成绩，得益于区委的坚强领导，得益于区人大、政协和各人民团体的大力支持，得益于全区广大干部群众艰苦奋斗、共同努力。在此，我代表区人民政府，向全区广大干部群众，向人大代表、政协委员，向离退休老同志，向各民主党派、工商联、无党派人士、各人民团体和社会各界，向驻区解放军、武警官兵和民兵预备役人员，向驻区各条线部门及单位，向所有参与、支持、关心我区发展的各界朋友，表示衷心感谢并致以崇高敬意！

在看到成绩的同时，我们也清醒地看到，全区经济社会发展仍存在一些问题和不足，主要表现在：贯彻落实新发展理念还不够到位，创新发展基础仍然薄弱，资源环境承载矛盾更加凸显；产城融合发展格局还需深化，教育、医疗、养老、文体等领域高品质公共服务产品供给能力还需增强，社会治理、公共安全等领域风险隐患不容忽视；少数干部能力素质、工作作风与新形势、新要求还不相适应。我们必须高度重视，强化问题导向和底线思维，采取有效措施，切实加以解决。

今后五年奋斗目标和重点任务

今后五年，是新吴乘势而上全面推进社会主义现代化建设、向第二个百年奋斗目标进军的关键时期。时代风起，巨浪奔涌，新吴的发展踏上了新的征程。我们既面临着全面提升综合竞争力和高质量发展能力的双重责任，又承担着补齐短板与扩大优势的双重压力，也肩负着建设高质量落实新发展理念标杆示范区和争当无锡现代化建设走在前列先导引领区的双重任务。从外部环境看，世界百年未有之大变局加速演进，全球新冠疫情蔓延、中美经贸摩擦持续、贸易保护主义抬头、西方国家对华“卡脖子”等因素交织，宏观形势错综复杂，经济结构深度调整，发展机遇和现实挑战同在。虽然宏观经济下行压力仍然较大，但我国经济韧性好、潜力足、回旋空间大，总体趋势依然向好，尤其是以国内大循环为主体、国内国际双循环相互促进的新发展格局的构建，将不断拓展经济增长和改革发展新空间。从发展态势看，未来五年是区域竞争加剧的攻坚突破期，质量变革、效率变革、动力变革的要求，为各地发展划出一条新的起跑线，综合比拼将进入白热化状态，千帆竞发、争相赶超的竞争态势更加激烈，“不进则退、慢进也是退”的竞争压力更加明显，需要我们想方设法“争第一创唯一”，千方百计抢出“加速度”，在率先中领先、在领先中领跑。从自身实际看，我区产业门类全、创新基础好、制造能力强、产业韧性足、开放步伐大、营商环境好，发展能级逐步跨越，产业发展质效齐升，内生动力不断加速，经济社会发展进入了区域战略的融入期、产业升级的窗口期、城市形态的成熟期、社会民生的提质期。国家和省级多重战略形成叠加效应，省委、省政府、市委、市政府推进高质量发展、强化“强富美高”建设、加快现代化建设步伐的一系列重大决策部署，为我们提供了难得机遇和政策支撑，理应积极作为、大有所为。我们将牢记时代赋予的历史使命，坚定发展信心，抢抓发展机遇，厚植发展优势，奋力实现新跨越，层峰之上再攀新高。

今后五年，政府工作的指导思想是：全面贯

彻习近平新时代中国特色社会主义思想，深入贯彻习近平总书记对江苏工作重要指示精神和党中央重大决策部署，紧扣“争当表率、争做示范、走在前列”三大光荣使命，坚定不移完整、准确、全面贯彻新发展理念，坚持稳中求进工作总基调，坚持“发展高科技、实现产业化”方向，以推动高质量发展为主题，以深化供给侧结构性改革为主线，以改革创新为根本动力，以满足人民日益增长的美好生活需要为根本目的，统筹发展和安全，积极融入新发展格局，协同推进长江经济带发展、长三角一体化发展等重大战略，加快推动治理体系和治理能力现代化，促进共同富裕，奋力建设高质量落实新发展理念标杆示范区，争当无锡现代化建设走在前列先导引领区。

贯彻这一指导思想，具体工作中，要重点打造“六个新吴”：

——打造产业强劲发展的实力新吴。发挥“区政合一”体制机制优势，持之以恒实施产业强区主导战略，推动产业基础再造和产业链提升，物联网、集成电路、生物医药等战略性新兴产业产值实现倍增，推动制造业加速向数字化、网络化、智能化方向转型升级，绿色低碳循环经济实现全面发展，“6+2+X”产业体系成为最耀眼产业地标，到2026年，GDP年均增长5.5%左右，规上工业产值突破9000亿元，城镇居民人均可支配收入达到9.5万元，真正打造成为长三角“高精尖特”产业重要承载区、具有国际竞争力的先进制造业基地、有全球影响力的科技创新策源地。

——打造具有全球影响的创新新吴。以改革创新为根本动力，坚定不移实施科技创新核心战略，充分发挥国家自主创新示范区优势，有力促进创新链、产业链、人才链、资金链、政策链紧密融合，高新技术企业、独角兽企业、瞪羚企业、专精特新“小巨人”企业实现倍增，国际化科技人才、国家级创新平台加速集聚，太湖湾科创城初步成为具有国际竞争力的科创新城，高新区成为具有全球影响力的产业科技创新中心。

——打造引领区域发展的开放新吴。积极抢抓新发展格局战略机遇，深度融入RCEP（注释17）、长三角一体化发展，加快建立国际化的营商环境，争取更多世界500强、大型央企、头部民企等优质资源落户，全球要素资源统筹配置能力有效提升，开放型经济发展更具影响力，世界格局中的新吴地位更加凸显，全市开放型经济桥头堡和主阵地优势全面巩固。

——打造国际化现代化的品质新吴。以“区域性国际化中心城市”为发展导向，全面实施产城融合发展战略，加快导入国际元素，打造一批国际街区、国际小区、国际学校、国际医院，高品质城区建设的城市格局、功能定位基本形成，新吴特色、江南韵味进一步彰显，国际化现代化品质城区的形态面貌充分展现，成为各类人才追求向往的魅力之地。

——打造吴地文化特色的文明新吴。全面践行社会主义核心价值观，推动市民素质和社会文明程度达到新高度，文化事业丰富、文化产业壮大、文化软实力显著增强，建成一批标志性文化设施，形成更多具有吴文化特色的文化精品，人民群众文化需求得到有效满足，文化自信彰显、道德风尚良好，成为过得硬的全国文明典范城区。

——打造群众富足安康的幸福新吴。建立推动共同富裕的体制机制和政策体系，将发展成果更多更好地普惠于民，居民收入增长与经济增长更加协调，覆盖全生命周期的公共服务更加优质均衡，社会治理体系和治理能力现代化水平不断提升，在更高水平上实现幼有善育、学有优教、病有良医、住有宜居、老有颐养、弱有众扶，在扎实推进共同富裕道路上创出新吴经验。

这“六个新吴”既是今后五年为全市勇做“争当表率、争做示范、走在前列”排头兵做出应有贡献的目标任务，也是建设高质量落实新发展理念标杆示范区、争当无锡现代化建设走在前列先导引领区的具体体现。我们要坚决落实好市委、市政府和区委的部署要求，咬定目标不动摇，弘扬“高新区精神”，艰苦奋斗、接续奋斗，提升稳定经济贡献度、放大创新发展示范度、彰显改革开放首位度、凸显城市治理显示度、跑出共同富裕加速度，在现代化新征程中展现新吴担当、做出新吴贡献。

2022 年主要任务

2022年是党的二十大召开之年，是全面落实省、市、区党代会部署的开局之年，也是新一届政府承前启后、履职尽责的起始之年，做好今年政府工作意义重大。我们将坚持以习近平新时代中国特色社会主义思想为指导，认真贯彻党的十九大、十九届历次全会精神和习近平总书记对江苏工作重要指示精神，认真贯彻中央经济工作会议、省市党代会精神，奋力建设高质量落实新发展理念标杆示范区，争当无锡现代化建设走在前列先导引领区，为无锡走在全省现代化建设最前列扛起新吴担当，以优异成绩庆祝高新区建区30周年、喜迎党的二十大召开。2022年全区经济社会发展的主要预期目标是：地区生产总值增长6.5%以上；一般公共预算收入增长5.5%左右，规上工业增加值增长8%左右；全社会研发投入占比达到4.8%；固定资产投资达到845亿元；进出口总额稳中提质；实际使用外资力争正增长；社会消费品零售总额增长8.5%左右；规上服务业营业收入增长10.5%左右；居民人均可支配收入与经济增长保持同步；城镇新增就业2.1万人以上，城镇登记失业率控制在4%以内，节能减排和大气、水环境质量等约束性指标完成市下达的目标任务。确定上述主要预期目标，既是落实市委、市政府和区委决策部署以及“十四五”规划的要求，也充分考虑了宏观经济形势变化、现代化建设要求和新吴发展的阶段性特征，体现了高质量发展的工作导向和发展趋向。围绕实现以上目标，今年重点做好七个方面工作：

（一）持续壮大实体经济，加快建设更富特色的产业体系

聚力项目招引建设。发挥重大项目对产业发展的关键作用，抢抓央企外迁出京、长三角一体化等战略机遇，坚持专业化招商、加强精细化招商、突出产业链招商、抓好存量二次招商，加强与重点央企、世界500强、实力民企、头部基金的对接合作，新招引超亿元产业项目100个以上、超50亿元项目3个、超10亿元项目18个、超100亿元项目2个。完善项目管理体系，升级“拿地即开工”模式，加快推进华虹一期扩产、先导智能产业园、海力士七期等一批重点项目建设，确保136个省、市、区重点项目完成投资400亿元以上。适度超前开展基础设施投资，加快推进95个政府投资项目，为发展提供更多支撑。

加速主导产业发展。努力在高层次产业上作出示范，支持地标性产业加快发展，放大物联网、集成电路产业集聚效应，放大生物医药“产业链+朋友圈”招商模式的乘数效应，发展光伏组件及装备、锂电池及正极材料。突出数字经济发展，加速发展高端软件和数字创意，做大做强大数据、云计算、人工智能、区块链等新兴产业，培育一批旗舰型企业。提升现代服务业，加快构建“一心四板块”商贸发展空间布局（注释18），促进传统消费扩容提质、新型消费加快成长、线上线下融合发展，打造梅里古镇、新地假日广场等特色示范街区，推动7个服务业集聚区提档升级，力争服务业增加值占GDP比重达到40.5%。前瞻布局氢燃料电池、第三代半导体、卫星互联网、元宇宙（注释19）等前沿技术领域未来产业，抢占更多先发优势。

推动产业提质增效。深度促进“两化”融合发展，以智能制造为主攻方向，深化人工智能、5G、工业互联网等新一代信息技术与制造业融合发展，对制造业进行全要素、全流程、全产业链的改造，完成智能化改造项目投资60亿元以上，新增省、市智能示范车间（工厂）50个。挖掘更多隐形冠军，新增专精特新“小巨人”企业68家。深入推进产业园区“三优化三提升”，全面开展工业企业资源利用绩效评价，坚持“拆建租提”多措并举，拆迁腾换工业用地3000亩以上，开发建设、政府包租、企业自改等“二优二”土地面积3200亩，推动“工厂经济”向“楼宇经济”转变。

加大资源要素供给。坚持政策靠前发力，坚决落实减税降费各项政策，加大对中小微企业、个体工商户、制造业等的支持力度。大力弘扬企业家精神，完善支持发展民营企业系列政策措施，构建紧密政企发展共同体。推进金融赋能产业发展，扩大“金程高新”等政府基金规模，建强“高新金融谷”，进一步创新财政支持方式，通过拨改投、拨改贷、拨改保等市场化形式，借用基金、债券等杠杆撬动社会资本，加快实现“股权投入+无偿拨款+贷款贴息”等产业政策和产业基金协同，全区基金规模达到700亿元。强化用能调配，稳妥实施能耗双控，加快推进220千伏鸿声变、110千伏锦鸿变等重大项目配套电力工程建设，提升用能保障水平。破解项目建设用地制约问题，推动土地资源优化整合，盘活存量土地2500亩。

（二）持续强化创新驱动，加快建设更强动力的创新中心

引育高质量创新主体。努力在高精尖创新上形成样板，以苏南国家自主创新示范区建设为牵引，加速推进太湖湾科创城建设，推动科创产业发展规划落地实施。组织开展企业科技创新积分管理，加强与上海、深圳等高成长企业集聚地区的合作，引进科技企业2000家以上、净增高企400家以上，新增瞪羚企业培育入库100家、准独角兽企业培育入库10家，新增境内外上市企业4家。用好人才天使投资基金，招引高端领军人才和重点发展领域急需人才，开展集成电路设计人才实训试点，引进高层次人才800人、高技能人才2200人以上，引育领军人才创业项目180个以上。

建设高水平科技园区。优化“八个一”科技园区管理模式（注释20），建强“众创空间—孵化器—加速器—科技产业园”全链条孵化育成体系，鼓励民营科技载体专业化发展，支持东庄、北邮国昊等争创省级以上品牌，推动更多专业科技园区跻身全国先进园区行列。加大龙头企业赋能型科技园

区招引力度，加快中电海康、朗新、海尔等龙头科技园区建设速度，谋划建设未来科技产业园，推动生命科学创新园二期、微纳园五期、软件园五、六期建设，科创载体投用80万平方米、开工80万平方米，新增省级以上孵化机构2家。招引高层次军队退役人才，探索尚戎军创营建设。

打造高能级创新平台。瞄准产业发展需求，引建一批“国字号”“省字号”重大创新平台，推动中船海洋探测技术研究院融入太湖国家实验室建设，加快无锡国家“芯火”双创平台、国家集成电路特色工艺及封装测试创新中心、国家市场监管技术创新中心（特殊食品）、省产研院专用集成电路技术研究所二期、江南大学无锡特殊食品与营养健康研究院等创新平台建设，推动物联网研究发展中心争创国家级技术创新中心。制定出台新型研发机构分类认定支持政策，推动无锡北邮研究院，北大、西安交大未来创新中心落地发展，新增新型研发机构5家。加快推动无锡知识产权保护中心新吴分中心落户。

（三）持续深化改革开放，加快建设更有活力的发展机制

改革向更深层次推进。坚持用改革的办法破解发展的矛盾制约，积极争取国家和省级改革试点，健全改革推进激励机制，打造更多具有新吴烙印的改革品牌。发挥开发区简约高效的体制优势，通过理清功能定位、优化架构体系、创新人事制度等举措，推动开发区体制创新、机制增效。坚持把“放管服”改革作为优化营商环境、提升城市能级的重要抓手，扎实推进“不见面”审批、“一件事”改革，推进“办照即营业”“拿地即开工”“竣工即验收”全面升级，深化政务服务就近能办、异地可办、区域通办、全程网办。聚焦基层治理中的痛点、堵点、难点，完善职责准入、资源下沉、权力调整、全员培训、考核评估和信息共享等“六大机制”。加速国资公司市场化改革步伐，突出推进用工、人事和收入分配制度改革，加快构建现代化公司治理体系。

开放向更高水平迈进。坚持以开放抢抓发展的重大机遇，落实外商投资准入前国民待遇加负面清单制度，建立外商投资企业投诉工作机制，引导外资在重点产业链和现代产业领域扩大投资，确保实际使用外资继续走在全省前列。推动更多投资类、管理咨询类、科技服务类外资项目布局落子，新增区级总部企业100家、工厂总部化50家、新增省级跨国公司地区总部及功能性机构2个以上，提升总部经济的规模能级密度、资源配置能力。制定促进外贸稳增长政策意见，结合集成电路和生物医药国家外贸转型升级基地建设，深入推进外贸转型升级，推广保税维修监管模式，深入推进长三角电子元器件国际分拨中心建设，积极培育外贸增量，全力稳住外贸基本盘。

融合向更强能级奋进。探索制度型创新路径，推动自贸区联动创新区建设，打造“中日韩（江苏）产业合作示范园区”样板区，加快布局建设国际集成电路创新集聚区、国际生命科学创新园、中欧低碳产业园、服务型综合保税区、国际贸易港、中新合作示范区6大国际合作新载体，推进集成电路全产业链保税模式改革试点、跨境电商综试区试点，努力争创更多国家级、省级开放平台和特色园区、国际合作园区新载体。发挥综保区“五个中心”（注释21）带动辐射功能以及开放前沿区域的叠加优势，提速综保区扩区进程，全面参与全球产业链供应链重构。充分发挥无锡港国家二类口岸功能，加大空港枢纽经济建设力度，打造长三角一体化物流枢纽；加强与机场集团的规划和功能整合，启动国家级临空经济示范区创建工作。

（四）持续完善城市功能，加快建设更具魅力的现代都市

整体布局注重全域谋划。对接融入国家和区域发展战略，放眼长三角一体化发展大局，坚持规划引领，突出重点战略区域之间的联动融合，健全国土空间规划体系。深入开展城市基础设施建设规划评估，科学编制国土空间规划，加快构建“531”行动规划体系（注释22），形成科学稳定的规划空间结构和功能格局。加强苏锡一体化路网体系规划，以硕放国际枢纽机场为核心，理顺空港交通体系，稳定轨道交通和城市主干道路交通系统，加强货运交通组织研究。加快推进科创城整体城市设计，确定1.6平方千米核心区城市设计，集中资源、聚焦建设、快出形象、形成声势。

完善功能推进建设发展。提升城市功能品质，优化城市功能和公共服务资源布局，加快太湖湾科创城、空港新城、鸿山旅游度假区建设步伐，做好站前广场、伯渎河等重点功能区的控规深化、城市设计、开发建设，推动文体中心等地标性建筑建设。依托市场化力量，采用TOD（注释23）、EOD（注释24）等模式，推进太湖湾运河带精品建设先行示范区、地铁沿线重点片区等基础建设，加快人才公寓、商务酒店等功能配套建设。推进机场周边路网快捷化、跨望虞河通道方案落地，扎实推进G312新吴段快速化改造、菱湖大桥、高浪路和地铁4号线二期、5号线建设，启动城南路南延、兴昌路

南延等项目。全力拓展发展空间，完成征收拆迁项目63个、总面积200万平方米，其中攻坚拔点项目21个，新建安置房18万平方米。以整个城市为数字化转型的应用场景，加快城市数字化转型，突出推进科技园区数字化建设，超前谋划布局新型数字基础设施，高水平推进5G、车联网等新一代基础设施建设。

加快更新提升城市形象。实施“新街吴韵”品质工程，全域推广“城市管家”，加快推进科创城门户道路形象提升，全面落实巷长制、微路长制管理，完善道路街巷综合评议系统，形成一批集聚效应显著、文化底蕴深厚、建筑风格鲜明、基础设施完备、街巷管理规范的国际化特色精品街区，推进环卫一体化作业改革，打造最干净城区。启动外下甸、硕北片区市级重点城市更新项目。实施视觉形象建设工程，强化城市色彩和形态管理，实施伯渎河景观工程、美丽河湖工程、美丽街区工程。启动实施11个小区267.8万平方米的改造工作。推进公园绿地、城市绿道和绿廊建设，提升城区绿地景观品质。依托智慧城管平台，发挥AI系统智能化、信息化优势，高效解决动态性城市环境问题。

全面推进乡村振兴战略。聚焦农业科技装备“卡脖子”问题，以“国字头”项目为牵引，建设“智慧+绿色”农业示范区。串联院士文化、千亩葡萄、稻香风景等村庄特色，打造都市农业新模式，推进“吴韵江南”美丽乡村风光带建设，全面推进中国美丽休闲乡村、特色田园乡村建设。加强农村人居环境整治，启动3个规划发展村的农房更新。推动农村改革持续深入，探索集体资产股份有偿退出、继承、抵押、担保贷款，推动集体经济健康有序发展。

（五）持续推进绿色发展，加快建设更加怡人的优美生态

推进绿色低碳发展。以零碳科技产业园建设为抓手，积极利用光伏、氢能等清洁能源，推进园区绿色化循环化改造，新增绿色工厂3家以上；加大低碳、零碳、负碳技术创新，为双碳行业提供新吴解决方案。完善绿色消费政策体系，提高绿色产品供给水平。坚决遏制高耗能高排放项目发展，完善能源、水资源、建设用地等总量和强度“双控”机制，提升资源节约集约安全利用水平。

加快环境综合治理。坚持精准、科学、依法治污，深入打好污染防治攻坚战。抓好大气污染防治，落实“点位长”制，重点推进以VOCs为主的工业废气长效治理，强化多污染物协同控制，推进$PM_{2.5}$和臭氧浓度“双控双减”，推动空气质量持续改善，空气优良天数比例达标。全面提升水环境质量，统筹水资源利用、水生态保护和水环境治理，严格落实河湖长、断面长制，加快雨污分流等基础设施建设，确保市级考核河道80%达到III类水质、国省考断面稳定达标。改善土壤环境，加强重金属和有毒有害物质风险防控，抓好土壤污染治理与修复，提高土壤安全利用水平。

着力建好生态家园。打好国家生态园林城市创建收官战，建设一批具有特色的节点小景、口袋公园，让市民转角见绿、出门入园。扎实做好高浪路高架及主要桥梁隧道品质提升、高架桥下空间更新、城市道路微更新项目，推动城市建筑、道路、绿地等形成精致和谐的整体街景。搭建“一体化”管理平台，建立全链条闭环模式，构建以法治为基础、政府推动、全民参与、城乡统筹、因地制宜的长效机制，建设全域全覆盖垃圾分类先行区。围绕大运河文化带建设、美丽河湖建设等，打造更多生态廊道，构建城市园林化、道路林荫化、水系林带化的一体化生态格局。打造零碳城市，弘扬绿色文化，开展节约型机关、绿色家庭、绿色学校创建行动，推动绿色出行、绿色居住、绿色消费。

（六）持续民生事业发展，加快建设更多福祉的幸福家园

让保障更有温度。加快研究探索共同富裕的办法和路径，实施中等收入群体壮大行动和居民收入十年倍增计划，缩小收入的城乡差距、行业差距。实施更加积极的就业政策，加强退役军人、高校毕业生、困难职工家庭子女、残疾人等重点群体就业帮扶，城镇登记失业率控制在4%以内。强化“免缓返降补”各类就业优先政策，高度关注“平均数”以下，加强“扶志”“扶智”，强化“造血”“换血”，全面提升低收入群体增收能力、生活品质和社会福利水平。扎实做好双拥工作，优化征兵优抚政策。完善分层分类社会救助体系，保障妇女、儿童、残疾人、退役军人合法权益。发展公益慈善组织，拓展创新慈善载体形式，积极培植先进慈善文化，鼓励公众、企业和社会组织积极参与慈善事业。

让供给更有力度。坚持教育优先发展，深化教育综合改革，落实“双减”和规范民办义务教育发展要求，新建改扩建幼儿园8所、中小学6所，以省基础教育前瞻性教学改革重大实验项目“区域教学变革的新吴实践”为引领，推动学校内涵式特色化发展，打造优质品牌学校，提升学前教育普及普惠、义务教育优质均衡水平，探索实施特色“双元制”职业教育，加强家庭教育工作。实施“上海名

院—区内医院”学科共建，做大做强瑞金医院无锡分院，扎实推进医联体建设、分级诊疗改革、家庭医生签约服务，优化“15分钟健康服务圈”，全面提升基层医疗服务能力水平。深化医养签约合作，推动“照料+智慧+康养”特色养老模式，推进街道综合性养老服务中心全覆盖，新建和已建成居住（小）区养老服务设施配建率100%。深化殡葬改革，推进落实殡葬设施专项规划。落实三孩生育养育配套支持政策，推进优生优育，建设区域托育服务指导中心，加大妇幼健康保障力度。加强食品药品安全监管，保障群众“舌尖上的安全”。打造一批智慧社区、智慧交通、智慧医院、智慧学校、智慧体育等应用示范场景，以数字化推进民生服务更加均衡精准。

让文明更有深度。加强文明城市常态长效管理，推动形成楼道自治新吴样板，推行“百姓自治积分”项目，加强先进典型的选树宣传，构建文明城市共建共享格局。一体化推进新时代文明实践中心（所、站）体系建设，打造文明实践共同体。深入实施“彩虹巴士”项目（注释25），整合志愿服务资源，凸显国际特色志愿服务的独特优势，打造文明实践高新品牌。

让文化更有厚度。健全文化产业规划和政策，推动电竞游戏、网络影视、互联网广告、高端文化装备制造等文化头部企业和总部项目的招引培育，协同推进鸿山旅游度假区、梅里古镇、太湖湾沿湖观光带建设，挖掘吴越文化资源，扩大“泰伯庙会”“吴文化节”参与度和影响力，推进文旅商融合发展。按照“1+3+10+N”文体设施布局，加快推进无锡太湖湾国际文化艺术中心、伯渎河文化中心等重大公共文化设施，全域布设现代化阅读设施，建设“鸿山奇境”等更多具有江南特征、新吴特色的重大文旅融合项目、文旅载体。以江抗东进纪念馆、锡东烈士陵园和区双拥公园为基础，打造红色教育基地。围绕高新区成立三十周年，策划“吴风新韵、品味新吴”系列活动，做优做强“玉飞凤”“白玉兰”等文化品牌，有力提升吴文化影响力。统筹梅里商周遗址保护利用，推进鸿山墓群本体保护三期工程。

各位代表，2022年，区政府纳入民生实事候选项目共8大类、32项，与会期间请各位人大代表审议票决，区政府将紧盯目标加快实施，确保全面完成，努力让人民群众切实感受到发展的“民生含量”和“民生温度”。

（七）持续提升本质安全，加快建设更为良好的发展环境

打好疫情防控主动仗。坚持“外防输入、内防反弹”原则，立足于防、更重于控，落实好“早发现、快处置、强救治、提能力”十二字方针，紧盯重点人群、重点场所和重点环节，全面提升应急调度、流调排查、核酸检测、应急转运、社区管控等能力建设，不断完善平急转换、平战结合长效机制，推进疫苗接种，做好群众防疫教育引导，筑牢常态化疫情防控屏障。

打好安全发展纵深仗。从细从严落实安全生产责任，确保安全生产“三年大灶”圆满收官，扎实开展省级安全发展示范城市创建。强化安全生产考核，严格落实安全生产“一票否决”，坚决防范遏制重特大安全生产事故。加强应急管理体系建设，从严执行值班值守等规定，强化应急物资储备，提升应急救援能力，完善安全风险预报预警和应急协调联动机制，提高防灾减灾抗灾救灾能力。完善金融风险处置和长效防控机制，有效防范和化解地方政府债务、房地产金融、非法集资等领域风险。

打好社会稳定攻坚仗。加强和创新社会治理，坚持共建共治共享，推动资源整合、制度创新、力量下沉，健全辅警、城管、网格员、社区等管理制度，构建充满活力的基层治理机制。坚持和发展新时代“枫桥经验”，加强各街道综治中心规范化建设，推动基层人民调解提档升级，进一步完善社会矛盾纠纷多元化解体系。用好“有事好商量”平台，引导居民有序参与社区公共事务。争创全国社会治安防控体系建设示范区，深化平安新吴建设，提高动态环境下社会治安控制力，持续推动扫黑除恶长效常治常态化，建立公共安全隐患排查和安全预防控制体系，有力提升人民群众安全感和满意度。

各位代表，新形势新任务对政府工作提出了新的更高要求。我们将进一步加强政府自身建设，加快政府职能和作风转变。切实加强政治建设。深入学习贯彻习近平新时代中国特色社会主义思想，深刻领悟、自觉落实“两个确立”伟大意义和实践要求，增强“四个意识”、坚定“四个自信”，把“两个维护”贯彻到新吴现代化建设的各领域全过程，确保习近平总书记重要指示和党中央决策部署在新吴落地生根、开花结果。加强政府系统党的建设，认真履行全面从严治党主体责任，严格执行民主集中制、重大行政决策程序、重大事项请示报告等制度，自觉把党的领导贯彻到政府工作各领域、全过程。深入推进依法行政。认真学习贯彻习近平法治思想，坚持依法全面履行政府职能。健全完善行政决策制度体系，严格按照法定权限和程序行使

权力。深化行政复议制度改革，提升政务公开制度化、标准化、信息化水平。深入推进“八五”普法，提高公共法律服务水平。依法接受党内监督、人大法律和工作监督、政协民主监督以及国家监察、司法监督，办好人大代表议案、建议和政协委员建议案、提案，强化审计监督，接受社会监督、舆论监督。始终坚持勤政务实。弘扬敢为人先、敢闯敢试的优良传统，倡导比学赶超、进位争先，营造干实事、讲实情、求实效的浓厚氛围。加快城运中心建设，推动公共数据共享开放，加强流程再造、业务重塑，加快实现“数据上云、服务下沉”，打造“整体智治、高效运行”的现代数字政府。坚决保持清正廉洁。严格落实中央八项规定及其实施细则精神，整治形式主义、官僚主义，不断深化拓展基层减负工作成果。锤炼为民务实清廉好作风，狠抓重点领域廉政风险防控，坚决惩治损害群众利益的不正之风和腐败问题。发扬艰苦奋斗、勤俭节约的优良传统，严控政府一般性支出、“三公”经费，坚决把过“紧日子”要求落到实处，以政府系统的“辛苦指数”换取人民群众的“幸福指数”。

各位代表，勇毅才能迎难而上，实干方能成就梦想！让我们更加紧密地团结在以习近平同志为核心的党中央周围，在市委、市政府和区委的坚强领导下，团结一致、万众一心，攻坚克难、砥砺奋进，为建设高质量落实新发展理念标杆示范区、争当无锡现代化建设走在前列先导引领区而努力奋斗，以优异成绩迎接党的二十大胜利召开！

政府工作报告专用词注释

1.“6+2+X”产业：物联网及数字产业、集成电路、生物医药、智能装备、汽车零部件、新能源六大地标性先进产业，高端软件和数字创意、高端商贸和临空服务两大现代服务业，人工智能、氢燃料电池、第三代半导体等前沿技术领域未来产业。

2.“三优化三提升”：在全区《产业园区“三优化三提升”三年行动计划（2021—2023年）》中提出，“三优化”，即进一步优化园区的产业结构、综合环境、载体模式；“三提升”，即进一步提升园区的产出效益、创新能力、管理能力。

3.入库市“三类企业”：为加强对企业的分类扶持和靶向培育，市科技局组织开展市雏鹰企业、瞪羚企业、准独角兽企业（简称“三类企业”）培育库入库申报工作。

4.“1+X”优势人才政策体系：“1”是指飞凤人才计划及其升级版，“X”是指区内集成电路、生物医药以及教育、民政等产业、行业人才政策。

5.“双线告知”：政府及供电部门依据上级要求实施电力需求侧管理前，企业服务部门和供电保障部门同时告知企业按照统一计划进行错峰用电，以确保民生基础用电和全区电网安全。

6.灵活就业“一件事”改革：个人灵活就业者通过江苏政务服务网新吴旗舰店一次办理营业执照、社保登记、税务登记、银行开户和公积金登记。

7.“多证联发”套餐：工程审批制度改革推行的“拿地即开工”服务，即一次性办理不动产权证、建设用地规划许可证、建设工程规划许可证、审图合格证和施工许可证，为企业早开工、早建设、早投产提供一体化、个性化的优质高效服务。

8.基层“三整合”改革：基层整合审批、服务、执法力量改革。

9.国企改革“1+N+M”政策体系：“1”是指国企改革三年行动计划（2020—2022），“N”是指国资监管层面制度清单，“M”是指国有企业层面制度清单。

10.“1+7+60”条河道整治：全区开展的重点河道整治工程，“1”湖是太湖，“7”河是望虞河、伯渎河、走马塘、大溪港、冷渎港、大运河、张塘河，“60”是指6个街道各10条重点河道。

11.“一感两率”：群众安全感、网格员知晓率、工作满意率。

12.村（社区）书记“六突出六加强”工作机制：我区印发《关于建立“六突出六加强”工作机制加强村（社区）党组织书记队伍建设的实施意见》，即突出思想武装，加强政治建设；突出后备储备，加强源头培养；突出队伍锻造，加强选拔使用；突出业务提能，加强教育培训；突出担当作为，加强鼓励激励；突出作风过硬，加强管理监督。

13.创新12条：新吴区印发《关于实施创新驱动建设世界一流高科技园区的若干政策意见》，全文分为“打造全链条科技企业成长梯队培育体系、构建全链条科技企业孵化育成体系、构筑全链条区域研发创新体系、完善全链条创新创业生态服务体系”四部分共12条内容，简称“创新12条”。

14.“三资”管理“1+6”组织体系：区级成立农村集体“三资”监管体系建设协调推进小组，6个街道挂牌成立农村集体“三资”监管办公室和村级会计委托代理服务中心，对村级资产和收支情况实施实时监控和全公开民主监督。

15.“1+3+N”复合型居家养老模式：将养老

资源与医疗资源有效整合进老年人家中，“1”是指在老年人家中设立一张护理型床位；“3”是指融合适老化改造、智慧养老和长期照护保险三项政策保障；“N”是指以老年人需求为前提的多种医护服务。

16.“1+3+10+N”文体设施布局：全区文体设施布局结构体系，“1”是指1个区级文体中心，“3”是指3个片区级文体中心，“10”是指10个“15分钟生活圈”级文体设施，“N”是指N个基层社区级文体游园。

17.RCEP: 区域全面经济伙伴关系协定，首批生效的国家包括文莱、柬埔寨、老挝、新加坡、泰国、越南东盟6国和中国、日本、新西兰、澳大利亚非东盟4国。

18.“一心四板块”商贸发展空间布局：“一心”是指以太湖湾科创城为核心的商贸发展空间极核，“四板块”是指由硕放国际枢纽港、旺庄江溪产创活力区、梅村吴韵梅里园、鸿山魅力新水乡组成的商贸服务重点板块。

19.元宇宙：是利用科技手段进行链接与创造的，与现实世界映射与交互的虚拟世界，具备新型社会体系的数字生活空间。元宇宙本质上是对现实世界的虚拟化、数字化过程，需要对内容生产、经济系统、用户体验以及实体世界内容等进行大量改造。

20.“八个一”科技园区管理模式：按照“一个特色园区、一个发展规划、一套精准政策、一个运营平台、一个孵化支撑、一支配套基金、一支专业队伍、一套服务体系”的标准，优化科技园区管理模式。

21.综保区“五个中心”：先进制造中心、现代物流中心、检测维修中心、研发设计中心和销售服务中心。

22.“531”行动规划体系：五年建设规划、三年行动纲要和年度实施计划。

23.TOD：以公共交通为导向的开发模式，规划一个居民区或者商业区时，使公共交通的使用最大化的一种规划设计方式。

24.EOD：以生态环境为导向的开发模式，以生态保护和环境治理为基础，以特色产业运营为支撑，以区域综合开发为载体，采取产业链延伸、联合经营、组合开发等方式，推动收益性差的生态环境治理项目与收益较好的关联产业有效融合。

25.“彩虹巴士”项目：依托“新时代文明实践中心—所—站”三级架构体系，发挥六大服务平台功能，整合全区志愿服务资源，链接各街道文明实践所和区内世界500强企业代表，形成文明实践品牌项目，促进文明实践项目孕育、孵化、成长与发展。

表 17　　2021 年新吴区命名、调整地名一览表

序号	地名 名称	命名类型	地名类别	行政许可决定日期	所在街道
1	望鸿桥	命名	桥梁	2021-01-28	鸿山街道
2	彭祖桥	命名	桥梁	2021-01-28	鸿山街道
3	吴都路	调整	道路	2021-01-28	旺庄街道
4	荣更上桥	命名	桥梁	2021-01-28	鸿山街道
5	上荣裕园	命名	居民区	2021-02-23	梅村街道
6	周房桥	命名	桥梁	2021-02-23	鸿山街道
7	景鄰雅苑	命名	居民区	2021-03-15	硕放街道
8	城南路	调整	道路	2021-04-6	江溪街道、旺庄街道
9	塘南路	调整	道路	2021-04-6	全匮街道、江溪街道
10	新锦支路	命名	道路	2021-04-9	梅村街道
11	梅苑一支路	命名	道路	2021-04-9	梅村街道
12	梅苑二支路	命名	道路	2021-04-9	梅村街道
13	梅西支路	命名	道路	2021-04-9	梅村街道
14	锡义支路	命名	道路	2021-04-9	梅村街道
15	美鸿路	命名	道路	2021-07-8	鸿山街道
16	空港路	调整	道路	2021-07-8	鸿山街道
17	锡义支路	调整	道路	2021-07-8	梅村街道
18	苏巷路	调整	道路	2021-07-8	江溪街道
19	新安佳苑二区	命名	居民区	2021-07-8	新安街道
20	梅苑路	调整	道路	2021-07-14	旺庄街道、梅村街道
21	云缦雅庭	命名	居民区	2021-08-17	鸿山街道
22	江溪生活广场	命名	建筑物	2021-08-17	江溪街道
23	玖序兰庭	命名	居民区	2021-08-23	硕放街道
24	海明路	命名	道路	2021-08-23	旺庄街道
25	康晖桥	命名	桥梁	2021-08-23	江溪街道
26	锦麟新筑	命名	居民区	2021-08-23	硕放街道
27	春丰路	命名	道路	2021-08-23	旺庄街道、江溪街道
28	同心桥	命名	桥梁	2021-08-23	旺庄街道
29	万更上桥	命名	桥梁	2021-10-22	硕放街道
30	春学路	命名	道路	2021-10-22	江溪街道
31	河韵伯渎新筑	命名	居民区	2021-10-22	江溪街道
32	春丰佳苑	命名	居民区	2021-10-22	旺庄街道
33	鸿江路	命名	道路	2021-10-22	鸿山街道、硕放街道

续表 17

序号	地名 名称	命名类型	地名类别	行政许可决定日期	所在街道
34	鸿运路	调整	道路	2021-11-3	鸿山街道
35	安鸿桥	命名	桥梁	2021-11-12	鸿山街道
36	鸿悦家园	命名	居民区	2021-11-12	鸿山街道
37	滨河景园	命名	居民区	2021-12-6	江溪街道
38	丰荟玖园	命名	居民区	2021-12-6	江溪街道

索 引

A

B

C

D

E

F

G

H

J

K

L

M

N

O

P

Q

R

S

T

W

X

Y

Z